개념사의 지평과 전망

개념사의
지평과 전망

|개정증보판|

박근갑 / 루치안 횔셔 / 롤프 라이하르트 / 김학이 /
고지현 / 고원 / 나인호 / 멜빈 릭터 / 이경구

小花

차례

책머리에

1997년 독일에서 『역사적 기본 개념 : 독일 정치·사회언어 역사사전』
(이하 『역사적 기본 개념』)이 모두 8권으로 완성되었다.[1] 20세기 후반기 서구
역사학계가 이룩한 최대의 성과라는 찬사를 받기도 한 이 기념비적 업적은
독일 고유의 개념사(Begriffsgeschichte) 연구 덕택에 가능했다. 일찍이 헤겔
의 『역사철학 강의(Vorlesungen über die Philosophie der Geschichte)』(1822)에 처
음으로 등장한 이 말은 원래 예술사나 종교사와 마찬가지로 '보편적 관점'
도 취한다는 점에서 철학적 세계사 내지는 역사철학에 이르는 하나의 '건
널목'을 의미했다.[2] 그런 점에서 이 '전문 분야' 학술 용어는 역사라는 접미
어를 달고 있었더라도 철학적 사유체계의 한 갈래로만 이해되었을 따름이
다.[3] 그러던 개념사가 20세기 중반기에 이르러서야 비로소 사회적 공론과
정치의 장에서 큰 비중을 차지하던 용어들의 발생과 그 의미변화를 밝히는
사료 해석의 새로운 방법으로 등장했으니, 철학에 매였던 역사학의 한 장

---

1 Brunner, Otto, Werner Conze and Reinhart Koselleck, eds.(1972~1997), *Geschichtliche
   Grundbegriffe : Historishes Lexikon zur politisch-sozialen Sprache in Deutschland*, 8
   vols., Stuttgart : Klett-Cotta.

2 Hegel, G. W. F.(1928), *Sämtliche Werke* 11, Stuttgart(Hermann Glockner 편집본) ; 게
   오르크 W. F. 헤겔(1982), 『역사철학 강의 I』, 김종호 옮김, 삼성출판사, p.36. 헤겔이 역
   사철학 강의에서 개념사라는 말을 처음으로 사용했다는 사실은 하나의 추정일 따름이다.
   이를테면 다른 사람이 기록했던 역사철학 강의, *Die Vernunft in der Geschichte*(1917,
   Georg Lasson 편집본)에서는 그 말을 찾을 수 없다. 아무튼 헤겔이 개념사를 직접 언급했
   더라도 그 말뜻에 큰 비중을 둔 것은 아니었을 것이다. 널리 알려졌듯이 헤겔은 위대한 개
   념의 철학 체계를 세웠지만, 그의 『역사철학 강의』에서 보는 개념사는 '성찰적 역사'의 여
   러 카테고리 가운데 그저 하나의 '전문 분야'일 따름이었다.

3 Meier, H. G.(1971), "Begriffsgeschichte," in Joachim Ritter ed., *Historisches Wörterbuch
   der Philosophie* 1, Basel ; Schwabe, pp.788~808.

르가 제자리를 잡기까지 더딘 시간을 견딘 셈이다.[4] 『역사적 기본 개념』을 기획하고 마무리한 라인하르트 코젤렉(Reinhart Koselleck)은 개념사가 찾은 새로운 좌표를 이렇게 설명한다.[5]

역사적 개념들이란 언어 바깥의 실상들을 표시할 뿐만 아니라 그 자체로서 의식 형성과 행위 조절의 요소가 된다는 점이 개념사의 기본 명제이다. 다시 말하자면 과거의 경험들을 포괄하고 미래의 기대들을 한데 묶는 개념들은 언어적 성과로서 실제 사실이나 사건의 단순한 부수 현상만은 아니다. 특히 사회적·정치적 개념들은 시대적 변화를 신호하면서 동시에 그것을 이끈다. 전통 사회의 균열이 새로운 개념 정립의 갈등을 동반한다는 점에서 개념사는 새 시대의 역사를 재구성한다는 뜻이다. 이렇듯 '근대'라는 위기의 시대에 '투쟁 개념들'이 사회적·정치적 변화를 재촉했다고 보면, 토대와 상부구조 또는 객관적 실체와 행위자 주관 사이의 단순한 환원 관계가 무너진다. 포괄적인 개념 없이는 정치적·사회적 행위 단위가 근거를 잃지만, 그 반대로 개념들은 반드시 사회와 정치의 체계에 바탕하기 때문이다. 개념사는 그렇게 한 '사회'와 그 '개념들'이 서로 겹치기도 하면서 또 따로 서는 지점을 포착하면서 일방적인 구조주의와 탈구조주의의 한계를 극복한다.

『역사적 기본 개념』은 이러한 개념사의 방법론적 명제들을 실험하고 확장하면서 역사인식론의 새 지평을 열었다. 그러는 동안 개념사 연구 경향은 바람처럼 고향의 울타리를 벗어나 지구의 곳곳으로 퍼져 나갔다. 핀

---

4 Koselleck, Reinhart(2006), *Begriffsgeschichten : Studien zur Semantik und Pragmatik der politischen und sozialen Sprache*, Frankfurt am Main : Suhrkamp, pp.9~31, pp.99~102.

5 Koselleck, Reinhart(1972), "Richtlinien für das Lexikon politisch-sozialer Begriffe der Neuzeit," *Archiv für Begriffsgeschichte* 5, pp.81~99.

개념사의 지평과 전망

란드와 네덜란드가 새로운 학술 담론의 중심을 두고 서로 다투는 가운데 저 멀리 브라질에서 이 분야 국제 포럼을 선도하는 열기가 오르기도 했다.[6] 가까이로는 일본 학계에 독일 개념사 연구 성과가 소개된 지 이미 오래이며, 중국에서도 개념과 문화 번역의 문제에 관심이 고조되는 징후가 감지된다. 어찌 한국 학계만 잠잠할 것인가. 이곳의 개념사 바람은 어디 못지않게 빠르고 뜨겁다. 한림대학교 한림과학원은 한국 개념사사전 기획을 발표한 지 수년 만에 벌써 여러 권의 항목을 간행하기 시작했다. 다른 몇몇 대학의 연구소에서도 한국이나 동아시아 근대세계를 새롭게 조명하기 위해 개념들의 역사성에 집중하는 경향이 두드러진다. 그리고 최근에는 서울에서 개념사 국제 포럼이 열리기도 했다.

이렇듯 개념사 연구가 한국 학계에서도 분명히 상승기류를 탄 듯 보이나, 그 방향을 가늠할 만한 이론과 방법론 논의는 아직 감감하다. 이 책은 하나의 작은 시작점을 놓을 수 있으리라는 기대에서 나왔다. 어떠한 명제들이 『역사적 기본 개념』의 기획과 체계 속으로 흘러들어 갔으며, 그 항목들을 관통하는 방법은 어떠한 전망을 밝히는가?

코젤렉의 제자로서 『역사적 기본 개념』의 편집에 직접 참여했던 루치안 휠셔(Lucian Hölscher)의 「개념사의 개념과 『역사적 기본 개념』」은 언어 의미론과 사회적 구조 변동의 상관관계를 질문하면서 근대세계의 정치적·사회적 변화를 성찰적으로 '번역하는' 개념사사전의 위상을 밝힌다. 그다음으로 롤프 라이하르트(Rolf Reichardt)의 글 「역사적 의미론 : 어휘통계학과 신문화사 사이」는 좀 더 색다른 의미를 지닌다. 그가 1985년부터 독일에서 출간되고 있는 또 다른 개념사전, 『프랑스 정치·사회 기본 개념

---

6 *Contributions to the History of Concept* 1 ff, 2005 ff(http://contributions.iuperj.br).

편람 1680~1820』을[7] 이끌면서 코젤렉의 방법론에 맞서고 있다는 점에서, 그의 '사회사적 의미론'이 우리에게 타산지석의 교훈을 전해 주리라 기대된다. 이어서 김학이의 「롤프 라이하르트의 개념사」는 라이하르트 개념사전의 공과를 자세히 풀어쓰면서 개념사 방법론이 더 나아갈 길을 묻는다. 프랑스의 사정을 설명하는 고원의 글 「프랑스의 담론 분석과 개념사 연구」는 '담론' 분석과 '개념' 해석 사이의 통로에 접근한다는 점에서 흥미를 더할 것이다. 나인호의 글 「개념사는 어째서 새로운가」는 '자본주의 정신'을 사례로 '새로운' 개념사 연구의 실천적인 길을 묻는다. 마지막으로 미국 학계에서 이 분야 연구 경향의 안테나 역을 자임하고 있는 멜빈 릭터 (Melvin Richter)의 글 「개념사, 번역, 그리고 상호 문화적 개념 전이」는 '상호 문화적' 번역과 전이의 지평으로 나아가는 개념사의 전망을 밝힌다. '한국 개념사 연구, 어디에서 어디로?' 이 책이 곧바로 잇지는 못했지만, 모든 필자의 바람이 담긴 질문일 것이다.

이 책은 한림대학교 한림과학원의 후원을 받아 이루어졌다. 김용구 원장님과 소화출판사에 감사드린다.

2009년 8월

필자들을 대신하여 박근갑

---

7 Reichardt, Rolf et al. eds.(1985 ff), *Handbuch politisch-sozialer Grundbegriffe in Frankreich 1680-1820*, München : Oldenbourg.

개정증보판을 내면서

　그리고 6년여 세월이 흘렀다. 그때 놓은 '작은 시작점'에 이어서 이제는
한국 개념사의 길을 말할 수 있을까?

　새로 고쳐 펴내는 이 책은 「한국 개념사의 꿈과 짐」에서 시작한다. 『역
사적 기본 개념』의 설명 모델은 한국 사례의 발견적 통로를 열 수 있을까?
이 글은 이렇게 물으면서 한국의 근대여명기를 장식했던 여러 외래 개념이
미래의 기대와 고유한 전통 요소를 함께 불러왔다는 사실에 주목한다. 낯
선 토양에 뿌리내리기 시작했던 이식 개념들이 곧바로 근대의 의미지평으
로 나아가지 않았다는 성찰 지점에서 새로운 탐색적 예견이 시작할 것이다.
이러한 과제를 이어서 「한국의 역사는 개념사의 지평을 어떻게 확장할
것인가」는 '유럽 중심주의' 개념 규정의 보편성에 의문을 제기하면서 한국
전통 개념의 작용 연관에 주목한다. 한국 개념사 연구는 서양의 지적 전통
과 대결하던 문화권과의 '연대감' 속에서 '중심의 신화'를 극복하는 지평으
로 나아갈 수 있을까? 이러한 질문은 유럽 바깥의 '잃어버린 근대성들'을
복원하여 '복수의 세계사들'을 재구성하는 하나의 실험으로 이어질 것이
다. 이와 더불어 새로운 전망을 제시하는 「일상 개념 연구」는 '거대' 의미
론에 치우친 '코젤렉 개념사'를 넘어 '작은' 일상의 문화를 구제할 만한
이론과 방법을 토론한다. 의미의 담론과 텍스트론을 비판적으로 다루는
이 글 가운데에서 또 다른 개념사의 길을 엿볼 수 있을 것이다. 이렇듯
새롭게 엮어 내는 이야기들과 더불어 한국 개념사의 지평이 더 넓어지기를
기대해 본다.

2015년 11월

필자들과 함께 박근갑

한국 개념사의 꿈과 짐

― 하나의 방법론 소고

박근갑

한림대학교 사학과 교수 역임. 저서로는 『복지국가 만들기 : 독일 사회민주주의 기원』
(2009) 등이 있고, 논문으로는 「역사·문명·진보 : 후쿠자와 유키치와 유길준의 시간 인식」
(2014), 「메이지 교육체제와 '역사'의 의미론」(2014) 등이 있다.

말안장시대

"만약 말단을 버리고 근본을 취하여 격물궁리의 학문으로부터 천하를 평정하는 방법에 이르게 되면, 그것은 곧바로 지금 구미에서 널리 성행하고 있는 학문과 같습니다. 하지만 물려받은 도는 이미 이어지지 않아서 궁리와 격물이 어떠한 것인지를 알지 못하게 되었으니, 어찌 그것을 가르칠 수 있겠습니까?" 이 말은 갑신정변의 주역 가운데 한 사람이었던 박영효 (1861~1939)가 1888년 망명지 일본에서 조선 국왕에게 올린 「건백서」 가운데 들어 있다.[1] 여기에서 그는 옛 '도'와 외래 학문을 대척점에 세우면서 새로운 시대로 향하는 개혁 과제를 구상한다. 그가 보기에 사서삼경과 제자백가서를 암송했던 우치(愚癡)의 유자들이 백성과 나라를 그르쳤으며, 바로 여기에서 아시아 여러 국가가 쇠퇴하게 된 근본 원인을 찾을 수 있다. 그러므로 이제 새로운 시대는 새로운 학문과 함께 열려야만 한다. 이러한 생각과 함께 그는 즐겨 '자유'와 '통의', '문명'과 '개화'를 말했는데, 이 용어들은 옛 고전에 쓰인 의미를 벗어나 미래의 희망을 나타내는 표현이었다. 그리고 몇 년 뒤 갑오경장의 중심에 자리하게 될 이 개혁가가 정치 · 재정 · 법률 · 지리 · 산술 · 역사 등의 '책'을 '한문 또는 언문으로 번역하여' 가르치는 신식학교의 설립을 주장했을 때, 이 또한 외래의 언어들에 스며들어 있는 계몽의 기대를 드러낸 것이었다.

---

1 박영효(1982), 「內政改革에 대한 建白書」, 歷史學會 編, 『韓國史資料選集 Ⅴ : 最近世 篇』, 일조각, pp.49~67.

박영효의 개혁 구상에서 중심을 이루는 새 용어들은 대부분 일본 토양에 뿌리내린 신조어들이다. 원래 서양의 근대를 구성했던 그 이식언어들은 근대형성기 한국 지식사회와 접합하면서 어떠한 시대적 정당성을 표상하는가? 이러한 질문은 개념사의 인식론과 맞닿을 수 있다. 개념이란 지칭하는 언어와 그 대상 사이의 유동적이고 모호한 관계 속에서 생성된다. 시대에 얽힌 논쟁점, 다툼 가운데 있는 미래사회상, 과거로부터 이어지는 사회구성의 내용이 그 안에 들어 있다. 오늘날의 개념사는 그러한 언어들과 환경이 서로 얽히는 작용 연관 속에서 새로운 시간의 의미를 읽는다. 이로부터 지나간 경험공간과 미래의 기대지평 사이에 언어적 존재 방식의 불균형이 나타난다는 점이 밝혀진다. 즉 경험과 기대 사이의 간격이 점점 벌어지는 가운데 시대의 변화를 지시하면서 이끌고 가는 개념 작용이 정치적·이념적 위기를 불러온다. 새로운 의미의 용어들이 미래의 도전으로 나아가는 그 시점이 곧 근대이다.[2]

　　개념사가 추적하는 역사적 시간의 의미는 이러한 긴장 관계에서 비롯한다. 그 방법론의 기념비를 세운 라인하르트 코젤렉(Reinhart Koselleck, 1923~2006)은 이렇게 설명한다. "단절 없이 어떤 하나가 다른 무엇으로 바뀔 수는 없다."[3] 이러한 인식 관심으로부터 개념사의 목표가 뚜렷이 드러난다. 새로운 개념 정립의 갈등을 동반하는 전통사회의 균열 가운데에서 '미래 기대의 새로움'을 찾는 과제가 곧 그것이다. 그 중심에 수많은 전망 개념의 의미론이 자리한다. 유럽의 사례로 보자면 진보, 역사, 자유, 혁명, 공화국, 민주주의, 해방, 국가, 헌법 등의 용어들이 '새로운 시간(die neue Zeit)' 곧 '근대(die

2　박근갑(2012), 「'근대'의 의미론 : 라인하르트 코젤렉(Reinhart Koselleck)과 한스 블루멘베르크(Hans Blumenberg)」, 『개념과 소통』 제9호, pp.117~145.
3　Koselleck, Reinhart(1979), *Vergangene Zukunft : Zur Semantik geschichtlicher Zeiten*, Frankfurt am Main : Suhrkamp, p.357.

Neuzeit)'를 신호하면서 추동하는 힘을 나타낸다. 대체로 18세기 중엽부터 시작하는 그 기간에 과거에서 유래하는 시간경험들은 미지의 기대와 충돌한다. 그렇듯 이미 프랑스혁명의 격동 이전에 시대적으로 형성된 개념들이 '새로운 시간적 변화계수'를 드러낸다. 그때부터 사람들은 옛 시간을 돌이켜 보면서 한 시대의 끝자락을 의식하기보다는 바로 '지금'에서 자기 존재를 지각하게 되었으며, 곧바로 그 시간의 지식을 새로운 개념으로 이끌 수 있었다. 이른바 '말안장시대(Sattelzeit)'가 열린 것이다.[4] 바로 그 시작점에서 고전적인 상투어들이 심각한 의미 변화를 겪는 한편, 신조어들이 한꺼번에 등장하면서 본격적인 '개념투쟁'이 시작되었다.[5]

근대의 형성기에 이르러 경험과 기대 사이의 균열을 표상하던 여러 용어 가운데 무엇보다도 시간성(Verzeitlichung) 개념들이 유별난 의미를 지닌다. 그것들이 서로 유기적으로 움직이는 언어 그물의 중심에 있었기 때문이다. 이전과 이후를 뚜렷이 가르는 역사 개념이 하나의 사례이다. 그 새로움은 어떻게 나타났을까? 늦어도 18세기 후반에 이르면 어떠한 소유를 지시하는 보어 없이 단수 집합명사의 지위에 오르는 '역사 자체', 또는 '역사일반'의 표현이 쓰이기 시작한다. 이러한 '개별 언어의 메타언어라는 속성을 바탕으로'[6] 사색적이며 본질적인 역사 개념이 탄생할 수 있었다. 이

---

4 나인호(2011), 『개념사란 무엇인가 : 역사와 언어의 새로운 만남』, 역사비평사, pp.119∼ 166 ; 이진일(2011), 「개념사의 학문적 구성과 사전적 기획 사이에서 :『코젤렉의 개념사 사전』을 중심으로」, 『개념과 소통』 제7호, pp.135∼162 ; Joas, Hans and Peter Vogt eds. (2011), *Begriffene Geschichte : Beiträge zum Werk Reinhart Kosellecks*, Berlin : Suhrkamp ; 박근갑(2009), 「'말안장시대'의 운동 개념」, 박근갑 외, 『개념사의 지평과 전망』, 소화, pp.31∼59.

5 Koselleck, Reinhart(2003), *Zeitschichten : Studien zur Historik*, Frankfurt am Main : Suhrkamp, pp.302 ff.

6 박여성(2012), 「개념사 연구 : 역사서술과 언어학의 상호작용」, 『개념과 소통』 제9호, pp.33∼90.

새로운 의미의 용어는 복잡한 현실과 경험 들을 보편적 연쇄 관계 속으로 수렴하면서 점점 추상화되었다. 이를테면 1780년대 독일의 어느 계몽철학자는 이렇게 표현했다. "우리가 그것을 보편적으로 관찰한다면, 역사 자체(Geschichte selbst)는 우리에게 이지적이고 도덕적이며 사회적인 모든 본질의 관계들을 훌륭하게 이해하는 지침을 준다."[7] 오늘날 개념사 연구가 새롭게 밝힌 역사는 이러한 추상성과 보편성의 지평에서 역사철학과 동반했으며, 진보라는 운동 개념과 함께 앞으로 나아가는 시간의 질을 지시했다.[8] 진보는 더 나은 것 내지는 완전함으로 나아가는 미래의 기대를 드러내는 표현이다. 그러므로 진보가 지시하는 시간은 미지의 영역이다. 개개 특이한 현상들과 일치할 수 없던 그 용법과 함께 유럽 근대를 성찰한 역사철학의 위치가 되살아났다. 그 말은 말안장시대의 시작점을 그와 맞닿아 있던 과거로부터 분리하면서 새로운 미래를 열었다. 진보는 또한 문명이라는 시대적 가치 개념에 역동성을 부여하면서 유럽적 자의식을 상징했다.[9] 그 어근 가운데 시민의식과 정치공동체 요소를 담고 있는 문명 또한 인간과 사회의 발전을 표현한 시대적 운동 개념이었다. 19세기 프랑스 역사학자 프랑수아 기조(François Guizot, 1787~1874)의 유럽문명사 저술에서 이런 말을 읽을 수 있다. "진보, 곧 발전이라는 사고방식은…… 문명이라는 말 가운데 내포된 근본적인 관념이다."[10]

---

7 Wegelin, Jakob(1783), *Briefe über den Werth der Geschichte*, Berlin, p.24. Koselleck, Reinhart et al.(1979), "Geschichte, Historie," in Otto Brunner, Werner Conze and Reinhart Koselleek eds., *Geschichtliche Grundbegriffe : Historisches Lexikon zur politisch-sozialen Sprache in Deutschland* 2, Stuttgart : Klett-Cotta, p.650에서 재인용.

8 Koselleck, Reinhart(1979), 앞의 책, pp.300 ff.

9 외르크 피쉬(2010), 『문명과 문화』, 안삼환 옮김, 푸른역사, pp.12 ff.

10 Guizot, François M.(1838), *Histoire générale de la civilisation en Europe, depuis la chute de l'empire romain jusqu'a là Révolution française*, Bruxelles : Langlet et Comp., p.13.

간추려서 보자면 오늘날 개념사의 인식론은 경험공간과 기대지평 사이의 긴장 관계를 암묵적으로 인정한다. 그 전제에서 구성되는 말안장시대는 근대를 미래 지향의 이성이 실현되는 시간으로 규정한다. 따라서 그 가운데에는 이미 제도화된 가상세계가 들어 있다. 그것은 곧 하나의 형식적 범주로서 역사적 현상에 가까이 다가가려는 역사가의 성찰에 기여한다. 이러한 메타 규정은 개별 사례들과 어떠한 관계를 맺는가? 이 질문은 현대 개념사의 인식론 명제를 하나의 이상형(Idealtypus)으로 불러내는 실험이다. 그 방법론을 세운 막스 베버(Max Weber)는 이렇게 설명한다. "이상형은 하나 또는 몇몇 관점을 한쪽으로 치우쳐 보이게 북돋우고, 이렇듯 한 방면에서 두드러지는 관점에 따를 만한 개별 현상들, 곧 곳에 따라 더 많이 또는 더 적게 흩어져 존재하거나 어떤 곳에는 전혀 존재하지 않는 개별 현상들을 하나의 조화로운 사유상(Gedankenbild)으로 통합하여 구성된다. 이 사유상은 개념적 순수성으로 볼 때 현실의 어느 곳에도 경험적으로 존재하지 않는다. 그것은 하나의 유토피아이다. 그리고 개개의 사례에서 실상이 이러한 이념상에 얼마나 가까운지 또는 멀리 떨어져 있는지를 밝혀내는 것이 역사 연구의 과제이다." 말하자면 이러한 이상형은 하나의 가상 모델일 따름이다. 그러므로 그것은 역사적 현실이 거기에 하나의 사례로 편입되어야 할 도식으로 작용할 수 없으며, 다만 현상을 묘사할 때 필요한 가설을 직접 제공하기보다는 가설을 구성하는 방향 설정에 도움을 준다. 역사 연구의 가상 명제가 이러한 실용성에서 멀어진다면, 이상형은 새로운 인식 관심에 따라 수정되어야 하는 것이다.[11]

말안장시대는 한국 근대의 언어적 성과를 추적할 만한 하나의 가상 모

---

11 Weber, Max(1982), *Gesammelte Aufsätze zur Wissenschaftslehre*, Tübingen : J.C.B. Mohr, pp.146~214, 특히 인용문은 p.191.

델이 될 수 있을까? 박영효의 사례에서 보듯이 이른바 문명개화의 선구자 대부분은 일본의 토양에 적응한 서구의 전망 개념들로써 미래로 향하는 시대적 열망을 표현했다. 그 이식언어들은 원래 태어난 곳에서 근대를 지시하면서 이끌고 간 중심 개념들이었다. 개념사가 지나간 경험 층상과 미지세계의 열망 사이에서 새로운 의미론으로 형성되는 균열 지점을 발견하는 과제에 집중한다는 점에서, 한국의 사례들을 질문하는 '발견적 방법'이 열릴 것이다. 우선 개화파 지식인들이 새로운 국가와 사회의 전망을 사유하면서 낯선 용어들을 배치하는 가운데 의미론투쟁을 예고했다는 사실에 주목할 만하다. 이는 곧 '새로운 시대'라는 이념상의 지평을 예고한다. 여기에서 그러한 가상의 모델과 실제 사례들 사이의 거리가 가늠될 수 있을 것이다. 이러한 인식 범주의 바탕에서 한국 개념사 연구는 피할 수 없는 질문에 부닥친다. 일본식 번역 용어들이 한국 지식사회와 접합하는 과정에서 어떠한 소통행위가 발생하는가? 이 질문은 한국 근대의 시간 현상을 표상하는 의미론의 뿌리를 먼저 외부세계에서 추적해야만 하는 과제를 지시한다. 유럽의 낯선 언어들이 일본의 계몽사상과 접목하는 과정이 그 출발점을 이룰 것이다.

문명의 길

후쿠자와 유키치(福澤諭吉, 1835~1901)는 일본의 계몽시대를 상징하는 인물이다.[12] 그가 미국과 유럽 여러 나라를 두루 여행한 뒤 1870년에 완성

---

12 박근갑(2014b), 「역사·문명·진보 : 후쿠자와 유키치와 유길준의 시간 인식」, 『사총』
    제83권, pp.169~201, 특히 2. 후쿠자와 유키치 : 문명과 제국 사이(pp.174~184).

한 『서양사정』은 그 어느 저술보다 다가올 시간의 기대를 생생하게 드러낸 작품이다. 이 책에서 그는 다음 저술에서 구성하게 될 '문명론'을 이렇게 예비했다. "역사를 살펴보건대 인생은 망매에서 시작하지만 차츰 문명개화로 향해 나아간다." 여기에 등장하는 두 가지 중심 개념 곧 '역사'와 '문명개화'는 각각 history와 civilization을 옮긴 말로서, '유신'과 '개국'에 즈음한 일본의 현실을 서구의 사회제도와 정치 원리에 비추어 보면서 개혁의 관심을 이끌어 내는 용법이다.[13] 중국의 옛 문헌에서 비롯한 그 번역어는 일본에서도 이미 메이지시대 이전에 쓰이던 말들이었다. 거기에 짝하는 유럽의 원어는 앞에서 보았듯이 '근대'의 시간경험에 밀착한 운동 개념이었다. 이로부터 후쿠자와의 글쓰기에 담긴 중첩 과제를 짐작할 만하다. 우선 유럽의 시대적 언어를 일본식 계몽의 수사법으로 바꾸는 실험이다. 이와 더불어 옛 이념체계에 맞닿아 있는 전통의 언어를 지금 '시세'에 맞도록 옮겨 전달하는 일이다. 이러한 점은 출발언어와 도착언어가 각각 지시하는 의미 영역의 혼성 상태를 시사한다.

먼저 '역사'의 사례를 보자. "무릇 각국의 정치 풍속을 살펴보기 위해서는 그 역사를 읽는 것보다 나은 것이 없다."[14] 『서양사정 초편』의 머리말에 실린 이 설명처럼, 후쿠자와는 즐겨 역사를 본받아야 할 서구문명의 길잡이

---

13 이 인용문이 들어 있는 『서양사정 외편(西洋事情 外編)』(1867)은 영국인 체임버스 형제가 1852년에 펴낸 경제학 교재[Chambers, William and Robert Chambers eds. (1852), *Political Economy, for Use in School, and for Private Instruction*, Edinburgh : W. and R. Chambers]의 전반부를 번역한 내용이다. 이 가운데 'civilization'이 하나의 장으로 들어 있으며(pp.6~8), 그 첫 문장은 이렇게 시작한다. "It is shewn by history that nations advance from a barbarous to a civilised state"(p.6). 후쿠자와는 여기에 나오는 history를 '歷史'로, 그리고 a civilised state를 '文明開化'로 옮겼으며, 이 장 표제 civilization을 '世の文明開化'라고 번역했다[福澤諭吉(2004a), 『福澤諭吉著作集 第1卷 西洋事情』, 東京 : 慶應義塾大學出版會, p.94].

14 福澤諭吉(2004a), 앞의 책, p.10.

로 내세웠다. 일본 '개국'의 시점에 이미 자리 잡고 있던 번역어 덕택에 그러한 표현이 가능했다. 1862년 최초의 영어 번역 사전으로 나온 『영화대역 수진사서(英和對譯袖珍辭書)』에서 history 항목을 찾을 수 있는데, 그 말은 '歷史'와 짝하고 있다.[15] 이 한자 조어는 중국 고전 사서에서 드물게 쓰인 것으로 보인다.[16] '역대의 사서'를 의미하던 그 말은 우연히 1606년 명의 원황(袁黃)이 편찬한 『역사강감보(歷史綱鑑補)』의 제목에 올랐으며, 간분(寬文) 3년(1663) 이 책과 더불어 역사의 이름 또한 일본에 전해졌다.[17] 에도 시대 초반기 도쿠가와 관학의 중심에 섰던 하야시 가호(林鵞峰, 1618~1680)는 일본에서 처음으로 역사를 말한 인물로 알려져 있다.[18] 1670년 그의 수찬으로 『본조통감(本朝痛鑑)』이 나왔을 때, 사마광의 『자치통감』을 이끌었던 감계 이념이 그 방대한 사서의 표본이었다. 따라서 그가 호명했던 역사는 곧 바쿠후 무가정치에 중국식 정통의 정당성을 부여하는 하나의 명분론과 다름없었다.[19] 에도 중반기에 이르면 이러한 역사의 의미에 미미한

15　石塚正英・柴田隆行 監修(2004), 『哲學・思想飜譯語事典』, 東京 : 論創社, p.291.

16　양(梁)의 소자현(蕭子顯, 487~537)이 찬술한 『남제서(南齊書)』「열전 제21 무십칠왕(武十七王)」 가운데에서 '歷史'의 용례를 찾을 수 있는데, 그 말은 아름다운 교훈을 전하는 누대의 사서를 지칭하는 것으로 보인다("昔閔榮伏痍, 愴動墳園, 思荊就辟, 側懷丘墓. 皆兩臣孿結于明時, 二主議加于盛世, 積代用之爲美, 歷史不以云非"). 이처럼 역사가 등장하는 표현 방식은 중국 정통 사서에서 매우 이례적이다.

17　鈴木貞美(2007), 「日本における〈歷史〉の歷史 : ひとつのプロブレマティクとして」, 『日本硏究』 第35集, pp.357~403.

18　일찍이 『역사강감보(歷史綱鑑補)』를 읽은 그가 1660년 동생에게 보낸 편지에서 당나라 유지기(劉知幾, 661~721)의 『사통(史通)』을 비판하는 가운데 이런 말을 남겼다. "고금을 깊이 생각하고 역사의 가부를 논한다. 증거가 명백히 있지만 굳이 결점을 찾으려고 한다." 여기에서 말하는 '역사'는 '중국 역대의 사서'를 의미한다[佐藤正幸(2004), 『歷史認識の時空』, 東京 : 知泉書館, p.4].

19　그는 중국 고전의 감계 이념이 일본의 역사서술에도 적용되어야 한다는 점을 이렇게 표현했다. "『시경』에서 이르기를 은나라가 본뜰 거울(鑑)이 멀리 있지 않고 바로 하나라 임금들의 치세에 있다고 한다. …… 사람들은 마땅히 옛일을 거울삼아야 한다. 무엇 때문에 반드시 중국뿐이겠는가. 우리나라 또한 당연히 그러해야 할 것이다"[小澤榮一(1974),

균열이 발생한다. 이를테면 고분지가쿠(古文辭學)운동의 중심에 섰던 오규 소라이(荻生徂徠, 1666~1728)는[20] 다음과 같은 말과 더불어 전통 성리학의 세계관에서 벗어나는 길을 예고한다. "견문이 넓어져 사실에 다다르는 것을 학문이라고 하기에, 학문은 역사에서 궁극에 이른다." 이러한 표현과 함께 '고금의 사적(事跡)'을 무게 있게 여기는 사유 양식의 변화가 나타나며, 역사는 비로소 사실을 추구하는 '넓은' 학문이 되어 공허한 도리나 경학의 대안으로 등장한다.[21] 이러한 수사법 덕택으로 역사에 늘 따라붙던 감계 이념의 색채는 점차 엷어졌다. 말하자면 서양의 역사서도 그 의미 연관 안으로 들어갈 수 있도록 의미의 범주가 넓어지기 시작한 것이다.[22]

역사는 차츰 그렇게 '시대'의 학문으로 거듭날 수 있었다. 후쿠자와는 『서양사정』에 이어 펴낸 『학문의 권장』에서 지리학, 궁리학, 경제학 등의 '실학'과 함께 앞서 나간 문명을 기대의 장으로 이끌게 될 역사의 과제를 이렇게 설명했다. "서양문명의 역사를 한번 읽어 보자. …… 앞질러서 1800년 대 대목을 열어 그 역사를 보면 누구든 장족의 진보에 놀라지 않을 수 없을 것이다."[23] 이처럼 후쿠자와 유키치의 초반기 저술에서 자주 역사와 어울려 계몽의 시대적 정당성을 표상하던 '문명' 또한 중국 고전에서 흔히 쓰이던 말이다. '문채의 밝음으로써 굳건하고 치우침 없이 올바름으로 만사에 응하는 것이 군자의 도리'라고 밝히는 『역경』의 설명이 하나의 사례이다.[24]

『近世史學思想史研究』, 東京 : 吉川弘文館, p.235에서 재인용].

20 丸山眞男(2011), 『日本政治思想史研究』, 東京 : 東京大學出版會, pp.71 ff.

21 荻生徂徠(1965), 「徂徠先生答問書 上」, 井上哲次郎・蟹江義丸 編, 『日本倫理彙編 6』, 京都 : 臨川書店, pp.144~160, 특히 인용문은 p.153.

22 박근갑(2014a), 「메이지 교육체제와 '역사'의 의미론」, 『史林』 제49권, pp.344~346.

23 福澤諭吉(2012), 『福澤諭吉著作集 第3卷 學問のすすめ』, 東京 : 慶應義塾大學出版會, p.101.

24 『易經』 「同人卦」 : "文明以建 中正而應 君子正也."

이러한 덕치의 원리는 일본에 '훌륭함'과 '멋있음'의 의미를 전한 것으로 보인다. 문명은 그런 뜻에서 무로마치(室町)시대(1336~1573)에 1469년부터 약 19년 동안 연호로 쓰이기도 했을 것이다.[25] 후쿠자와는 문덕과 지혜가 밝게 빛난다는 이 고전적 용어에 에도시대 이래로 '열리다'라는 뜻으로 쓰인 일상어 히라케루(開ける)를 합성하여 문명개화라는 번역어를 창안한 것으로 보인다. 문명, 그리고 때로는 개화와 구별 없이 쓰인 이 말은[26] 낯선 civilization과 짝하면서 온 인류의 목적과 방향을 지시하는 시간 개념으로 거듭나게 되었다.

후쿠자와 유키치가 영어 책에서 읽은 그 원어의 출발점은 시민을 뜻하는 라틴어 키비스(civis)이다. 여기에서 형용사 키빌리스(civilis)가 파생하는데, 이 말은 '정치적인·시민다운' 또는 '예의 바른'과 같은 의미를 지니는 그리스어 πολιτικός의 번역어이기도 하다. 18세기 중엽에 하나의 시대적 조어로 등장한 civilisation(프랑스어)이나 civilization(영어)이 야만성과 조야성에 반대하는 어떤 활동, 어떤 사건의 경과, 어떤 상태의 의미를 지니는 가치 개념으로 발전하게 된 배경에는 그 어원이 지니는 정치공동체 요소와 밀접한 관련을 지닌다고 볼 수 있다.[27] 이 줄기에서 이 말은 19세기 초반에 이르면 '진보'와 밀접하게 얽히면서 운동 개념의 중심에 설 수 있

---

25 니시카와 나가오(2006), 『국경을 넘는 방법 : 문화·문명·국민국가』, 한경구·이목 옮김, 일조각, p.189.

26 후쿠자와는 초반기 저술에서 문명과 문명개화를 번갈아 쓰면서 그 뜻을 구별하지 않았으며, 같은 의미로 개화를 말하기도 했다[박양신(2008b), 「근대 초기 일본의 문명 개념 수용과 그 세속화」, 『개념과 소통』 제2호, p.38].

27 civis에 어원을 둔 civilis 또는 civilitas(공동체의 나아갈 길)로부터 16세기 후반에 '교화하다'는 뜻의 프랑스어 동사 civiliser가 나타나며, 18세기 중엽에 그 명사형 조어 civilisation이 생겨났다. 영어에서는 17세기에 to civilise라는 동사 표현과 함께 '문명화한 상태'라는 의미의 civility가 나타났다. 19세기 중엽 이래 넓게 쓰인 civilization은 이러한 17세기 영어 표현에서 유래했거나 프랑스어 civilisation의 번역어로 나타난 것으로 보인다[외르크 피쉬(2010), 앞의 책, pp.59 ff].

었다.[28] 후쿠자와가 이러한 언어사적 유래를 속속들이 알고 있었다고 속단할 수는 없겠지만, 문명이란 인류가 야만의 상태로부터 벗어나 점차 더 나은 생존 환경으로 나아가는 진보의 과정이라는 점을 잘 이해하고 있었던 것으로 보인다. 그는 일찍이 『서양사정』을 기술하면서 진보의 의미를 이렇게 풀이했다. "역사를 살펴보건대 정치의 연혁은 때때로 고장이 없을 수 없겠지만 연대의 흐름에 따라 차츰 선으로 향해 나아가게 된다."[29] 이때 그에게 진보란 유럽의 범례를 좇아야 하는 계몽의 다른 이름이었다.[30] 이러한 사유방식의 연장선에서 그가 획기적인 『문명론의 개략』을 펴냈을 때, 문명은 야만과 그다음의 반개(半開)와 구별되는 단계로서 인류가 거쳐 가야만 하는 진보의 '연령'을 의미했다. "문명이란 사람의 몸을 안락하게 만들면서 마음을 고상하게 해주는 것을 일컫는다. ……그 안락이라든가 고상이라는 것이 바로 진보하는 시간의 상태를 가리키는 무엇이라면, 문명이란 사람의 안락과 품위로 향해 가는 진보를 일컫는 말이다. 또한 사람의 안락과 품위를 베풀어 주는 것은 사람의 지덕인 까닭에 문명은 결국 인간 지덕의 진보라고 말할 수 있을 것이다."[31]

후쿠자와는 이러한 '문명의 본지'에 따라 '변통과 진보의 원리'를 깨우치게 될 새 학문을 기대했다. "연년세세 삶은 거듭하면서 차츰 성대하게 발전

28 외르크 피쉬(2010), 앞의 책, pp.150 ff.

29 福澤諭吉(2004a), 앞의 책, p.138.

30 마루야마 마사오(2007), 『〈문명론의 개략〉을 읽는다』, 김석근 옮김, 문학동네, pp.96 ff. 진보 또한 중국 고전에서 읽을 수 있는 말이다. 이를테면 주희는 격물치지란 "배우는 자가 입신하여 진보할 수 있는 요령"이라고 설명할 때 그 표현을 썼다(양일모(2014), 「진보 개념의 기원과 전개 : 개항기에서 식민지 시기까지」, 일송기념사업회 편, 『좌·우파에서 보수와 진보로 : 보수·진보의 개념과 역사적 전개』, 푸른역사, p.67에서 재인용). 후쿠자와는 이러한 고전적 용례보다는 과거와 미래가 서로 다른 역사적 시간 차원이라는 성찰을 이끈 근대적 progress의 의미 내용을 상당 부분 수용하고 있다.

31 福澤諭吉(2004b), 『福澤諭吉著作集 第4卷 文明論之槪略』, 東京 : 慶應義塾大學出版會, pp.61~62.

한다. 1백 년이 지난 옛일을 돌이켜 보면 조잡하고 무식해서 가소롭게 여길 만한 것이 많은데, 그러니 문명이 진보하고 학문이 발전했다고 말할 수 있다."[32] 그 진보의 원리는 현재를 기점으로 이전과 이후를 가르는 시간의 식에서 비롯한다. 후쿠자와 유키치는 문명론의 기준을 논하는 자리에서 이렇게 힘주어 말했다. "지금의 시간에 당면하여 앞으로 나아갈 것인가, 뒤로 물러설 것인가, 나아가 문명을 따를 것인가, 물러나 야만으로 되돌아갈 것인가라는 진퇴의 두 글자만이 있을 따름이다."[33] 그는 그렇게 문명의 길로 나아가는 시작점에서 자기 존재를 의식하게 되었으며, '지금' 서 있는 그 지점에서 낡은 원리들을 뿌리치고 미래의 국민국가를 꿈꾸었다. 이러한 변화의 전망에서 '계획의 지평'이 열렸다면, 그의 역사 또한 지나간 경험세계를 넘어서는 시간 개념으로 향해 갔을까? 후쿠자와가 말하는 역사는 가장 넓은 의미의 장으로 나아가더라도 기록 저편의 사실을 어렴풋이 지시할 따름이다. 그러므로 그 표현에서 스스로 움직이는 시간의 고유성은 선명하게 드러나지 않는다. 말하자면 후쿠자와 유키치의 사유 방식은 유럽 계몽철학의 보편성 인식세계와는 달리 '역사 일반'의 성찰에 이를 수 없었다. 그는 문명론을 마감하는 대목에서 이렇게 말했다. "지금의 일본 사람을 문명으로 나아가게 하는 것은 오직 나라의 독립을 보전하기 위함뿐이다. 그러므로 나라의 독립은 목적이며, 국민의 문명은 이 목적을 달성하기 위한 수단이다."[34] 이렇듯 그가 굳건히 서고자 했던 지점은 바로 '지금의 일본'이었다. 따라서 그의 '문명론'에서 보편적인 진보의 지평으로 향하는 발걸음은 머뭇거릴 수밖에 없었다.

---

32 福澤諭吉(2004b), 앞의 책, pp.259 ff.
33 福澤諭吉(2004b), 앞의 책, p.20.
34 福澤諭吉(2004b), 앞의 책, p.330.

후쿠자와 유키치의 계몽사상은 원래 천부인권에서 출발한 것이었다. 이 원리에 따라 그는 '한 몸이 독립하여 한 나라의 독립'을 이룩할 수 있다는 명제를 말할 수 있었다.[35] 이 두 가지 계몽 과제를 하나의 선상으로 엮어주는 끈이 곧 문명인데, 이러한 인식체계는 역사라는 '실학'에서 나온 것이다. 후쿠자와는 문명론을 마감하면서 스스로 이렇게 묻는다. 문명의 길은 '영원 고상의 극'으로 향해 나아가야 하는가? 그렇게 되려면 그의 역사는 '일용'의 학문에서 벗어나 시간을 통해 이루어지는 진보의 철학으로 상승해야 할 것이다. 그러나 그의 대답은 '오늘날 세계의 모습'에 매여 있었다. "우선 일본이라는 나라와 일본의 인민이 살아남고 나서야 그 문명을 말할 수 있는 것이다. 나라도 없고 사람도 없다면 그런 것을 일본의 문명이라고 말할 수 없다."[36] 후쿠자와 유키치가 그렇게 '지금' 당면한 위기에 답하면서 국가주의로 선회했을 때, 보편적인 문명의 길은 그의 시야에서 사라지고 말았다. 그가 서둘러 서구식 국가체제에 편승하기 위해 찾았던 '탈아입구(脫亞入歐)'의 길은 결국 제국주의의 물결이었다.[37]

후쿠자와의 역사는 그렇듯 일본의 토양에 뿌리내리기 시작하던 문명 개념의 배양소로 작용할 수 있었지만, 스스로 움직이는 시간의 차원으로 나아가 '완전한' 진보와 결합할 수는 없었다. 말하자면 그의 역사는 보편적인 메타언어로 상승하지 못한 채 지나간 경험 지층에 머물고 말았다. 그의 시대 인식이 그러한 글쓰기 방식을 이끌었을 것이다. 『문명론의 개략』에 흥미로

---

35 福澤諭吉(2012), 앞의 책, p.6, p.27.
36 福澤諭吉(2004b), 앞의 책, p.331.
37 福澤諭吉(1960c), 「脫亞論」, 慶應義塾 編纂, 『福澤諭吉全集 10』, 東京 : 岩波書店, pp.238~240 ; 姜尙中・齋藤純一・杉田敦・高橋哲哉(2002), 『思考をひらく』, 東京 : 岩波書店 ; 고야스 노부쿠니(2007), 『후쿠자와 유키치의 『문명론의 개략』을 정밀하게 읽는다』, 김석근 옮김, 역사와비평사 ; ひろた まさき(1976), 『福澤諭吉研究』, 東京 : 東京大學出版會.

운 설명이 들어 있다. "문명이란 영어로 시비리제이션(シウ牛リゼイション)이라고 한다. 곧 라틴어 시비타스(シウ牛タス)에서 유래한 것으로 國이라는 뜻이다. 따라서 문명이란 인간 교제가 점차 개선되어 좋은 방향으로 나아가는 상태를 형용하는 말인데, 야만무법의 독립에 反하여 一國의 體裁를 이룬다는 뜻이다."[38] 이 글귀는 프랑수아 기조의 『유럽문명사』를 영어로 옮긴 헨리(Caleb Sprague Henry)가 문명의 성격을 논하는 원서의 설명에 하나의 교주로 붙인 내용을 일본의 토양에 알맞도록 발췌하여 다시금 가공한 것이다. 여기에서 이 번역자는 여러 사회적 환경이 얽혀 문명으로 향하는 '개선'이 이루어진다고 하면서, 라틴어 키비타스(civitas)에서 유래한 state가 '사회의 정치적 조직으로서' 가장 중요한 자리에 위치한다고 밝혔다.[39] 프랑스어 원문에서 읽는 문명의 의미는 이러한 번역자의 해설과 사뭇 다르다. 기조는 유럽의 문명화과정의 역사에서 두 가지 중요한 '발전'의 요소를 발견한다. 그것은 첫째로 '서민 생활의 완성'이다. 그것은 '보다 정확하게 말하자면 사회의 발전, 곧 인간관계의 발전'이다. 이와 더불어 '개인 생활과 내적 생활의 발전, 곧 인간 자신과 그의 능력, 감정, 생각의 발전'이 문명의 '진보(progrès)'를 표상한다.[40]

후쿠자와 유키치가 문명이란 '인간 지덕의 진보'라고 했을 때,[41] 그 말은 기조의 의미 연관에 이어져 있다고 봄 직하다. 그렇지만 그의 시선은 아직 사적(civil) 영역의 '개인'과 '시민'에 다가갈 수 없었다. 아마도 그는 이보다

38 福澤諭吉(2004b), 앞의 책, p.58.
39 Guizot, François M.(1870), *General History of Civilization in Europe, from the Fall of the Roman Empire to the French Revolution*, C. S. Henry trans., New York : D. Appleton and Co., p.18.
40 Guizot, François. M.(1838), 앞의 책, pp.13~15.
41 福澤諭吉(2004b), 앞의 책, p.62.

개념사의 지평과 전망

사회의 발전을 주로 '정치적 조직'으로 이해하는 번역자의 해설에 더 많이 기울었으며, 이 줄기에서 state를 일본 전통의 國으로 옮겼을 것이다. 그의 사유 양식 밑바탕에 국가주의 요소가 뿌리 깊게 깃들어 있었다고 짐작할 만하다. 그는 이미 일찍부터 부국강병의 '대국'을 모범으로 일본의 미래를 내다본 인물이다. 1869년에 나온 계몽의 교재『장중만국일람(掌中萬國一覽)』에서, "오늘날 유럽에서 대국이라고 말하는" 영국·프랑스·오스트리아·프러시아·러시아 등 다섯 나라가 "서로 위력을 펼치는 가운데 문을 닦고 무를 강구하며, 밖으로는 무역을 일로 삼고 안으로는 농공에 힘써 전 세계 문명개화의 중심이라고 말할 만하다"는 설명을 읽을 수 있다.[42] 이러한 생각은 한 청년 계몽주의자를 일깨웠던 천부인권의 원리와 긴장 관계에 설 수밖에 없었다.『문명론의 개략』에서 절정에 다다른 국민 형성의 기대는[43] 패권주의 열망 속에서 사그라질 운명을 타고난 것이었다. 그러므로 1881년 9월에 나온『시사소언』은[44] 우연한 작품이 아니었다. 후쿠자와사상의 역사적 성격을 밝힌 히로타 마사키의 표현처럼 서양식 국회 개설을 청원하는 민권운동의 여파로 정국이 요동하던 바로 그때, '일본 계몽주의'는 '결정적인 조락'을 맞이했다. 이 글에서 후쿠자 유키치는 대외적 위기를 빌미로 천부인권론과 민권정치에 종언을 고했다. 이어서 그는 아시아 동쪽에 영국과 같은 제국주의국가가 등장하기를 바라면서 강력한 군비를 갖추는 일본의 '내안외경(內安外競)'을 강조했다.[45] 그리고 드디어 역사와 문명을

---

42 福澤諭吉(1960b),「掌中萬國一覽」, 慶應義塾 編纂,『福澤諭吉全集 2』, 東京：岩波書店, p.473.
43 마루야마 마사오(2007), 앞의 책, pp.154 ff.
44 福澤諭吉(1960a),「時事小言」, 慶應義塾 編纂,『福澤諭吉全集 5』, 東京：岩波書店, pp.95~231.
45 ひろた まさき(1976), 앞의 책, pp.200 ff.

진보와 더불어 하나의 지평에 배치하는 후쿠자와 방식의 글쓰기도 여기에서 끝났다. 그가 온 필력을 다해 민권을 외치는 국민운동에 맞섰을 때, 미래의 시간을 선취하는 '인민의 지력'은 더 이상 그의 인식체계 안에 머물 수 없었을 것이다. 이처럼 '패도'의 국가주의로 기울고 만 문명론은 근대형성기 한국 지식사회에 어떠한 영향사적 파장을 남겼을까?

보편의 세계

박영효가 「건백서」를 올리기 몇 해 전에 있었던 일이다. 1881년 6월 10일 일본의 어느 신문은 한국 유학생이 처음으로 건너왔다는 기사를 이렇게 전했다. "요전에 도일한 조선인 유길준(25), 유정수(26) 이들 두 명은 대단히 분발하여 그저께 미타(三田)의 게이오의숙(慶應義塾)에 입숙했다. ……그들은 우선 일본어를 학습하고 번역서를 얻어 읽은 후 서양 서적을 강구할 생각으로 수학(修學)에 열심을 다하는 모양이다. 지금까지 일본에 일본 부인이 낳은 외국인 아이는 많이 입숙했지만, 순수한 외국인이 입숙한 것은 이 두 명이 효시이다."[46] 그해 1월 신사유람단 수행원으로 일본을 방문했던 유길준과 그 동료는[47] 그렇게 후쿠자와 문하에서 유학 생활을 시작했으며, 서구의 신식 학문을 배우기 위해 먼저 일본어를 배운 뒤 '번역서를 얻어' 읽어야 했다. 이들은 그 덕택에 외래 용어들을 직접 번역하는 수고를 겪지

46　『郵便報知新聞』1881. 6. 10. 황호덕(2005), 『근대 네이션과 그 표상들 : 타자 · 교통 · 번역 · 에크리튀르』, 소명출판, p. 314에서 재인용.
47　유길준과 함께 게이오의숙에 유학했던 유정수는 그의 매부이다. 경제학을 공부한 이 인물은 나중에 한성부윤과 탁지부협판의 지위에 올랐다〔유동준(2005), 『유길준전』, 일조각, pp.50 ff ; 이광린(1989), 『改化派와 開化思想 硏究』, 일조각, pp.43 ff〕.

는 않았지만, 일본 토양에 이식된 언어들을 그대로 받아들일 수밖에 없었다. 유길준은 이때 후쿠자와의 사저에 기숙했다고 한다. 이렇게 일본 계몽의 사도와 긴밀한 유대를 맺은 그의 저술에서 번역된 '서양'이 한국 지식사회와 접목하는 방식을 읽을 수 있을 것이다.[48]

1882년 말 유길준이 일본 유학에서 돌아오자마자 쓰기 시작한 것으로 보이는 『세계대세론』은[49] 한국 책의 역사에서 신기원을 이룬 작품이다. 세계 각 지역과 국가의 인종, 문화, 정치, 역사, 지리 등을 개괄적으로 설명하는 이 글이 '지금'의 문명사회로 이어지는 경험의 지층과 미래의 시간으로 향하는 계획의 지평을 함께 지니고 있기 때문이다. 서양 역사의 번역서에서 인용하는 '국민', '공화정치', '헌법'과 같은 이식 개념들 또한 새로운 의미론의 장을 열었다.[50] 그러나 무엇보다도 글의 제목에 '세계'가 돌출한다는 점이 두드러진다. 이미 메이지유신 이전부터 일본의 사전에서 'world'의 번역어로 정착한 이 말은[51] 지리적 중심이나 이데올로기 범주를 한정하지

---

48 박근갑(2014b), 앞의 논문, 3. 유길준 : 보편의 세계와 '진개화'(pp.184~192).

49 유길준(1971d), 「世界大勢論」, 兪吉濬全書編輯委員會 編, 『兪吉濬全書 3』, 일조각, pp.3~121.

50 이 글은 '인종수이(人種殊異)', '종교수이', '언어수이', '정치수이', '의식거처수이(衣食居處殊異)', '개화수이', '세계역사 일반(世界歷史一班)', '세계대세 일반', '자유대략(自由大略)', '지구총설(地球總說)', '경위도사(經緯度事)', '주야리(晝夜理)', '오대사(五帶事)', '사시사(四時事)' 등으로 구성되었다. 이 가운데 인종수이에서 세계역사 일반에 이르는 7개 항목은 우치다 마사오(內田正雄)가 영어와 네덜란드어 지리서를 초역하여 펴낸 『여지지략(輿地誌略)』 권1~4(文部省, 1870) 중 권1에 실린 '총론'의 내용(총 72면)을 초역하면서 중요한 대목에 자신의 생각을 덧붙인 것이다. 나머지 항목은 후쿠자와를 포함한 '양학자들'의 저술과 번역서를 참조하여 구성한 것으로 보인다〔박한민(2013), 「유길준 『世界大勢論』(1883)의 전거(典據)와 저술의 성격」, 『韓國史學報』 제53호, pp.35~72〕.

51 '세계(世界)'는 원래 산스크리트어 lokadhātu에서 유래했다. 그것은 『능엄경』에서 보듯이 과거 · 현재 · 미래를 일컫는 世와 방위를 가리키는 界를 망라하면서 시간의 흐름과 공간의 넓이로 중생의 생존과 윤회를 표현한다. 이 한자말은 중국의 유학 고전에서 시세, 중인(衆人) 또는 국면의 의미로 사용되었다. 일본에서는 에도시대 중반기에 이 말이

않는 포괄 개념이다. 이 점에서 세계는 전통적인 천하의 경계를 넘어선다. 유학 고전에서 원래 천하란 천자가 통치하는 영역이면서 도덕정치가 실행되는 범위를 지칭했다.[52] 화하를 중심으로 보는 그 말은 중국과 그 바깥의 여러 나라를 모두 유교의 도덕질서로 수렴하는 이념이었다. 새로운 의미의 세계가 변화하는 국제질서와 시간의식을 지시했을 때, 그러한 허위의 도덕공동체는 해체의 길로 들어설 수밖에 없었다.[53]

청년 유길준은 그렇게 첨단의 언어를 내세워 새로운 사유의 지평으로 나아가고자 했다. 그가 기대했던 세계는 한문이 지시하는 옛 이념공동체에서 벗어나 문명을 향해 '진보하는' 미지의 영역이다. 일본 유학 생활 덕택에 그는 별 어려움 없이 번역된 '서양'을 접할 수 있었으며, 거기로부터 어느 정도 멀리 떨어진 '우리나라 개화진보'의 거리를 가늠했을 것이다.[54] 그러한 글쓰기를 실험한 『세계대세론』 가운데 새로운 용어들로서 문명의 과정을 설명하는 '개화수이' 항목이 주목을 끈다. 유길준은 우선 여기에서 개화의 등급을 '야만', '미개', '반개', '문명'으로 나누어 설명한다.[55] 이처럼 문명의

가부키(歌舞伎) 공연 극장에서 작품의 배경이 되는 특정 시대, 장소, 인물의 성격이나 사건의 유형을 가리켰다. 게이초(慶長)시대(1596~1615) 이래 세계지도가 많이 제작되었는데, 여기에서 세계는 거의 '만국'이나 '지구'의 의미로 사용되었다. 이러한 경위로 외국어 문헌을 번역할 때 유럽어 world, monde 또는 Welt를 주로 '세계'라는 말로 번역했다는 사실이 중요해 보인다. 1814년에 나온 『암액리아 어림대성(諳厄利亞語林大成)』에서는 '우주 또는 세계'가 world에 짝하고 있으며, 1862년의 『영화대역 수진사서(英和對譯袖珍辭書)』는 그 외래 단어를 '세계·지구·사람·전 세계'로 표현하고 있다[石塚正英·柴田隆行 監修(2004), 앞의 책, pp.182~183].

52 『論語』「季氏 第十六」: "孔子曰 天下有道 則禮樂征伐 自天子出."
53 진관타오·류칭펑(2010), 『관념사란 무엇인가 2』, 양일모·송인재·한지은·강중기·이상돈 옮김(2010), 푸른역사, pp.222~263, 특히 인용문은 p.230 ; 김용구(2008), 『한국 개념사총서 1 만국공법』, 소화, pp.55 ff.
54 이 무렵 조선에서 널리 쓰이던 개화 개념의 의미론은 김윤희(2013), 「문명·개화의 계보와 분화(1876년~1905년) : 개념의 의미화 과정을 중심으로」, 『사총』 제79권, pp.3~34에서 자세히 서술되고 있다.
55 우치다 마사오의 『여지지략』(pp.37~40)에는 그 등급이 '만이(蠻夷)', '미개민(未開ノ

과정을 몇 단계로 나누면서 그 지향점을 설명하는 방식은 메이지 초기 계몽의 글쓰기에서 두드러지게 나타난 현상이었다.[56] 유길준은 그렇게 일본의 선각자들이 미리 닦아 놓은 문명론의 길을 그대로 따라갔으리라고 단정할 만하다. 그러나 그는 계몽의 글쓰기를 시작한 순간부터 보편적 세계의 인식 가운데에서도 '특별하게 다른' 조선의 길을 염두에 두고 있었던 것으로 보인다. '본국문'이 가장 편리한 표음문자의 특성을 지니고 있다는 '언어수이' 항목의 설명은[57] 문명의 토대가 이미 내부의 고유성 가운데에 구성적으로 잠재하고 있다는 점을 시사하고 있다. 이러한 바탕에서 그는 후쿠자와 유키치가 일본의 정체성을 서구의 모범에 맞추어 설명하려 했던 문명론의 원리를 이렇게 의심하기 시작한다. "文明과 半開며 半開와 未開며 쏘 未開와 野蠻이라 ᄒᆞᄂᆞᆫ 者가 其間에 決斷코 境域이 有홈이 아니오. 又 今日에 歐洲諸國과 밋 亞墨利加 合衆國 等을 文明開化라 ᄒᆞ나 此等이 決斷코 開化의 極이 아니라 唯現時 開化의 進進不已ᄒᆞᆯ 짜름이니 眞開化ᄂᆞᆫ 如何흔 者인지 未知ᄒᆞ노니 古人이 今日의 文明을 前知치 못홈과 갓치 今人이 쏘한 決斷코 後日의 開化을 前知치 못ᄒᆞᄂᆞᆫ 者이니 設或 前人이 今日을 知者가 잇다 ᄒᆞ야도 吾未斯信이요 今人이 後日을 知者가 잇다ᄒᆞ야도 吾未斯信이라."[58]

'참된' 개화는 왜 '미지'의 영역에 있는가? 후쿠자와 유키치의 사유 방식을 되짚어 보면 유길준이 말하는 '진개화'의 의미가 보다 선명하게 드러날 것이다. 앞에서 보았듯이 그는 일찍부터 유럽 대국들을 문명의 중심으로 보았으며, 일본이 아시아에서 영국과 같은 제국의 위상에 오르는 꿈을 지니

民)', '반개민(半開ノ民)', '문명개화민(文明開化ノ民)'으로 나뉘어 있다.
56 박양신(2008b), 앞의 논문, p.57.
57 유길준(1971d), 앞의 글, pp.13~16.
58 유길준(1971d), 앞의 글, pp.34~35.

고 있었다. 문명개화의 중심에 서구 강대국이 서 있다는 말과 그 '참된' 존재가 무엇인지 알 수 없다는 말 사이에 건널 수 없는 골이 깊어 보인다. 유길준의 문명개화란 '그 자체로 지리적 귀속을 갖는 말은' 아니다.[59] 짧은 글 가운데 그의 설명은 사례들을 넘어서서 본질로 나아간다. 유럽 나라들과 아메리카합중국이 개화하여 문명의 단계에 이르렀다고 할 수 있겠지만, 이 말은 어디까지나 그 지역과 '오직 지금의 어느 개화 지점이 일치한다는 의미에 그친다. '결단코' 문명과 반개 또는 미개와 야만의 '경역'을 가르는 선이 존재하지 않는다. 그러한 구분선은 '말'을 이끌어 내기 위한 임시방편일 따름이다. 결론적으로 '참된' 문명개화란 경험세계에 존재할 수 없다. 그 궁극 지점이 미지의 영역에 있기 때문이다. 그러므로 '지금' 유럽 국가들과 아메리카합중국은 아직 거기에 이르지 못했다. 따라서 개별 지역이나 국가가 한결같이 따라야만 하는 문명의 모범은 '믿을 수 없는' 존재이다. 이처럼 역사성을 초월한 듯 보이는 유길준의 '참된' 개화는 하나의 이상형에 가깝다. 유길준의 사유 방식이 개별 사례들과 이상적인 '상' 사이의 거리를 측정하는 추론의 수준에 이르렀다고 단정하기는 힘들 것이다. 그렇지만 그의 생각처럼 개화의 궁극 지점이 미지의 세계에 위치할 때, 모든 지역의 문명은 공평한 지위를 얻게 된다. 그러므로 개개의 인종, 종교, 언어, 정치, 의식주는 모두 특이한 개별성(殊異)을 지닌 현상이다. 거기에는 원론적으로 어떠한 우열의 도식이 끼어들 수 없다. 다만 '지금' 시점에 다다른 현실적 문명의 단계와 그 이상적 '상' 사이의 거리가 논의의 대상으로 남는다. 이 줄기에서 유길준은 그의 스승을 본받아 '문명론'을 내세우기보다는 일부러 '개화수이'를 말했을 것이다. 그것은 적어도 이론의 차원에서 일본을 넘어 서구와 견주어도 상대적 위치에 서는 기대지평의 시작점이었다.

59 황호덕(2005), 앞의 책, p.340.

유길준은 '참된' 개화의 상을 어떻게 그리고자 했을까? 『세계대세론』과 거의 비슷한 시기에 쓴 것으로 보이는 「경쟁론」에서, "自國의 事物을 執取호야 彼國事物에 比較호되 彼의 事物에 果然 我의 事物보단 優혼 者 잇거든 取호야 我短을 補호고 我의 事物이 果然 彼의 事物보단 長호거든 永久保存호야 其長을 益長호게 호야써 一國의 文明을 進"하자는 설명을 읽을 수 있다.[60] 이렇듯 그가 그리는 문명의 길에서 이상적인 개화의 기대와 내부 전통에 잠재한 고유성이 서로 상대적인 위치에 서는 가운데 하나의 긴장 관계를 이루고 있다. 그렇다면 '우리나라 개화'는 어디로 향해 나아갈 것인가? '개화수이' 항목에서 '참된' 진보의 명제에 걸맞은 설명을 더 이상 찾을 수 없다. 그렇지만 유길준은 여러 지역에 산재한 문화 현상들을 섭렵하는 가운데 어렴풋하게나마 미래의 시간 속에 숨어 있는 문명개화의 궁극 지점을 인식하기 시작한 것으로 보인다. 『세계대세론』의 '정치수이' 항목에서 다음의 설명을 읽을 수 있다. "泰西史冊을 考覽호건딕 少人政治을 改호야 多人政治를 設혼 者가 多호니 由此比觀호면 多人政治가 少人政治보단 善美홈을 可知홀 者이라."[61] 여기에서 말하는 '소인정치'는 군주나 귀족이 다수의 참정권을 제한하는 정치를 말하며, '다인정치'란 '公明正大혼 憲法'에 기초하여 '國民으로 호야곰 一同國政에 參與호게' 하는 '군민동치' 또는 '공화정치'를 의미한다. 서양 역사책에서 찾았다는 '국민', '공화정치', '헌법' 등의 용어들은 그 자체로서 보편적 문명개화의 의미를 다 채울 수는 없더라도 이미 정치적 행동 공간에서 개별 기대들을 하나로 묶는 목적 개념으로 등장한 것이다. 유길준은 여기에서 더 나아가 진보하는 '세계역사'를 말할 수 있었다.

60 유길준(1971a), 「競爭論」, 兪吉濬全書編輯委員會 編, 『兪吉濬全書 4』, 일조각, p.60.
61 유길준(1971d), 앞의 글, p.20.

『세계대세론』 가운데 '세계역사 일반' 항목은 개개 지역이나 나라의 연혁과 특이성을 나열하는 한편 그 현상들을 포괄적으로 설명한다. 여기에서 그 '경과'의 시간을 '태조 기원' 전후 몇몇 년으로 기술한 대목이 먼저 눈에 들어온다. 그러면서 조선의 개국 연대와 더불어 '지나'나 일본, 그리고 서양의 기원이 병렬적으로 제시된다. 이 방식은 다양한 문명 현상들을 각각 상대적 위치에 배열하려는 예비 작업이다. 따라서 유길준이 생각하는 세계역사의 그 어느 지점이나 시점에도 지리적으로 한정되면서 이념적으로 구획되는 중심의 자리는 두드러지지 않는다. 그러므로 바빌론이나 아프리카 북부의 역사든 로마제국의 역사든 원나라 정벌의 역사든 기독교와 회교의 역사든 거기에 어떠한 우열의 지위는 없다. 유럽문명의 모태 그리스마저 영욕의 과정을 겪다가 겨우 어쩔 수 없이 세계역사에 끼어들게 된다. 그리스 바깥의 유럽 지역 또한 십자군전쟁을 거친 후 통상의 길이 점점 열리자, 비로소 다시금 대단한 모습으로 '세계역사에 관계'했다는 설명이다.[62] 유길준은 그렇게 각각 특이한 여러 지역이나 나라가 세계역사에 얽히는 과정을 골고루 기술하면서도 '개화의 대변혁'이라 이를 만한 사건들에 깊이 주목한다. 이 항목의 서술은 그러한 몇몇 사례를 비교적 상세히 열거한 뒤 다음의 표현과 더불어 마감한다. "以上은 世界歷史의 文明進步 如何를 報道ᄒ고ᄌ ᄒ야 書出ᄒᄂᆫᄃᆡ 過치 아니ᄒ니 其詳細ᄂᆫ 他日 各國史 編纂홀ᄯᅥ에 悉記不遺할지라."[63]

이렇게 간단히 스쳐 보는 서술에서 세세하고 정확한 역사적 사실을 기대하기는 힘들다. 그렇지만 이 글이 배치하는 용어들로부터 각각 특이한 개개 사실들과 함께 보편적 역사 과정을 이해하려는 사유의 실험을 감지할 수

---

62 유길준(1971d), 앞의 글, pp.37~54.
63 유길준(1971d), 앞의 글, p.57.

있을 것이다. 여기에 중심 개념으로 등장하는 세계역사는 그 자체로 하나의 의미론혁명이라 여길 만하다. 그것은 일찍이 후쿠자와가 계몽의 교재로 표현했던 역사와 어떻게 다른가? 유길준의 세계역사는 문명의 메신저라는 의미를 전수하면서도 그 내용을 넘어선다. 그것 또한 '각국사'처럼 상세한 연혁의 기록이다. 그러면서 그것은 문명을 향해 진보한다는 점에서 어렴풋이나마 시간성의 계기를 지닌다. 말하자면 그것은 기록이면서 동시에 사실 자체이다. 이러한 인식은 전통적인 왕조 기원과 연대 계산을 뛰어넘어 운동계수를 끌어들이면서 역사적 시간을 성찰하기 시작할 때 가능하다. 유길준은 1880년대 후반에 기술한 것으로 보이는 「국권」에서,[64] "같은 종족의 인민은 일정한 산천을 차지하여 제 것으로 지키며 역사와 습속을 같이한다"고 밝히면서, '역사'란 '그 성쇠변혁을 이르는 말'이라고 풀이했다.[65] 이로써 역사는 진보와 퇴보, 가속과 지연의 시간 규정을 통해서 파악할 수 있는 운동의 요소를 지니게 되었다. 이러한 역사가 첨단의 세계와 어울려서 또 다른 세계역사를 불러내었을 때, 이 새로운 의미의 용어는 개별 지역이나 국가들의 경험과 이야기를 보편적 연쇄 관계 속으로 수렴하는 메타언어로 상승할 만하다. 유길준은 이렇게 여러 토막의 경험과 시간 들을 포괄하는 인식의 바탕에서 문명개화의 이상형을 말할 수 있었다. 『서유견문』 가운데 다음과 같은 구절이 들어 있다. "大槪 開化라 ᄒᆞᄂᆞ 者ᄂᆞ 人間의 千事萬物이 至善極美ᄒᆞ 境域에 抵홈을 謂홈이니 然ᄒᆞ 故로 開化ᄒᆞᄂᆞ 境域은 限定ᄒᆞ기 不能ᄒᆞ 者라. ……天下古今의 何國을 顧考ᄒᆞᄃᆞᆫ지 開化의 極臻ᄒᆞ 境에 至ᄒᆞ 者ᄂᆞ 無ᄒᆞ나 然ᄒᆞ나 大綱 其層級을 區別ᄒᆞ건ᄃᆡ 三等에 不過ᄒᆞ니 曰

64   쓰키아시 다쓰히코(2014), 『조선의 개화사상과 내셔널리즘』, 최덕수 옮김, 열린책들, pp.68 ff.
65   유길준(1971b), 「國權」, 兪吉濬全書編輯委員會 編, 『兪吉濬全書 4』, 일조각, p.25.

開化ᄒᆞᄂᆞᆫ 者며 曰 半開化ᄒᆞᆫ 者며 曰 未開化ᄒᆞᆫ 者라."[66]

앞서 보았던 '개화수이' 항목의 설명처럼, 보편의 차원으로 말할 만한 '지선극미'의 개화는 시간적으로 미지의 영역에 있다. 이러한 표현 방식은 곧 미래의 지평으로 향하는 개화의 기대에 정당성을 부여하는 수단이다. 그의 설명은 이렇게 이어진다. '사람의 일이 무궁한 까닭에 시대를 따라 종잡을 수 없는 변화가' 나타나며, 또한 '인간의 지식이란 경력을 더할수록 신기하고 절묘한 것이 쏟아져 나오는' 까닭에 "시대가 내려올수록 사람의 개화 방법은 전진한다."[67] 동시대 문헌에서 이보다 더 분명하게 진보의 당위를 드러낸 표현을 찾아보기 힘들 것이다. 유길준은 그렇듯 한국 지식의 역사에서 처음으로 기대의 지평에서 시간의 계기를 말할 수 있는 인물이었다. 보편의 세계 인식과 더불어 '새로운 시대'가 열리기 시작했다고 이를 만하다. 그 이상형에 걸맞게 수많은 전망 개념이 앞으로 향해 거침없이 나아갔을까?

진리와 신화

갑오경장(1894~1896)은 전대미문의 개혁 과제들을 한꺼번에 쏟아 낸 사건이다. 이때 시대의 변화를 이끌게 될 수많은 새 용어들이 분출했다. 1895년 9월 30일 학부대신 서광범의 이름으로 나온 '학부고시'가 그 사례들 가운데 하나이다. 여기에 앞으로 나아갈 길을 신호하는 희망의 메시지가 들어 있다. "敎育은 開化의 本이라 愛國의 心과 富强의 術이 皆學文으로붓터

---

66 유길준(1969), 『西遊見聞』, 경인문화사, pp.375 ff.
67 유길준(1969), 앞의 책, p.383.

生ᄒᆞᄂᆞ니 惟國의 文明은 學校의 盛衰에 係ᄒᆞ지라······ 其科程은 五倫行實로붓터 小學과 本國歷史와 地誌와 國文과 算術과 其他 外國歷史와 地誌 等 時宜에 適用ᄒᆞᆫ 書冊을 一切敎授ᄒᆞ야 虛文을 祛ᄒᆞ고 實用을 尙ᄒᆞ야 敎育을 務盡케 ᄒᆞ노니······"[68] 경성 네 곳에 소학교를 건립한다는 취지의 이 글에서 전통적인 교과 내용, 곧 오륜과 소학을 빼고 보면 마치 후쿠자와 유키치의 『학문의 권장』 가운데 한 구절을 읽는 듯하다. 일본을 통해 들어온 계몽의 두 개념, 곧 교육과[69] 애국심[70]이 새로운 학문의 방법과 목표를 지시하는 표상으로 작용한다는 점 또한 눈에 띄는 대목이다. 이대로라면 조선은 문명국의 반열에 이르게 되며, 여러 실용 학문이 그 길을 예비하게 될 것이다. 개화의 언어는 그렇게 계몽의 정책 과제로 거듭날 수 있었다.

다른 사례도 주목을 끈다. 이보다 몇 달 앞선 3월 박영효의 이름으로 「내무아문훈시」가 나왔는데, 여기에 '인민을 몬져 本國史와 本國文을 敎ᄒᆞᆯ 事'라는 항목이 있다.[71] 이 말은 앞에서 본 「건백서」의 구상을 정책 과제로 다시 불러온 것이었다. 그 상소문에서 박영효는 '먼저 국사, 국어, 국문을 인민에게 가르치는' 교육제도의 개혁을 건의했다. 그리고 그는 '무비(武備)

---

68 송병기·박용옥·박한설 편(1970), 『韓末近代法令資料集 1』, 대한민국 국회도서관, p.587.

69 『맹자』(「盡心 上」: "得天下英才而敎育之 三樂也")에 처음 나오는 이 말은 일본에서 1878년 이래 education의 번역어로 쓰이기 시작했다. 후쿠자와의 동지로서 학술 단체 메이로쿠샤(明六社)에 함께했던 미쓰쿠리 린쇼(箕作麟祥)가 그 용법의 선구자인데, 인민의 공리성과 자발성을 키우는 지식과 재예가 의미의 중심이었다〔쓰지모토 마사시·오키타 유쿠치 외(2012), 『일본교육의 사회사』, 이기원·오성철 옮김, 경인문화사, pp.356 ff〕.

70 이 말은 메이지 초반에 patriotism의 번역어로 등장했다. 처음에 '애국의 성(誠)', '보국심', '애국론', '애국의 정'과 같은 번역어가 난무하다가 차츰 '애국심'으로 통일된 것으로 보인다. 원래 그리스어에서 아버지의 혈통이나 가문을 뜻하던 이 말은 프랑스혁명을 진후해 성숙한 시민의 자기결정권을 정당화하는 의미로 쓰이면서 계몽주의 언어들을 선도했다〔Koselleck, Reinhart(2006), Begriffsgeschichten : Studien zur Semantik und Pragmatik der politischen und sozialen Sprache, Frnakfurt am Main : Suhrkamp, pp.218 ff〕.

71 송병기·박용옥·박한설 편(1970), 앞의 책, p.184.

를 바로잡고 백성과 나라를 보호하는' 방책을 논하는 대목에서 특별히 '국사'의 과제에 무게를 더했다. "인민에게 국사를 가르쳐 본국이 싸움에서 이긴 영광과 져서 당한 치욕을 마음 깊이 새기게 함으로써, 그 옳고 그름을 판별하고 부끄러운 마음을 극복하여 강성하고 용맹스럽게 되도록 하는 것보다도 더 급한 것이 없습니다."[72] 이러한 표현 가운데에서 '민족주의 의식'을 '고취'하는 '노력'이나 '한국 근대 민족 교육이 전개될 수 있는 기반'을 기대해 볼 수도 있겠다.[73] 그러나 메이지 초반기 이래 일본 출판계에서 국사의 표제를 붙인 소학교 교과서가 우후죽순처럼 등장했다는 사실 또한 주목할 만하다. 명시적으로 문명론을 거부하면서 '황도'를 으뜸으로 삼았던 교육정책이 그 배경이다. '만세일계'의 천황통치를 정당화하는 완고한 국체 이념이 메이지시대를 관통하는 정신적 '기축'이었다는 점은 이미 잘 알려진 사실이다.[74] 1890년의 「교육칙어」가 그 표상이었다. '충량한 신민'의 무한 책임을 강조한 그 선언은 옛 신국 신앙에 기운 국학과 더불어 완고한 유교의 강상윤리와 군국주의로 향하는 지배정치의 논리를 '국체의 정화'라는 하나의 교설로 혼합했다.[75] 그러한 이념 경향성에 뿌리내렸던 국사는 보편의 세계역사에서 동떨어져 일본 '국'의 고유성과 특수성으로 향하는 '심정적 공감'을 성장의 자양분으로 삼을 수밖에 없었다.[76] 이때 형성된 국가주의 언어들이 갑오경장의 교육 법규들에서 생생히 되살아났다는 점이 두드러진다. 이를테면 일본 법령의 표제를 그대로 따른 1895년 8월의 「소학교

---

72 박영효(1973), 앞의 글, pp.60~64.

73 유영익(1990), 『甲午更張硏究』, 일조각, p.217 ; 김흥수(1996), 「朴泳孝의 歷史敎育觀 : 開化上疏文中 敎育改革案의 내용을 중심으로」, 『아시아문화』 제12호, p.301.

74 마루야마 마사오(2012), 『일본의 사상』, 김석근 옮김, 한길사, pp.83 ff.

75 박근갑(2014a), 앞의 논문, IV. '국체'의 그림자(pp.353~361).

76 黑田俊雄(1984), 「國史と歷史學 : 普遍學的への轉換のために」, 『思想』 第726號, pp.4 ff.

교칙대강」에서 '尊王愛國ᄒᆞᄂᆞᆫ 士氣를 기른다거나 '國體의 大要'를 가르친다는 교육의 '요지'를 읽을 수 있다.[77] 박영효가 이 무렵 직접 교육개혁을 이끄는 자리에 있지는 않았지만, 그의 수사법이 일본식 국가주의 언어들을 불러오는 시발점이 되었다고 짐작할 만하다.

옛 왕조의 끝자락을 장식한 개혁의 파고가 짧고 격렬했던 만큼이나 새 시대를 신호했던 언어들 또한 혼돈의 단계를 거칠 수밖에 없었을 것이다. 거기에 뚜렷한 흔적을 남긴 국체 이념은 어떠한 영향사적 파장을 남겼을까? 일찍이 세계역사를 불러내면서 보편의 의미지평을 예비했던 유길준마저 국체 이념의 '마력'에 이끌렸다는 사실이 흥미롭다. 1908년의 일이다. 갑오경장의 주역 가운데 한 사람으로 참여하다가 12년 동안 일본 망명의 고초를 겪은 그는 이즈음 교육 사업과 계몽운동에 헌신하고 있었다. 그 과정에서 그가 스스로 '국민교육'의 방법과 목표를 묻게 되었을 때, 메이지 교육체제의 이데올로기 현상이 떠오른 것으로 보인다. "小學은 國民의 根本敎育이라." 『황성신문』에 실린 「소학교육에 대한 의견」은 그렇게 시작한다. '國體에 協하는 일'이 그 과제 가운데 하나이다. 이 일은 '국가의 기초'를 굳게 다지고 '사회의 질서'를 유지하는 데 있으며, "假令 君主國에ᄂᆞᆫ 忠君ᄒᆞᄂᆞᆫ 主義를 先ᄒᆞ고 共和思想을 鼓吹ᄒᆞᄂᆞᆫ 類의 敎科書를 許"할 수 없다. 결론적으로, "小學의 敎育은 國民子弟의…… 氣節을 培勵ᄒᆞ야 國家의 其國家되는 體統을 立ᄒᆞ며 民族의 其民族되는 血系를 承ᄒᆞ야 此國의 可愛홈을 知케ᄒᆞ며…… 此國을 爲ᄒᆞ야 生케홀지며 此國을 爲ᄒᆞ야

---

77 송병기·박용옥·박한설 편(1970), 앞의 책, pp.545~550. 여기에서 말하는 '尊王愛國ᄒᆞᄂᆞᆫ 士氣' 가운데 '士氣'는 일본의 1891년 「소학교칙대강」(國立國會図書館 近代デジタルライブラリ)에서 읽는 '志氣'(尊王愛國ノ志氣ヲ養ハンコトヲ努メ……)를 잘못 옮긴 것으로 보인다. 1895년 한국의 「소학교칙대강」과 비슷한 시기에 제정된 「한성사범학교규칙」에는 일본의 사례처럼 '尊王愛國의 志氣'로 표현되어 있다〔김경미(2009), 『한국 근대교육의 형성』, 혜안, p.151 주 118〕.

死케훌진즉 此國의 語와 此國의 文을 主用치안코 可할가······."[78]

유길준이 말하는 국체가 일본「교육칙어」의 국가주의에 완전히 포섭되었다고 단정하기는 힘들어 보인다. 그 의미 연관 가운데 주권의식은 드러나지 않지만, '대한국'의 '정신을 양성'하는 '국어'와 '국문'이 박래품 용어 사이에서 유기적으로 작용하기 때문이다. 그러나 그가 국가에 생사를 바치는 '국민자제의 기절'을 기대했을 때, 그 용법은 이미 일본식 국체 이념의 배양토에서 생성되었을 것이다. 이와 더불어 보편의 '문명진보'는 기대지평에서 완전히 사라지고 만 것일까? 그의 성숙기 저술에서 타자와 주체 사이에서 유동하는 인식 관심이 자주 드러나는 가운데 '고유한' 전통 요소가 중심에 자리하는 경향성을 찾을 수 있다. 1895년 교육개혁의 와중에 그는 스승 후쿠자와 유키치에게 이러한 생각을 전한다. "생각해 보건대 조선인이 한서를 읽은 이래로 완고함이 버릇 되었으며, 애국심을 몰라서 무슨 일을 하더라도 제각각 다르게 마음먹고서 오직 작은 이익만 꾀한 지 오래되었습니다. 그러므로 먼저 교육법을 시행하는 데 힘써서 조선 국문을 사용하여 가르치고 익히는 데 편하도록 하고 애국으로써 교육하고자 합니다."[79] 이때 두 방향의 인식 관심이 그의 사유 양식을 형성한 것으로 보인다. ① 개별자 '조선'은 '세계' 가운데 존재하므로, 선진문명의 수용은 피할 수 없는 과제이다. ② 문명의 제국들이 서로 각축하는 위기 상황에서 스스로 기댈 만한 내부 요소를 찾아야 한다. 이후로 그의 관심사는 차츰 '우리 민족'의 고유한 '실정'에 더 많이 기울어 갔다. 1909년의 『대한문전』은 '역사의 진면' 가운데에서 드러나는 '우리 글'의 의미를 이렇게 묘사한다. "읽을지

---

78 유길준(1971e), 「小學校育에 對흔 意見」, 兪吉濬全書編輯委員會 編, 『兪吉濬全書 2』, 일조각, pp.257~260.

79 유길준(1971f), 「與福澤諭吉書」, 兪吉濬全書編輯委員會 編, 『兪吉濬全書 5』, 일조각, p.278.

개념사의 지평과 전망

어다, 우리 大韓文典을 읽을지어다, 우리 大韓同胞여. 우리 民族이 檀君의 靈秀한 後裔로 固有한 언어가 有하며, 特有한 문자가 有하야 그 사상과 의지를 聲音으로 발표하고 기록으로 傳示하매, 言文一致의 정신이 사천여의 星霜을 貫하고 歷史의 眞面을 保하고 習慣의 實情을 証하도다."[80]

여기에서 읽는 역사는 더 이상 유길준의 초반기 글쓰기에 드러났던 메타언어의 수준에 이르지 않는다. 그 범주는 우선 '우리 민족'에 한정되어 있다. 그러면서 그 의미 영역은 신화시대의 기억과 맞닿는다. 이 책이 나왔던 망국의 시대 상황에서 누구라도 진보의 시간을 말하기 힘들었을 것이다. 그럼에도 '세계역사의 문명진보'를 대신해서 쓰인 '역사의 진면'에 주목할 만하다. '진개화(眞開化)', '진경(眞景)', '지선극미(至善極美)한 경역' 등의 표현처럼 '참되다'는 말은 인간의 인식이나 의지가 다다르게 될 궁극 지점을 표상한다. 그것은 동서 구별 없이 쓰였던 '빛'이나 '거울'의 용법처럼 사유의 밑바닥층에서 규정되지 않은 채 포괄적으로 조율되어 있는 상징체계이다.[81] 그 표현 방식은 한스 블루멘베르크(Hans Blumenberg, 1920~1996)의 설명대로 의미의 원초적 구성 요소를 나타내는 하나의 은유법이다. 그것은 이해의 지평과 관찰 방식을 근원적으로 확장하면서 개념보다 훨씬 더 근본적인 역사성을 지닌다는 점에서 '절대적'이다. 그 기능은 전혀 경험할 수 없으며 모습을 파악할 수 없는 사실성의 온전함을 나타내는 것이다. 그것은 또한 인간을 둘러싸고 있는 '현실의 절대성(Absolutismus der Wirklichkeit)'을 감당하고 방어하는 과제를 지닌다. 말하자면 진리의 은유는 압도적인 현실

---

80 유길준(1971c), 「大韓文典」, 兪吉濬全書編輯委員會 編, 『兪吉濬全書 2』, 일조각, p. 105.
81 그것은 마치도 중국 고전에서 역사를 거울(鑑)의 은유로 표현했던 방식과 서로 통한다. 이를테면 『시경』 「대아(大雅) 편 탕지십(蕩之什)」에 "은나라가 본뜰 거울 멀리 있지 않으니 바로 하나라 임금 시대에 있구나(殷鑒不遠 在夏后之世)"라는 시구가 있다. 나중에 『자치통감』의 표제로 이어지는 이 '거울'은 변함없는 진리를 표상하는 하나의 은유이다.

의 힘을 해석하여 스스로 그 우회로로 기능하면서 언짢은 것과 낯선 것을 길들이는 '자기주장의 행위'이다.[82]

이처럼 내부의 이야기로 되돌아가는 '거리 두기' 방식은 점점 어두워지는 위기의 현상 가운데에서 하나의 뚜렷한 경향성으로 드러난다. 신채호의 글쓰기가 그 사례이다.[83] 1908년 한 청년 역사가의 탄생을 알린 「독사신론」은 이렇게 시작한다. "國家의 歷史는 民族 消長盛衰의 狀態를 閱敍흔 者라. 民族을 捨ㅎ면 歷史가 無홀지며, 歷史를 捨ㅎ면 民族의 其國家에 對흔 觀念이 不大홀지니, 嗚呼라, 歷史家의 責任이 其亦重矣哉ㄴ져."[84] 신채호는 이렇게 역사와 민족을 함께 발견했다. 그가 처음부터 민족을 역사의 주체로 호명했을 때, 그 인식세계는 전통적인 왕조의 계통을 넘어서고 있었다. 여론의 공감을 불렀던 그의 '사필'은 바로 '지금'이라는 시간 인식에서 출발한다. '如今에는 學理가 大明ㅎ야, 國家란 者는 壹姓의 私有物이 아니오, 萬民의 公産됨을 發現'하는 시대가 되었다.[85] 원래 타고난 성리학 유생이었던 그는 어떻게 사상의 월출(越出)을[86] 경험하게 되었을까? 망국의 시대 상황이 그의 가치체계를 뒤헝클어 놓았을 것이다. 「독사신론」을 쓸

---

82 Blumenberg, Hans(1998), *Paradigmen zu einer Metaphorologie*, Frankfurt am Main : Suhrkamp ; Blumenberg, Hans(2009), *Wirklichkeiten in denen wir leben : Aufsätze und eine Rede*, Stuttgart : P. Reclam ; Blumenberg, Hans(1979), *Arbeit am Mythos*, Frankfurt am Main : Suhrkamp.

83 박근갑(2011), 「단재 신채호와 역사의 발견」, 『역사학보』 제210집, pp.165~197.

84 신채호(2007b), 「讀史新論」(『大韓每日申報』 1908. 8. 27~12. 13), 단재신채호전집편찬위원회 편찬, 『단재 신채호 전집 3』, 독립기념관 한국독립운동사연구소, p.309.

85 신채호(2007b), 앞의 글, p.317. 신채호는 다른 글에서 전통의 충군에서 벗어나는 '진정한' 애국심을 논하면서 "萬壹 君與國의 利害가 不兩立ㅎ는 境遇에는 君을 捨ㅎ고 國을 從"하며, 또한 "民은 卽國家"라고 주장했다(신채호(2008c), 「論忠臣」(『大韓每日申報』 1909. 8. 13), 단재신채호전집편찬위원회 편찬, 『단재 신채호 전집 6』, 독립기념관 한국독립운동사연구소, pp.688~689].

86 신채호(2008a), 「舊書刊行論」(『大韓每日申報』 1908. 12. 18~20), 단재신채호전집편찬위원회 편찬, 『단재 신채호 전집 6』, 독립기념관 한국독립운동사연구소, p.657.

무렵 그의 시선은 외래의 '학리'에 기울고 있었다. 일본과 중국을 거쳐 한국의 지식사회에 전해진 유럽의 사회진화론이 바로 그것이다. "오늘날 민족주의로 전국의 완몽(頑蒙)을 깨트리고 국가 관념으로 청년의 새로운 머리를 도야하여 우존열망(優存劣亡)의 십자가두(十字街頭)에 함께 나아가 아직 남아 있는 나라의 명맥을 보유하고자 할진대 역사를 버리고는 다른 방책이 없다 할 것이다."[87]

신채호는 진화론적 생존경쟁이 개인뿐만 아니라 국민과 국가의 힘으로 작용한다는 원리를 주장하는 가운데 앞으로 나아가는 시간의 성찰에 이르렀다. 1909년에 발표한 「신가국(身家國) 관념의 변천」에서 그는 "人類 進步가 時代를 隨ᄒᆞ야 異ᄒᆞᆯ 故로 上古時代의 歷史가 變ᄒᆞ야 中古되며 中古時代의 歷史가 變하야 近世된다"고 썼다. 이 글에는 '근세'에 이르기까지 다난했던 인류의 경험세계와 국민국가라 부를 만한 기대지평이 들어 있다. 이러한 시간화의 계기에서 '인류 역사상 진보의 상황을 밝히고자 하는' 역사서술의 과제가 위기시대를 돌파하는 저항의 수사로 드러났다. 바로 이 점에서 신채호는 동시대 그 누구보다도 시대를 앞서 나간 계몽의 사도가 될 수 있었다. 신식 학문을 수업할 틈이 없었던 그가 '진정한 국가'의 생성과 발전 과정을 논했다는 사실이 경이로울 따름이다. 그의 설명은 이렇게 나아간다. 예부터 단계적으로 국가를 이룩하려는 경쟁과 투쟁이 있었지만, '인민의 공화'가 아니면 올바른 국가가 아니었다. 이러한 투쟁의 진화 끝에 새로운 국가는 "斯民의 國이라 ᄒᆞ야 其存其亡에 惟民이 是圖라 ᄒᆞ며 國民은 斯國의 民이라 ᄒᆞ야 其安其危를 惟國이 是顧라" 할 수 있을 것이었다. 그 진화의 끝자락에 '근세'라 부르는 시점이 자리했다. 그렇게 그의 인식세계는 새로운 시간의 질을 얻었다.[88]

---

87 신채호(2007b), 앞의 글, p.310.
88 신채호(2008e), 「身家國 觀念의 變遷」(『大韓每日申報』 1909. 7. 15~17), 단재신채호전

신채호는 역사논설을 시작하면서 위기에 다다른 바로 '지금' 미래로 향하는 '대한의 희망'을 파종하자고 역설했다.[89] 이 바탕에서 그는 새로운 '공화'의 국가로 나아가는 길을 염원했을 것이다. 그러나 그 꿈은 너무 짧게 끝났다. 진보의 역사를 말하던 바로 그 시점에 그는 이렇게 퇴보의 순간을 직시할 수밖에 없었다. "然則 如此히 太古時代에 開化最早흔 民族으로 其문화를 발달흐야 六州에 傳布하여 其能力을 養成흐야 萬國에 雄鳴홈은 □矣勿論이오 反히 層壹層墮落흐며 年壹年降衰흐야 中世가 上世에 不及흐며 近世가 中世에 不及흐야 數千年以後 今日에 坐흐야 數年以前當時를 仰흐미 地獄과 天堂又치 懸殊흐니 嗚呼라 □가 果然 曷故이뇨."[90] 무엇보다도 현실의 제국주의 파고가 한 역사가로서는 감당할 수 없는 짐이었을 것이다. 옛 왕조는 이제 이름으로만 남았으며, 새로운 '공화'를 이룰 만한 국민의 힘은 요원했다. 이러한 사정에서 사회진화론은 미래의 기대지평에 접목할 수 없었다. 일본의 토양에 이식된 그 이론은 차츰 천황제와 제국주의를 옹호하는 '강권(强權)'의 원리와 결합했다.[91] 한국 지식사회가 아무런 비판 없이 수용했던 그 의미망은 인종주의와 군국주의를 배태하고 있었다. 다시 말하자면 그 전이 과정에는 제국주의의 의미론이 거기에 맞서는 저항의 논리를 이끈다는 역설이 들어 있었다. 거기에 휩쓸리는 참여자들의 불균등 관계가 뒤늦게나마 드러났을 때, 위기의 수사법은 다른 길을 찾을

집편찬위원회 편찬, 『단재 신채호 전집 6』, 독립기념관 한국독립운동사연구소, pp.682~684.

89 신채호(2008d), 「大韓의 希望」(『大韓協會會報 1』 1908. 4. 25), 단재신채호전집편찬위원회 편찬, 『단재 신채호 전집 6』, 독립기념관 한국독립운동사연구소, pp.494~499.

90 신채호(2008g), 「韓國自治制略史」(『大韓每日申報』 1909. 7. 3), 단재신채호전집편찬위원회 편찬, 『단재 신채호 전집 6』, 독립기념관 한국독립운동사연구소, p.679.

91 박양신(2008a), 「근대 일본에서의 '국민' '민족' 개념의 형성과 전개 : nation 개념의 수용사」, 『東洋史學硏究』 제104집, pp.235~265 ; 전복희(1996), 『사회진화론과 국가사상 : 구한말을 중심으로』, 한울, pp.51 ff.

수밖에 없었을 것이다.

이즈음 신채호는 낯선 교설에 좌절하면서 어릴 적부터 익숙한 성리학의 세계관에 다시금 주목했다. 그는 공자가 이단의 사상가에게도 예악을 물었다는 옛 기사를 떠올려 오늘을 비추는 '유교의 빛'을 기대했다. "儒敎를 擴장코ᅎ ᄒ면 儒敎의 眞理를 擴장ᄒ야 虛僞를 棄ᄒ고 實學을 務하며 小康을 棄ᄒ고 大同을 務ᄒ야 儒敎의 光을 宇宙에 照홀지여다."[92] 그 옛 '진리'는 어떻게 절명의 시간을 뚫고 나아갈 것인가? 신채호의 표현은 원초적인 은유의 공간에 머물고 있을 따름이다. 그러한 수사법에서 진리란 존재 자체에 반사되는 빛이며, 또한 빛이 되는 존재이다. 그러므로 진리란 존재자가 스스로 드러나는 자연 상태의 이름이다. 이렇게 빛이 되는 진리는 행동으로 드러나지 않는 관조와 초월적인 인식에 가까이 있으며, 때로는 신화세계의 신비성을 품고 있다.[93] 신채호는 그렇게 불확실한 현상을 가리키면서 전통의 가치와 미래의 시간을 조율하고자 했을 것이다. 역사를 하나의 형상으로 그리는 거울 이미지 또한 그 본보기 가운데 하나이다. "國史는 旣言홈과 如히 國民의 明鏡이라. 此 明鏡이 無ᄒ면 國民이 何를 從ᄒ야 祖先의 眞影을 瞻ᄒ며…… 此 明鏡이 無ᄒ면 國民이 何로써 他人과 比較할 쥴을 知ᄒ리오."[94] 여기에서 말하는 국민은 위기의 시대를 지시하면서 그 어둠을 돌파하게 될 하나의 운동 개념이다. 그러나 '거울'에 비치는 역사는 보다 유동적이며 원초적인 바탕에 머물고 있다. 그것은 '그림자'이지만 '참되고' '밝게' 비춘다는 점에서 고유한 개개 존재를 담는 장치를 상징

---

92 신채호(2008f), 「儒敎擴張에 對ᄒ 論」(『大韓每日申報』 1909. 6. 16), 단재신채호전집편찬위원회 편찬, 『단재 신채호 전집 6』, 독립기념관 한국독립운동사연구소, p.676.

93 Blumenberg, Hans(1998), 앞의 책, pp.14 ff.

94 신채호(2007a), 「大東帝國史敍言」, 단재신채호전집편찬위원회 편찬, 『단재 신채호 전집 3』, 독립기념관 한국독립운동사연구소, p.343.

한다. 그러면서 그것은 전통의 공간으로 향하는 통로를 연다. "단군이 곧 선인(仙人)의 시조라, 선인은 곧 우리의 국교이며 우리의 무사도이며 우리 민족의 넋이며 정신이며 우리 국사(國史)의 '꽃'이라"고 했듯이,[95] 진리를 찾는 그의 열망은 먼 고대의 시간으로 향하고 있었다. 이렇듯 국수주의의 멍에조차 마다하지 않던 그의 글쓰기는 진리 자체보다는 진리의 조건을 성찰하려는 인식 관심에서 비롯한다. "우리 朝鮮사람은 매양 利害 以外에서 眞理를 차지랴 함으로 釋迦가 들어 보면 朝鮮의 釋迦가 되지 안코 釋迦의 朝鮮이 되며 孔子가 들어오면 朝鮮의 孔子가 되지 안코 孔子의 조선이 되며 무삼 主義가 들어와도 朝鮮의 주의가 되지 안코 主義의 朝鮮이 되랴 한다. 그리하야 道德과 主義를 爲하는 朝鮮은 잇고 朝鮮을 爲하는 道德과 主義는 업다. 아! 이것이 朝鮮의 特色이냐. 特色이라면 特色이나 奴隸의 特色이다. 나는 朝鮮의 道德과 朝鮮의 主義를 爲하야 哭하랴 한다."[96]

이러한 관점주의는 '서 있는 지점(Standpunkt)'을 내부의 전통에서 찾고자 하는 지적 실험이다. 이처럼 옛 경험세계와 지금의 정신 작용을 하나의 형성체로 포섭하는 사유 방식은 일제강점기의 여러 저술에서 뚜렷이 드러난다. 신채호를 비판적으로 계승한 안확(1886~1946)의 글쓰기도 그 가운데 하나이다.[97] 초반기에 쓴 그의 어느 논설에 이런 주장이 있다. 공자는 역사적으로 올바른 사상가가 아니며 믿을 만한 문필가도 아니다. 이런 공자의 사상이 조선에 들어와 어리석은 지식인들을 미혹했으며, 유교와 한문이 백 가지 병폐를 남긴 끝에 오늘날의 '참상'에 이르렀다. 지금 '신성한 정신'

---

95 신채호(2007c), 「朝鮮上古文化史」, 단재신채호전집편찬위원회 편찬, 『단재 신채호 전집 3』, 독립기념관 한국독립운동사연구소, p.367.
96 신채호(2008b), 「浪客의 新年漫筆」(『東亞日報』 1925. 1. 2), 단재신채호전집편찬위원회 편찬, 『단재 신채호 전집 6』, 독립기념관 한국독립운동사연구소, p.583.
97 박근갑(2013), 「국사에서 역사로」, 일송기념사업회 편, 『한국 인문·사회과학 연구, 이대로 좋은가』, 푸른역사, pp.65~69.

46

개념사의 지평과 전망

과 '조선 고유의 특성'이 사라진 것은 곧 그 폐단의 귀결이다.[98] 이처럼 안확은 민족의 '고유성'을 잘못된 외래 사유의 대척점에 세우면서 저항의 글쓰기를 시작했다. 그러면서도 그는 신채호 방식의 사론을 고대의 문화세계에 집착한 감상주의로 보면서 '민권'을 발전시킨 조선시대 역사를 재구성했다. 이를테면 조선 군주의 통치권은 인민을 '공인(公人)'으로 인정하는 토대에서 출발했으며, 인민 또한 공인의 '자신력(自信力)'을 바탕으로 군주에게 '항거하는 권리'를 지니고 있었다. 그가 보기에 이러한 현상이 곧 '근대 정치의 성질'이었다.[99]

이러한 안확의 사유세계는 역사 개념에서도 드러난다. 우선 그가 이해하는 역사란 근본적으로 '정신의 반영'이다. 역사는 먼 옛날부터 현대까지 수천 년을 지나온 수많은 일의 흔적으로 채워져 있으나, 그 가운데에는 한 가닥 선이 서로 연결되어 있다. 이러한 역사를 만들어 온 내면에는 특별한 본질이 있는데, 그것이 곧 정신의 '율동'이다. 안확은 이처럼 헤겔의 변증법으로 한국 '정신'의 역사를 정리할 수 있다고 보았다.[100] 그의 설명은 이렇게 이어진다. "예로부터 역사의 율동(律動)을 보라. 고려가 무의 나라이고 다음에 이조가 문의 나라이니, 이후에는 그 율동의 차례가 무엇일까. ……조선사의 정신은 문무의 정반합(正反合)이다."[101] 이렇게 '스스로 운동하는' 역사의 단서가 드러났다. 안확이 발견한 역사는 변증법으로 움직이는 내적 본질을 지닌다. 이 점에서 그의 의미론은 신채호의 사례보다 한 걸음 앞서 나간 것으로 이해할 만하다. 이러한 인식세계는 계몽의 철학을

---

98 안확(1994b), 『자산 안확 국학논저집 4』, 여강출판사, pp.219~228.
99 안확(1994a), 『자산 안확 국학논저집 2』, 여강출판사, pp.445 ff.
100 안확(1994b), 앞의 책, pp.152 ff.
101 이태진(1994), 「안확의 생애와 국학세계」, 안확, 『자산 안확 국학논저집 6』, 여강출판사, p.45에서 재인용.

집대성한 헤겔 독해에서 나왔을 것이다. 그의 사유체계는 보편적 세계 정신의 운동으로 나아갔을까? 역사가로서 그의 과제는 한국 민족의 고유성을 밝히는 데에 머물러 있었다. "대개 세계 어느 곳 사람이든지 고유 정신은 모두 각각 지니고 있다. 그러므로 모두 각각 부분적 역사를 지어 온 것이다. 조선인도 사람이다. 또한 4천 년 역사가 당당하다. 그러므로 정신이 있음은 물론이요, 그 정신은 타국에 비교해 볼 때 저절로 서로 다른 본질을 가지고 있는 것은 명백하다."[102] 이러한 한국 역사의 고유성은 여러 문화 가운데 상대적 위치를 고수하는 '정신의 본질'에 근거한다. 그는 그러한 정신의 전통이 자치체도에서 뚜렷이 드러난다고 주장했다. "조선 자치제는 단군 건국시대부터 있었다. 그것은 그리스 정치와 같은 것으로 동양에서 선진(先進)한 것이며 또한 독특한 생활이다."[103]

안확이 회복하고자 했던 '민족성'은 한국문화 전통의 저변에 면면히 흐르는 '정신'의 기원을 찾는 과제이다. 역사 현상의 내면에서 그러한 '경향성'을 탐색하는 사유 방식은 '절대적' 위기 상황에서 민족의 정당성을 지켜야만 하는 시대적 사명에서 비롯한다. 그가 보기에 한국 정신의 뿌리는 '종(倧)'에서 비롯하는데, 그것은 곧 "가장 오래된 종교이며, 도덕이며, 철학이다. 이는 단군이 그 진리를 설파하여 민(民)을 교화한 것이다."[104] 이 말을 풀어서 이해하자면, 그 원초적 정신이란 민족을 '체계적인 결정화'로 이끄는 '배양액'이다.[105] 안확은 그렇게 당면한 현실의 영역에서 더 멀리 벗어나 스스로 세속 존재의 궁극적 의미에 질문을 던지면서 더욱더 절실하게 신화의 세계에 기대었을 것이다. 그의 말은 이렇게 이어진다. "우리 조선족

---

102 안확(1994b), 앞의 책, p.392.
103 안확(1994a), 앞의 책, p.271.
104 안확(1994a), 앞의 책, p.41.
105 Blumenberg, Hans(1998), 앞의 책, p.13.

은······ 안으로 보면 천신(天神)을 숭배하는 큰 종교심(宗敎心)으로 정신의 통일을 이루었다. ······이로써 순연한 조선 민족의 결정체가 만들어졌다."[106] 이러한 표현은 청년 안확이 수업했던 '과학적 고증' 저편의 관찰 방식에서 생성한다. 역사의 이름으로 민족 만들기 과제가 무엇보다 절실했을 것이다. 이른바 '아카데미즘 실증주의 사학'을 이 땅에 이식한 손진태의 글쓰기는 그러한 계보를 이었다.[107] "우리가 조선민족사를 편술함에 당하여 始祖檀君設을 빼어 버리지 못할 가장 중대한 이유만을 여기에 들고자 한다. 그것은 단적으로 말하면 이 檀君神話가 우리 全民族의 始祖傳說로서 적어도 7백 년 이상 혹은 1천 년의 전통을 가졌으며, 현재에 있어서는 민족의식의 비약적 昂揚에 따라 민족사상 속에 뽑아 버릴 수 없는 근저를 깊이 박고 있는 까닭이다. ······ 만일 불행히 조선의 민족이란 것을 부인하는 학도가 있으면 그 사람은 민족 시조의 전설을 그의 역사서에서 뺄 수도 있을 것이다. 그러나 나는 나의 이해하는 과학적 견지로서는 엄연히 존재하는 조선의 민족이란 것을 부인할 도리가 없고 따라서 단군 전설을 간과할 도리가 없다. 이 양자는 다 객관적 중대 사실이기 때문이다."[108]

　손진태가 굳게 지키고자 했던 '방법', 곧 '오직 진실하고 엄정한 과학'은[109] 그렇게 아득히 먼 단군의 치세와 결합했다. 그가 말하는 신화란 진리와 상응하는가? 아니면 그것은 다만 진리를 비유적으로 표현하는가? 일찍이 청년 니체(Friedrich Wilhelm Nietzsche)는 그리스문화를 주시하면서 유럽 계몽사상 이래 하나의 관습으로 굳어진 이 질문에 맞섰다. 인간은 끔찍하고 경악스런 존재를 잊어버리기 위해 올림포스 신들의 형상을 만들어 내었

106　안확(1994a), 앞의 책, p.98.
107　박근갑(2013), 앞의 글, pp.69~79.
108　손진태(1981), 『손진태선생전집 1』, 태학사, p.309.
109　손진태(1981), 앞의 책, p.3.

다. 오직 신화와 예술 덕택에 인간은 "존재의 끔찍함과 부조리에 대한 혐오
스런 생각들을 구부려서 그것들과 더불어 살아갈 수 있는 것이다."[110] 블루
멘베르크는 로고스와 신화를 완전히 적대적 관계로 구성했던 계몽주의 관
점에 보다 비판적으로 다가간다. 그가 주목하는 신화란 정교한 철학과 과
학의 형식들에 따라 분리된 낡아 빠진 인간 정신의 원시 형태가 아니다.
신화는 태고시대에 외부로부터 엄습하는 두려움과 공포를 물리치는 표현
으로 등장한 것이다. 마치 지하실에 심부름 간 어린아이가 무서운 어두움
과 침묵의 공포를 이기기 위해 큰 소리로 노래를 부르듯, 신화는 무시무시
하고 모습도 없으며 침묵하는 현실을 극복하기 위해 발산하는 긴장감 넘치
는 이야기이다. 그러므로 신화의 기능은 곧 원시 인간에게 현실성이었다.
그렇게 그들은 신화를 창안함으로써 어두운 실존의 세력으로부터 자신을
방어할 수 있었다. 그것은 무엇보다도 "인간이 자기 존재의 조건들을 확실
히 장악할 수 없다"는 상황에서 생성한다. 그것은 또한 공포를 유발하는
자연을 인간의 모습을 띤 신들과 동일시함으로써 세계의 힘을 조각내어
여러 가지 권능으로 분산시킨다. 그리고 "그 신화 속에서 믿을 수 없는
것에 대하여 친밀한 것이, 설명할 수 없는 것에 대하여 설명이, 그리고
이름 붙일 수 없는 것에 대하여 명칭이 상상된다." 신화는 그러한 역할을
주로 신인동형화, 곧 인간적인 숙명을 자연에 투영함으로써 완수한다. 신이
나 동식물들, 혹은 기타 영혼 없는 존재들, 이 모든 신화적 형상에게 인간적
인 용모가 덧붙여지며, 그들의 생각과 행동 또한 인간에 근거하게 된다.
그러면서 신화는 우리로 하여금 모든 실체의 이름을 알 수 있도록 하며,

---

110 Nietzsche, Friedrich Wilhelm(1980), *Sämtliche Werke : Kritische Studienausgabe* 5,
München ; Berlin ; New York, p.404. Wetz, Franz Josef(2011), *Hans Blumenberg
zur Einführung*, Hamburg : Junius, p.109에서 재인용.

낯설고 두려움을 유발하는 현실의 공포를 무서운 사건 정도로 완화한다. 그 과제는 궁극적으로 하나의 근본적인 질문에 맞닿는다. 본능의 결함을 지닌 인간은 어떻게 살아남을 것인가?[111]

역사적 지평

'말안장시대'의 이상형에서 근대란 새로운 시간경험과 함께하는 위기의 식의 언어적 성과이다. 이전과 이후의 단절을 지시하는 수많은 운동 개념 이 그 표상이다. 이로부터 새로운 언어 용례를 이해하고 해석하려는 역사 방법은 자기 성찰의 계기를 얻는다. 유럽 계몽시대 이래 앞으로 나아가는 시간운동의 의식 가운데에서 서로 얽히는 행위의 조건들과 인식 전제가 관찰자의 '서 있는 지점'을 요구하기 때문이다. 이러한 설명 모델은 한국 개념사의 발견적 통로를 열 수 있다. 이른바 문명개화 또는 애국계몽의 시대를 장식한 외래 개념들이 '역사적 시간'의 균열 지점을 선명하게 드러 내기 시작한 본보기이다. 그 용례 가운데 '고유한' 전통 요소가 함께하는 현상에도 주목할 만하다. 수많은 사례에서 개념의 상징체계는 여러 공간에 흩어져 있다. 그러므로 거기로부터 단선적인 근대의 증언 가치를 손쉽게 얻을 수는 없다. 이를테면 역사 개념은 종종 옛 왕조체제가 마감하는 위기 의 상황에서 아득히 먼 신화시대의 기억과 향수를 불러온다. 이때 그 의미 는 전통의 거울 이미지와 겹치기도 했다. 이로부터 방법론적 긴장이 생성 된다. 시간성의 경계를 넘나드는 의미지평이 '말안장시대'의 이상형과 어 느 정도 먼 거리에 위치한다면, 한국 개념사 연구는 어떠한 탐색적 예견에

---

111 Blumenberg, Hans(1979), 앞의 책, pp.9 ff.

기댈 수 있을까?

'은유적 우회로'에서[112] 전통 요소를 포괄하는 하나의 방법을 찾을 수 있을 것이다. 안확이 회귀하고자 염원했던 '종'의 세계가 하나의 사례이다. 그 '고유 정신'은 완전함의 기대를 충족하는 전통의 상징이다. 그 의미지평은 로고스의 공간을 건너 신화의 시간까지 거슬러 오르면서 개념을 통해 파악할 수 없는 세계의 전체성을 조망한다. 블루멘베르크의 설명에 따르면, 그러한 언어적 작용 연관 안에서 '우리는 절대적 은유들의 중요성, 곧 그 역사적 진리를 새삼스럽게' 질문할 수 있다. "그 진리란 사고력을 아주 넓게 펼쳐 보면 실용적이다. 그 내용은 방향 설정의 기점으로서 하나의 행위를 규정한다. 절대적 은유는 하나의 세계에 구조를 부여한다. 그것은 전혀 경험할 수 없으며 모습을 파악할 수 없는 사실성의 온전함을 표현한다."[113] 이렇게 개념 이전의 지침들로 기능하는 은유는 인간이 자신의 존재와 세계를 위해 만들어 낸 '형상들의 교설'이다. '빛'이나 '꾸미지 않은 진실', 또는 인간 삶의 행로를 비유하는 '항해' 등의 표현과 더불어 인간은 자기 바깥의 환경과 화해하면서 그럭저럭 지내게 된다. 그 뒤에 숨어 있는 내용들은 인간 존재가 현실을 묘사하거나 그 바탕에서 행동할 때 발생하는 어려운 문제들을 완화하는 보조 수단이 된다.[114]

이처럼 '개념 형성의 앞마당'에서 작용하는 은유적 상징들은 우리 현존재의 역동성으로 이어지는 전통 요소를 생산적인 의미 연관으로 복원한다. 이때 전통은 낯선 타자로서 대상적 관계에 머물지 않는다. 그것은 우리에게 모범이 되거나 놀라움의 대상으로 다가오면서 항상 우리와 함께한다.

---

112 Blumenberg, Hans(2009), 앞의 책, p.116.
113 Blumenberg, Hans(1998), 앞의 책, p.25.
114 Wetz, Franz Josef(2011), 앞의 책, pp.16 ff.

개념사의 지평과 전망

이러한 이해의 과제는 전통적 권위의 복권에 온힘을 다한 역사주의를 되살리는 것일까? 그 사유 방식이 근거했던 낭만주의 세계관은 우리의 관습과 규범에 커다란 영향을 끼치는 전통의 정당성을 밝히면서 이성지상주의의 환상에 매였던 계몽철학의 편견을 바로잡을 수 있었다. 그러나 이러한 공적은 역사주의가 굳게 지키고자 했던 방법론의 오류 가운데에서 퇴색하고 말았다. "참된 사료의 비판적 연구, 당파에 기울지 않는 해석, 객관적 서술, 이 모든 방법이 함께 얽힌다. 완전한 진실을 생생하게 드러내는 것이 그 목적이다."[115] 낭만적 복고주의를 역사주의 방법에 결합한 랑케(Leopold von Ranke)는 그렇게 '무당파의 거울'이라는 오랜 은유를 되새기면서 진보와 보편성의 개념에 따르는 계몽주의의 인식 방법에 맞섰다. 윤색되지 않은 '벌거숭이 진리'를 찾는다는 그 목표 가운데에는 역사적 사실들을 굴절 없이 드러낼 수 있다는 소박한 실재론이 들어 있다. 이로부터 역사철학의 추상성을 극복한다는 '역사과학'의 과제가 생성된다. 그것은 곧 모든 개별 시대마다 나타나는 '특별한 경향성'과 '고유한 이상', 그리고 개별 시대 사이에서 드러나는 '차별성'을 '원래 있던 그대로(wie es eigentlich gewesen)' 보여주는 것이다. 이로부터 '당파에 초연한' 랑케의 신화가 생겨날 수 있었으며, '객관적인' 역사서술을 지탱할 수 있다는 믿음이 하나의 관습으로 굳어졌다. 그것은 곧 이해(Verstehen)를 매개로 역사세계의 전체를 설명할 수 있도록 실행하는 사료 비판의 다른 이름이었다.[116] 이 오랜 방법론은 다음과 같은 암묵적 동의를 전제한다. 궁극적으로 인간의 본성은 항상 동일하며,

---

115 von Ranke, Leopold(1879), "Einleitung zu den Analekten der Englischen Geschichte," *Sämtliche Werke* 21(3. Aufl.), p.114. Koselleck, Reinhart et al.(1979), 앞의 글, p.695에서 재인용.

116 Berding, Helmut(1971), "Leopold von Ranke," in Hans-Ulrich Wehler ed., *Deutsche Historiker* 1, Göttingen : Vandenhoeck & Ruprecht, pp.7~24.

이해를 매개로 번역되는 사료 속에 이미 소통의 가능성이 내재한다. 그러나 누군가 현재의 경험공간이 끊임없이 유동하는 만큼이나 역사적 진술의 성격 역시 시대에 따라 변한다고 말한다면, 어떻게 거기에 반론할 수 있을까?

역사주의는 개체의 특성 속으로 몰입하는 직관을 통해 역사적 실상을 파악할 수 있다는 이해의 범례를 가리킨다. 이에 따라 역사가는 자신의 '애착이나 혐오'에 흔들림 없이 지나간 시대의 사유 방식을 모사하는 과제를 안게 된다. 현대 역사서술의 미덕과 정당성을 미리 보장했던 그 방법은 역사적 시간의 거리를 상정한다. 이러한 전제 조건에서 역사가의 '객관적' 인식은 어느 시점에서 어떤 사건을 다만 역사적 관심사로만 기억할 만큼 충분한 격차를 요구한다. 바꾸어 말하자면 역사적 대상이란 관찰자의 이해 관계가 미칠 수 없을 정도로 먼 거리에 위치할 때 온전한 의미를 드러낸다. 역사적 시간 간격은 건널 수 없는 심연처럼 그렇게 텅 비어 있는 공간일 따름일까? 이러한 질문과 함께 텍스트에 내재하는 '진정한 의미'를 찾는 현대의 해석학은 역사가와 대상 사이에 존재하는 대립적 긴장 관계에 주목한다. 그것은 곧 탐구자가 전통을 대할 때 느끼는 낯섦과 친밀함 사이에서 생성된다. 전통이란 우리의 시대와 먼 거리에 위치한다는 점에서 낯선 대상이다. 그러한 전통은 또한 현재 인식의 뿌리로 작용하면서 우리의 한 부분을 형성한다. 모든 역사적 전승이 바로 거기에 근거하여 설명의 실마리로 다가올 때, 먼 거리의 시간 틈새는 '긍정적이고 생산적인 가능성'의 공간으로 바뀐다. 그 첫걸음은 전통을 우리에게 말을 걸어 오는 존재로 자각하면서 출발한다. 그때부터 시간 간격은 대상에 대한 관찰자 자신의 이해관계를 억제하는 과제 저편의 또 다른 의미를 지니게 된다. 하나의 텍스트에 내재하는 '진정한 의미'란 어느 시점에선가 완벽한 결론에 이르는 것이 아니라 끊임없이 생성되는 것이다. 마찬가지로 시간 간격 또한 일정한 범위 안에 멈추지 않고 끊임없이 움직인다. 이러한 이해의 과정에 이끌릴

개념사의 지평과 전망

때에만 전통의 탐구자는 자신의 역사성을 함께 성찰할 수 있다. 그럼으로써 그는 소박한 '역사적 객관주의'의 허상에서 벗어나 자기 자신과 대상을 동시에 인식하게 된다. "진정한 역사적 대상은 있는 그대로의 대상이 아니라 자기 자신과 타자의 통일체이며, 역사의 현실과 역사적 이해의 현실이 서로 얽혀 있는 하나의 관련성이다."[117]

이러한 상호작용을 이해하는 과제는 탐구자의 관점이 언제나 상황의 제약을 받기 때문에 거기로부터 객관적인 거리를 유지할 수 없다는 자기 성찰을 요구한다. 우리가 어떤 상황 가운데 있다는 것은 그 설명이 결코 완결될 수 없다는 사정을 뜻한다. 우리는 역사적 전통을 이해의 과제로 마주할 때도 그러한 상황 가운데 위치한다. 우리 자신이 속해 있는 역사적 존재의 본질상 스스로를 인지하는 일이 어느 때라도 완전한 단계에 이를 수 없기 때문이다. 이처럼 관찰의 가능성에 영향을 끼치는 상황 인식은 역사적 전승의 문제를 풀기 위해 넓은 시야를 확보해야 한다는 과제를 지시한다는 점에서 지평 인식을 함축한다. 지평이라는 말은 근본적으로 역사 속에 살아 있는 탐구자와 더불어 움직이는 역동적인 공간을 의미한다. 그 공간 안에서 전통이 우리에게 말을 걸어 온다고 자각할 때, 우리는 역사적 지평을 확보한다고 말할 수 있다. 이렇게 볼 때 전통의 이해는 곧 역사적 지평의 이해이다. 우리의 역사의식이 지향하는 우리 자신과 타자의 과거는 함께 인간 현존재의 근원이자 전통으로서 우리의 삶을 규정하는 이 역동적 공간의 형성에 관여한다. 따라서 전통을 이해한다는 과제는 곧 탐구자 자신도 그 상황 속으로 함께 들어가 타자의 처지로 변화되어 본다는 것을 뜻한다. "이처럼 스스로 처지를 바꾼다는 것은 자신의 개성을 타자의 개성

---

117 Gadamer, Hans-Georg(2010), *Wahrheit und Methode : Grundzüge einer philosophi-schen Hermeneutik*, Tübingen : Mohr Siebeck, pp. 270~305, 특히 인용문은 p. 305.

속으로 감정이입하는 것도 아니고 타자를 자신의 규범에 종속시키는 것도 아니다. 그것은 자신의 고유성뿐만 아니라 타자의 고유성마저 극복하여 끊임없이 더 높은 보편성을 지향한다는 것을 뜻한다."[118]

이렇게 역사주의를 넘어서는 이해의 방법은 한국 개념사의 꿈이자 짐이다. 먼저 한국의 근대성을 지시했던 이식 개념들이 안정된 의미론 내용들을 지속적으로 유지할 수 없었다는 사정을 상기해 보자. 역사적 시간의 경계를 넘나들던 전통 요소가 역사적 지평의 이해와 더불어 '생산적인' 인식의 원천으로 작용할 수 있다는 가능성에 주목할 만하다. 옛 신화시대의 기억을 불러왔던 시대적 상황은 개념 탐구자의 자기의식에 깃들어 있는 역사적 심층과 얽힐 때 더 넓고 역동적인 예견으로 이어질 것이다. 이러한 전통 회귀의 정신 현상이 역사주의의 영향으로 생성했다는 점은 또 다른 성찰의 대상이다. 이를테면 손진태가 '오직 진실하고 엄정한 과학'을 내세웠을 때, 그 방법은 랑케 신화를 불러왔던 낭만주의 역사서술의 일본식 변주와 다름없었다. 그러므로 그가 이해한 민족 시조 복원의 과제는 넓게 볼 때 역사주의 세계관에 뿌리내린 것이었다. 이른바 애국계몽의 시대로 거슬러 오르는 민족 만들기 현상은 전통적인 '진리'의 이름으로 내부의 고유성을 정제하는 '정신적인 경향성'이었다. 거기에 깃든 낭만적 복고주의는 보편적 개념 운동과 어긋나기 마련이다. 한국 개념사 연구는 이렇듯 바로 방법론의 문턱에서 화해하기 힘든 낯선 타자와 마주할 수밖에 없다. 여기에서 '더 높은 보편성'으로 나아갈 만한 가능성을 찾을 수 있을까? 그 길은 아직 개척의 땅에서 머뭇거린다. 개념과 소통행위가 하나의 의미 연관 속에서 작용하는 사유 방식에 기대를 걸어 볼만할 것이다.

118 Gadamer, Hans-Georg(2010), 앞의 책, pp.307~312, 특히 인용문은 p.310.

개념사의 지평과 전망

참고문헌

김경미(2009), 『한국 근대교육의 형성』, 혜안.

김용구(2008), 『한국개념사총서 1 만국공법』, 소화.

나인호(2011), 『개념사란 무엇인가 : 역사와 언어의 새로운 만남』, 역사비평사.

손진태(1981), 『손진태선생전집 1』, 태학사.

송병기·박용옥·박한설 편(1970), 『韓末近代法令資料集 1』, 대한민국 국회도서관.

안확(1994a), 『자산 안확 국학논저집 2』, 여강출판사.

안확(1994b), 『자산 안확 국학논저집 4』, 여강출판사.

유길준(1969), 『西遊見聞』, 경인문화사.

유동준(2005), 『유길준전』, 일조각.

유영익(1990), 『甲午更張研究』, 일조각.

이광린(1989), 『改化派와 開化思想 研究』, 일조각.

전복희(1996), 『사회진화론과 국가사상 : 구한말을 중심으로』, 한울.

황호덕(2005), 『근대 네이션과 그 표상들 : 타자·교통·번역·에크리튀르』, 소명출판.

김윤희(2013), 「문명·개화의 계보와 분화(1876년~1905년) : 개념의 의미화 과정을 중심으로」, 『사총』 제79권.

김홍수(1996), 「朴泳孝의 歷史敎育觀 : 開化上疏文中 敎育改革案의 내용을 중심으로」, 『아시아문화』 제12호.

박근갑(2009), 「'말안장 시대'의 운동개념」, 박근갑 외, 『개념사의 지평과 전망』, 소화.

박근갑(2011), 「단재 신채호와 역사의 발견」, 『역사학보』 제210집.

박근갑(2012), 「'근대'의 의미론 : 라인하르트 코젤렉(Reinhart Koselleck)과 한스 블루멘베르크(Hans Blumenberg)」, 『개념과 소통』 제9호.

박근갑(2013), 「국사에서 역사로」, 일송기념사업회 편, 『한국 인문·사회과학 연구, 이대로 좋은가』, 푸른역사.

박근갑(2014a), 「메이지 교육체제와 '역사'의 의미론」, 『史林』 제49권.

박근갑(2014b), 「역사·문명·진보 : 후쿠자와 유키치와 유길준의 시간 인식」, 『사총』 제83권.

박양신(2008a), 「근대 일본에서의 '국민' '민족' 개념의 형성과 전개 : nation 개념의 수용사」, 『東洋史學硏究』 제104집.

박양신(2008b), 「근대 초기 일본의 문명 개념 수용과 그 세속화」, 『개념과 소통』 제2호.

박여성(2012), 「개념사 연구 : 역사서술과 언어학의 상호작용」, 『개념과 소통』 제9호.

박영효(1982), 「內政改革에 대한 建白書」, 歷史學會 編, 『韓國史資料選集 Ⅴ : 最近世篇』, 일조각.

박한민(2013), 「유길준 『世界大勢論』(1883)의 전거(典據)와 저술의 성격」, 『韓國史學報』 제53호.

신채호(2007a), 「大東帝國史敍言」, 단재신채호전집편찬위원회 편찬, 『단재 신채호 전집 3』, 독립기념관 한국독립운동사연구소.

신채호(2007b), 「讀史新論」, 단재신채호전집편찬위원회 편찬, 『단재 신채호 전집 3』, 독립기념관 한국독립운동사연구소.

신채호(2007c), 「朝鮮上古文化史」, 단재신채호전집편찬위원회 편찬, 『단재 신채호 전집 3』, 독립기념관 한국독립운동사연구소.

신채호(2008a), 「舊書刊行論」, 단재신채호전집편찬위원회 편찬, 『단재 신채호 전집 6』, 독립기념관 한국독립운동사연구소.

신채호(2008b), 「浪客의 新年漫筆」, 단재신채호전집편찬위원회 편찬, 『단재 신채호 전집 6』, 독립기념관 한국독립운동사연구소.

신채호(2008c), 「論忠臣」, 단재신채호전집편찬위원회 편찬, 『단재 신채호 전집 6』, 독립기념관 한국독립운동사연구소.

신채호(2008d), 「大韓의 希望」, 단재신채호전집편찬위원회 편찬, 『단재 신채호 전집 6』, 독립기념관 한국독립운동사연구소.

신채호(2008e), 「身家國 觀念의 變遷」, 단재신채호전집편찬위원회 편찬, 『단재 신채호 전집 6』, 독립기념관 한국독립운동사연구소.

신채호(2008f), 「儒敎擴張에 對한 論」, 단재신채호전집편찬위원회 편찬, 『단재 신채호 전집 6』, 독립기념관 한국독립운동사연구소.

신채호(2008g), 「韓國自治制略史」, 단재신채호전집편찬위원회 편찬, 『단재 신채호 전집 6』, 독립기념관 한국독립운동사연구소.

양일모(2014), 「진보 개념의 기원과 전개 : 개항기에서 식민지 시기까지」, 일송기념사업회 편, 『좌·우파에서 보수와 진보로 : 보수·진보의 개념과 역사적 전개』, 푸른역사.

유길준(1971a), 「競爭論」, 兪吉濬全書編輯委員會 編, 『兪吉濬全書 4』, 일조각.

유길준(1971b),「國權」, 兪吉濬全書編輯委員會 編,『兪吉濬全書 4』, 일조각.

유길준(1971c),「大韓文典」, 兪吉濬全書編輯委員會 編,『兪吉濬全書 2』, 일조각.

유길준(1971d),「世界大勢論」, 兪吉濬全書編輯委員會 編,『兪吉濬全書 3』, 일조각.

유길준(1971e),「小學校育에 對ᄒᆞ 意見」, 兪吉濬全書編輯委員會 編,『兪吉濬全書
　　　　2』, 일조각.

유길준(1971f),「與福澤諭吉書」, 兪吉濬全書編輯委員會 編,『兪吉濬全書 5』, 일조각.

이진일(2011),「개념사의 학문적 구성과 사전적 기획 사이에서 :『코젤렉의 개념
　　　　사 사전』을 중심으로」,『개념과 소통』 제7호.

이태진(1994),「안확의 생애와 국학세계」, 안확,『자산 안확 국학논저집 6』, 여강
　　　　출판사.

고야스 노부쿠니(2007),『후쿠자와 유키치의『문명론의 개략』을 정밀하게 읽는다』,
　　　　김석근 옮김, 역사와비평사.

니시카와 나가오(2006),『국경을 넘는 방법 : 문화·문명·국민국가』, 한경구·이
　　　　목 옮김, 일조각.

마루야마 마사오(2007),『〈문명론의 개략〉을 읽는다』, 김석근 옮김, 문학동네.

마루여마 마사오(2012),『일본의 사상』, 김석근 옮김, 한길사.

쓰지모토 마사시·오키타 유쿠치 외(2012),『일본교육의 사회사』, 이기원·오성
　　　　철 옮김, 경인문화사.

쓰키아시 다쓰히코(2014),『조선의 개화사상과 내셔널리즘』, 최덕수 옮김, 열린
　　　　책들.

외르크 피쉬(2010),『문명과 문화』, 안삼환 옮김, 푸른역사.

진관타오·류칭펑(2010),『관념사란 무엇인가 2』, 양일모·송인재·한지은·강
　　　　중기·이상돈 옮김, 푸른역사.

姜尙中·齋藤純一·杉田敦·高橋哲哉(2002),『思考をひらく』, 東京 : 岩波書店.

內田正雄(1870),『輿地誌略 1～4』, 文部省.

福澤諭吉(2004a),『福澤諭吉著作集 第1卷 西洋事情』, 東京 : 慶應義塾大學出版會.

福澤諭吉(2004b),『福澤諭吉著作集 第4卷 文明論之槪略』, 東京 : 慶應義塾大學出
　　　　版會.

福澤諭吉(2012),『福澤諭吉著作集 第3卷 學問のすすめ』, 東京 : 慶應義塾大學出
　　　　版會.

石塚正英·柴田隆行 監修(2004),『哲學·思想飜譯語事典』, 東京 : 論創社.

小澤榮一(1974), 『近世史學思想史研究』, 東京：吉川弘文館.

佐藤正幸(2004), 『歷史認識の時空』, 東京：知泉書館.

丸山眞男(2011), 『日本政治思想史研究』, 東京：東京大學出版會.

ひろた まさき(1976), 『福澤諭吉研究』, 東京：東京大學出版會.

Blumenberg, Hans(1979), *Arbeit am Mythos*, Frankfurt am Main：Suhrkamp.

Blumenberg, Hans(1998), *Paradigmen zu einer Metaphorologie*, Frankfurt am Main：Suhrkamp.

Blumenberg, Hans(2009), *Wirklichkeiten in denen wir leben：Aufsätze und eine Rede*, Stuttgart：P. Reclam.

Brunner, Otto, Werner Conze and Reinhart Koselleck eds.(1979), *Geschichtliche Grundbegriffe：Historisches Lexikon zur politisch-sozialen Sprache in Deutschland* 2, Stuttgart：Klett-Cotta.

Chambers, William and Robert Chambers eds.(1852), *Political Economy, for Use in School, and for Private Instruction*, Edinburgh：W. and R. Chambers.

Gadamer, Hans-Georg(2010), *Wahrheit und Methode：Grundzüge einer philosophischen Hermeneutik*, Tübingen：Mohr Siebeck.

Guizot, François M.(1838), *Histoire générale de la civilisation en Europe, depuis la chute de l'empire romain jusqu'à la Révolution française*, Bruxelles：Langlet et Comp.

Guizot, François M.(1870), *General History of Civilization in Europe, from the Fall of the Roman Empire to the French Revolution*, C. S. Henry trans., New York：D. Appleton and Co.

Joas, Hans and Peter Vogt eds.(2011), *Begriffene Geschichte：Beiträge zum Werk Reinhart Kosellecks*, Berlin：Suhrkamp.

Koselleck, Reinhart(1979), *Vergangene Zukunft：Zur Semantik gesichtlicher Zeiten*, Frankfurt am Main：Suhrkamp.

Koselleck, Reinhart(2003), *Zeitschichten：Studien zur Historik*, Frankfurt am Main：Suhrkamp.

Koselleck, Reinhart(2006), *Begriffsgeschichten：Studien zur Semantik und Pragmatik der politischen und sozialen Sprache*, Frnakfurt am Main：Suhrkamp.

Weber, Max(1982), *Gesammelte Aufsätze zur Wissenschaftslehre*, Tübingen：J.C. B. Mohr.

Wetz, Franz Josef(2011), *Hans Blumenberg zur Einführung*, Hamburg：Junius.

鈴木貞美(2007),「日本における〈歴史〉の歴史：ひとつのプロブレマティクとして」,『日本研究』第35集.

福澤諭吉(1960a),「時事小言」, 慶應義塾 編纂,『福澤諭吉全集 5』, 東京：岩波書店.

福澤諭吉(1960b),「掌中萬國一覽」, 慶應義塾 編纂,『福澤諭吉全集 2』, 東京：岩波書店.

福澤諭吉(1960c),「脫亞論」, 慶應義塾 編纂,『福澤諭吉全集 10』, 東京：岩波書店.

荻生徂徠(1965),「徂徠先生答問書 上」, 井上哲次郎・蟹江義丸 編,『日本倫理彙編 6』, 京都：臨川書店.

黑田俊雄(1984),「國史'と歷史學：普遍學的への轉換のために」,『思想』第726號.

Berding, Helmut(1971), "Leopold von Ranke," in Hans-Ulrich Wehler ed., *Deutsche Historiker* 1, Göttingen：Vandenhoeck & Ruprecht.

Koselleck, Reinhart et al.(1979), "Geschichte, Historie," in Otto Brunner, Werner Conze and Reinhart Koselleck eds., *Geschichtliche Grundbegriffe：Historisches Lexikon zur politi-schsozialen Sprache in Deutschland* 2, Stuttgart：Klett-Cotta.

개념사의 개념과
『역사적 기본 개념』[*]

루치안 횔셔(Lucian Hölscher)

보훔루르대학 역사학과 교수 역임. 괴팅겐, 프라이부르크, 옥스퍼드, 하이델베르크에서 수학했고 1976년 라인하르트 코젤렉의 지도로 학위논문 "Öffentlichkeit und Geheimnis : Eine begriffsgeschichtliche Untersuchung zur Entstehung der Öffentlichkeit in der frühen Neuzeit"를 발표했다. 『역사적 기본 개념(*Geschichtliche Grundbegriffe*)』의 편집에 참여했으며, 1991~2014년 보훔루르대학에서 근대역사와 이론을 강의했다. 저서로는 *Semantik der Leere*(2009), *Das Jenseits*(2007), *Neue Annalistik*(2003) 등이 있다.

옮긴이 김성호

고려대학교 강사. 역서로는 『고대철학』(2008), 『서양 윤리학사』(2004) 등이 있고, 논문으로는 「칸트 윤리학에서 덕의 개념」(2007) 등이 있다.

* 이 논문은 이 책을 위해 기고한 Hölscher, Lucian, "The Concept of Conceptual History(*Begriffsgeschichte*) and the '*Geschichtliche Grundbegriffe*'"를 번역한 것으로, 영어 원문은 『개념과 소통』 제2호(2008. 12)에 게재되었다.

개념사의 개념은 언어가 역사세계의 기본구조라는 단순한 생각에 기초한다. 우리는 무언가를 이해하고 서술할 때뿐만 아니라 행위하거나 과거와 현재의 여러 요소를 변화시킬 때도 단어와 문장에 의존한다. 인간이 자신의 삶과 환경을 표현하려 할 경우, 언어가 유일한 도구는 아닐지 몰라도 가장 중요한 도구임은 분명하다. 언어에 대한 이런 이해의 일부로서 우리는 언어와 실재를 구별하여야 한다고 배우는데, 이 구별은 유명한 프랑스 언어학자 소쉬르(Ferdinand de Saussure)가 제시한 '기표(記表 · signifiant)'와 '기의(記意 · signifié)' 사이의 구별, 즉 단어와 그 단어와 관련되는 세계 안의 존재 사이의 구별에서 잘 드러난다. 하지만 언어학의 역사를 거슬러 올라가 보면 언어와 실재 사이의 관계가 시대에 따라 서로 전혀 다른 양상을 보인다는 사실을 발견한다. 바로 이 관계를 서술하는 것이 개념사의 방법인데, 이를 통하여 전통적인 실재론적 역사 연구와 현대적인 개념적 역사 연구 사이의 구별이 이루어진다.

전통적인 역사 연구에서 역사학자들은 과거에 무슨 일이 일어났는지에 대해서만 배타적인 관심을 보였으며, 언어는(그들이 역사를 서술하는 데 사용하는 언어뿐 아니라 사료에 사용된 언어까지) 단지 과거의 것들을 독자가 인식하게 만드는 도구에 지나지 않았다. 따라서 이전의 역사 연구에서 언어의 역할은 안경의 용도, 즉 외부세계를 관찰자의 눈에 전달하는 데 도움을 주는 역할에 비유될 수 있을 듯하다. 역사학자들은 언어가 실재와 어떻게 '관련되는지'는 생각하지 않았으며, 설령 생각하였다 할지라도 언어는 대상을 '적절하게' 명명하거나 기술하는 데 불충분한 것으로 여긴 정도였다. 반면 개념을 통한 역사 연구에서는 도구와(단어 · 문장 · 그림 · 몸짓 · 상징 등과) 분리된 실재란 존재하지 않으며, 바로 이런 도구가 실재하는 대상들을 묘사한다고 여겨진다. 개념사를 연구하는 학자 사이에서는 언어와 실재의 관계를 어떻게 보아야 하는가에 관한 수많은 논의가 이루어진다. 하지만 이런 논의들에 직접 뛰어들기에 앞서 개념사를 연구하는 모든 학자는 언어가 역사적 실재 자체의 일부라는 점에 동의한다는 사실을 충분히 강조할 필요가 있다. 이런 사실은 과거의 실재를 탐구하기 위하여 우리가 비록 현존하지는 않지만 지각될 수 있는 과거의 실재를 전달하는 언어를 탐구하여야만 함을, 따라서 역사상의 변화를 탐구하기 위해서는 개념상의 변화를 즉 개념에서 발생한 변화를 탐구하여야만 함을 의미한다.

역사상의 시간과 실재

실재란 언어의 '외부에' 그 자체로 존재하는 그 무엇인가, 아니면 오직 우리가 사용하는 단어들로 구성된 언어 안에만 존재하는가? 이 질문은 개념사의 핵심에 속하며, 개념사에 관한 논의를 가치 있게 만드는 근거이기도 하다. 역사학자들은 실재 일반을 연구하는 것이 아니라 과거, 현재 또는 미래의 실재를 연구한다. 즉 그들은 시간상의 실재를 연구한다. 이것이 의미하는 바는 무엇인가? 우리가 지금까지 배워 온 철학적 전통에 따르면 시간과 공간은 실재가 지닌, 특히 과거의 실재가 지닌 두 축이라고 할 수 있다. 어떤 사건이나 개인 혹은 다른 무엇이든 간에 그것을 시간과 공간상의 한 지점에 위치시킨다는 말은 그것에 역사상의 실재성을 부여함을 의미한다. 하지만 현재 우리와 더불어 현존하지 않는 어떤 것의 존재를 어떻게 인식할 수 있는가? 이에 대한 대답은 다음과 같다. 현재 우리가 존재한다는 증거를 다른 시대, 다른 장소에 확장함으로써 가능하다.

과거 역사상의 시간을 이해하는 일은 두 측면에서 중요하다. 첫째, 시간은 현존하는 우리의 자아와 우리가 과거에 미래라는 측면과 관련해서 바라본 대상 사이에 일종의 차이점을 형성한다. '이전에' 어떤 일이 일어났다고 말함으로써 우리는 그것이 과거에는 현존하였는데 현재는 더 이상 존재하지 않는다고 선언한다. 바꾸어 말하면 이 말은 대상과 우리 사이의 시간적 관계를 정의한다. 우리가 어떤 일이 다른 어떤 일보다 '더 일찍' 또는 '더 늦게' 일어났다고 말하는 것도 이와 같은 경우에 해당한다. 이렇게 하면서 우리는 또한 과거 대상들 자체 사이에 현존의 연결점을 확립하게 된다. 둘째, 이러한 시간적 관계를 확립함으로써 역사상의 시간은 시간적 단위를 구성한다. 모든 것 사이에 성립하는 공통의 세계는 이러한 방식으로 정의되며, 따라서 이러한 방식으로 도입된다. 그리고 바로 이 세계를 우리는 '역사'라고 부른다. 우리 자신 또한 이 세계의 일부이므로 우리는 현재 자신의 현존을 대하듯이 과거의 (그리고 미래의) 모든 것에 동일한 종류의 실재성을 부여하기 쉽다.

그러나 역사상의 시간을 이런 방식으로 설명할 경우 일종의 문제가 발생한다. 과거의 것들은 오직 우리 자신의 경험에 관여함으로써만 존재한다. 과거는 우리 현재의 일부이므로 우리의 현존이 변화함에 따라 과거의 것들도 따라서 변화한다. 우리가 과거를 보는 방식은 시간의 흐름에 따라 현재 우리의 관심, 도덕적 범주 그리고 언어 등에 의존한다. 하지만 동시에 우리는 과거에 일어난 일은 그것에 대한 우리의 지식이나 우리가 그것을 바라보는 방식과는 무관하다고 확신한다. 말하자면 우리가 과거에 대하여 생각하는 방식은 양면적이며 이 방식은 우리의 일상적인 경험에 대응한다고 할 수 있는데, 이 점은 시간 자체를 서로 다른 다양한 방식으로 정의하는 철학사를 통하여 배울 수 있다.

유럽의 전통에 따르면 우리는 흔히 두 종류의 시간 개념에 의지하며,

그중 하나는 그리스 철학자 아리스토텔레스의 생각에 기초하며 다른 하나는 라틴계 '교부' 아우구스티누스에 기초한다. 아리스토텔레스는 시간을 두 종류 운동의 결합으로 정의하였다. 그중 하나는 지구의 순환운동으로, 이로부터 우리가 사용하는 역법의 기본 단위(날과 해 등)가 정의된다. 다른 하나는 이런 시간을 직선적 운동으로 파악한다. 이는 인간과 무관한 '객관적인' 시간의 관념을 드러낸다.

이와는 대조적으로 아우구스티누스는 시간을 영혼의 '확장'으로, 즉 관찰자인 인간이 지니는 과거(기억)·현재(의식)·미래(기대)의 관점으로 정의하였다. 이는 '주관적인' 시간의 관념을 보여 준다. 현대의 역사 개념은 이 두 관념을 결합한다. 역법을 확립함으로써 우리는 아리스토텔레스의 '객관적인' 방식에 따라 역사상의 연도를 헤아려 나간다. 하지만 역사에 대한 관심, 기억, 기대 등에 의지할 경우에는 아우구스티누스의 '주관적인' 접근 방식에 따른다.

이것이 개념사에서 왜 중요한가? 유럽의 역사서술에서 역사상의 시간을 다루는 방식은 세 가지로 나뉜다. 전통적인 방식은—이른바 역사주의(historicism)의 시대에 통용되던—역사를 서술하면서 시간을 주관적으로 구성하는 일을 가능한 한 제거하는 것이었다. 따라서 과거에 관한 주관적인 자료들, 예를 들어 편지나 자서전 등은 이들에 등장하는 내용이 신뢰할 만한지 확증하기 위하여 비교나 이성적 추론을 통하여 더욱 세심하게 검토되지 않을 수 없었다. 개념사학자들은 이런 방식이 불충분하다고 확신하며 현대적 추론이 도달하는 지점 외부에도 어떤 실재가, 즉 주관적 실재의 영역이 존재할 수 있다고 생각한다. 예컨대 우리는 집단의 기억이나 역사적 자료, 공통의 경험으로부터 1789년 일어난 프랑스대혁명이 정치적·사회적·도덕적 측면에서 현대사회에 거대한 변화를 일으켰음을 배울 수 있다. 또한 대혁명이 역사상 새로운 시대, 즉 혁명의 시대 또는 현대성의 출발점

개념사의 지평과 전망

이었다고 확신한다. 하지만 동시에 역사적 자료를 통하여 프랑스대혁명 당시의 사람들이 자신들은 고전적인 그리스와 영광스러운 로마제국의 덕목과 생활양식을 재확립하려 한다고 굳게 믿었음을 알 수 있다. 바꾸어 말해 그들은 시간을 거슬러 올라가려 했다고 할 수 있다. 따라서 그들에게 프랑스대혁명은 그것이 현재 우리에게 지니는 것과는 다른 '실재성'을 지닌다.

역사학자들은 모두 이렇게 서로 다른 '실재성'을 구별해야 한다는 사실을 잘 알고 있지만, 그것들 사이의 관계를 규정하는 데에서는 차이를 드러낸다. 역사를 주관적으로 구성하는 일은 과거의 개인들을 통해 이루어지는 반면, 역사를 객관적으로 재구성하는 일은 현재 우리의 노력을 통해 이루어진다. 극단적인 구성주의자들은 과거를 재구성하려는 현재의 시도를 우리의 환상이 낳은 산물로 보면서 완전히 배제하려고 한다. 이들은 과거의 세계를 당시에 살았던 행위자들을 통해 구성하는 것만이 유일한 실재라고 여긴다. 다른 한편으로 다소 온건한 구성주의자들은 위의 두 가지, 즉 동시대 사람들을 통한 역사의 주관적인 구성과 현대의 역사학자들을 통한 역사의 객관적인 재구성을 서로 결합하려 한다.

이것이 역사상의 시간이라는 관념과 관련하여 함축하는 바는 무엇인가? 오늘날 극단적인 구성주의는 철학과 사회인류학, 과학사회학, 문학사 등에서 매우 유행하고 있다. 그러나 역사를 서술하는 학자들은 구성주의가 근본적으로 함축하는 바가 무엇인지를 의문시한다. 통상 극단적인 구성주의의 개념에 따르는 사람들은 위에서 언급한 이론 중 하나와 연결된다. 개념사에서 극단적 구성주의를 보여 주는 좋은 예는 롤프 라이하르트(Rolf Reichardt), 에버하르트 슈미트(Eberhard Schmitt), 한스위르겐 뤼제브링크(Hans-Jürgen Lüsebrink) 등이 편집한 『프랑스 정치·사회 기본 개념 편람 1680~1820 (*Handbuch politisch-sozialer Grundbegriffe in Frankreich 1680-1820*)』이다. 이 저서가 채택한 개념은 버거(Peter L. Berger)와 루크만(Thomas Luckmann)의 이론에 기초하는데, 이들은 공저 『실재의 사회적 구성(*The Social Construction of Reality*)』(1972)에서 우리가 흔히 '실재'라고 부르는 바는 단지 지식의 체계에 지나지 않는다고 주장하였다. 이 주장에 따르면, 과거의 실재를 그것이 그 당시의 사람들에게 드러나는 바와 무관하게 재구성하는 일은 어떤 의미도 지니지 않는다.

일반적인 역사학자들이 이런 주장을 받아들이기는 어려운데, 그 까닭은 이들이 과거를 재구성하는 일은 당시 사람들의 지식을 모으는 것 이상의 무엇이라고 확신하기 때문이다. 우리는 과거에 대하여 그 당시의 사람들보다 더 많이 안다. 말하자면 우리는 그들의 행위가 낳은 결과까지 알고 있는 것이다. 우리는 전쟁의 결과, 예를 들어 제1차 또는 제2차 세계대전이 낳은 결과에 대하여, 과거 사건들의 상호의존성에 대하여(예를 들어 다른 대륙들에 대한 탐험과 근대 초 유럽 경제의 흥망 사이의 관계에 대하여) 알고 있다. 또한 당시의 사람들이 관찰할 수 없었던, 장기간에 걸친 기후변화 같은 요소들도 알고 있다. 이것이 바로 온건한 구성주의자들이 비록 과거에 대한 현재 우리의 지식이 주어진 바로서의 세계를 이해하는 것이라는, 즉 있는 그대로의 소박한 실재를 받아들이는 것이라는 점을 함축하지 않는다 하더라도 이런 지식을 고려하여야 한다고 주장하는 이유이다. 이들은 우리가 실재라고 부르는 바가 일종의 구성물이라고 하지만 시간과 공간을 넘어선 구성물이라고 결론지을 수도 있다. 그렇다면 (역사상의) 실재 개념에 구성주의적인 해석을 부여하기란 그리 어렵지 않다. 왜냐하면 과거에 대한 우리의 지식뿐만 아니라 역사학자가 (과거의) 실재라고 부르는 바도 이렇게 해석될 수 있기 때문이다. 실재와 그것이 언어로 드러나는 바를 대비하는 대신 우리는 그 어떤 경험적인 증거도 잃지 않으면서 과거의 실재에 대한 서로 다른 두 구성물을 얼마든지 다룰 수 있다.

현존하는 과거와 과거의 현재

1960년대 초반 독일의 역사학자 코젤렉(Reinhart Koselleck, 1923~2006)은 '현존하는 과거' 즉 오늘날 현존하는 사람들이 과거에 대하여 언급할 때 마음속에 지니는 바와, '과거의 현재' 즉 과거 사람들이 당시의 현재(오늘날의 시점에서는 과거가 되는)에 관하여 언급할 때 마음속에 지니는 바 사이의 개념적인 차이를 규정한 최초의 인물 중 한 사람이다. 이는 매우 단순한 개념상의 구별이지만 역사학 연구에 상당한 영향을 미쳤다. '현존하는 과거'의 개념은 이미 확립된 역사서술의 관행에서 지극히 전통적이고 진부하기까지 한 반면, '과거의 현재'라는 개념은 역사 탐구의 새로운 장을 열었다. 이 개념은 과거 사람들이 당시 사실이라고 믿었던 바 그리고 그들이 자신들의 과거와 미래라고 믿었던 바, 즉 과거의 경험 · 예상 · 회상 등과 관련된다.

이와 관련하여 다음의 예를 들어 보자. 16세기 루터의 종교개혁시대를 다루면서 우리는 당시가 격변의 시대였음을 잘 알고 있다. 따라서 최근까지 유럽의 역사학자들은 당시의 변화를 근대사회로 나아가는 진보로 서술해 왔다. 하지만 그 당시 사람들은 세계의 종말이 가까웠다고 확신하였다. 그들은 현재세계의 상황이 기껏해야 한두 세대 정도 지속될 수 있으리라고 예상하였다. 그러나 그들은 지금 우리가 알고 있듯이 세계가 그토록 오랫동안 현존하리라고는 전혀 생각하지 못하였다. 이것이 바로 그들이 그리스도의 재림과 최후의 심판에 대비한 이유이다.

하지만 이런 일이 아직 일어나지 않았음을 안다고 할지라도 이것이 종교개혁의 목적을 이해하는 데 별 도움이 되지는 않는다. 우리가 당시 사람들의 행위와 감정을 이해하려면 그들의 주관적인 기대와 예상을 이해해야만 한다. 예를 들면 루터는 결코 새로운 '신교' 교회를 세우려 하지 않았으며 오히려 세계의 종말이 가까웠다는 절박한 예상에 따라 당시 현존하던 교회를 개혁하려 했을 뿐이다.

하지만 코젤렉에 따르면 과거 사회가 지녔던 지식(즉 과거 사람들이 알았던 바 또는 알았다고 여겨지는 바)은 항상 오늘날 우리가 바로 그 시대, 그 주제에 대하여 아는 바에 의해 간섭받기 마련이다. 이전의 역사서술체계에서 과거 사람들이 지녔던 지식은 결국에는 그르고, 믿을 수 없고, 환상에 불과하다고 판명됨으로써 항상 거부와 비판의 대상이 되었다. 오직 현재의 '과학적' 지식만이 '참'된 지식으로 받아들여졌다. 인간의 정신적 측면을 연구하는 모든 역사학자에게와 마찬가지로, 개념사학자들에게 이런 생각은 더 이상 타당하지 않다. 이들은 과거의 정신적 측면들을 '전체적인' 역사상의 실재로 받아들인다는 점에서 차이를 드러낸다.

푸코(Michel Foucault, 1926~1984)의 담론 분석 이론에 따르면 오직 과거 당시의 지식을 재구성한 것만이 과거에 대한 참된 진술로 받아들여질 수 있다. 코젤렉의 개념사 개념에 따르면 우리는 다음을 모두 받아들여야 한다. 즉 과거 사람들의 지식이 과거를 반영한다는 사실과, 오늘날 우리가 과거 당시의 사람들보다 다양한 측면에서 과거에 대하여 더욱 많이 안다는 사실을 받아들여야 한다. 이는 일종의 모순이지만, 오직 과거의 역사 관념이 어떻게 현재의 역사 관념으로 변화하였는지에 관한 이야기를 통하여 설명될 수 있다. 역사의 재구성을 위해서는 현존하는 과거가 과거의 현재만큼이나 중요하다. 이 말은 과거에 대한 서술이 서로 분명하게 분리된, 세계가 현존하는 두 방식과 관련함을 의미한다. 이 두 방식 중 하나는 당시 사람들이 지녔던 관념의 구조이고 다른 하나는 과거에 대하여 오늘날 사람들이 지니는 관념의 구조인데, 이것들은 역사상의 자료가 지니는 언어적 개념 그리고 과거에 대한 현재의 과학적 담론이라는 개념 모두의 측면에서 기록되고 표현된다.

이런 개념에 따라 역사를 서술하는 사람은 과거에 대한 다중 초점(multi-focal) 형태의 접근 방식을 채택하였다. 1960년대에 이러한 방식은 완전히 새로운 것이었다. (초기 역사서술학파가 채택하였던) 사회사 분석이 역사학자는 과거의 자료로부터 사실을 이끌어 내야 한다는 생각에 기초하였다면, 물론 기본적인 관념·개념·이론 등은 역사학자 자신의 시대와 상상력으로부터 등장하지만, 개념사는 이런 '노동의 분화'가 더 이상 타당하지 않음을 증명하였다. 이것이 바로 과거의 자료들이 사실 이상의 무언가를 제공하는 이유이다. 과거의 자료들은 세계에 대한 관념과 개념, 이론도 제공한다. 그리고 이것들은 현재 우리가 세계를 지각하는 바에 비하여 전혀 부족하지 않다. 또한 이것이 개념사가 의미론적인 두 수준, 즉 과거 자료의 언어와 현재의 과학적인 분석과 서술의 언어를 비교하여 궁극적으로 사회사에 대한 구조적인 접근의 길을 열어 주는 이유이기도 하다.

그렇다면 이러한 일은 어떻게 이루어지는가? 사건의 연속과 역사상, 개념상의 변화를 모두 다룰 수 있는 역사서술을 구성하는 일은 무척 방대한 규모의 작업이다. 실제로 이를 행하기란 무척 어려운데, 그 까닭은 개념사학자는 이런 변화를 서술하면서 여러 가지를 서술하는 데 사용되는 개념의 변화도 동시에 다루어야 하기 때문이다. 이 문제를 해결하기 위하여 많은 역사학자는 이것들을 서로 분리한다. 이들은 우선 기본 개념들의 변화를 독자에게 설명하며, 그다음에는 '실재하는 것들'의 변화를 서술한다. 하지만 우리가 사용하는 개념에 따라 동일한 사건이 서로 다른 방식으로 해석되거나 서술될 수 있기 때문에 이는 제대로 진행되지 않았다. 더욱이 동일한 개념이 서로 다른 맥락에서 사용될 경우 서로 다른 역사적 의미를 지시하기도 한다.

개념과 역사적 맥락 사이의 이런 상호관련성을 제대로 밝히기는 무척 어렵지만 시도할 만한 가치는 충분하다. 왜냐하면 개념사를 연구할 경우

역사는 자기반성적(self-reflexive)이 되기 때문이다. 우리는 변화하는 역사의 실재를 이해하는 데 필요한, 변화하는 전제 조건에 대하여 아는 만큼 과거의 실재에 대해서도 알게 된다.

개념사 연구를 진행함으로써 역사학자는 과거의 표상과 밀접한 관련을 맺게 되며, 더 이상 멀리 떨어진 관찰자의 입장에 머물지 않고 안락의자에 앉아 청중들에게 과거의 사건에 관한 이야기를 들려주게 된다. 또한 역사학자는 실제로 역사를 쓰는 일에도 참여하게 된다. 즉 과거를 기술하기 위한 개념들을 사용하여 역사를 '전개해 나가는' 과정에 참여하는 행위자가 된다. 개념사에서 가장 중요한 일은 실재를 변화시키는 도구로서 그리고 실재의 형상 또는 표상으로서, 드러나고 사용되는 기본적인 역사적 개념들을 찾아내는 것이다.

여기에서 '도구'라는 용어(『역사적 기본 개념』에서 이에 해당하는 전문용어는 '요소(factors)'이다)는 과거의 행위에서 사용된 개념들을 의미한다. 즉 사람들은 어떤 상황에서 이런 개념들을 사용함으로써 무언가를 '행하였다'. 또한 '형상(image)'이라는 용어(앞의 책에서 전문용어는 '지표(indicator)'이다)는 개념들의 의미 또는 지시 기능을 나타낸다. 이 둘은 서로 밀접하게 연결되며 어느 하나 없이는 다른 하나도 작동할 수 없다. 다음과 같은 예를 들어 보자. 어떤 사람이 태어난 나라에서 쫓겨난 경우 그는 '망명자'로 불릴 수도 '난민'으로 불릴 수도 있다. 이 두 용어 모두 동일한 한 사람을 나타낸다. 하지만 국제법에 따르면 그를 '난민'으로 부르는 편이 '망명자'로 부르는 편보다 그에게 더 큰 권리를 부여한다. 제2차 세계대전 후 등장한 '난민'이라는 용어는 자신이 태어난 나라를 떠날 수밖에 없는 사람을 지시하는 외에 매우 열악한 상황에 놓인, 세계의 많은 사람의 권리를 강화하는 의미론적 도구로 사용되었다.

담론 분석인가, 개념 분석인가

개념사를 연구하면서 등장하는 전략상의 질문은 우리가 언어의 어떤 부분을 분석하여야 하는가이다. 이는 언어학적 단위의 문제이기도 하다. 단어(개념)들의 구조와 변화를 연구하여야 하는가, 아니면 여러 가지를 서술하고 논의하기 위한 담론의—즉 논증 방식의—구조와 변화를 연구하여야 하는가? 오늘날 개념사학자들 사이에는 두 가지의 서로 다른 연구분과가 잘 확립되고 충분히 알려져 있는데, 이것들은 '담론 분석'과 '개념 분석'으로 불린다. 언어의 구조와 변화를 탐구하면서 전자는 원전 자료에, 후자는 단어에 초점을 맞춘다. 또한 전자는 문장들을 통해 드러나는 논증의 체계에 집중하며, 후자는 단어들을 통해 드러나는 관념과 개념들에 집중한다. 사실 많은 측면에서 이 두 접근 방식은 이러한 구별에 의해서 드러나는 것만큼 크게 다르지는 않다. 그러나 논증의 편의를 위하여 그리고 이것들의 뚜렷한 특징을 논의하기 위하여 당분간 이런 구별을 유지하는 편이도움이 될 듯하다. 개념사의 이 두 분과를 더욱 상세히 살펴보기 위해서는 다시 한 번 여러 학파 또는 '철학들'을 구별할 필요가 있다.

① 담론 분석과 관련하여 처음에는 프랑스가, 그후에는 미국을 비롯한 여러 나라가 이를 받아들이고 유행하게 만드는 데 가장 큰 역할을 한 사람은 푸코이며, 이에 기여한 그의 저술은 『지식의 고고학(L'archéologie du savoir)』(1969)이었다. 그의 '담론' 개념은 우리가 어떤 시대의 역사에서 정합적인 지식의 체계를 발견할 수 있으며, 이를 통하여 모든 방면의 인간 지식에서 기본적인 질문과 논증을 통제할 수 있다는 생각에 기초한다. 이러한 기본적인 과학적 관심을 인식론의 측면에서 역사적으로 독립된 방식으로 재구성하려는 것이 그의 주요 관심사였다. 이 측면에서

그는 해석학적 번역이라는 관념을 배제하였던 것과 마찬가지로 역사적 근원과 발전이라는 관념도 배제하였다. 왜냐하면 담론은 우리의 시대, 우리가 사용하는 언어로 번역되면 이해될 수 없으며 오직 우리가 담론의 언어를 사용함으로써만 이해가 가능하다는 것이 그의 확고한 신념이었기 때문이다. 그는 전 세계적으로 담론 분석과 관련된 논의에서 큰 영향력을 발휘하였지만, 실질적인 연구 작업에서 그를 따른 사람은 거의 없다. 그의 담론 개념은 어쩌면 분석의 도구로 사용하기에는 너무 어려웠는지도 모른다. 따라서 개념사학자 대부분은 그가 서술한 담론을 경험적인 증거를 통하여 증명하기가 극도로 어렵다고 생각하였다.

경험적 증거에 더욱 밀접하게 기초한 접근 방식은 포콕(John G. A. Pocock, 1924~), 스키너(Quentin Skinner, 1940~) 등이 형성한 이른바 '케임브리지학파'에서 드러나는데 이들은 '정치적 언어'에 대한 분석을 주로 시도한다. 정치철학에 대한 유럽의 오래된 관심에서 유래한 이러한 종류의 담론 분석은 훨씬 더 제한적인 영역을 탐구의 대상으로 삼는다. 또한 이는 푸코의 저술에서처럼 어떤 시대의 지식이 전체를 반영한다고 주장하지 않으며, 오직 하나의 단면만을 드러낸다고 생각한다. 즉 이 이론은 정치적·사회적 삶의 서로 다른 영역에서 등장하는 지나치게 많은 문헌을 고려하기보다는 어떤 정치적 전통이 지닌 기본적인 관념과 문화적 관행만 재구성하려 한다. 케임브리지학파는 중세 말부터 현대에 이르기까지 정치적·사회적 삶의 많은 측면에, 예컨대 헌법, 사회적 조직, 공적인 도덕과 미적 이상 등에 일종의 전형으로 작용하는 '공화주의'를 주된 관심사로 삼는다. 이들의 방법론은 '언어'라는 측면에서 한데 묶일 수 있는 기본 개념, 논증, 접근 방식들의 체계를 재구성하는 것이다. 이러한 의미에서 담론은 소쉬르가 생각한 '언어(langage)'나 어떤 하나의 문헌 또는 발언이 아니라 공화주의라는 동일한 '철학'을 공유하는 사람들의 문헌과 발언이 지닌 공통적인 특성을 지시한다.

② 이제 다양한 형태의 '개념 분석'을 살펴보면, 우리는 다시 한 번 폭넓은 이론적 접근 방식에 직면하게 된다. 몇몇 역사학자는 어떤 관념이 그 자체의 삶과 역사를 지닌다고 가정함으로써 개념을 '관념'으로 간주하려 한다. 이들의 연구는 관념이 시간의 흐름에 따라 발전하고 변화하였음을 주장하기 위하여 어떤 관념이—예를 들면 '자유'나 '민주주의' 등이—과거의 모든 문헌(주로 철학적 문헌)에서 등장한 부분을 추적하는 방식을 택한다. 이들의 기본 주장은 개념의 맥락은 변화할 수 있으나 개념 자체는 이 같은 모든 과정을 거치면서도 여전히 살아남는다는 것이다. 이러한 유형의 이념사(Ideengeschichte)는 19세기와 20세기 초반에 걸쳐 독일에서 크게 유행하였으며 지금도 많은 나라에서 지속되고 있다. 하지만 사회사학자들은 이에 강력하게 반대하면서 관념이 아니라 오직 사회적 집단과 개인만이 역사의 행위자가 될 수 있다고 주장하였다. 또 다른 개념사학자들은 개념을 어떤 의미를 지닌 언어학적 단위(단어)로 간주하면서 의미는 그 단어의 용법에 의하여 규정된다고 주장한다. 이런 접근 방식의 가장 급진적인 형태는 프랑스 학자 생클루(Saint-Cloud)가 정교하게 제시한, 이른바 역사의 '어휘통계학(lexicométrie)'이다. 이는 강력한 경험적 기초를 기반으로 일정 범위의 역사적 문헌 자료 안에서 단어들의 용법을 일일이 세어 나감으로써 그 단어를 규정하려 한다. 이런 시도는 마르크 블로흐(Marc Bloch), 뤼시앵 페브르(Lucien Febvre), 페르낭 브로델(Fernand Braudel) 등이 형성한 프랑스의 아날학파의 접근 방식에 기초한다. 어휘통계학에서 개념은 어떤 논증이나 관념을 전달하는 수단이 아니라 문장의 일부로 이해된다. 단어들이 역사상 사용된 용법을 탐구함으로써 우리는 당시 문헌들에 등장하는 다양한 의미와 양적인 범위를 확인할 수 있을지는 모른다. 하지만 이것이 과거 사회의

구조를 알려 주지는 않는다.

『역사적 기본 개념』의 접근 방식

개념 분석적 역사 연구를 체계화하는 가장 적절한 방법은 개념들을 백과사전식으로 모으는 방법이다. 지난 30여 년 동안 독일에서 이러한 방식을 택한 수많은 저술이 출판되었다. 이것들 중 가장 중요한 것은 브루너(Otto Brunner, 1898~1982), 콘체(Werner Conze, 1910~1986), 코젤렉이 편집한 『역사적 기본 개념(Geschichtliche Grundbegriffe)』(전 8권, 1972~1998), 리터(Joachim Ritter) 등이 편집한 『철학의 역사사전(Historische Wörterbuch der Philosophie)』(전 13권, 1971~2007), 라이하르트 등이 편집한 『프랑스 정치·사회 기본 개념 편람 1680~1820(Handbuch politisch-sozialer Grundbegriffe in Frankreich 1680-1820)』(1985~2000) 등이다. 이들은 '개념'을 어떻게 보는가에서 차이를 드러낸다. 리터의 『철학의 역사사전』은 이념사에 가까운 접근 방식을 택하는 반면, 라이하르트의 『프랑스 정치·사회 기본 개념 편람 1680~1820』은 (양적인 방식으로 접근하는) 어휘통계학의 몇몇 특징을 드러낸다. 하지만 개념이 일종의 담론을 반영한다고 보는 점에서는 모두 일치한다. 복잡함을 피하기 위하여 여기에서는 『역사적 기본 개념』의 접근 방식으로 논의를 한정하려 한다.

『역사적 기본 개념』을 주도한 학자는 코젤렉이었다. 독일 하이델베르크 대학과 빌레펠트대학의 교수였던 그는 사전의 개념을 정교하게 제시하였고 공동편집자인 브루너와 콘체가 세상을 떠난 후 뒤를 이어 이 책의 출판을 완성하였다. 자신의 개념사(Begriffsgeschichte) 이론을 통하여 그는 다양한 이론적 전통을 통합하였다. 코젤렉은 역사학자 브루너로부터 개념을 과거 사회의 구조로 간주하는 법을 배웠고, 브루너와 그의 동료 콘체로부터 사회사에 기초한 개념사의 관념을 받아들였다. 또한 그는 철학자 가다머(Hans-Georg Gadamer)로부터 해석학적 개념으로서의 '번역'을―즉 우리가 역사적 자료들을 이해하기 위해서는 우리 자신의 언어로 번역하여야 한다는 생각을―받아들였다. 또한 유명한 헌법학 교수였던 슈미트(Carl Schmitt)로부터 그는 정치적 인류학의 개념을, 즉 어떤 개념이 특정한 시대를 '통제'하여 그 시대의 논증 대부분을 지배하고 당시 사람들에게 명백하게 보였던 바에 기초를 제공한다는 생각을 받아들였다. 하지만 코젤렉의 이론은 단지 다른 학자들의 이론적 접근 방식을 요약한 것 이상의 의미를 지니며 자신만의 특유한 이론적 개념을 드러낸다.

① 코젤렉의 개념사 이론에 따르면 우리는 단어와 개념을 구별해야 한다. 단어들의 의미는 그들이 실제로 사용되는 맥락에 의해 규정된다. 따라서 어떤 한 단어가 한 가지 이상의 의미로 사용될 수 있으며, 이러한 의미들은 여러 사전을 통하여 모아지기도 하고 분리되기도 한다. 반면에 개념은 일반적으로 단어에 의해 표현된다. 개념의 의미는 그것이 실제로 사용되는 용법이 아닌 용법 전체에 의해서 규정된다. 코젤렉이 이미 사용한 예를 들어 보자. 현대사회에서 '국가'라는 개념은 그것의 특성을 드러내는 많은 특성에 의해 규정된다. 즉 민족, 정체, 일정한 지리적 공간, 공통의 문화, 역사와 언어 등을 통해 규정된다. 어떤 주어진 상황에서 국가라는 개념은 이러한 특성 중 일부만 지시하기도 하지만 특성들 자체는 모두 존재한다. 어떤 문헌 또는 발언에서 개념의 의미는 주어진 맥락으로만 한정되지 않으며, 개념 자체가 많은 연상 작용을 일으켜 이것들이 실제로 논증 중 일부에 등장하지 않으면서도 무언가를 표현하도록 만든다. 이에 비추어 보면 개념은 담론을 위한 지름길로 규정될

수 있으며, 어떤 병 안에 들어 있는 바(즉 담론)를 알려 주는, 병에 붙은 상표에 비유될 수 있다.

하지만 개념은 많은 담론의 일부가—즉 그것들 사이에 일종의 '연결점'을 확립하는 부분이—되기도 한다. 예컨대 '계몽(enlightenment)'이라는 개념은 18세기에 등장한 지식과 행동 양식의 발전이라는 의미, 즉 일종의 문화적 발전을 지시하는 것으로 사용되기 이전까지는 주로 날씨와 관련된 담론에서 사용되었다. 또 다른 예로는 '혁명(revolution)'을 들 수 있는데 이는 17세기 천문학자 사이에서 행성의 회전운동을 서술하는 데 사용되었다. 18세기 말에 이르러 이 용어는 프랑스에서 급격한 정치적·문화적 변화를 의미하는 것으로 변형되었다. 그리고 이런 의미로 처음 사용한 사람들은 사회가 이전의 구질서로 되돌아가기를 기대한다는 의도를 지니고 있었다. 하지만 곧 이 용어는 이와는 정반대되는 의미, 즉 새로운 사회의 출발점이라는 의미를 지니게 되었다. 철학적 순수주의자들은 이를 서로 다른 두 개념이라고 주장할지 몰라도 이 두 개념은 하나로 결합되어 있다. 어느 한쪽 없이는 다른 한쪽도 제대로 작동할 수 없으며, 의미의 변화는 사회구조상의 역사적 변화와 연결된다.

② 개념의 의미를 재구성하기 위해서는 수많은 용법을 비교하는 작업이 필요하다. 지금까지 개념의 정의는 단어의 정의와 비교되는 데 그쳤다. 하지만 어떤 단어의 사전적인 정의가 추상화된 맥락에 기초하는 반면 맥락 자체는 개념의 정의에 포함된다. 즉 맥락이 변화하면 개념의 의미 또한 변화한다. 그렇다면 개념사의 단순한 이론을 통하여 개념의 변화와 역사적 유형의 변화 사이에는 직접적인 연관성이 존재한다는 결론에 도달할지도 모른다. 하지만 이는 사실이 아니다. 언어상의 변화는 그 자체의 유형에 따라 발생한다. 즉 어떤 언어상의 변화가 그저 사회적·정치적 변화를 묘사하거나 반영하지는 않는다. 이에 대한 예를 들어 보면

개념사의 지평과 전망

영국과 프랑스에서 산업혁명의 연대는 18세기까지 거슬러 올라간다. 하지만 '산업혁명'이라는 용어 자체는 1830년대 처음 발명되었다. 어떤 현상은 우리가 그것에 관하여 자주 언급하면서 사용하는 용어보다 훨씬 전에 이미 존재하였다. 물론 때로는 현상이 용어보다 늦게 등장하기도 한다. 이를테면 '사회주의'라는 용어는 사회주의가 어떤 나라에서도 확립되기 훨씬 전에 발명되었다.

설령 이렇게 말하였다 할지라도 개념의 사용과 정의에서 의미론적 변화를 살펴보는 일은 과거 사회의 구조적 변화를 분석하는 데 매우 유용하다. 다음과 같은 예를 들어 보자. 어느 누구도 근대적 개념의 '국가'라는 용어가 발명되기 전에는 국가가 아예 존재하지 않았다거나 18세기에 '광고'라는 용어가 발명되기 전에는 어떤 광고도 없었다고 주장하려 들지는 않을 것이다. 그러나 이런 개념들의 확립은 근대적 국가와 근대적 광고를 형성하는 새로운 계층이 등장하였음을 반영한다. 이것들의 확립은 이전에는 존재하지 않았던 대표적인 특성들이 포괄적으로 결합되었음을 드러낸다. 어떤 경우에는 그 당시 사람들은 말할 것도 없고 역사학자들도 개념사가 언어상의 변화를 해명하기 전에는 조직과 제도의 발전에서 이러한 새로운 계층의 등장을 인식하지 못하였다. 하지만 언어적 변화와 문화적 변화 사이의 유비 관계가 밝혀지자마자 역사의 현상을 서술하는 데 개념을 사용할 수 있게 되었다. 이 같은 방식으로 개념 분석을 사용함으로써 우리는 정당하게 개념을 사회구조로 간주할 수 있다.

좀 더 예를 드는 것이 유용할 듯하다. 'natio'라는 용어는 중세 이후 계속해서 동일한 언어를 공유하는 집단을 지칭하는 데 사용되었다. 예를 들어 15세기에 많은 독일과 프랑스 학생들이 이탈리아의 대학에 등록했는데, 이들은 같은 natio에 속한다고 여겨졌다. 그후 16세기부터

개념사의 개념과 『역사적 기본 개념』

프랑스와 영국에서 정치적으로 발전된 왕국이 등장하면서 'nation'이라는 용어는 국민(people)에 대하여 사용되기 시작하였으며, 프랑스혁명 이후에야 비로소 통치권을 지닌 국가를 의미하는 것으로 정의되었다. 그러므로 이 시기 이후를 '민족국가'의 시대라고 말할 수 있다. 다른 많은 개념도 이와 같은 경우에 해당된다. 다른 예를 하나만 더 들어 보자. 'constitution'이라는 용어는 현대적인 개념으로는 체계적인 형태로 서술된 문서로서 어떤 국가의 가장 중요한 법, 즉 헌법을 의미한다. 하지만 이 용어 자체는 이보다 훨씬 전에 등장하였으며, 헌법이라는 현대적인 의미로 쓰이기 시작한 것은 18세기 후반 덴마크와 미국 · 프랑스에서 최초의 현대적 헌법이 등장한 이후부터이다. 또한 이것이 우리가 현대적 헌법이라는 용어를 사용하는 이유이기도 하다.

③ 계몽주의의 시대 즉 17세기와 18세기에 유럽에서 가장 기본적인 개념들의 변화가 발생한 것은 우연이 아니며, 이는 근대 이전의 세계와 근대 세계를 분리하는 유럽문화사의 전환점을 마련하였다. 이런 변화가 지니는 인식론적인 중요성은 정치적 · 사회적 중요성보다 훨씬 큰데, 그 까닭은 이 시기에 근대 언어의 언어학적 유형이 확립되었기 때문이다. 코젤렉은 역사의 전개 과정에서 등장하는 근본적인 단절을 지시하기 위하여 '말안장시대(Sattelzeit)'라는 새로운 용어를 만들어 냈다. 이 용어는 근대성을 향한 근본적인 변화가 일어남과 동시에 이 근대성을 파악하려 한 시기를 지칭한다.

『역사적 기본 개념』 사전은 이 시기의 정신적 · 사회적 · 정치적 도구를 탐구하기 위하여 만들어졌다. 이는 다음과 같은 세 가지의 목적을 지닌다. 첫째, 근대 이전의 독일어를 근대적 독일어로 번역한다. 근대 이전에 통용되던 많은 개념이 사라졌으며, 다른 개념들은 새로 만들어지고 의미상의 변화가 일어나기도 하였다. 따라서 말안장시대 이전의 문헌 자료를 이해하기 위해서는 사전이 필요하다.

둘째, 근대세계의 정치적·사회적 구조를 분석한다. 코젤렉은 근대의 사회적 발전이 지닌 기본적인 구조를 발견하였는데, 여기에는 수많은 현대적 개념의 의미가 포함된다. 예컨대 '시간적 규정화(오랜 기간에 걸쳐 실현된 역사적 현상에 관한 서술)', '민주화(민주주의의 확장과 합법화에 관한 서술)', '정치화(정치적 영역과의 관계가 점차 증가함에 관한 서술)', '관념화(경험적 증거의 효력이 점차 상실됨에 관한 서술)' 등이 포함된다.

셋째, 역사서술을 자기반성으로 유도한다. 코젤렉의 분석이 보여 주는 가장 중요한 예는 '역사' 개념이다. 18세기 중반 고대 그리스어 'historia'는 '역사'라는 근대적인 의미를 얻었는데, 일반적으로 이 용어는 더 이상 단지 어떤 구체적인 대상의 역사, 즉 로마제국의 역사나 어떤 특정인의 역사가 아니라 구체적인 사건들과 그에 관한 서술 모두를 포괄하는 것으로 사용되었다. 코젤렉이 이미 설명하였듯이 근대적 개념의 역사는 그 자체로 자기반성적이다. 왜냐하면 역사적 서술과 관련하지 않고 역사적 사실을 언급하는 일은 불가능하며 그 반대도 불가능하기 때문이다. 이러한 인식을 모든 개념에 확장하려는 것이 개념사의 목표이다.

전망

최근 수십 년 동안 독일에서 개념사를 교육받은 개념사학자들은 『역사적 기본 개념』 프로그램을 계속 확장해 왔다. 이들은 정치적·사회적 개념뿐만 아니라 종교적인 개념까지(예를 들어 '종교', '신앙 고백', '경건' 등) 분석하였다. 그리고 새로운 분석 전략과 질문 조사지 등(예를 들어 논증의 계보나 의미론적으로 정반대되는 것에 대한 체계적 탐구 등)도 개발되었다. 일반적으로 말하자면 개념들이 어떤 대상과 관련되는지를 묻는 대신 어떤 주어진 상황에서 개념들이 어떻게 '작동하는가'를 묻는 질문에 대한 관심이 점차 증가함을 관찰할 수 있다.

오늘날 개념사학자들에 대한 가장 중대한 도전은 과거와 현재, 미래의 다양한 언어를 번역하고, 전달하고, 서로 관련짓는 문제를 어떻게 다룰 것인가 하는 점이다. 우리는 번역이 다른 언어로 의미를 재생산하는 것을 훨씬 뛰어넘는 작업임을 잘 안다. 번역은 이해의 한 방법이며 또한 조화와 획득의 방법이다. 우리의 일상적인 경험에서도 잘 알 수 있듯이 개념과 논증, 담론이 한 언어에서 다른 언어로 번역될 때 이것들은 큰 영향력을 발휘한다. 따라서 현재 전 세계의 개념사학자들은 개념들이 어떻게 번역되며 또 번역되어야 하는가를 규정하기 위한 방법론을 새로이 만들어 내고 탐구하는 데 몰두하고 있다. 이러한 활동이 포함하는 적절한 방법과 문제를 명확히 이해하는 일은 미래를 위하여 우리가 공동으로 져야 할 책임의 일부이기도 하다.

▌참고문헌

Koselleck, Reinhart(2002), *The Practice of Conceptual History : Timing History, Spacing Concepts* (Cultural Memory in the Present), Todd Samuel Presner et al. trans., Stanford : Stanford University Press.

Lehmann, Hartmut and Melvin Richter eds.(1996), *The Meaning of Historical Terms and Concepts : New Studies on Begriffsgeschichte*, Washington : German Historical Institute.

Kontler, László(2007), "Translation and Comparison : Early-Modern and Current Perspectives," *Contributions to the History of Concepts* 3(1).

Koselleck, Reinhart(1989), "Social History and Conceptual History," *International Journal of Politics, Culture and Society* 2(3).

Contributions to the History of Concepts(2005 ff).

역사적 의미론 : 어휘통계학과 신문화사 사이[*]

―관점 정리를 위한 예비 고찰

롤프 라이하르트(Rolf Reichardt)

독일 기센대학 역사문화학과 명예교수. 그의 사회사적 의미론은 개념을 통해 일상적 경험과 기대, 그것들의 변화를 읽고자 한다. 또한 개념사 연구자는 일상언어의 연구를 통해 개념에 담긴 의미체계의 사회적 영향력을 읽어야 한다고 주장하며, 연감·노래·조형물·그림과 같은 민중적인 사료를 집중적으로 연구했다. 대표적 저서로는 한스위르겐 뤼제브링크, 에버하르트 슈미트와 함께 편집한『프랑스 정치·사회 기본 개념 편람 1680~1820(*Handbuch politisch-sozialer Grundbegriffe in Frankreich 1680–1820*)』이 있다.

옮긴이 최용찬

연세대학교 강사. 저서로는『21세기 역사학 길잡이』(2008·공저),『공간 속의 시간』(2007·공저) 등이 있고, 논문으로는「나치독재의 영화정책과 문화적 통합」(2008) 등이 있다.

[*] 이 논문은 Reichardt, Rolf(1998), "Historische Semantik zwischen lexicométrie und New Cultural History"(in Rolf Reichardt ed., *Aufklärung und Historische Semantik*, Berlin : Duncker & Humblot, pp.7~28)를 판권계약하여 번역한 것이다(편집자).
이 자리를 빌려 프리츠 헤르만스와 페터 쇠틀러의 값진 질정과 악셀 호프의 비판적인 일독에 감사의 마음을 전한다. 이 비평문은 연구적 가치보다는 오히려 이 책 *Aufklärung und Historische Semantik*의 기본 틀에 맞춘 보고서 형식의 개괄에 더 비중을 두고 있다(필자).

'언어적 전회'와 종말의 부재

단어 내용의 설명, 단어 의미의 역사를 통해서 한 시대의 문화, '정신'과 자기 인식을 대단히 직접적이고 세밀하게 파악할 수 있다는 것은, 학문적 의구심에도 독자하고 사전 편집자 및 출판업자 사이에서 끊임없이 애호되며 지속된 주지의 기본 확신이다. 프랑스혁명 2백 주년을 기념해 투고된 글 중에서 독자의 호응이 가장 좋았던 사학사 관련 기고문 한 편이 귀족제에서 혁명까지의 20여 개 개념을 다룬 논문들을 묶어서 펴낸 『프랑스혁명 비판 사전』에 실렸을 때,[1] 그리고 1992년 말 『역사적 기본 개념(Geschichtliche Grundbegriff)』의 거대 기획이 축하를 받으며 마무리되었을 때, 사전 편찬 역사가들은 이제 계몽주의시대에 집중하였다.[2] 독일과 이탈리아 그리고 프랑스의 편집자들은 유럽 계몽주의를 밝히는 최고의 사전을 만들기 위해 그야말로 경주를 벌였다.[3]

1　Furet, François and Mona Ozouf eds.(1988), *Dictionnaire critique de la Révolutioin française*, Paris : Flammarion ; 독일어판은 Furet, François and Mona Ozouf eds.(1996), *Kritisches Wörterbuch der Französischen Revolution* Heft 1-2, Frankfurt am Main : Suhrkamp.

2　Brunner, Otto, Werner Conze and Reinhart Koselleck eds.(1972~1993), *Geschichtliche Grundbegriffe : Historisches Lexikon der politisch-sozialen Sprache in Deutschland* 1-8 / 2, Stuttgart : Klett-Cotta ; Lehmann, Hartmut and Melvin Richter eds.(1996), *The Meaning of Historical Terms and Concepts : New Studies on Begriffsgeschicht*, Washington, D.C. : German Historical Institute.

3　Schneiders, Werner ed.(1995), *Lexikon der Aufklärung : Deutschland und Europa*, München : Beck ; Ferrone, Vincenzo and Daniel Roche eds.(1997), *Dizionario critico dell'Illuminisimo*, Rom ; Delon, Michel(1997), *Dictionnaire européen des Lumières*,

이 프로젝트의 대부분은 이론적 토대를 마련하는 문제에 대해서는 별다른 고민을 하고 있지 않지만, 그러한 프로젝트의 붐은 결코 우연이 아니다. 이러한 분위기는 철학자들[4]의 분과 토론과 연관되어, 역사서술의 '언어적 전회'라고 명명한[5] 국제적 경향과 밀접하게 관련되어 있다. 이 언어적 전회는 특히 유럽 근대 초기의 이념사를 다룬 새로운 연구서들에 관한 종합 서평들에서 재차 주시되었다.[6] 전래물의 언어 형식에서 출발한 새로운 사

Paris : Presses Universitaires de France ; Reichardt, Rolf ed.(1998), *Aufklärung und Historische Semantik : Interdisziplinäre Beiträge zur westeuropäischen Kulturgeschichte*, Berlin : Duncker & Humblot. 마지막 두 작품은 영어와 독일어 번역본이 출판될 것이라는 소식이 들린다.

4　Jay, Martin(1982), "Braucht die Geistesgeschichte eine sprachliche Wende? Überlegungen zur Habermas-Gadamer-Debatte," in Dominick LaCapra and Steven L. Kaplan eds., *Geschichte denken : Neubestimmungen und Perspektiven moderner europäischer Geistesgeschichte*, Frankfurt am Main : Fischer Taschenbuch Verlag, pp.87~114[영어 번역본은 Holl, Hans Günther(1988)] ; Porty, Richard M.(1992), *The Linguistic Turn : Essays in Philosophical Method*, Chicago : University of Chicago Press ; Bublitz, Siv (1984), *Der "linguistic turn," der Philosophie als Paradigma der Sprachwissenschaft : Untersuchungen zur Bedeutungstheorie der linguistischen Pragmatik*(Internationale Hochschulschriften 116), Münster ; New York : Waxmann.

5　문제점을 지적하는 최근의 개관에 대해서는 무엇보다 Hanisch, Ernst(1996), "Die Linguistische Wende : Geschichtswissenschaft und Literatur," in Wolfgang Hardtwig and Hans-Ulrich Wehler eds., *Kulturgeschichte heute*(Geschichte und Gesellschaft, Sonderh 16), Göttingen : Vandenhoeck & Ruprecht, pp.212~230 ; Schöttler, Peter(1997), "Wer hat Angst vor dem 'linguistic turn'?," *Geschichte und Gesellschaft* 23, pp.134~151 ; Eley, Geoff(1992), "De l'histoire sociale au "tournant linguistique" : Dans l'historiographie anglo-américaine des années 1980," *Genèses* 7, pp.163~193 참고. 특히 도미니크 라카프라(Dominick LaCapra)의 정신사적 입장에 대해서는 Pagden, Anthony(1988), "Rethinking the Linguistic Turn : Current Anxieties in Intellectual History," *Journal of the History of Ideas* 49(3), pp.519~529. '내부자'의 권위를 가지고 방어적인 입장을 드러낸 글에 대해서는 Iggers, Georg G.(1995), "Zur "Linguistischen Wende" im Geschichtsdenken und in der Geschichtsschreibung," *Geschichte und Gesellschaft* 21, pp.557~570, 특히 pp.557~560, p.569.

6　Toews, John E.(1987), "Intellectural History after the Linguistic Turn : The Autonomy of Meaning and the Irreducibility of Experience," *The American Historical Review* 92(4), pp.879~907 ; Outram, Dorinda(1991), " "Mere Words" : Enlightenment, Revolution,

개념사의 지평과 전망

료 연구들은 역사적 실재를 '텍스트', 곧 언어적 구성물로 이해하는 경우가 점점 많아졌고, 그에 따라 사건과 허구 간의 명확한 구분이 더 이상 허용되지 않았다. 역사적 실재를 기술하는 새로운 범주인 '의미'와 '경험'이라는 개념들은 이상과 실재, 이론과 실천이라는 흔한 대비법의 반복이었다. 우리가 '문화'라고 명명하는 상호 연관된 '의미세계'에 관한 이러한 연구들은 당연히 언어적 현상에 특별한 비중을 두고 있다. 왜냐하면 언어는 가장 중요한 매개체뿐 아니라 경험의 가공과 역사적 '실재'의 구성에서 중요한 요인이기 때문이다.

좀 더 넓은 의미에서 언어적 전회는 인류학 지향의 '신문화사'로까지 나아간다.[7] 클리퍼드 기어츠(Clifford Geertz)의 상징적 민족지학 개념과 맞닿아 있는 이 논지는 '의미 지향의 새로운 사회학적 문화 개념 사용 방식'을 사회사와 접목시키는데, 이때 문화는 의미들과 상징적 의미세계들의 텍스트 그물망으로, 그리고 사회적 행위는 상징적 과정들의 얽힘으로 이해된다. '사회적 행위와 태도, 사회적 연속성과 불연속성의 연관성 속에서 세계와 사회가 갖는 의미들을 사회경제적 또는 그 밖의 다른 구조들만큼이나 진지하게 받아들이는'[8] 것이 기본 원리이다. 여기에서 로버트 단턴(Robert Darnton)

---

and Damage Control," *The Journal of Modern History* 63(2), pp.327~340.

7 Hunt, Lynn ed.(1989), *The New Cultural History*, Berkeley : University of California Press ; Pittock, Joan H. and Andrew Wear eds.(1991), *Interpretation and Cultural History*, New York : St. Martin's Press. 이 작품에 대한 서평은 Nussdorfer, Laurie(1993), "Review," *History and Theory* 32(1), pp.74~83.

8 Daniel, Ute(1993), " "Kultur" und "Gesellschaft" Überlegungen zum Gegenstandsbereich der Sozialgeschichte," *Geschichte und Gesellschaft* 19, pp.69~99, 여기에서는 p.72, p.93을 참고 ; Mergel, Thomas(1996), "Kulturgeschichte-die neue "große Erzählung"," in Wolfgang Hartwig and Hans-Ulrich Wehler eds., *Kulturgeschichte heute*, Göttingen : Vandenhoeck & Ruprecht, pp.41~77, 특히 pp.59~76. 리하르트 반 뒐멘(Richard van Dülmen)이 의미론을 그에 부합하는 절차라고 언급하지 않고 새로운 문화사는 '사회적 실천, 감상 방식, 감각세계, 인간의 주관성'을 향하고 있다고 강조한다(van Dülmen, Richard(1995),

의 인류학적 사례 연구[9]와 로제 샤르티에(Roger Chartier)의 저서 및 독서사 연구[10]를 떠올리는 것만으로도 인접한 언어학적 · 민속지학적 개념들을 충분히 전유하는 문화사 서술이 얼마나 큰 국제적 성공을 거둘 수 있는지 알 수 있다.

종합해 보면, 이러한 일반적 경향들은 폭넓은 언어학적 · 의미론적 이해 속에서 이루어지는 '의미' 연구에 주안점을 두는 사학사적 패러다임을 훨씬 넘어서고 있다. 이러한 방법론상의 절충주의가 공공연한 비판의 대상이

"Historische Kulturforschung zur Frühen Neuzeit : Entwicklung—Probleme—Aufgaben," *Geschichte und Gesellschaft* 21, pp.403~429, 여기에서는 p.421].

9 Darnton, Robert(1989), *Das große Katzenmassaker : Streifzüge durch die französische Kultur vor der Revolution*, Jörg Trobitius trans., München : Carl Hanser. 그에 의해 촉발된 논쟁은 Chartier, Roger(1985), "Review : Text, Symbols, and Frenchness," *The Journal of Modern History* 57(4), pp.682~695 ; Bourdieu, Pierre, Roger Chartier and Robert Darnton(1985), "Dialogue à propos de l'histoire culturelle," *Actes de la Recherche en Sciences sociales* 59, pp.86~93에 의해 강화되었다. 그 반대편에는 LaCapra, Dominick(1988), "Chartier, Darnton, and the Great Symbol Massacre," *The Journal of Modern History* 60(1), pp.95~112. 그리고 복사본으로는 Darnton, Robert (1986), "The Symbolic Element in History," *The Journal of Modern History* 58(1), pp.218~234.

10 여기에서 '단지' 로제 샤르티에의 이론적 · 프로그램적 최신 출판물들만 거론해 본다면, Chartier, Roger(1988), "Geistesgeschichte oder "histoire des mentalités"?"(영어본), in Dominick LaCapra and Steven L. Kaplan eds., *Geschichte denken : Neubestimmungen und Perspektiven moderner europäischer Geistesgeschichte*, Frankfurt am Main : Fischer Taschenbuch Verlag, pp.11~44 ; Chartier, Roger(1989), *Die unvollendete Vergangenheit : Geschichte und die Macht der Weltauslegung*, Berlin : Wagenbach, pp.7~20. 이 중에서 "Kulturgeschichte zwischen Repräsentation und Praktiken" 참조 ; Chartier, Roger(1994a), "Die Welt als Repräsentation"(프랑스어본 1989), in Mattias Middell and Steffen Sammler eds., *Alles Gewordene hat Geschichte : Die Schule der "Annales" in ihren Texten 1929-1992*, Leipzig : Reclam, pp.320~347 ; Chartier, Roger (1994b), "Zeit der Zweifel : Zum Verständnis gegenwärtiger Geschichtsschreibung," in Christoph Conrad and Martina Kessel eds., *Geschichte schreiben in der Postmoderne : Beiträge zur aktuellen Diskussion*, Stuttgart : Philipp Reclam, pp.83~97 ; Chartier, Roger(1995), "L'Histoire culturelle entre "Linguistic Turn" et Retour au Sujet," in Hartmut Lehmann, Rudolf Vierhaus and Roger Chartier eds., *Wege zu einer neuen Kulturgeschichte*, Göttingen : Wallstein Verlag, pp.29~58.

되는 것도 당연하다. 그래서 '참관자'가 보기에는 의미를 추구하는 역사 연구조차 작가의 '폐지' 이후 텍스트나 담론의 주체가 과연 무엇인지, 그리고 높아진 사회사적 · 문화사적 기대감을 저버리지 않기 위해 역사적 의미론이 도대체 무엇을 해낼 수 있는지, 그것은 어떻게 수행되어야 하는지에 대해 간혹 불분명한 입장을 드러내기도 한다.

개념사(Begriffsgeschichte), 개념사(Conceptual History), 또는 담론 분석?

여기에서는 역사적 의미론의 다양한 연구 방향에 대해 전반적인 개괄을 시도하기보다는[11] 이론 구성과 방법론, 그리고 국제 협력의 문제가 특히 돋보이는 선도적인 세 '학파'를 고찰해 보기로 하자.

① 주로 서독에서 수행되어 공인된 바와 같이 역사적 의미론은 우선 '개념사(Begriffsgeschichte)'로 확립되어 있다. '미학의 기본 개념 역사사전'

---

11 아래의 비평은 Reichardt, Rolf(1985), "Einleitung," in Rolf Reichardt and Eberhard Schmitt eds., *Handbuch politisch-sozialer Grundbegriffe in Frankreich 1680-1820*(Ancien Régime, Aufklärung und Revolution 10) Heft 1-2, München : Oldenbourg, pp.39~ 148, 특히 pp.60~85. 그곳에서 인용된 작품들은 여기에서 다시 언급하지 않겠다. 좀 더 최신 발상에 대한 통찰력 깊은 탁월한 논의에 대해서는 Schöttler, Peter(1988), "Sozial-geschichtliches Paradigma und historische Diskursanalyse," in Jürgen Fohrmann and Harro Müller eds., *Diskurstheorien und Literaturwissenschaft*, Frankfurt am Main : Suhrkamp, pp.159~199 ; Schöttler, Peter(1989), "Mentalitäten, Ideologien, Diskurse : Zur sozialgeschichtlichen Thematisierung der "dritten Ebene"," in Alf Lüdtke ed., *Alltagsgeschichte : Zur Rekonstruktion historischer Erfahrungen und Lebensweisen*, Frankfurt am Main ; New York : Campus, pp.85~136 참조.

이라는 야심찬 프로젝트의 모델이 된[12] 이들의 기념비적인 저작 『역사적 기본 개념』[13]의 방법론과 업적은 대단한 호평을 받아서[14] 더 이상의 후속 출판이 필요 없을 정도가 되었다. 그다지 널리 알려지지는 않았지만, 독문학자이자 언어학자인 디트리히 부세(Dietrich Busse)의 저서는[15] 이 '학파'에 대한 건설적인 비판서라고 할 수 있다.[16] 부세는 먼저 고전적

12 Barck, Karlheinz, Martin Fontius and Wolfgang Thierse(1990), "Ästhetik, Geschichte der Künste, Begriffsgeschichte : Zur Konzeption eines "Historischen Wörterbuchs ästhetischer Grundbegriffe"," in Karlheinz Barck, Martin Fontius and Wolfgang Thierse eds., *Ästhetische Grundbegriffe : Studien zu einem historischen Wörterbuch* 1, Berlin : Akademie-Verlag, pp.11~48 ; Barck, Karlheinz, Martin Fontius and Wolfgang Thierse(1989), "Historisches Wörterbuch ästhetischer Grundbegriffe," *Archiv für Begriffsgeschichte* 32, pp.7~33.

13 오래된 철학사적 연구 전통이 그것으로 단절된 것은 물론 아니다. Ritter, Joachim and Karfried Gründer eds.(1971), *Historisches Wörterbuch der Philosophie* 1 ff, Basel ; Stuttgart : Schwabe.

14 여기에서는 뉴욕의 정치학자인 멜빈 릭터의 수많은 저술을 언급할 수 있다. Richter, Melvin (1986), "Conceptual History (Begriffsgeschichte) and Political Theory," *Political Theory* 14, pp.604~637 ; Richter, Melvin(1987), "Begriffsgeschichte and History of Ideas," *Journal of the History of Ideas* 48, pp.247~263 ; Richter, Melvin(1994), "Begriffsgeschichte in Theory and Practice : Reconstructing the History of Political Concepts and Language," in Willem Melching and Wyger Velema eds., *Main Trends in Cultural History : Ten Essays*, Amsterdam ; Atlanta : Rodopi, pp.121~149 ; Richter, Melvin (1995), *The History of Political and Social Concepts : A Critical Introduction*, New York : Oxford University Press, pp.26~78 ; 이제 고전이 된 Richter, Melvin(1996), "The Geschichtliche Grundbegriffe and Future Scholarship," in Hartmut Lehmann and Melvin Richter eds., *The Meaning of Historical Terms and Concepts : New Studies on Begriffsgeschicht*, Washington, D.C. : German Historical Institute, pp.7~19 참조.

15 Busse, Dietrich(1987), *Historische Semantik : Analyse eines Programms*(Sprache und Geschichte 13), Stuttgart : Klett-Cotta. 부세는 여기에서 물론 언어사 연구에 관한 상세한 설명은 하지 않는다.

16 Dreitzel, Horst(1980), "Ideen, Ideologien, Wissenschaften : Zum politischen Denken in der Frühen Neuzeit," *Neue Politische Literatur* 25, pp.1~15, 여기에서는 pp.16~20(Hölscher, Lucian(1979), *Öffentlichkeit und Geheimnis : Eine begriffsgeschichtliche Untersuchung : Zur Entstehung der Öffentlichkeit in der frühen Neuzeit*, Stuttgart : Klett-Cotta에 대한 비판) ; Dreitzel, Horst(1991), *Monarchiebegriffe in der Fürsten-

개념사의 지평과 전망

인 개념사에는 폭넓은 이론적 토대가 부족하다고 지적한다. 그에 따르면, 이 개념사는 개념과 의미의 관계를 제대로 인식하지 못한 채 그리고 '기본 개념'의 규정과 선택, 언어 규범의 결정, 일상 텍스트의 경시에 대해 이론적 토대를 갖춘 기준을 제시하지 않은 채, 기본적으로 관습적인 이념사를 수행하고 있다는 것이다. 사건사와 개념사를 분명하게 구분하지 않고 언어의 의미연속성을 고찰하지 않으며, 또한 단어의 의미가 어떻게 형성되는지에 대한 명료한 인식 없이, 이 학파는 성급하게 개별 단어들을 추상적 개념 존재로 격리시키고 과거의 언어적 실재와 일치하지 않는 독자성과 자율성을 단어들에 부여하였다.

이러한 근본적인 비판에서 출발한 다음 부세는 구성 이론을 정립하게 되는데, 이는 루트비히 비트겐슈타인(Ludwig Wittgenstein), 허버트 폴 그라이스(Herbert Paul Grice)와 한스 회르만(Hans Hörmann)의 언어철학적 저작들로부터 발전시킨 것이다. 그에 따르면, 인간의 의사소통과 사회의 세계 해석 도구이자 제도인 언어는 동질 체계가 아니라 대화적 행위 형식이다. 언어는, 먼저 풍부한 경험에 입각한 성찰적 추찰(推察)에서는 지배적이지만 일관된 의미가 그다지 드러나지 않는 소통행위들의 틀 내에서 이루어지는 다변적·구체적 단어 사용에서는 개념 없이 기능한다. 소통행위는 '화자'의 언어 표현일 뿐 아니라 이해받으려는 화자의 의도와 더불어 그 효과, 곧 '청자'에 의해 수행되는 이러한 행위 계산의 납득할 만한 추찰이기도 하다. 더 나아가 인식 과정에서 청자가 문장 속 단어의 의미와 그 사용 맥락을 파악할 때, 자기 기억 안에 침전된 지식 즉 단어의 의미 및 세계 해석의 배후 관계에 의존하기 때문에

gesellschaft : Semantik und Theorie der Einherrschaft in Deutschland von der Reformation bis zum Vormärz 2, Köln : Böhlau.

그들의 소통행위는 들은 바를 선입견 안에 자리매김하고 사전에 알고 있던 의미를 그저 확인하는 과정에서 직접적 맥락과 구체적 상황을 뛰어넘게 된다. 이렇게 볼 때 언어 표현은 단순히 정보가 아니라 현존하는 의미의 실현이다. 그러니까 언어 표현에 관한 폭넓은 해석은 마음 상태를 드러내는 것 이상으로 진행된다. 따라서 언어 소통이 행하는 기본적인 사회적 기능과 그 복잡성을 파악하는 역사적 의미론은 화자의 의도적인 역할, 상황 및 세계 인식, 기대치와 언어적 행위의 형식뿐만 아니라 청자의 기대치와 맥락 및 행위 인식, 이 양자를 결합시키는 배경 조건, 쌍방적인 합리성의 전제와 사회적 행위 규칙을 고려해야만 한다. 역사적 의미론은 단어의 역사를 넘어 인지적이고 의미론적 구조의 역사로 나아가야 한다.

물론 역사적 의미론의 체계적인 언어학적 토대를 정립하고자 하는 이러한 시도가 『역사적 기본 개념』에 대체적으로 반대한다면, 편집상의 이유로 인해 타협할 수밖에 없는 그런 식의 장기 프로젝트가 올바른 것인지는 의문이다. 여하튼 이 작업의 정신적 지주인 라인하르트 코젤렉(Reinhart Koselleck)은 당연히 오래전부터 『역사적 기본 개념』의 첫 번째 책에 실린 프로그램을 설명하는 것 이상을 지적했다. 그는 '개념사'는 '논리상의 부주의'를 안고 있기 때문에 원래 자신의 작업 방향을 정확하게 표현한 것은 아니라고 고백했다. 왜냐하면 "일단 굳어진 개념은 변하지 않는다." 변하는 것은 개념이 아니라 '단어 사용'이라는 것이다.[17] 일련의

---

17   Koselleck, Reinhart(1983), "Begriffsgeschichtliche Probleme der Verfassungsgeschichtsschreibung," in Helmut Quaritsch ed., *Gegenstand und Begriffe der Verfassungsgeschichtsschreibung : Tagung der Vereinigung für Verfassungsgeschichte*(Beihefte Der Staat 6), Berlin : Duncker & Humbolt, pp.7~46. 발표는 p.22 이하, 인용은 p.14, p.34.

논문들이 증명하고 있고,[18] 특히 그에 의해서 발전된 범주인 '경험공간'
과 '기대지평'이 가리키듯이[19] 코젤렉의 작업은 결국 개념적으로 정향된
언어행위의 사회사 및 심성사를 추구하는데, 이는 부세의 프로그램과
큰 차이가 없다. 또 개념사가 그간 간혹 마치 이념사의 연장인 양 보였
지만, 원래 프리드리히 마이네케(Friedrich Meinecke)식 관념적 이념사에
반대했다는 사실을 개념사의 비판자들[20] 또한 옹호자[21]만큼이나 잊어
서는 안 된다. "개념사는 특히 추상적인 이념사에 반대한다. (……그것은)
사회적·정치적 혹은 법적 생활 안에서 이루어지는 구체적인 언어 사용
을 지향한다. 이때 각각의 사회적·정치적 혹은 법적 영역의 언어적 인식

---

18 Koselleck, Reinhart(1989a), *Vergangene Zukunft : Zur Semantik geschichtlicher Zeiten*,
Frankfurt am Main : Suhrkamp ; Koselleck, Reinhart(1986), "Sozialgeschichte und
Begriffsgeschichte," in Wolfgang Schieder and Volker Sellin eds., *Sozialgeschichte in
Deutschland : Entwicklungen und Perspektiven im internationalen Zusammenhang* 1,
Göttingen : Vandenhoeck & Ruprecht, pp.89~109 ; Koselleck, Reinhart(1989c),
"Sprachwandel und Ereignisgeschichte," *Merkur* 43, pp.657~673(영어 번역본은
Journal of Modern History 61, pp.649~666) ; Koselleck, Reinhart(1994), "Some
Reflections on the Temporal Structure of Conceptual Change," in Willem Melching
and Wyger Velema eds., *Main Trends in Cultural History : Ten Essays*, Amsterdam ;
Atlanta : Rodopi, pp.7~16.

19 Koselleck, Reinhart(1989b), ""Erfahrungsraum" und "Erwartungshorizont" : Zwei histo-
rische Kategorien," in Reinhart Koselleck, *Vergangene Zukunft : Zur Semantik
geschichtlicher Zeiten*, Frankfurt am Main : Suhrkamp, pp.349~375.

20 Schöttler, Peter(1988), 앞의 글, pp.173~176은 개념사를 정확하게 "사회사적인 문제
제기와 방법에 의해 교육을 받아 변형된 이념사"라고 정의했다. 그러나 이것은 "언어를
통한 의미의 생산 과정을…… 역사적 대상으로 거의 고찰하지 않는다." 담론 분석적 문
제 제기와 작업 방식도 담론 개념만큼이나마 별다른 역할을 하지 않는다.

21 *Historisches Wörterbuchs ästhetischer Grundbegriffe*의 편집자 중 한 사람은 단지 위대
한 '작가와 이념사'의 사상에만 치중하는 식의 개념사에 대한 사회사적 비판을 '냉정해야
알아채게 되는' '고발'이라고 거부한다(Fontius, Martin(1990), "Begriffsgeschichte und
Literaturgeschichte : Einige methodische Bemerkungen," in Karlheinz Barck, Martin
Fontius and Wolfgang Thierse eds., *Ästhetische Grundbegriffe : Studien zu einem
historischen Wörterbuch* 1, Berlin : Akademie-Verlag, pp.49~64, 특히 p.59].

과정에서 재발견될 수 있는 구체적인 경험들과 기대들이 측정된다. 그것을 위해 나름대로 다소 높은 추상적 수준의 이론적 주장들을 내포한 중심 개념들이 항상 필요하다. 말하자면 개념사는 텍스트 및 언어 관련 사료 차원과 정치적·사회적 실재 사이를 결합시키는 이음매를 제공해 준다."[22] 물론 이 프로그램은 이제까지 사례 연구에서 드물게만 실행되었지만, 이 연구들은 개념사를 넘어 사회사적 담론 분석으로 나아갈 것이다.[23]

② 독일의 개념사와 여러 관점에서 비교해 볼만한 영미권의 '개념사(conceptual history)'는 특히 케임브리지학파 내에서 제도적 체계를 갖추게 되었다. 이 개념사도 체계적인 정신사의 새로운 해석을 위해 역사적·정치적 사료 텍스트의 언어적 차원을 이용하고 싶어 하며, 기존의 이념사 특히 아서 O. 러브조이(Arthur O. Lovejoy)와 그 학파의 '철학적인' 이념사에 대한 근본적인 비판에서 성장하였다.

'개념사가들' 가운데 제일 중요한 주창자인 포콕(John G. A. Pocock)과 퀜틴 스키너(Quentin Skinner)[24]는 주로 제각각 인위적으로 고립된 사상들

---

22 Koselleck, Reinhart(1983), 앞의 글, p.45 ; Koselleck, Reinhart(1996), "A Response to Comments on the "Geschichtliche Grundbegriffe"," in Hartmut Lehmann and Melvin Richter eds., *The Meaning of Historical Terms and Concepts : New Studies on Begriffsgeschicht*, Washington, D.C. : German Historical Institute, pp.59~70, 특히 p.61 이하.

23 예컨대 Steinmetz, Willibald(1993), *Das Sagbare und das Machbare : Zum Wandel politischer Handlungsspielräume : England 1780-1867*(Sprache und Geschichte 21), Stuttgart : Klett-Cotta.

24 특히 유명한 논문인 Skinner, Quentin(1969), "Meaning and Understanding in the History of Ideas," *History and Theory* 8(1), pp.3~53 ; Tully, James ed.(1988), *Meaning and Context : Quentin Skinner and His Critics*, Princeton, N.J. : Princeton University Press, pp.342~344에 실린 스키너에 관한 연구 목록 참조 ; Tully, James(1988), "The Pen Is a Mighty Word : Quentin Skinner's Analysis of Politics," in James Tully ed., *Meaning and Context : Quentin Skinner and His Critics*, Princeton, N.J. : Princeton

(단위사상들)의 피상적·자의적 및 절충적 결합, 그리고 엄청난 시간
적·지리적 거리감, 더욱이 '사고틀', '폭력적 일관성', '정신적 선취'라는
삼중적 신화화를 비판한다. 스키너가 리처드 로티(Richard Rorty), 제롬
B. 슈네빈트(Jerome B. Schneewind)와 볼프 레페니스(Wolf Lepenies)와 더
불어 케임브리지대학 출판부에서 출판한 '맥락 속의 이념(Ideas in Context)
시리즈'와 함께 독자적인 학문적 포럼이 구축되었고,[25] 그들의 발상을
극히 효과적으로 확산시킨 결과 전통적인 '이념사(history of ideas)'가 '지
성사(intellectual history)'로 이름을 바꾸고 언어적 전회를 위한 만반의 준
비를 갖추었다.[26]

(우선 정치 지향의) '개념사가들'이 대부분 에세이 형식으로 쓴 이론적 강령
을 다룬 글[27]에서는 대략 네 가지 공통점이 나타난다. 첫째, 그들은
'정치의 언어학적 구성(Konstitution)'에서 출발한다. 정치적 행위는 본질
적인 부분에서 언어화된 기본 확신과 규칙 들(개념들)에 의존하기 때문
에 언어상의 동의를 전제하고 있다. 이러한 개념들의 구조와 변동은
정치적 관계와 변화 들의 단순한 반영이 아니라 그 자체가 독자적인

University Press, pp.7~25, pp.289~291.

25 Pagden, Anthony ed.(1987), *The Language of Political Theory in Early-Modern
    Europe*, Cambridge, UK ; New York : Cambridge University Press와 비교.

26 Kelley, Donald R.(1987), "Horizons of Intellectual History : Retrospect, Circumspect,
    Prospect," *Journal of the History of Ideas* 48(1), pp.143~169, 특히 pp.153~156,
    p.169 ; Kelley, Donald R.(1990), "What Is Happening to the History of Ideas?,"
    Journal of the History of Ideas 51(1), pp.3~25 ; 논문 모음집인 Kelley, Donald R. ed.
    (1991), *The History of Ideas : Canon and Variations*, Rochester, N.Y. : University of
    Rochester Press 참조.

27 포콕과 스키너의 고전적인 사례 연구에 대한 평가에 대해서는 Lottes, Günther(1996),
    "The State of the Art : Stand und Perspektiven der Intellectual History," in Frank-
    Lothar Kroll ed., *Neue Wege der Ideengeschichte : Festschrift für Kurt Kluxen zum
    85. Geburtstag*, Paderborn : Schöningh, pp.27~45, 특히 pp.39~42.

언어적 힘이다.[28] 둘째, 정치의 큰 부분을 차지하는 언어행위는 근본적으로 소통적 성격을 갖는다고 인정되고,[29] 또 이러한 정치적 소통은 의미가 변하는 단어들과 '개념들'에 의해 구조화되는[30] 끊임없이 유동적인 '담론'에 의존하기 때문에 그 작업 규칙이 통한다. "개념사가들은 화자와 청자, 작가와 독자에게 집중해야 한다."[31] 셋째, 언제나 텍스트의 포괄적인 맥락화가 요구된다(꽤 강한 맥락화). 왜냐하면 "개념들은 그 자체로만 존재하거나 기능하는 것이 아니라 전체적인 의미군 혹은 신념체계를 형성하는 것이다." 그리고 그 결과 넷째, 개별 단어에 관한 연구가 근본적으로 거부된다.[32] "한 단어의 의미가 바뀔 때, 전체 어휘와의 관계도 동시에 바뀐다." 그래서 "각 단어의 '내적 구조'보다는 전체 사회의 사고틀의 지지대로서 행하는 단어들의 역할이 연구되어야" 한다.[33] 스키너의 간결한 설명에 따르면, "개념의 역사란 있을 수 없다는 나의 신념에는 변함이 없다. 왜냐하면 주의·주장을 드러낼 때 사용하는 개

---

28 Farr, James(1989), "Understanding Conceptual Change Politically," in Terence Ball, James Farr and Russell L. Hanson eds., *Political Innovation and Conceptual Change*, Cambridge : Cambridge University Press, pp.24~49, 인용은 p.26.

29 편집자의 서문이 실린 1쪽에 같은 내용이 있다("사회적·정치적 단어는 개념적이고 소통적으로 구성되고, 혹은 보다 정확하게는 사전에 구성된다").

30 그것은 지난 18세기의 미국 헌법 논쟁의 도움을 받아 설명된다. Ball, Terence and John G. A. Pocock(1988), "Introduction," in Terence Ball and John G. A. Pocock eds., *Conceptual Change and the Constitution*, Lawrence, Kan. : University Press of Kansas, pp.1~12 ; Ball, Terence(1988), *Transforming Political Discourse : Political Theory and Critical Conceptual History*, Oxford, UK ; New York : Blackwell.

31 Farr, James(1989), 앞의 글, p.41.

32 Farr, James(1989), 앞의 글, p.33, p.38, p.41.

33 Skinner, Quentin(1988), "Language and Social Change," in James Tully ed., *Meaning and Context : Quentin Skinner and His Critics*, Princeton : Princeton University Press, pp.6~23, 여기에서는 p.13.

념 사용의 역사들만이 있을 수 있기 때문이다."[34] 그러므로 '개념사가들'은 그들에게 독일의 개념사를 작업 모델로 적극 추천하고[35] 거듭되는 시도들에 대해 실로 개별적으로는 호의적이지만,[36] 전반적으로는 거부 반응을 보인다. 그들은 '언어'와 '담론'을 명확히 구분하지 않고 언어 혹은 담론에서 '독자적인 어휘, 독자적인 문법과 수사학과 마찬가지로 동시적인 습관, 가정과 함의로 구성된 한 덩어리를 갖춘 복잡한 구조'를 본다. 정확히 말하자면, '그러한 수많은 언어는 매번 서로 대결과 갈등, 그리고 상호작용 속에 놓여 있어서' 그리하여 "포괄적이고 완전해 보이는 개념 사전일지라도 그러한 체계, 그토록 복잡한 역사를 갖춘 유기체를 흡사 언어만큼 추가적으로 묘사해 주는 것은 없다."[37] 이러한 여러

---

34 Skinner, Quentin(1988), "Reply to My Critics," in James Tully ed., *Meaning and Context : Quentin Skinner and His Critics*, Princeton : Princeton University Press, pp.257~288, 여기에서는 p.283.

35 Richter, Melvin(1991), "Zur Rekonstruktion der Geschichte der Politischen Sprachen : Pocock, Skinner and die *Geschichtlichen Grundbegriffe*"(영어본 1990), in Hans Erich Bödeker and Ernst Hinrichs eds., *Alteuropa-Ancien Régime-Frühe Neuzeit : Probleme und Methoden der Forschung*, Stuttgart : Frommann-Holzboog, pp.134~174 ; Richter, Melvin(1995), 앞의 책, pp.124~142.

36 Ball, Terence(1988), *Transforming Political Discourse : Political Theory and Critical Conceptual History*, Oxford, UK ; New York : Blackwell, pp.9 ff. 테런스 볼과 제임스 파, 그리고 러셀 L. 핸슨은 *Political Innovation and Conceptual Change*(1989)의 서문에서 독일연방의 개념사적인 기획에 대해 친절한 '감동'을 표명했지만, "우리는 그들의 사전적 노력을 복제하려고 해서는 안 된다"라는 인용을 통해 그것을 상대화하고 있다. 정확하게 말하면, 코젤렉의 발상을 완전히 다른(대부분 영어) 사료에 적용하는 것은 당연히 '복제'를 뜻한다기보다는 오히려 정반대다. 예컨대 '혁명'에 대한 존 던(John Dunn)의 절충주의적 · 비교학적 기고문은 『역사적 기본 개념 : 독일 정치 · 사회언어 역사사전(*Geschichtliche Grundbegriff : Historisches Lexikon der politisch-sozialen Sprache in Deutschland*)』에 있는 라인하르트 코젤렉의 부합되는 글[Brunner, Otto, Werner Conze, and Reinhart Koselleck eds.(1984), *Geschichtliche Grundbegriff : Historisches Lexikon der politisch-sozialen Sprache in Deutschland* 5, pp.653~788]을 고찰해 볼 때, 본질적으로 심미안을 획득할 수 있었던 것이다.

37 Pocock, John G. A.(1996), "Concepts and Discourses : A Difference in Culture? :

입장과 원리에서 볼 때, 본질상 개념사를 대표하는 저작이 헌정과 애국
주의·혁명까지 포함하는 다양한 개별 개념을 다루는 논문들로 이루어
져 있으며, 여기에 얽힌 의미망이 독일에서 유래하는 통상적인 개념사
보다 좀 더 포괄적이고, 좀 더 분명하게 다루어지지 않았다는 사실은 그저
놀라울 따름이다.[38]

그야말로 이러한 유명한 개념사가들이 — 예외는 차치하고[39] — 맨 먼저
몇몇 정치사상가에 몰두하여 개념과 방법론상의 의미를 설명하지 않고
곧바로 '담론' 연구를 깃발의 구호로 각인시킨 것은 앞뒤가 맞지 않는
것처럼 보인다. 예컨대 '맥락 속의 이념 시리즈'로 출판되어 대단히 널리
주목받은 논문 모음집에서 프랑스사 전공자 키스 M. 베이커(Keith M.
Baker) 역시 각 이념의 역사(특수한 단위 이념들)를 비역사적이라고 거부한
대신, 레진 로뱅(Régine Robin)의 연구에 의존하여 프랑스 계몽주의의 정
치 언론에 대한 담론 분석 연구를 제안하면서 전통적인 이념사로부터
거리를 두고 있다. 그 목적은 "행위와 표현을 가능케 하고 의미를 부여
한 정치적 담론 영역, 언어적 모델과 관계의 망(세트)의 정체성을 파악하

Comment on a Paper by Melvin Richter," in Hartmut Lehmann and Melvin Richter
eds., *The Meaning of Historical Terms and Concepts : New Studies on Begriffsgeschicht*,
Washington, D.C. : German Historical Institute, pp.47~58, 여기에서는 p.48, p.51.
한층 더 상세한 설명은 Pocock, John G. A.(1987), "The Concept of Language and the
"métier d'historien" : Some Considerations on Practice," in Anthony Pagden ed., *The
Language of Political Theory in Early-Modern Europe*, Cambridge, UK ; New York :
Cambridge University Press, pp.19~38.

38 Terence Ball, James Farr and Russell L. Hanson eds.(1989), *Political Innovation and
Conceptual Change*, Cambridge : Cambridge University Press.

39 특히 Jones, Gareth Stedman and Peter Schöttler(1988), *Klassen, Politik und Sprache :
Für eine theorieorientierte Sozialgeschichte*, Münster : Westfälisches Dampfboot,
pp.133~229 ; Schöttler, Peter(1989), 앞의 글, pp.168 ff ; Mayfield, David and Susan
Throne(1992), "Social History and Its Discontents : Gareth Stedman Jones and the
Politics of Language," *Social History* 17(1), pp.165~188.

는 것이다. 즉 1789년의 혁명적 언어가 비로소 발전할 수 있는 틀 안에서 우리는 정치적 문화를 재구성해야 한다." 1750년대와 1760년대 프랑스에서 공공법의 중요성과 사회질서의 본질을 분석하려는 독자적인 노력을 바탕으로 하여, 베이커는 담론적 주요 경향 세 가지(기본적인 담론 경향 세 가지)에 중요한 의미를 부여한다. 즉 이성(reason), 정의(justice), 의지(will) 담론이 그것이다. 전통적으로 '군주제적 권위 개념의 확고한 속성들'이 이러한 결속으로부터 풀려나 새롭게 개념화되었고(재개념화), "정치적 공동체(정치체)의 상충적인 규정들(혹은 새로운 개념 규정의 시도)로 기능한다." 달리 표현해 보면, "전래되는 절대주의 언어에 따르면, 군주제적 권위의 특징은 위계적 신분사회에서 모두에게 그 몫이 배분될 수 있는 정의의 실행이다. 자의 앞에서 이성과 합의를 보호하는 국왕의 의지에 의해 정의는 효과를 얻는다. 18세기 후반 들어 이러한 속성들의 결집체가 세 가지 담론 갈래로 파편화되는 듯이 보였고, 그중에서 매번 한 용어가 지배적인 입지를 갖거나 분석적인 우선권을 부여받게 된다. 내가 말한 정의 담론은 정의를 강조한다. 이 정치적 담론은 주로 자발성(volonté)에 비중을 둔다. 내가 말한 행정 담론은 이성을 지향한다. 이처럼 경쟁하는 단어 그룹이 군주제적 권위에 반대하는 언어를 구성할 뿐만 아니라 군주제 지지자들의 옹호 노력과 목표를 규정하게 된다."[40]

---

40 Baker, Keith Michael(1990), *Inventing the French Revolution : Essays on French Political Culture in the Eighteenth Century*, Cambridge, England ; New York : Cambridge University Press, p.24 이하. 베이커는 그의 테제를 "Sprache und Politik am Ende des Ancien Régime"(p.127) 부분의 동일한 곳에서 반복한다. 그는 이 테제들에 공공연하게 대단히 큰 비중을 두는데, 이 테제들은 훨씬 전에 있었던 학술대회의 한 기고문에서 그대로 넘겨받은 것이다. Baker, Keith Michael(1982), "On the Problem of the Ideological Origins of the French Revolution," in Dominick LaCapra and Steven L. Kaplan eds., *Modern European Intellectual History : Reappraisals and New Perspectives*, Ithaca : Cornell University Press, pp.197~219.

대단히 암시적이고 의심의 여지가 많은 만큼 그러한 테제들이 매번 개별 사료 한두 개에 관한 초창기의 이념사적 연구들을 뒤늦게나마 체계화시키는 것은 당연하다. 즉 1775년의 파리 고등재정재판부의 이의 신청(정의 담론), 같은 해의 튀르고(Anne R. J. Turgot)의 자치 행정개혁안(이성 담론)과 자연법적·계몽적 절대주의 비판을 담은 마블리(Gabriel Bonnet de Mably)와 세게(G. J. Saige)의 소책자. 이러한 사료들이 전형성을 갖는지, 그들이 과연 정치적인 당시대 담론의 가장 본질적인 영역을 대표하는지, 그리고 그들이 유의미한 입장을 대변하는지, 이 모든 것은 증명되거나 그럴싸하게 만들어지기보다는 오히려 간단하게 기정사실이 가정되고 암묵적으로 전제된다. 그래서 "가장 성찰적인 영미권 개념사가 진영에서 독자적인 방법론적 관점에 치중한 연구서들이 꾸준히 나오고 있다"[41]는 귄터 로테스(Günther Lottes)의 평가는 정확해 보인다.

③ 독일의 역사적 의미론이 대개 '개념사(Begriffsgeschichte)'로, 영미권에서는 '개념사(conceptual history)'로 자리 잡은 반면, 프랑스에서는 주로 '담론 분석(analyse du discours)'으로 수행되고 있다. 그중에서도 너무 자주 피상적으로 수용되고 있는 미셸 푸코(Michel Foucault)의 '담론' 개념이 특정한 시대와 실천의 제도화된 사고와 표현의 방식으로서 얼마나 국제적으로 영향력 있는 중심 위치를 부여받게 되었는지에 대해서까지 굳이 여기에서 밝힐 필요는 없겠다.[42] 하지만 언어학적 변형의 한 형태인

---

41 Lottes, Günther(1996), 앞의 글, p.28.
42 이 책에 실린 아래의 기고문 참조. Lüsebrink, Hans-Jürgen(1998a), "Begriffsgeschichte, Diskursanalyse und Narrativität," in Rolf Reichardt ed., *Aufklärung und Historische Semantik : Interdisziplinäre Beiträge zur westeuropäischen Kulturgeschichte*, Berlin : Duncker & Humblot, pp.29~44 ; Schöttler, Peter(1988), 앞의 글, pp.164 ff ; Lottes, Günther(1996), 앞의 글, pp.35~38. 엄청난 푸코 연구 작품들 중에서 대표적인 두 모음집을 거론할 수 있다. Goldstein, Jan Ellen ed.(1995), *Foucault and the Writing of*

담론 분석이 특히 미셸 페쇠(Michel Pêcheux)가 젤리그 해리스(Zellig Sabbetai Harris)의 담론 분석으로부터 그것을 어떻게 발전시켰는지,[43] 그리고 생클루의 고등보통학교에 있는 '어휘통계학과 정치 텍스트 연구센터'에서 그것이 얼마나 제도화되었는지[44]를 소홀히 해서는 안 된다. 이러한 쪽으로 연구를 하고 있는 대표적인 학자들에게는 물론 역사서술에서 담론 개념의 성공이 그다지 놀라운 일이 아닌데, 왜냐하면 담론이 여기에서는 그리 특별할 것이 없는 유행어로 전락하기 때문이다. 즉 담론 분석은 언어학적, 곧 주로 형식적 방법의 엄격함에서 응용되기보다는 오히려 점점 더 '해석 분과'로 내용 면에서 이용되고 있다.[45] 한편으로는 컴퓨터를 활용한 단어의 빈도 통계를 역사적 사료 텍스트의 실증적인 내용 파악을 위해 체계적으로 도입하고, 또한 이러한 텍스트들을 순전히 형식적인 분포도 분석의 도움을 받아 비교할 만한 언어로 분절

History, Oxford, UK ; Cambridge, Mass. : Blackwell ; Lloyd, Moya and Andrew Thacker eds.(1996), *The Impact of Michel Foucault on the Social Sciences and Humanities*, Basingstoke : Macmillan.

43 일종의 유언과도 같은 Pêcheux, Michel(1990), *L'inquiétude du discours*, Denise Maldidier ed., Paris : Éd. des Cendre 참조. 「Sprachtheorie und Diskursanalyse in Frankreich」 (1982)라는 독일의 다큐멘터리가 있다. 하롤트 뵈첼(Harold Woetzel)과 만프레트 가이어 (Manfred Geier)가 미셸 페쇠와 프랑수아 가데(Françoise Gadet)와 인터뷰를 했는데, 이 것은 *Das Argument* 24, pp.386~399에 실려 있다. Pêcheux, Michel(1983), "Über die Rolle des Gedächtnisses als interdiskursives Material : Ein Forschungsprojekt im Rahmen der Diskursanalyse und Archivlektüre"(프랑스어본 1975), in Manfred Geier and Harold Woetzel eds., *Das Subjekt des Diskurses : Beiträge zur sprachlichen Bildung von Subjektivität*(Argument-Sonderband 98), Berlin : Argument-Verlag, pp.50 ~58 ; Schöttler, Peter(1988), 앞의 글, pp.100~102, pp.110 ff, pp.114 ff.

44 Jütte, Robert(1990), "Moderne Linguistik und "Nouvelle Histoire"," *Geschichte und Gesellschaft* 16, pp.104~120, 특히 pp.110~117.

45 Guilhaumou, Jacques(1993), "A propos de l'analyse de discours : Les historiens et le "tournant linguistique"," *Langage et société* 65, pp.5~38 ; Guilhaumou, Jacques, Denis Maldidier and Régine Robin(1994), *Discours et archives : Expérimentations en analyse du discours*, Liège : Mardaga, pp.16 ff.

하는 가운데 프랑스의 담론 분석은, 사실상 방법론상으로 엄격하고 검토할 만한 즉 객관적인 텍스트 의미론적 연구들을 위한 새로운 척도를 도입하게 되었다. (비록 대부분의 역사가에게 매력적이라기보다 충격적인 영향을 미치는 '섬세한 미시적 연구'와 전문 언어학적 표현 형태라는 대가를 치러야 함에도 불구하고) 이렇게 각별한 노력을 요하는 작업 방향의 학문적 활성화가 그간 방치되어 온 것처럼 보이지만,[46] 그럼에도 언어상의 의미 형성과 지식 규범을 가령 프랑스혁명의 민중활동가[47]와 구호 들[48]로 연구하고자 할 때, 특히 자크 기요무(Jacques Guilhaumou)의 연구가 좁은 영역의 기초 자료들에 대한 언어적 담론 분석에서도 쓸모 있는 발상이라는 것이 증명되었다.

---

46 Guilhaumou, Jacques, Denis Maldidier and Régine Robin(1994), 앞의 책에 대한 최신의 연구서는 벌써 역사적 성격을 지닌다. 그리고 생클루의 (방법론상으로 대단히 '복수주의적인') 프로젝트 중 하나가 중지되었다(Equipe "18ème et Révolution"(1985~1991), *Dictionnaire des usages socio-politiques du français pendant la Révolution Française* 1-5, Paris : Klincksieck, p.95). 다른 한편 생클루의 제3회 사전학대회에 제출된 몇 가지 기고문은 지속적인 사전학적 실천을 뒷받침해 준다(Equipe "18ème et Révolution" ed.(1995), *Langages de la Révolution (1770-1815)*, Paris : Klincksieck).

47 Guilhaumou, Jacques(1989), *Sprache und Politik in der Französischen Revolution : Vom Ereignis zur Sprache des Volkes (1789 bis 1794) : Aus dem Französischen von Kathrina Menke*, Frankfurt am Main : Suhrkamp.

48 자신의 연구 작업에 관한 간략한 개관은 Guilhaumou, Jacques and Denise Maldidier(1986), "Effets de l'archive : L'analyse de discours du côté de l'histoire," *Langages* 81, pp.43~56. 개별적으로는 Guilhaumou, Jacques(1994), " "Du pain ET X" à l'époque de la Révolution fraçaise(1984)," in Guilhaumou, Jacques, Denis Maldidier and Régine Robin, *Discours et archives : Expérimentations en analyse du discours*, Liège : Mardaga, pp.133~150 ; Guilhaumou, Jacques(1988), "Marseille-Paris : La formation et la propagation d'un mot d'ordre : "du pain et du fer" (1792-1793)," in Centre d'Histoire Contemporaine du Languedoc Méditerranéen et du Roussillon, *Les pratiques politiques en province à l'époque de la Révolution française*, Montpellier : UniversitéPaul Valéry, pp.199~210 ; Guilhaumou, Jacques(1987), "La Terreur à l'ordre du jour (juillet 1793-mars 1794)," in Equipe "18ème et Rèvolution", *Dictionnaire des usages socio-politiques du français pendant la Révolution française* 2, Paris : Klincksieck, pp.127~160.

담론 이론의 매력은 (역사적 의미론에 대한 학제 간 연구의 관심 증가를 배경으로)[49] 독일 문학자 집단이 처음으로 담론이라는 프랑스의 개념을 취하는 동시에 그것을 상호 텍스트적으로 변형시켰다는 점에서 증명된다. 미셸 페쇠의 '상호 담론적 관계'[50]라는 정의에 의존하면서 디트리히 부세와 볼프강 토이베르트(Wolfgang Teubert)는 '그 조합이 가장 넓은 의미의 내용상(혹은 의미상) 기준들에 의해 결정되는' '가상 텍스트 자료'로 담론이 새롭게 이해되어야 한다고 제안한다. 그들은 원인 규명을 위해 "담론 개념의 언어상의 구체화를 위한 모든 시도는 최종적으로 텍스트 자료 조합의 문제를 거론한 상태로 남는다"고 지적한다. "(통합) 담론적 물질성(미셸 페쇠)의 모든 구성은 동시에 텍스트 자료의 구성을 전제로 한다." 사료의 다큐멘터리식 의미론적 연관에 관한 인식을 바탕으로 페쇠는 조합 과정에서 가설에 따른 해석행위를 선취하고, 담론 분석의 결과에 따라 가설의 정당성이 비로소 증명될 수 있다고 말한다. "제시된 관계, 구조, 진술의 집단화, 진술 요소, 진술 관계 등이…… 제출된 기초 자료와 그에 관한 담론의 의미론적 분석에 의해 믿을 만한 것으로 나타날 때, 그리고 그것들이 사전에 발견된 혹은 제출된 물질성에 의해…… 자료에 의해 객관화될 수 있는 테제를 산출한다면, 문제가 되는 담론이 의미 있는 연구 대상으로서의 존재감이 완전히 입증된다." 그런 식의 담론 분석은 "자료 구성을 점차 수정하는 읽기……이다. 그런데 이 읽기란

49 Busse, Dietrich(1987), 앞의 책 참조 ; Dörner, Andreas(1992), "Politische Lexik in deutschen und englischen Wörterbüchern : Metalexikographische Überlegungen und Analzsen in kulturwissenschaftlicher Absicht," in Gregor Meder and Andreas Döner eds., *Worte, Wörter, Wörterbücher : Lexikographische Beiträge zum Essener Linguistischen Kolloquium*(Lexikographica ; Series major 42), Tübingen : M. Niemeyer, pp. 123~145.
50 Pêcheux, Michel(1983), 앞의 글, p. 53.

텍스트에서 말해진 바의 내포된 전제 가능성을 상호 담론적······ 관계들의 결과임을 밝히려는 의도를 갖춘 독서이다." 이것은 각각의 단일 단어를 지향할 뿐만 아니라(특정한 '주요 어휘가······ 담론을 구조화하고 담론 경향을 명명하는 요소로서' 중요하다), '의미상의 그물망이나 개념군과 더불어 진술과 '진술망'을 고찰하면서' 개념사를 훌쩍 뛰어넘는다. 단어 의미의 분석 외에도 "두 번째로 더욱 중요한 담론 분석의 토대는······ 단어들의 통합적인 결합에서 표현되는 텍스트 분석적 의미 파악이다. ······이렇게 볼 때 담론 분석은 단어, 문장, 혹은 텍스트의 의미 형태로서도 바라볼 수 있다."[51]

프리츠 헤르만스(Fritz Hermanns)는 '담론사로서의 언어적 심성사'의 프로그램을 이것과 결합시킨다. 여기에서는 맥락과 '텍스트 조직'이 중요한데, 이것은 본질적으로 담론의 '유사 대화적 성격' 안에 놓여 있다. "역사적 의미론의 주요 용어인 담론 개념은 텍스트의 존재와 형태, 그리고 의미가 기인하는 관계망에 대하여 다시 고찰하도록 이바지할 수 있다. ······담론사의 관점에서 볼 때, 사료 텍스트는 다시 거론될 만큼 언어사의 대상이 되고 있다. 그리고 사실상 당대의 대화의 구성 요소로 파악되면서 그렇게 되고 있다. ······담론사는 텍스트 속에 내재된 관련

---

51 Busse, Dietrich and Wolfgang Teubert(1994), "Ist Diskurs ein sprachwissenschaftliches Objekt? Zur Methodenfrage der historischen Semantik," in Dietrich Busse, Fritz Hermanns and Wolfgang Teubert eds., *Begriffsgeschichte und Diskursgeschichte : Methodenfragen und Forschungsergebnisse der historischen Semantik*, Opladen : Westdeutscher, pp.10~28, 인용은 차례로 p.15, p.17, p.19, p.22 이하. 준비 중인 논의들은 논문 모음집으로 이미 출간되었다. Busse, Dietrich ed.(1991), *Diachrone Semantik und Pragmatik : Untersuchungen zur Erklärung und Beschreibung des Sprachwandels* (Reihe Germanistische Linguistik 113), Tübingen : M. Niemeyer ; Busse, Dietrich(1992), *Texinterpretation : Sprachtheoretische Grundlagen einer explikativen Semantik*, Opladen : Westdeutscher.

성과 기능에 대해 묻고, 이러한 텍스트의 기능으로 구성된 텍스트의 성질과 언어 사용을 상호 텍스트적 · 역사적 관계 속에서 설명하려고 시도한다."[52] 담론 개념의 이러한 새로운 독일적 변형이 한편으로는 그것이 형식적 방법론의 엄격성의 약화를 의미했기 때문에 프랑스의 '언어적 역사'에서 회의에 부딪힌 반면, 다른 한편으로는 그것이 그들의 상상을 보완해 주기 때문에 '개념사가들'의 폭넓은 동의를 얻어 낼 수 있었다. 사실 담론 분석이 (그것이 특정한 절차에 따라 미리 규정되지 않았을 때) 여태까지 서로에 대해 아무런 주의를 기울이지 못한 영미권과 프랑스, 그리고 독일의 의미론 역사가들을 학문적인 교류를 위해,[53] 아마도 심지어 공동 개념의 창안을 위해 한자리로 불러 모으는 데 여전히 가장 적절해 보인다. 여하튼 그들이 새롭게 발전함에 따라 페터 쇠틀러(Peter Schöttler)가 얼마 전에 관찰했던 바가 벌써 확인된다. "프랑스 · 영미권, 그리고 독일의 역사학에서 비동시적으로 부각된 언어 및 담론 분석에 대한 관심은 (모든 차이와 각 특징의 토론에도 불구하고) 물론 다양한 강도로 추진되고 있지만, 아주 유사하면서도 서로 수렴되는 몇 가지 방향성까지 드러내고 있다. 이제는 더 이상 전통적인 이념사에 비해 사회사가

---

52 Hermanns, Fritz(1995), "Sprachgeschichte als Mentalitätsgeschichte : Überlegungen zu Sinn und Form und Gegenstand historischer Semantik," in Andreas Gardt, Klaus J. Mattheier and Oskar Reichmann eds., *Sprachgeschichte des Neuhochdeutschen : Gegenstände, Methoden, Theorien*(Reihe Germanistische Linguistik 156), Tübingen : M. Niemeyer, pp.69~101, 여기에서는 pp.86~91. 위에서 언급한 연구 방향에서 독문학의 나온 사례 연구는 Stötzel, Georg and Martin Wengeler(1995), *Kontroverse Begriffe : Geschichte des öffentlichen Sprachgebrauchs in der Bundesrepublik Deutschland* (Sprache-Politik-Öffentlichkeit 4), Berlin : W. de Gruyter ; Böke, Karin, Frank Liedtke and Martin Wengeler(1996), *Politische Leitvokabeln in der Adenauer-Ära*(Sprache-Politik-Öffentlichkeit 8), Berlin ; New York : De Gruyter.
53 모범적인 의견 일치에 대해서는 Jung, Matthias(1994), *Öffentlichkeit und Sprachwandel : Zur Geschichte des Diskurses um die Atomenergie*, Opladen : Westdeutscher.

역사적 의미론 : 어휘통계학과 신문화사 사이

크게 다르다고 받아들여지지는 않는다. 하지만 문화와 심성, 그리고 이데올로기의 사회사적인 분석은 어느 곳에서나 언어가 단순한 의미 전달을 위한 수동적인 매개체 이상이라는 문제에 주목하도록 만들었다. 겉보기에는 언어가 투명하고 임의적인 것처럼 보인다. 그러나 언어를 좀 더 충실하게 고찰할수록, 각 조직 형태(그것의 담론구조)가 사학사적인 일상에서는 매우 빈번히 주체의 확고한 의도라고 분류하는 '의미들'에 깊숙이 개입한다는 것이 더욱 분명해진다."[54]

'중간적' 사료 차원의 사회사적 담론과 의미론을 위하여

역사적 의미론 분야에서 이루어지고 있는 매우 다양한 국제적 작업 발상들을 생각해 볼 때, 이 책[55]은 그들 간의 중재자적 역할을 수행할 수 있으리라고 본다. 계몽주의시대에 관한 제9회 국제회의에서 마련된 '계몽 개념의 역사' 섹션[56]에서 비롯된 이 책은 독일의 개념사 전통[57]과 개념사적 작업 방식, 영미권의 개념사의 작업 방식을 통합시키고자 한 네덜란드 프로젝트[58]를 위한 사전 작업과, 개념사와 어휘통계학 사이의 중간 길을 모색한

54　Schöttler, Peter(1988), 앞의 글, pp.179 ff.
55　Reichardt, Rolf ed.(1998), 앞의 책.
56　이 대회는 1995년 7월 29일 뮌스터대학에서 개최되었고 처음으로 '개념사' 섹션이 열렸다. 보어(P. den Boer)와 벨레마(Wyger R. E. Velema)와 함께 이 회의에 참여한 한스위르겐 뤼제브링크(Hans-Jürgen Lüsebrink)는 시간 문제 때문에 그 결과물을 출판해 줄 것을 편집자에게 부탁하였다.
57　Klein, Wolfgang(1998), "Die Dekadenz von Dekadenz," in Rolf Reichardt ed., *Aufklärung und Historische Semantik : Interdisziplinäre Beiträge zur westeuropäischen Kulturgeschichte*, Berlin : Duncker & Humblot. 그리고 사학사적 배경에 대해서는 주 13 참고.
58　Reichardt, Rolf ed.(1998), 앞의 책에 실린 보어와 벨레마의 논문과 네덜란드 과학아카

『프랑스 정치·사회 기본 개념 편람 1680~1820(*Handbuch politisch-sozialer Grund-begriffe in Frankreich 1680-1820*)』 팀에서 출발된 고민과 탐색의 결과들을 하나로 묶은 것이다.[59]

대개 연속적인 일상 텍스트와 '집단적인' 사료들의 기초 자료를 토대로 삼는다는 점에서 이 편람은 이념사적 '정상 배회'를 다루는 대신 사회사적 논지를 따르고 있음이 인정되었다. 그리고 단어 영역을 갖추고 있으면서도 의미론적으로 더욱더 많이 활용되거나 보충적인 단어들을 매번 하나의 동일한 항목에서 작업한다는 점에서 이 편람이 동시에 인위적으로 '원자화되는' 개별 개념에 대한 연구들을 완화시키고자 한다는 것이 인정되었다.[60]

그럼에도 불구하고 공동 기획이 대단히 폭넓게, 그리고 각 실천 영역에 대한 극히 다른 수많은 특정 사료와 수많은 동료 연구자의 다양한 방법론에 구애를 받으면 진행되었기 때문에,[61] 그간에 제기된 사회사적 의미론의 주장과 가능성들이 완전히 성취되거나 무산되어 버릴 수 있다. 그러므로 사회사적 의미론의 현재적 과제와 노력의 경우, 위대한 사상가들의 탁월한

데미의 문화사 프로젝트의 이론 및 방법론적 토대에 대해서는 두 권의 학술회의 논문집 참조. Melching, Willem and Wyger Velema eds.(1994), 앞의 책 ; Hampsher-Monk, Iain, Karin Tilmans and Frank van Vree eds.(1998), *History of Concepts : Comparative Perspectives*, Amsterdam : Amsterdam University Press.

59 Reichardt, Rolf and Eberhard Schmitt eds.(1985), *Handbuch politisch-sozialer Grund-begriffe in Frankreich 1680-1820*(Ancien Régime, Aufklärung und Revolution 10) Heft 1-2 ff, München : Oldenbourg. 지금까지 18권이 나왔는데, 11권(1991)부터는 한스위르겐 뤼제브링크가 에버하르트 슈미트로부터 편집권을 넘겨받았다.

60 Schöttler, Peter(1988), 앞의 글, pp.177 ff ; Richter, Melvin(1995), 앞의 책, pp.79~123.

61 문화사가인 로제 샤르티에[Chartier, Roger(1986), "Civilité," in Rolf Reichardt and Eberhard Schmitt eds., *Handbuch politisch-sozialer Grundbegriffe in Frankreich 1680-1820* Heft 4, München : Oldenbourg, pp.7~50]와 개념사가인 키스 베이커[Baker, Keith(1994), "Enlightenment and the Institution of "Society" : Notes for a Conceptual History," in Willem Melching and Wyger Velema eds., *Main Trends in Cultural History : Ten Essays*, Amsterdam ; Atlanta : Rodopi, pp.95~120]가 여기에 해당된다.

개별 텍스트와 모든 일상 텍스트의 과잉 사이에 존재하는 '중간적인 텍스트 차원'에 집중하는 것이 '좋은 사례'가 될 수 있다. 그런데 이것의 주요 문제는 "언제나 한편으로는 자료 구성 과정에, 다른 한편으로는 표준화된 문제 제기의 토대 위에서 한층 더 큰 텍스트 덩어리를 다루는 과정에 놓여 있다"는 것이다.[62] 따라서 완벽함에 대한 부담 없이 편람 작업 영역에서 중요하면서도 유용하고, 그리고 바람직한 것으로 드러난 일련의 토대, 작업 방식과 결점을 정리해 보는 것이 마땅하다.

① 먼저 중간적인 텍스트 차원을 다루는 사회사적 의미론은 연구 대상을 개념이라는 용어로 표시하는 것을 최대한 피해야 한다. 왜냐하면 언어학적 측면에서 증명되었던 것처럼,[63] 이러한 규범적 표현은 자료 언어의 추상적·허구적 선입견을 구성하기 때문이다. 이 선입견은 각각의 단어 사용과 단지 '규범'만이 구체화되는 개별적인 소통행위를 완전히 배제한다. 어쩌면 구호(Schlagwort)와 같은 용어가 선호될 수도 있겠다.[64]
② 비록 '신문화사'에서 계량적인 작업 발상이 거의 금기시되었고, 단어의 의미가 지니는 맥락에의 종속성이 원자화된 의미론적 분석을 우선적으로 허용하지 않기는 하지만,[65] 단어의 빈도 통계(특히 명사와 명사의 단어

---

62 Lottes, Günther(1996), 앞의 글, p.32.
63 Busse, Dietrich(1987), 앞의 책, pp.72~75 ; Hermanns, Fritz(1995), 앞의 글, pp.81 ff.
64 Hermanns, Fritz(1994), *Schlüssel-, Schlag- und Fahnenwörter : Zu Begrifflichkeit und Theorie der lexikalischen "politischen Semantik"* (Arbeiten aus dem Sonderforschungsbereich 245, Sprachen und Situation Bericht 81), Mannheim : Universität Mannheim, pp.7~21의 제안이 자극이 된다.
65 Meyer, Ralf(1995), "Computerlinguistische Ansätze zur Repräsentation und Verarbeitung von Wortbedeutungen," in Gisela Harras ed., *Die Ordnung der Wörter : Kognitive und lexikalische Strukturen* (Institut für deutsche Sprache : Jahrbuch 1993), Berlin : W. de Gruyter, pp.303~327.

구성의)는 텍스트 자료에서 언어적인 무게 비중에 대한 첫 정보들을 얻을 때 대단히 유용해 보인다. 이것은 실험적으로 검증된 '틀'인데, 당연히 후속되는 분석들에서 보충되어야 할 내용이다.

③ 아주 종종 엄중하게 사용되는 단어들을 습관적인 사고의 언어적 상징으로 평가하는 단어어휘학의 경우, 연구되는 사료들이 갖는 텍스트 및 담론과의 연관성이 소홀히 다루어져서는 안 된다. 어떤 식의 변형된 담론 개념이 파악되어야 하든지 간에, 역사적 의미론 분석은 각 진술과 텍스트를 넘어 원래 구체적인 언어 공동체가 구사하는 특별하고 규칙적인 발언 방식과 사고방식, 그리고 언어를 통한 의미 생산에 연구 목표를 두어야 하며, 이에 대한 폭넓은 의견 일치가 두드러진다. 개별 텍스트를 포괄하는 단어군과 발화된 주장 모델은 소통 당사자와 소통의 기능이 마치 자료 텍스트들을 다루듯이 관찰될 수 있다. 바로 이때 귄터 로테스가 규정한 이중적 요구가 나타난다. 원래 의미의 담론 개념을 한층 더 강하게 '상황과 문제 들의 취급'으로 환원하고자 한다면, '사실상 화자의 언어 행위적 의지를 진지하게 받아들이고 구체적·역사적으로 자리매김하는 주제별 집중 담론 분석'이 필요하다. 동시에 각각의 사료를 텍스트 생산자의 사회적 프로필 외에도 매체적 소통 맥락, 제도화된 담론구조, 소통 질서의 강제와 잠재력을 고찰하는 '소통 환경의 사회사'에 편입하는 것이 바람직하다.[66]

④ 이러한 다음의 요구들이 동시적이고 공시적인 관점에서 역사적·사회적 대표성과 동질성(주제, 텍스트 종류 등)이라는 주도적인 기준에 따른 꼼꼼하고 면밀한 자료 구성에 대해 보다 선명한 주장을 제기한다. 역사적 의미론이 구조뿐만 아니라 발전 과정까지 파악하려 하기 때문에,

---

66 Lottes, Günther(1996), 앞의 글, pp.44 ff.

역사적 의미론 : 어휘통계학과 신문화사 사이

비교할 만한 것을 비교하기 위해서는 동질적인 시간대의 사료들에 의존하게 된다. 이때 연구자는 어떤 방식으로, 어느 정도로 자료 구성이 그의 인식적 관심에서 생겨나는지, 그리고 이러한 것이 현존하는 자료와 어떤 관계를 맺고 있는지를 고려하고 해명해야 한다.

⑤ 앞에서 언급한 요구를 상당 부분 채울 수 있는 절차로서 단어 영역의 분석[67]이 제시된다. 역사적 사실 및 문제의 전체 영역에 대한 주제별·형식별로 유사한 자료군이 있을 경우, 납득할 만하고 동시에 적절한 연구 자료의 구성은 거의 저절로 생겨난다. 더욱이 무엇보다도 통합적·범례적으로 정리된 의미상 유사한 단어들의 군상을 언어적인 관계성 속에서 연구할 경우, 단어 영역 의미론적 발상은 '개념사적인' 개별 단어 연구를 피하게 된다. 그룹별로 나타나는 단어들은 서로, 또 각각의 특정한 다른 단어들과의 의미 관계를 통해서 관련 언어공동체의 일반적인 단어들보다는 더욱 긴밀한 관계에 놓인다. 그 외에도 이 절차는 어휘통계학적 요소와도 결합될 수 있다. 즉 의미론적 영역의 주요 단어에 그의 통합, 범례, 반대말을 더욱 가까이 부가시키면 빈도의 서열상 그것의 자릿값이 더욱 높아진다. 이것을 다양한 시대에 반복하면, 의미상의 구조의 연속성과 변화를 그대로 측정할 수 있는 지표들이 나타난다. 이런 식의 사례 연구를 통해 18세기 프랑스의 명예 이상(Honnêteté-Ideal)이 처음에는 기독교적으로 채색되고, 다음으로는 계몽주의적으로 채색된다는 식

---

67 여기에서는 무엇보다도 주어의 동사적 및 형용사적 변형 혹은 용례에 대한 고찰이 이루어진다. 일반적으로는 Lutzeier, Peter Rolf(1995), "Lexikalische Felder -was sie waren, was sie sind und was sie sein kötten," in Gisela Harras ed., *Die Ordung der Wörter : Kognitive und lexikalische Strukturen*, Berlin : W. de Gruyter, pp.3~29 ; Lutzeier, Peter Rolf(1992), "Wortfeldtheorie und kognitive Linguistik," *Deutsche Sprache* 20, pp.62~81 참조.

개념사의 지평과 전망

의 테제가 유지될 수 없음이 증명되었다.[68] 반면에 반(反)바스티유적 팸플릿을 활용한 다른 연구는 프랑스 정치언어의 혁명 이전의 과격화 현상을 이제까지보다 더 분명하게 연구해 낼 수 있게 되었다.[69] 그 밖의 조사들도 지적했듯이[70] '연속적인 단어 영역의 시선'은 그 외의 다른 분과에서는 전혀 인정되지 못한 자료들의 담론적인 규칙성이 드러나도록 진작시킨다.

⑥ 분석이 주요 단어에 분명하게 부여되지 않고 기본적으로 똑같이 정렬된 단어로 구성되어 있는 한층 더 커다란 의미망을 대상으로 할 때, 그것은 본질적으로 더욱 복잡해진다. 변혁시대의 정치적 교리만큼이나 촘촘한 자료에서조차 일반 통계상 연속적인 텍스트에 관한 평가가 대단히 형식주의적이고 까다로워져 그 결과가 좀처럼 종합적인 해석 안으로 통합되지 않는 위험이 발생한다.[71] 물론 1791년 초의 프랑스 역사에

68 Reichardt, Rolf(1987), "Der Honnête Homme zwischen höflischer und bürgerlicher Gesellschaft," *Archiv für Kulturgeschichte* 69, pp.341~370.

69 Lüsebrink, Hans-Jürgen and Rolf Reichardt(1983), "La "Bastille" dans l'imaginaire social de la France à la fin du XVIIIe siècle (1774-1799)," *Revue d'histoire moderne et contemporaine* 30, pp.196~234, 여기에서는 pp.198~214 ; Reichardt, Rolf(1982), "Zur Geschichte politisch-sozialer Begriffe in Frankreich zwischen Absolutismus und Restauration," *Zeitschrift für Literaturwissenschaft und Linguistik* 47, pp.49~74 ; Schöttler, Peter(1989), 앞의 글, pp.106~109 참조.

70 van den Heuvel, Gerd(1988), *Der Freiheitsbegriff der Französischen Revolution* (Schriftenreihe der Historischen Kommission bei der Bayerischen Akademie der Wissenschaften 31), Göttingen : Vandenhoeck & Ruprecht, pp.125~132 ; Botsch, Elisabeth(1992), *Eigentum in der Französischen Revolution : Gesellschaftliche Konflikte und Wandel des sozialen Bewußseins*(Ancien Régime, Aufklärung und Revolution 22), München : R. Oldenbourg, pp.226~243.

71 Reichardt, Rolf(1988), "Revolutionäre Mentalitäten und Netze politische Grundbegriffe in Frankreich 1789-1795," in Reinhart Koselleck and Rolf Reichardt eds., *Die Französische Revolution als Bruch des gesellschaftlichen Bewußseins*(Ancien Régime, Aufklärung und Revolution 15), München : R. Oldenbourg, pp.185~215 ; 비판적인 입장은 Lottes, Günther(1988), "Historische Semantik, Kontextanalyse und traditionelle

대한 그림으로 된 '단어 영역'으로 구성된 교육적 단체 놀이와 같은 자료들이 있다. 이 놀이의 표현상 게임 규칙은 내포된 시각적 관련성과 더불어 그 자체로도 의미가 풍부한 의미체계를 구성하는데, 의미론 역사가들은 그것을 단지 읽어 내기만 하면 된다.[72]

⑦ 역사적 의미론적 연구들은 여태까지 매번 완전히 통일된 사고 및 주장 모델을 마치 특정한 문화의 심성들이 그 자체로 닫힌, 완전히 동질적인 기호체계인 것처럼 재구성하는 데 치중해 왔다. 그러한 단조로움과 '조화로움'은 대개 한 사회 내에서 동시에 공존하거나 서로 경쟁적인 특정한 실천 영역들(종교·법·정치 등), 사회적 집단들과 문화적 '수준'의 담론적 다양성과 일치하지 않는다. 적어도 이것을 단초적으로 이해하기 위해서는 이 책에 실린 한스위르겐 뤼제브링크(Hans-Jürgen Lüsebrink)의 논문에서 설명되어 있듯이,[73] 사회사 지향의 담론의미론이 다양한 텍스트 전략과 개별적인 형태의 텍스트 종류와 매체들의 매우 독자적인 기호언어를 점점 더 많이 고려해야만 한다. 예컨대 이론적인 소책자에서부터 정치적 팸플릿을 넘어 친민중적인 것으로 연출된 일화나 노래의 형태로 남아 있는 모든 매체와 언어 수단이 확산되는 방식을 좇을 때에야 비로소 19세기 초 독일어권에서 발전한 국민(Nation)에 대한 새로운

Ideengeschichte," in Reinhart Koselleck and Rolf Reichardt eds., *Die Französische Revolution als Bruch des gesellschaftlichen Bewußseins*(Ancien Régime, Aufklärung und Revolution 15), München : R. Oldenbourg, pp.226~232.

72 Reichardt, Rolf(1998), *Das Revolutionsspiel von 1791 : Ein Beispiel für die Medien- politik und Selbstdarstellung der Französischen Revolution*, Frankfurt am Main : Insel ; Reichardt, Rolf(1998), "Historical Semantics and Political Iconography : The Case of the Game of the French Revolution (1791/92)," in Iain Hampsher-Monk, Karin Tilmans and Frank van Vree eds., *History of Concepts : Comparative Perspectives*, Amsterdam : Amsterdam University Press, pp.191~226.

73 Lüsebrink, Hans-Jürgen(1998a), 앞의 글.

인식이 그 개념의 다양성과 사회적 유효 범위 속에서 획득될 수 있다.[74] 담론을 각인시키는 다양한 문화적 차원과 정말 특별한 '발언 방식들'의 의미뿐만 아니라 상호텍스트성[75]의 연구에 대한 이러한 언급들은 개념, 발언행위 등을 여태까지보다는 더욱 체계적으로 '그들이 형식을 갖추게 되는' '지식질서의 맥락 속에서' 해석하자는 귄터 로테스의 보다 일반적인 제안과 밀접하게 연관되어 있다.[76]

⑧ 역사적 의미론이 언어의 이미지 차원과 도상학적인 자료들을 지금껏 끊임없이 경시해 온 이후, 최근에는 문서보관소와 마찬가지로 과거의 그림 기억들이 동일한 가치를 지닌 증거와 집단적인 상상, 특히 정치적인 문화를 각인하는 요소라고 새롭게 가치 평가하려는 요구와 시도 들이 늘고 있다.[77] 단어의 의미가 특히 인쇄된 (다채로운) 그림들에 의해서 시각화되는 커다란 사회사적 의미에 대해 여기에서는 단지 일반적으로

---

74 Lüsebrink, Hans-Jürgen(1997), "Historische Semantik als Diskurspragmatik : Der Begriff der "Nation" in Frankreich und Deutschland," in Hans-Jürgen Lüsebrink and Rolf Reichardt eds., *Kulturtransfer im Epochenumbruch : Frankreich-Deutschland 1770 bis 1815*(Deutsch-Französische Kulturbibliothek 9), Leipzig : Leipziger Universitäts-verlag, pp.847~872 ; Lüsebrink, Hans-Jürgen(1998b), "Conceptual History and Conceptual Transfer : The Case of 'Nation' in Revolutionary France and Germany," in Iain Hampsher-Monk, Karin Tilmans and Frank van Vree eds., *History of Concepts : Comparative Perspectives*, Amsterdam : Amsterdam University Press.

75 여태까지 비중을 둔 이러한 문헌학적인 작업 방향이 역사가들에게도 중요하다는 점을 Holthuis, Susanne(1993), *Intertextualität : Aspekte einer rezeptionsorientierten Konzeption*, Tübingen : Stauffenburg가 보여 준다.

76 Lottes, Günther(1996), 앞의 글, pp.43 ff. 로테스는 전통적 / 요약식, 규범적 / 지침식, 분석 / 상상력의 '학문 방식'과 '학문 질서'를 구분한다.

77 Hanisch, Ernst(1996), 앞의 글, p.218. 혁신적인 사례 연구는 de Jongh, Eddy(1998), "Painted Words in Dutch Art of the Seventeenth Century," in Iain Hampsher-Monk, Karin Tilmans and Frank van Vree eds., *History of Concepts : Comparative Perspectives*, Amsterdam : Amsterdam University Press, pp.167~190. 주 70과 72 참조.

언급될 뿐이다.[78] 좀 더 형편이 나은 자료 상태에서는 텍스트 및 그림 언어에 대한 고찰이 위르겐 링크(Jügen Link)의 '집단상징'[79]이라는 연구 발상에 가까운 상징사로 나아간다.[80]

⑨ 끝으로 '이들 사이의 담론 공간과 교류 과정에 더 많은 주의'를 기울일 필요가 있다.[81] 최근의 사례 연구에서는 특히 프랑스어나 독일어 번역물들 이 비교사적 의미론에서 애호되는 사료임이 입증되었다.[82] 1770~1815년 사이에 독일어로 번역되어 독일어권에서 특별한 반향을 불러일으킨 1백 여 권의 혁명도서에서 '혁명'이라는 단어 영역에 관한 중요한 문장들을 걸러 내보면,[83] 프랑스혁명의 시대에 독일의 정치언어 속의 '미지의 영역'을 채우고 있는 상호 문화적인 전달 과정과 의미 형성 과정이 드러날 것이다.[84]

---

78 더 자세한 내용은 Reichardt, Rolf ed.(1998), 앞의 책에 실린 Lumière와 Ténèbres에 관 한 필자 논문의 결론 부분 참조.

79 Lüsebrink, Hans-Jürgen and Rolf Reichardt(1990), *Die Bastille : Zur Symbolgeschichte von Herrschaft und Freiheit*, Frankfurt am Main : Fischer Taschenbuch.

80 Schöttler, Peter(1988), 앞의 글, p.107, pp.112 ff, pp.178 ff ; Becker, Frank, Ute Gerhard and Jürgen Link(1997), "Moderne Kollektivsymbolik : Ein diskurstheoretischer Forschungsbericht mit Auswahlbibliographie," *Internationales Archiv für Sozialgeschichte der deutschen Literatur* 22, pp.70~154, 여기에서는 p.87, pp.101 ff.

81 Lottes, Günther(1996), 앞의 글, p.45 ; den Bore, Pim(1998), "Vergleichende Begriffsgeschichte dargestellt am Beispiel Demokratie," in Rolf Reichardt ed., *Aufklärung und Historische Semantik : Interdisziplinäre Beiträge zur westeuropäischen Kulturgeschichte*, Berlin : Duncker & Humblot ; Schrader, Fred E.(1998), "Zur historischen Semantik von *deutsch / Deutschland* und *Repräsentation* in der französischen politischen Publizistik (ca. 1650-1820). Ein Berich," in Rolf Reichardt ed., *Aufklärung und Historische Semantik : Interdisziplinäre Beiträge zur westeuropäischen Kulturgeschichte*, Berlin : Duncker & Humblot 참조.

82 앞의 주 74에서 언급된 한스위르겐 뤼제브링크의 글 참조.

83 이 절차는 빌리발트 슈타인메츠(Wilibald Steinmetz)에 의존할 수 있다. "Weder Ideengeschichte noch Begriffsgeschichte, sondern Analyse elementarer Sätze" ; Steinmetz, Willibald(1993), 앞의 책, pp.30~40.

84 Reichardt, Rolf(1997), "Die Revolution : "Ein magischer Spiegel" : Historischpolitische Begriffsbildung in französisch-deutschen Übersetzungen," in Hans-Jürgen Lüsebrink

개념사의 지평과 전망

당연히 이 책에 실린 논문들이 이 모든 원리와 제안을 실현하고 있다고 주장할 수는 없겠지만, 그래도 몇 가지 사례는 나열된 작업 규칙이 실천 지향적이고 사회사적 의도를 가진 역사적 의미론이 성취될 수 있다는 것을 애써 보여 준다. 그러한 연구들은 모든 차이에도 불구하고 수렴하는 것처럼 보이는 국제적인 작업 방향의 단면을 예시적으로 보여 주고 있다. 당연히 그것으로부터 직접적으로 이렇다 할 만한 공동의 학제 간 연구 토대가 발전될 수 있을지, 또는 '학파'로부터 독립하여 역사의미론적인 토론에서 여태까지 무시해 온 개념들[85]의 도움을 받아 그간 널리 퍼진 임의적, 그다지 엄중하지 않은 절충주의를 극복하게 될 사회사적 담론의 의미론에 관한 실천 지향적 이론과 방법론을 발전시킬 수 있을지 여부가 여전히 문제로 남는다.

and Rolf Reichardt eds., *Kulturtransfer im Epochenumbruch : Frankreich-Deutschland 1770 bis 1815*(Deutsch-Französische Kulturbibliothek 9), Leipzig : Leipziger Universitätsverlag, pp.883~999.

85 Schnädelbach, Herbert(1977), *Reflexion und Diskurs : Fragen einer Logik der Philosophie*, Frankfurt am Main : Suhrkamp ; Toulmin, Stephen Edelston(1983), *Kritik der kollektiven Vernunft*, Frankfurt am Main : Suhrkamp ; Keller, Rudi(1990), *Sprachwandel : Von der unsichtbaren Hand der Sprache*, Tübingen : Francke. 본 논문 제목의 언급에 대해서는 악셀 호프에게 감사한다.

▌참고문헌

Baker, Keith Michael(1990), *Inventing the French Revolution : Essays on French Political Culture in the Eighteenth Century*, Cambridge, England ; New York : Cambridge University Press.

Ball, Terence(1988), *Transforming Political Discourse : Political Theory and Critical Conceptual History*, Oxford, UK ; New York : Blackwell.

Ball, Terence, James Farr and Russell L. Hanson eds.(1989), *Political Innovation and Conceptual Change*, Cambridge : Cambridge University Press.

Böke, Karin, Frank Liedtke and Martin Wengeler(1996), *Politische Leitvokabeln in der Adenauer-Ära*(Sprache-Politik-Öffentlichkeit 8), Berlin ; New York : De Gruyter.

Botsch, Elisabeth(1992), *Eigentum in der Französischen Revolution : Gesellschaftliche Konflikte und Wandel des sozialen Bewußseins*(Ancien Régime, Aufklärung und Revolution 22), München : R. Oldenbourg.

Brunner, Otto, Werner Conze and Reinhart Koselleck eds.(1972~1993), *Geschichtliche Grundbegriffe : Historisches Lexikon der politisch-sozialen Sprache in Deutschland* 1-8 / 2, Stuttgart : Klett-Cotta.

Bublitz, Siv(1984), *Der "linguistic turn," der Philosophie als Paradigma der Sprachwissenschaft : Untersuchungen zur Bedeutungstheorie der linguistischen Pragmatik*(Internationale Hochschulschriften 116), Münster ; New York : Waxmann.

Busse, Dietrich(1987), *Historische Semantik : Analyse eines Programms*(Sprache und Geschichte 13), Stuttgart : Klett-Cotta.

Busse, Dietrich(1992), *Texinterpretation : Sprachtheoretische Grundlagen einer explikativen Semantik*, Opladen : Westdeutscher.

Busse, Dietrich ed.(1991), *Diachrone Semantik und Pragmatik : Untersuchungen zur Erklärung und Beschreibung des Sprachwandels*(Reihe Germanistische Linguistik 113), Tübingen : M. Niemeyer.

Chartier, Roger(1989), *Die unvollendete Vergangenheit : Geschichte und die Macht der Weltauslegung*, Berlin : Wagenbach.

Darnton, Robert(1989), *Das große Katzenmassaker : Streifzüge durch die franzö-

sische Kultur vor der Revolution, Jörg Trobitius trans., München : Carl Hanser.

Delon, Michel(1997), *Dictionnaire européen des Lumières*, Paris : Presses Universitaires de France.

Dreitzel, Horst(1991), *Monarchiebegriffe in der Fürstengesellschaft : Semantik und Theorie der Einherrschaft in Deutschland von der Reformation bis zum Vormärz 2*, Köln : Böhlau.

Equipe "18ème et Révolution"(1985~1991), *Dictionnaire des usages socio-politiques du français pendant la Revolution Française* 1-5, Paris : Klincksieck.

Equipe "18ème et Révolution" eds.(1995), *Langages de la Révolution (1770-1815)*, Paris : Klincksieck.

Ferrone, Vincenzo and Daniel Roche eds.(1997), *Dizionario critico dell'Illuminisimo*, Rom.

Furet, François and Mona Ozouf eds.(1988), *Dictionnaire critique de la Révolutioin française*, Paris : Flammarion.

Furet, François and Mona Ozouf eds.(1996), *Kritisches Wörterbuch der Französischen Revolution* Heft 1-2, Frankfurt am Main : Suhrkamp.

Goldstein, Jan Ellen ed.(1995), *Foucault and the Writing of History*, Oxford, UK ; Cambridge, Mass. : Blackwell.

Guilhaumou, Jacques(1989), *Sprache und Politik in der Französischen Revolution : Vom Ereignis zur Sprache des Volkes (1789 bis 1794) : Aus dem Französischen von Kathrina Menke*, Frankfurt am Main : Suhrkamp.

Guilhaumou, Jacques, Denis Maldidier and Régine Robin(1994), *Discours et archives : Expérimentations en analyse du discours*, Liège : Mardaga.

Hampsher-Monk, Iain, Karin Tilmans and Frank van Vree eds.(1998), *History of Concepts : Comparative Perspectives*, Amsterdam : Amsterdam University Press.

Hermanns, Fritz(1994), *Schlüssel-, Schlag- und Fahnenwörter : Zu Begrifflichkeit und Theorie der lexikalischen "politischen Semantik"*(Arbeiten aus dem Sonderforschungsbereich 245, Sprachen und Situation Bericht 81), Mannheim : Universität Mannheim.

Holthuis, Susanne(1993), *Intertextualität : Aspekte einer rezeptionsorientierten Konzeption*, Tübingen : Stauffenburg.

Hunt, Lynn ed.(1989), *The New Cultural History*, Berkeley : University of California Press.

Jones, Gareth Stedman and Peter Schöttler(1988), *Klassen, Politik und Sprache : Für eine theorieorientierte Sozialgeschichte*, Münster : Westfälisches Dampfboot.

Jung, Matthias(1994), *Öffentlichkeit und Sprachwandel : Zur Geschichte des Diskurses um die Atomenergie*, Opladen : Westdeutscher.

Keller, Rudi(1990), *Sprachwandel : Von der unsichtbaren Hand der Sprache*, Tübingen : Francke.

Kelley, Donald R. ed.(1991), *The History of Ideas : Canon and Variations*, Rochester, N.Y. : University of Rochester Press.

Koselleck, Reinhart(1989a), *Vergangene Zukunft : Zur Semantik geschichtlicher Zeiten*, Frankfurt am Main : Suhrkamp.

Lehmann, Hartmut and Melvin Richter eds.(1996), *The Meaning of Historical Terms and Concepts : New Studies on Begriffsgeschicht*, Washington, D.C. : German Historical Institute.

Lloyd, Moya and Andrew Thacker eds. (1996), *The Impact of Michel Foucault on the Social Sciences and Humanities*, Basingstoke : Macmillan.

Lüsebrink, Hans-Jürgen and Rolf Reichardt(1990), *Die Bastille : Zur Symbolgeschichte von Herrschaft und Freiheit*, Frankfurt am Main : Fischer Taschenbuch.

Melching, Willem and Wyger Velema eds.(1994), *Main Trends in Cultural History : Ten Essays*, Amsterdam ; Atlanta : Rodopi.

Pagden, Anthony ed.(1987), *The Language of Political Theory in Early-Modern Europe*, Cambridge, UK ; New York : Cambridge University Press.

Pêcheux, Michel(1990), *L'inquiétude du discours*, Denise Maldidier ed., Paris : Éd. des Cendre.

Pittock, Joan H. and Andrew Wear eds.(1991), *Interpretation and Cultural History*, New York : St. Martin's Press.

Porty, Richard M.(1992), *The Linguistic Turn : Essays in Philosophical Method*, Chicago : University of Chicago Press.

Reichardt, Rolf(1989), *Das Revolutionsspiel von 1791 : Ein Beispiel für die Medienpolitik und Selbstdarstellung der Französischen Revolution*, Frankfurt am Main : Insel.

Reichardt, Rolf and Eberhard Schmitt eds.(1985), *Handbuch politisch-sozialer Grundbegriffe in Frankreich 1680-1820*(Ancien Régime, Aufklärung und Revolution 10) Heft 1-2 ff, München : Oldenbourg.

Richter, Melvin(1995), *The History of Political and Social Concepts : A Critical Introduction*, New York : Oxford University Press.

Ritter, Joachim and Karfried Gründer eds.(1971), *Historisches Wörterbuch der Philosophie* 1 ff, Basel ; Stuttgart : Schwabe.

Schnädelbach, Herbert(1977), *Reflexion und Diskurs : Fragen einer Logik der Philosophie*, Frankfurt am Main : Suhrkamp.

Schneiders, Werner ed.(1995), *Lexikon der Aufklärung : Deutschland und Europa*, München : Beck.

Steinmetz, Willibald(1993), *Das Sagbare und das Machbare : Zum Wandel politischer Handlungsspielräume : England 1780-1867*(Sprache und Geschichte 21), Stuttgart : Klett-Cotta.

Stötzel, Georg and Martin Wengeler(1995), *Kontroverse Begriffe : Geschichte des öffentlichen Sprachgebrauchs in der Bundesrepublik Deutschland* (Sprache-Politik-Öffentlichkeit 4), Berlin : W. de Gruyter.

Toulmin, Stephen Edelston(1983), *Kritik der kollektiven Vernunft*, Frankfurt am Main : Suhrkamp.

Tully, James ed.(1988), *Meaning and Context : Quentin Skinner and His Critics*, Princeton, N.J. : Princeton University Press.

van den Heuvel, Gerd(1988), *Der Freiheitsbegriff der Französischen Revolution* (Schriftenreihe der Historischen Kommission bei der Bayerischen Akademie der Wissenschaften 31), Göttingen : Vandenhoeck & Ruprecht.

Baker, Keith(1994), "Enlightenment and the Institution of "Society" : Notes for a Conceptual History," in Willem Melching and Wyger Velema eds., *Main Trends in Cultural History : Ten Essays*, Amsterdam ; Atlanta : Rodopi.

Baker, Keith Michael(1982), "On the Problem of the Ideological Origins of the French Revolution," in Dominick LaCapra and Steven L. Kaplan eds., *Modern European Intellectual History : Reappraisals and New Perspectives*, Ithaca : Cornell University Press.

Ball, Terence and John G. A. Pocock(1988), "Introduction," in Terence Ball and John G. A. Pocock eds., *Conceptual Change and the Constitution*, Lawrence, Kan. : University Press of Kansas.

Barck, Karlheinz, Martin Fontius and Wolfgang Thierse(1989), "Historisches Wör-
terbuch ästhetischer Grundbegriffe," *Archiv für Begriffsgeschichte* 32.

Barck, Karlheinz, Martin Fontius and Wolfgang Thierse(1990), "Ästhetik,
Geschichte der Künste, Begriffsgeschichte : Zur Konzeption eines "His-
torischen Wörterbuchs ästhetischer Grundbegriffe"," in Karlheinz Barck,
Martin Fontius and Wolfgang Thierse eds., *Ästhetische Grundbegriffe :
Studien zu einem historischen Wörterbuch* 1, Berlin : Akademie-Verlag.

Becker, Frank, Ute Gerhard and Jürgen Link(1997), "Moderne Kollektivsymbolik :
Ein diskurstheoretischer Forschungsbericht mit Auswahlbibliographie,"
Internationales Archiv für Sozialgeschichte der deutschen Literatur 22.

Bourdieu, Pierre, Roger Chartier and Robert Darnton(1985), "Dialogue à propos
de l'histoire culturelle," *Actes de la Recherche en Sciences sociales* 59.

Busse, Dietrich and Wolfgang Teubert(1994), "Ist Diskurs ein sprachwissen-
schaftliches Objekt? Zur Methodenfrage der *historischen Semantik,*" in
Dietrich Busse, Fritz Hermanns and Wolfgang Teubert eds., *Begriffsge-
schichte und Diskursgeschichte : Methodenfragen und Forschungsergebnisse
der historischen Semantik*, Opladen : Westdeutscher.

Chartier, Roger(1985), "Review : Text, Symbols, and Frenchness," *The Journal of
Modern History* 57(4).

Chartier, Roger(1986), "Civilité," in Rolf Reichardt and Eberhard Schmitt eds.,
Handbuch politisch-sozialer Grundbegriffe in Frankreich 1680-1820 Heft
4, München : Oldenbourg.

Chartier, Roger(1988), "Geistesgeschichte oder "histoire des mentalités"?"(영어본),
in Dominick LaCapra and Steven L. Kaplan eds., *Geschichte denken :
Neubestimmungen und Perspektiven moderner europäischer Geistesge-
schichte*, Frankfurt am Main : Fischer Taschenbuch Verlag.

Chartier, Roger(1994a), "Die Welt als Repräsentation"(프랑스어본 1989), in Mattias
Middell and Steffen Sammler eds., *Alles Gewordene hat Geschichte : Die
Schule der "Annales" in ihren Texten 1929-1992*, Leipzig : Reclam.

Chartier, Roger(1994b), "Zeit der Zweifel : Zum Verständnis gegenwärtiger Geschi-
chtsschreibung," in Christoph Conrad and Martina Kessel eds., *Geschichte
schreiben in der Postmoderne : Beiträge zur aktuellen Diskussion*,

개념사의 지평과 전망

Stuttgart : Philipp Reclam.

Chartier, Roger(1995), "L'Histoire culturelle entre "Linguistic Turn" et Retour au
Sujet," in Hartmut Lehmann, Rudolf Vierhaus and Roger Chartier eds.,
Wege zu einer neuen Kulturgeschichte, Göttingen : Wallstein Verlag.

Daniel, Ute(1993), " "Kultur" und "Gesellschaft" Überlegungen zum Gegenstands-
bereich der Sozialgeschichte," *Geschichte und Gesellschaft* 19.

Darnton, Robert(1988), "The Symbolic Element in History," *The Journal of Modern
History* 58(1).

de Jongh, Eddy(1998), "Painted Words in Dutch Art of the Seventeenth Century,"
in Iain Hampsher-Monk, Karin Tilmans and Frank van Vree eds., *History
of Concepts : Comparative Perspectives*, Amsterdam : Amsterdam Uni-
versity Press.

den Bore, Pim(1998), "Vergleichende Begriffsgeschichte dargestellt am Beispiel
Demokratie," in Rolf Reichardt ed., *Aufklärung und Historische Seman-
tik : Interdisziplinäre Beiträge zur westeuropäischen Kulturgeschichte*,
Berlin : Duncker & Humblot.

Dörner, Andreas(1992), "Politische Lexik in deutschen und englischen Wörterbü-
chern : Metalexikographische Überlegungen und Analzsen in kultur-
wissenschaftlicher Absicht," in Gregor Meder and Andreas Döner eds.,
*Worte, Wörter, Wörterbücher : Lexikographische Beiträge zum Essener
Linguistischen Kolloquium*(Lexikographica ; Series major 42), Tübingen :
M. Niemeyer.

Dreitzel, Horst(1980), "Ideen, Ideologien, Wissenschaften : Zum politischen Denken
in der Frühen Neuzeit," *Neue Politische Literatur* 25.

Eley, Geoff(1992), "De l'histoire sociale au "tournant linguistique" : Dans l'historio-
graphie anglo-américaine des années 1980," *Genèses* 7.

Farr, James(1989), "Understanding Conceptual Change Politically," in Terence
Ball, James Farr and Russell L. Hanson eds., *Political Innovation and
Conceptual Change*, Cambridge : Cambridge University Press.

Fontius, Martin(1990), "Begriffsgeschichte und Literaturgeschichte : Einige metho-
dische Bemerkungen," in Karlheinz Barck, Martin Fontius and Wolfgang
Thierse eds., *Ästhetische Grundbegriffe : Studien zu eimem historischen
Wörterbuch* 1, Berlin : Akademie-Verlag.

Guilhaumou, Jacques(1987), "La Terreur à l'ordre du jour (juillet 1793-mars 1794)," in Equipe "18ème et Révolution", *Dictionnaire des usages socio-politiques du français pendant la Révolution française* 2, Paris : Klincksieck.

Guilhaumou, Jacques(1988), "Marseille-Paris : La formation et la propagation d'un mot d'ordre : "du pain et du fer" (1792-1793)," in Centre d'Histoire Contemporaine du Langudoc Méditerranéen et du Roussillon, *Les pratiques politiques en province à l'époque de la Révolution française*, Montpellier : Université Paul Valéry.

Guilhaumou, Jacques(1993), "A propos de l'analyse de discours : Les historiens et le "tournant linguistique"," *Langage et société* 65.

Guilhaumou, Jacques(1994), " "Du pain ET X" à l'époque de la Révolution fran-çaise(1984)," in Jacques Guilhaumou, Denis Maldidier and Régine Robin, *Discours et archives : Expérimentations en analyse du discours*, Liège : Mardaga.

Guilhaumou, Jacques and Denise Maldidier(1986), "Effets de l'archive : L'analyse de discours du côté de l'histoire," *Langages* 81.

Hanisch, Ernst(1996), "Die Linguistische Wende : Geschichtswissenschaft und Literatur," in Wolfgang Hardtwig and Hans-Ulrich Wehler eds., *Kultur-geschichte heute*(Geschichte und Gesellschaft, Sonderh 16), Göttingen : Vandenhoeck & Ruprecht.

Hermanns, Fritz(1995), "Sprachgeschichte als Mentaltitätsgeschichte : Überlegungen zu Sinn und Form und Gegenstand historischer Semantik," in Andreas Gardt, Klaus J. Mattheier and Oskar Reichmann eds., *Sprachgeschichte des Neuhochdeutschen : Gegenstände, Methoden, Theorien*(Reihe Germanistische Linguistik 156), Tübingen : M. Niemeyer.

Iggers, Georg G.(1995), "Zur "Linguistischen Wende" im Geschichtsdenken und in der Geschichtsschreibung," *Geschichte und Gesellschaft* 21.

Jay, Martin(1982), "Braucht die Geistesgeschichte eine sprachliche Wende? Überlegungen zur Habermas-Gadamer-Debatte," in Dominick LaCapra and Steven L. Kaplan eds., *Geschichte denken : Neubestimmungen und Perspektiven moderner europäischer Geistesgeschichte*, Frankfurt am Main : Fischer Taschenbuch Verlag〔영어 번역은 Holl, Hans Günther

(1988)].

Jütte, Robert(1990), "Moderne Linguistik und "Nouvelle Histoire"," *Geschichte und Gesellschaft* 16.

Kelley, Donald R.(1987), "Horizons of Intellectual History : Retrospect, Circum- spect, Prospect," *Journal of the History of Ideas* 48(1).

Kelley, Donald R.(1990), "What Is Happening to the History of Ideas?," *Journal of the History of Ideas* 51(1).

Klein, Wolfgang(1998), "Die Dekadenz von Dekadenz," in Rolf Reichardt ed., *Aufklärung und Historische Semantik : Interdisziplinäre Beiträge zur westeuropäischen Kulturgeschichte,* Berlin : Duncker & Humblot.

Koselleck, Reinhart(1983), "Begriffsgeschichtliche Probleme der Verfassungsge- schichtsschreibung," in Helmut Quaritsch ed., *Gegenstand und Begriffe der Verfassungsgeschichtsschreibung : Tagung der Vereinigung für Ver- fassungsgeschichte*(Beihefte Der Staat 6), Berlin : Duncker & Humbolt.

Koselleck, Reinhart(1986), "Sozialgeschichte und Begriffsgeschichte," in Wolfgang Schieder and Volker Sellin eds., *Sozialgeschichte in Deutschland : Entwicklungen und Perspektiven im internationalen Zusammenhang* 1, Göttingen : Vandenhoeck & Ruprecht.

Koselleck, Reinhart(1989b), " "Erfahrungsraum" und "Erwartungshorizont" : Zwei historische Kategorien," in Reinhart Koselleck, *Vergangene Zukunft : Zur Semantik geschichtlicher Zeiten,* Frankfurt am Main : Suhrkamp.

Koselleck, Reinhart(1989c), "Sprachwandel und Ereignisgeschichte," *Merkur* 43(영 어 번역본은 *Journal of Modern History* 61).

Koselleck, Reinhart(1994), "Some Reflections on the Temporal Structure of Conceptual Change," in Willem Melching and Wyger Velema eds., *Main Trends in Cultural History : Ten Essays,* Amsterdam ; Atlanta : Rodopi.

Koselleck, Reinhart(1996), "A Response to Comments on the "Geschichtliche Grundbegriffe"," in Hartmut Lehmann and Melvin Richter eds., *The Meaning of Historical Terms and Concepts : New Studies on Begriffs- geschicht,* Washington, D.C. : German Historical Insitute.

LaCapra, Dominick(1988), "Chartier, Darnton, and the Great Symbol Massacre," *The Journal of Modern History* 60(1).

Lottes, Günther(1988), "Historische Semantik, Kontextanalyse und traditionelle

Ideengeschichte," in Reinhart Koselleck and Rolf Reichardt eds., *Die Französische Revolution als Bruch des gesellschaftlichen Bewußseins* (Ancien Régime, Aufklärung und Revolution 15), München : R. Oldenbourg.

Lottes, Günther(1996), "The State of the Art : Stand und Perspektiven der Intellectual History," in Frank-Lothar Kroll ed., *Neue Wege der Ideengeschichte : Festschrift für Kurt Kluxen zum 85. Geburtstag*, Paderborn : Schöningh.

Lüsebrink, Hans-Jürgen(1997), "Historische Semantik als Diskurspragmatik : Der Begriff der "Nation" in Frankreich und Deutschland," in Hans-Jürgen Lüsebrink and Rolf Reichardt eds., *Kulturtransfer im Epochenumbruch : Frankreich-Deutschland 1770 bis 1815*(Deutsch-Französische Kulturbibliothek 9), Leipzig : Leipziger Universitätsverlag.

Lüsebrink, Hans-Jürgen(1998a), "Begriffsgeschichte, Diskursanalyse und Narrativität," in Rolf Reichardt ed., *Aufklärung und Historische Semantik : Interdisziplinäre Beiträge zur westeuropäischen Kulturgeschichte*, Berlin : Duncker & Humblot.

Lüsebrink, Hans-Jürgen(1998b), "Conceptual History and Conceptual Transfer : The Case of 'Nation' in Revolutionary France and Germany," in Iain Hampsher-Monk, Karin Tilmans and Frank van Vree eds., *History of Concepts : Comparative Perspectives*, Amsterdam : Amsterdam University Press.

Lüsebrink, Hans-Jürgen and Rolf Reichardt(1983), "La "Bastille" dans l'imaginaire social de la France à la fin du XVIIIe siècle (1774-1799)," *Revue d'histoire moderne et contemporaine* 30.

Lutzeier, Peter Rolf(1992), "Wortfeldtheorie und kognitive Linguistik," *Deutsche Sprache* 20.

Lutzeier, Peter Rolf(1995), "Lexikalische Felder -was sie waren, was sie sind und was sie sein kötten," in Gisela Harras ed., *Die Ordnung der Wörter : Kognitive und lexikalische Strukturen*, Berlin : W. de Gruyter.

Mayfield, David and Snsan Throne(1992), "Social History and Its Discontents : Gareth Stedman Jones and the Politics of Language," *Social History* 17(1).

개념사의 지평과 전망

Mergel, Thomas(1996), "Kulturgeschichte-die neue "große Erzählung"," in Wolfgang Hartwig and Hans-Ulrich Wehler eds., *Kulturgeschichte heute*, Göttingen : Vandenhoeck & Ruprechtpp.

Meyer, Ralf(1995), "Computerlinguistische Ansätze zur Repräsentation und Verarbeitung von Wortbedeutungen," in Gisela Harras ed., *Die Ordnung der Wörter : Kognitive und lexikalische Strukturen*(Institut für deutsche Sprache : Jahrbuch 1993), Berlin : W. de Gruyter.

Outram, Dorinda(1991), " "Mere Words" : Enlightenment, Revolution, and Damage Control," *The Journal of Modern History* 63(2).

Pagden, Anthony(1988), "Rethinking the Linguistic Turn : Current Anxieties in Intellectual History," *Journal of the History of Ideas* 49(3).

Pêcheux, Michel(1983), "Über die Rolle des Gedächtnisses als interdiskursives Material : Ein Forschungsprojekt im Rahmen der Diskursanalyse und Archivlektüre"(프랑스어본 1975), in Manfred Geier and Harold Woetzel eds., *Das Subjekt des Diskurses : Beiträge zur sprachlichen Bildung von Subjektivität*(Argument-Sonderband 98), Berlin : Argument-Verlag.

Pocock, John G. A.(1987), "The Concept of Language and the "métier d'historien" : Some Considerations on Practice," in Anthony Pagden ed., *The Language of Political Theory in Early-Modern Europe*, Cambridge, UK ; New York : Cambridge University Press.

Pocock, John G. A.(1996), "Concepts and Discourses : A Difference in Culture? : Comment on a Paper by Melvin Richter," in Hartmut Lehmann and Melvin Richter eds., *The Meaning of Historical Terms and Concepts : New Studies on Begriffsgeschicht*, Washington, D.C. : German Historical Institute.

Reichardt, Rolf(1982), "Zur Geschichte politisch-sozialer Begriffe in Frankreich zwischen Absolutismus und Restauration," *Zeitschrift für Literaturwissenschaft und Linguistik* 47.

Reichardt, Rolf(1985), "Einleitung," in Rolf Reichardt and Eberhard Schmitt eds., *Handbuch politisch-sozialer Grundbegriffe in Frankreich 1680-1820* (Ancien Régime, Aufklärung und Revolution 10) Heft 1-2, München : Oldenbourg.

Reichardt, Rolf(1987), "Der Honnête Homme zwischen höflischer und bürgerlicher Gesellschaft," *Archiv für Kulturgeschichte* 69.

Reichardt, Rolf(1988), "Revolutionäre Mentalitäten und Netze politische Grundbegriffe in Frankreich 1789-1795," in Reinhart Koselleck and Rolf Reichardt eds., *Die Französische Revolution als Bruch des gesellschaftlichen Bewußseins*(Ancien Régime, Aufklärung und Revolution 15), München : R. Oldenbourg.

Reichardt, Rolf(1997), "Die Revolution : "Ein magischer Spiegel" : Historischpolitische Begriffsbildung in französischdeutschen Übersetzungen," in Hans-Jürgen Lüsebrink and Rolf Reichardt eds., *Kulturtransfer im Epochenumbruch : Frankreich-Deutschland 1770 bis 1815*(Deutsch-Französische Kulturbibliothek 9), Leipzig : Leipziger Universitätsverlag.

Reichardt, Rolf(1998), "Historical Semantics and Political Iconography : The Case of the Game of the French Revolution (1791/92)," in Iain Hampsher-Monk, Karin Tilmans and Frank van Vree eds., *History of Concepts : Comparative Perspectives*, Amsterdam : Amsterdam University Press.

Richter, Melvin(1986), "Conceptual History (Begriffsgeschichte) and Political Theory," *Political Theory* 14.

Richter, Melvin(1987), "Begriffsgeschichte and History of Ideas," *Journal of the History of Ideas* 48.

Richter, Melvin(1991), "Zur Rekonstruktion der Geschichte der Politischen Sprachen : Pocock, Skinner and die *Geschichtlichen Grundbegriffe*"(영어본 1990), in Hans Erich Bödeker and Ernst Hinrichs eds., *Alteuropa-Ancien Régime-Frühe Neuzeit : Probleme und Methoden der Forschung*, Stuttgart : Frommann-Holzboog.

Richter, Melvin(1994), "Begriffsgeschichte in Theory and Practice : Reconstructing the History of Political Concepts and Language," in Willem Melching and Wyger Velema eds., *Main Trends in Cultural History : Ten Essays*, Amsterdam ; Atlanta : Rodopi.

Richter, Melvin(1996), "The Geschichtliche Grundbegriffe and Future Scholarship," in Hartmut Lehmann and Melvin Richter eds., *The Meaning of Historical Terms and Concepts : New Studies on Begriffsgeschicht*, Washington, D.C. : German Historical Institute.

Schöttler, Peter(1988), "Sozialgeschichtliches Paradigma und historische Diskurs-

개념사의 지평과 전망

analyse," in Jürgen Fohrmann and Harro Müller eds., *Diskurstheorien und Literaturwissenschaft*, Frankfurt am Main : Suhrkamp.

Schöttler, Peter(1989), "Mentalitäten, Ideologien, Diskurse : Zur sozialgeschichtlichen Thematisierung der "dritten Ebene"," in Alf Lüdtke ed., *Alltagsgeschichte : Zur Rekonstruktion historischer Erfahrungen und Lebensweisen*, Frankfurt am Main ; New York : Campus.

Schöttler, Peter(1997), "Wer hat Angst vor dem 'linguistic turn'?," *Geschichte und Gesellschaft* 23.

Schrader, Fred E.(1998), "Zur historischen Semantik von deutsch / *Deutschland und Repräsentation* in der französischen politischen Publizistik (ca. 1650-1820). Ein Bericht," Rolf Reichardt ed., *Aufklärung und Historische Semantik : Interdisziplinäre Beiträge zur westeuropäischen Kulturgeschichte*, Berlin : Duncker & Humblot.

Skinner, Quentin(1969), "Meaning and Understanding in the History of Ideas," *History and Theory* 8(1).

Skinner, Quentin(1988a), "Language and Socitical Change," in James Tully ed., *Meaning and Context : Quentin Skinner and His Critics*, Princeton : Princeton University Press.

Skinner, Quentin(1988b), "Reply to My Critics," in James Tully ed., *Meaning and Context : Quentin Skinner and His Critics*, Princeton, N.J. : Princeton University Press.

Toews, John E.(1987), "Intellectural History after the Linguistic Turn : The Autonomy of Meaning and the Irreducibility of Experience," *The American Historical Review* 92(4).

Tully, James(1988), "The Pen Is a Mighty Word : Quentin Skinner's Analysis of Politics," in James Tully ed., *Meaning and Context : Quentin Skinner and His Critics*, Princeton, N. J. : Princeton University Press.

van Dülmen, Richard(1995), "Historische Kulturforschung zur Frühen Neuzeit : Entwicklung—Probleme—Aufgaben," *Geschichte und Gesellschaft* 21.

롤프 라이하르트의
개념사

김학이

동아대학교 사학과 교수. 저서로는 『나치즘과 동성애. 독일의 동성애 담론과 문화』(2013)
등이, 역서로는 『히틀러국가. 나치 정치혁명의 이념과 현실』(2011), 『홀로코스트, 유럽 유대
인의 파괴』(2008) 등이 있다. 또한 논문으로는 「담론, 경험, 감정 : 스탈린그라드 독일군
병사들의 전선편지」(2014), 「감정사 연구의 지평 : 우테 프레베르트를 안내자로 하여」
(2014), 「소수자, 소수자를 통한 역사, 소수자의 역사 : 독일 유대인을 중심으로」(2013) 등이
있다.

코젤렉의 기본 개념

개념사를 기획하고 실행한 라인하르트 코젤렉(Reinhart Koselleck)에 비하면 후속 연구는 아무리 뛰어나거나 새로운 것일지라도 거인의 어깨 위에 선 난쟁이 신세일 것이다. 코젤렉은 사실상 혼자만의 힘으로 개념사의 이론적 근거를 제시하고 실천적 연구를 위한 방법론을 전개하였으며, 현실적인 연구 성과를 보여 주었다. 그는 개념사가 한편으로는 개념의 통시적 의미 변화를 추적함으로써 목적론적인 사상사를 극복할 수 있으며, 다른 한편으로는 개념이 역사적 현실의 지표와 요소로 작동하는 모습을 포착해 냄으로써 자칫 몰인간적으로 흐를 수 있는 사회사를 교정할 수 있음을 보여 주었다. 게다가 그는 개념의 '집합단수화(추상화)'·'민주화(일반화)'·'이데올로기화(정치화)' 현상이 근대이행기에 출현하는 모습을 제시함으로써, 다시 말해 근대에 들어와 개념이 경험공간과 기대지평이라는 양 차원성을 보유한 '운동 개념'이 된 것을 드러냄으로써, 근대성에 대한 물음을 성찰하도록 해주었다. 주지하다시피 코젤렉의 사유와 연구 성과는 총 8권의 『역사적 기본 개념(Geschichtliche Grundbegriffe)』으로 집대성되었다.[1]

개념 그리고 '기본 개념'이란 도대체 무엇일까?[2] 개념을 가장 원초적으

---

1 Brunner, Otto, Werner Conze and Reinhart Koselleck eds.(1972~1997), *Geschichtliche Grundbegriffe : Historisches Lexikon der politisch-sozialen Sprache in Deutschland*(이하 *GGB*) 1-8, Stuttgart : Klett-Cotta.

2 Grundbegriff라는 독일어 단어에는 '기본 개념'과 '근본 개념'의 뜻 모두가 함축되어 있다. 영어에서는 'fundamental concept'으로 번역되고 있는데, 본고는 한국의 선행 연구와의 연속성을 유지하기 위하여 기본 개념으로 번역했다.

로 규정하자면 단어는 대상을 지시하지만 개념은 대상을 추상화한 단어이고, 따라서 단어는 하나의 의미만을 지니지만 개념은 여러 가지 뜻을 지닌다고 정의할 수 있을 것이다. 그러나 아무리 단순한 단어도 대상을 재현하는 것임이 틀림없고 재현은 언제나 추상화이므로, 단어 역시 다의적이기는 마찬가지다. 이를 잘 인지하고 있는 코젤렉은 단어 역시 다의적이나 사용하면서 뜻이 명확해지는 것이고, 개념은 '정치적·사회적인 의미 연관들로 꽉 차 있어서' 사용하면서도 계속해서 '다의적으로 머무르는' 단어로 규정한다.[3] 코젤렉은 그의 사전 서장의 본문 첫 문장에 기본 개념을 규정해 놓았다. 기본 개념이란 '역사적 운동의 선도 개념(Leitbegriff)으로서, 그 이후의 시기에 역사 연구의 대상이 되는' 개념이고, 또한 '그것의 영향과 사용'을 분석해 보면 특정 시기의 '구조와 거대한 사건 연관이 해명될 수 있는' 개념이다. 구체적으로 그것은 '핵심적인 헌법 개념, 정치·경제·사회조직의 키워드, 분과 학문들의 자기 명칭, 정치운동의 선도 개념과 구호, 지배적 직업 집단과 사회계층의 선도 개념, 이론적 핵심 개념, 행위 공간과 노동세계를 구분하고 해석하는 이데올로기의 개념'이다.[4]

코젤렉이 제시한 정의를 풀이하자면, 기본 개념이란 특정 역사 시기의 지배적인 운동·단체·계급·학문의 선도 개념으로서, 추후 그 시대를 연구하는 역사가들이 중요시하게 되는 개념이다. 다시 말해 기본 개념이란 당대에 지배적이었던 집단의 선도 개념 중에서 역사가들이 현재적 관점에 따라 선택한 일부 개념이다. 당대에 지배적인 선도 개념이라는 첫 번째

---

3 코젤렉은 '국가' 개념의 예를 들었다. 국가라는 단어가 개념이 되기 위해서는 권력 행사 메커니즘이라는 협의 외에 지배, 영토, 시민, 입법, 사법, 행정, 조세, 군대 등 독자적인 함의를 갖는 다양한 사태가 그 단어 속에 들어가야 한다(Koselleck, Reinhart(1972), "Einleitung," in *GGB* 1, p.XXII).

4 Koselleck, Reinhart(1972), *GGB* 1, p.XIII, p.XIV.

측면에 대해서는 자주 비판이 제기되었다. 코젤렉의 개념사 연구가 대부분 아리스토텔레스와 키케로로 시작하여 아우구스티누스와 종교개혁가들과 홉스·로크·루소를 거쳐 헤겔과 마르크스를 지나 19세기 말로 접어들고, 그렇듯이 코젤렉은 '정상(頂上)에서 정상으로 이동(Gipfelwanderung)'했다는 것이다.[5] 이는 개념사를 그것이 극복하려고 했던 사상사로 접근시키는 대단히 위험한 측면이다. 사회사를 지향하든 문화사를 지향하든 개념사가 사상사에 머문다면 개념사의 존재 의의는 크게 손상될 것이다. 따라서 이를 피할 연구방법론의 개발은 개념사의 시급한 과제이다.

역사가들의 선택이라는 두 번째 측면도 문제적이다. 이는 코젤렉이 편찬한 『역사적 기본 개념』 사전의 항목을 일별해 보면 드러난다. A부터 Z까지의 모든 항목을 늘어놓기보다 알파벳 A로 시작되는 항목들만 보자. 'Adel(귀족)', 'Anarchie(무정부주의)', 'Angestellter(사무직 근로자)', 'Antisemitismus(반유대주의)', 'Arbeit(노동)', 'Aufklärung(계몽주의)', 'Ausnahmezustand (비상사태)', 'Autarkie(자급자족경제)', 'Autorität(권위)'가 전부다.[6] 이 중에는 '사무직 근로자'처럼 19세기 이전에는 아예 존재하지 않던 개념도 있지만, 당대에는 선도 개념 역할을 했으나 현재에는 그렇지 못한 개념은 아예 없다. 역사가들의 선택이 그렇듯 현재적이라면 그 개념사는 현재의 시점에서 보아 중요한 개념들의 역사가 되기 쉽다. 즉 목적론적 역사학이 될 가능성이 있다는 것이다.

그러나 코젤렉 연구의 실상은 목적론적이지 않다. 이는 일차적으로는 코젤렉이라는 역사가의 학문적 탁월함 덕분이고, 그다음으로는 코젤렉의 학문적 기원인 해석학이 한 시대와 다른 시대 간의 불일치를 인식론적

---

5 나인호(2007), 「개념사란 무엇인가」, 고원·김영순·나인호 외, 『문화학으로의 여행』, 세종출판사, p.263.
6 Koselleck, Reinhart(1972), *GGB* 1, p.VII.

출발점으로 삼고 있어서겠지만, 개념사 연구방법론에 내재한 특성이 일조한 것으로 보인다. 개념사는 개념을 둘러싼 사회적 갈등과 그 변화를 다룬다. 즉 개념사는 한 개념의 '진화'가 아닌 '변화'를 다루기 때문에, 다시 말해 한 개념의 의미가 시대에 따라 어떻게 다른가를 다루기 때문에, 한 개념이 오늘날 함축하는 내용에 도달하는 역사적 과정은 개념사가 드러내는 한 측면에 불과하다. 코젤렉은 실제로 그의 저서 『지나간 미래(*Vergangene Zukunft*)』의 본문 첫 세 쪽에 걸쳐 16세기의 한 기사화(畵)를 예로 개념사가 목적론적 시대착오를 피하는 방법임을 역설했고, 또한 사료언어와 역사학 학술언어 사이의 차이를 드러내는 것이 학술 개념들의 '역사적 유효성'을 검증하는 중요한 방법임을 천명했다.[7] 따라서 개념사 연구의 현재적 측면은 목적론적이라기보다 과거와 현재의 긴장이라는 역사학 본연의 모습을 잘 구현하는 것이라고 평가해야 할 것이다.

그러나 목적론적 역사학을 예방하는 개념사의 장치가 완벽한 것은 아니다. 혹은 코젤렉 개념사의 방법은 과거를 있는 그대로 드러내고자 하는 역사학의 타기할 수 없는 소망을 무망한 것으로 만들어 버릴 가능성이 있다. 아주 단순하게 말하여 현재에는 그 비중이 감소하거나 심지어 소멸해 버린 개념이 현재까지 살아남은 개념보다 특정한 과거를 보다 잘 드러낼 수 있다면 어쩔 것인가? 게다가 그 개념이 현재의 역사학언어와 전혀 무관한 것이라면, 그것을 찾아낼 방법조차 없는 것이 아닐까? 코젤렉이 제시한 기본 개념에는 이 문제를 해결할 방안이 내포되어 있지 않다.

코젤렉이 제시한 기본 개념에는 문제점이 하나 더 있어 보인다. 위에서 인용한 코젤렉의 기본 개념 정의를 보면, 기본 개념이란 구체적으로 '헌법 개념', '정치 · 경제 · 사회조직의 키워드', '정치운동의 선도 개념', '지배적

---

7 라인하르트 코젤렉(1998), 『지나간 미래』, 한철 옮김, 문학동네, pp.19~21, p.142.

개념사의 지평과 전망

직업 집단과 사회계층의 선도 개념'이다. 그의 기본 개념은 주로 정치적 개념 내지 이데올로기적 개념인 것이다. 그의 사전에는 실제로 ~ismus(주의)로 끝나는 항목이 Antisemitismus(반유대주의), Cäsarismus(시저주의), Fanatismus (광신주의), Faschismus(파시즘), Feudalismus(봉건제), Imperialismus(제국주의), Internationalismus(국제주의), Kommunismus(공산주의), Konservatismus (보수주의), Liberalismus(자유주의), Marxismus(마르크스주의), Materialismus (유물론), Militarismus(군국주의), Nationalismus(민족주의), Nihilismus(허무주의), Idealismus(관념론), Parlamentarismus(의회주의), Partikularismus(특수주의), Pazifismus(평화주의), Radikalismus(급진주의), Sozialismus(사회주의), Terrorismus(테러주의), Traditionalismus(전통주의) 등 무려 23개나 된다. 이는 전체 항목 121개의 20퍼센트에 달한다. 여기에 Demokratie(민주주의) · Diktatur(독재) · Monarchie(군주정) · Republik(공화정) 등의 정체(政體) 개념들과 자유 · 평등 · 진보 등과 같은 이데올로기적 개념들을 추가하면, 정치적 · 이데올로기적 개념이 사전의 절대 다수를 차지함을 알 수 있다. 이는 그의 연구를 자칫 정치사상사 내지 이데올로기 연구에 접근시킬 수 있음을 뜻한다. 코젤렉의 연구가 남긴 거대한 유산을 보존하면서도 그러한 문제점들을 피하려 한 후속 연구자 중 한 사람이 롤프 라이하르트(Rolf Reichardt)다. 이제 그의 연구를 들여다보자.

개념과 현실

코젤렉의 조교였던 라이하르트가 코젤렉의 역사학을 얼마나 충실히 계승하고 있는지는, 그의 주된 업적이 개념사 사전의 편집이라는 점에서 금방 드러난다. 그는 『프랑스 정치 · 사회 기본 개념 편람 1680~1820(Handbuch

politisch-sozialer Grundbegriffe in Frankreich 1680-1820)』을 1985~2000년 사이
에 총 20권이나 출간했다.[8] 그러나 사전의 제목에서 벌써 코젤렉 사전과의
차이점이 드러난다. 라이하르트의 사전은 고대부터 현재에 이르는 개념의
역사가 아니라 근대 초 140년간의 프랑스에 한정되어 있는 것이다. 이것만
으로도 현재적 개념을 역사에 투영하는 데에서 비롯되는 문제점이 상당히
해소될 수 있다. 그러나 그에 못지않게 중요한 것은 기본 개념에 대한
라이하르트의 풀이다. 그에게 기본 개념이란 첫째, 인간의 '생각과 행동
을 조종하는' 개념이다. 둘째, '언어적으로 객관화된 전형적인 사회적 지식
으로서, 그것의 변화 속에서 역사적 행위자들이 시작하거나 조종하지 못하
는 사회적 지식의 근본 요소들의 변동이 드러나는' 개념이다. 셋째, 기본
개념이란 그것을 통하여 '경제적·사회적 변화보다 오래 지속될 뿐만 아니
라 역사적 지체와 지속을 초래하는 중요한 요인인 이데올로기적·심성적
구조를 파할 수 있는' 개념이다.[9] 우선 눈에 띄는 것은, 라이하르트의 기본
개념이 코젤렉의 '지배적인 집단의 선도 개념'이 아니라 '전형적인 사회적
지식'이라는 점이다. 이는 그의 입론이 거대 인물 중심의 사상사적 잔재를
털어 낼 수 있지 않을까 하는 기대를 품게 해준다. 그리고 라이하르트의
기본 개념은 사회경제적 실재를 넘어서는 동시에, 사람들의 의식적인 조종
의 범위 밖에 존재하면서 인간의 생각과 행동을 규정해 주는 사회적 지식이
다. 그렇다면 현실의 지표로서의 성격보다 현실의 요소로서의 성격이 코젤
렉의 경우보다 훨씬 강하다고 할 것이다.

---

8 Reichardt, Rolf, Eberhard Schmitt and Hans-Jürgen Lüsebrink eds.(1985~2000), *Hand-buch politisch-sozialer Grundbegriffe in Frankreich 1680-1820*(이하 *HGB*) 1-20, Mün-chen : Oldenbourg.
9 Reichardt, Rolf(1985), *HGB* 1, p.40, pp.67~68. 필자는 프랑스어 단어의 이해에서 노서
경 님에게 크게 의존했다. 물론 본고의 수다한 문제점은 전적으로 필자의 책임이다.

기본 개념을 보다 자세히 분석하기에 앞서 라이하르트가 구체적으로 어떻게 근대 초 프랑스의 기본 개념을 선택했는지 살펴보기로 하자. 그는 프랑스 언어학자 일부가 루소와 같은 특정한 저자, 혹은 프랑스혁명기에 쏟아져 나온 문건들에서 어떤 단어가 얼마나 자주 출현하고, 그 단어가 어떤 단어들과 함께 출현하는지를 연구하는 어휘통계학(Lexikometrie)의 방법을 차용했다. 구체적으로 그는 1760년대 이후 발간된 각종 정치·사회 사전에 오른 항목들과 당대에 발간된 잡지(Journal)에서 '경구(mot de……)'라고 표기되거나 문맥에서 각별히 강조된 단어들을 골라낸 뒤, 그중에서 사람 이름과 전문용어를 제외했다. 그렇게 해서 그는 전거가 수십 개에서 수백 개에 이르는 단어 5백 개를 추려 낼 수 있었다. 여기에서 주의할 것은, 라이하르트가 특정한 저자나 저서 혹은 특정한 시기에 발간된 문건에서 빈도수에 따라 단어를 선택하고 그 위계를 정하는 단어 계량 연구의 방법을 이론적으로나 경험적으로 부인한다는 사실이다. 기본 개념은 빈도수와 관련을 갖지만 빈도수가 기본 개념임을 보증해 주지 못한다는 것이다. 그럼에도 불구하고 그가 계량적인 방법을 차용한 이유는, 바로 자기 자신의 "주관적이고 시대착오적인 영향을 가급적 낮추기 위해서"였다.[10]

계량적 접근의 결과는 이중적이었다. 우선 현재에 통용되지 않지만 당대를 해명하는 데 빠뜨릴 수 없는 단어들이 포착되었다. 'abus(악용)'와 'petits maître(멋쟁이)' 같은 개념이 그 예다. 그러나 부정적인 측면도 드러났다. 계량적인 방법을 사용한 결과 그 단어 목록에는, 당대에 치열하게 논의되고 또 문헌으로 표현되었기에 키워드임이 입증된 'philosophe(철학자)' 같은 단어들 외에 그때나 지금이나 도대체 뜻이 변하지 않을뿐더러 지시 내 용도 다의적이지 않은 'armée(군대)' 같은 단어가 포함되었던 것이다.

---

10 Reichardt, Rolf(1985), *HGB* 1, p.79. 단어 계량 연구에 대한 비판은 pp.14~19.

또한 그 목록에는 'encyclopédistes(백과사전파)'나 'brissotins(브리소파)'같이, 1680~1820년에만 사용되었을 뿐만 아니라 하위 개념, 혹은 하위어를 거느린 주 개념으로 작동하지 않는 단어들도 포함되어 있었다. 따라서 라이하르트는 당대의 심성을 드러내 주지 못한다고 판단되는 단어들을 삭제하거나 상위 개념에 통합시켰다.[11]

빈도수로 얻은 단어들에 대한 조정 작업은 그것으로 끝나지 않았다. 라이하르트는 당대의 사전과 잡지에 빈번하게 함께 등장하는 반대 개념들을 하나로 묶었다. droite와 gauche(좌우), lumières와 ténèbres(명암), riches와 pauvres(빈부)가 그 예이다. 그는 또한 의미 전개에서 서로를 지지해 줄 뿐만 아니라 당대 문헌에서 자주 함께 등장하는 보충적 개념들도 하나로 묶었다. autorité(권위)·pouvoir(권력)·puissance(권능)가 그렇고, banquier(은행가)·capitaliste(자본가)·financier(재정가)가 그랬다. 동일한 사태를 지시해 주되 시기별로 다르게 나타난 단어들 역시 하나로 묶었다. administration(행정)과 bureaucratie(관료제)가 그렇고, charité(자선)와 bienfaisance(구호/구조)도 마찬가지며, petits maîtres(멋쟁이), jeuneusse dorée(멋 부리는 젊은이), muscadins(멋 부리는 밉상), merveilleuses(멋쟁이 여자들)도 그랬다. 잠시 등장했다가 사라져 버린 단어는 보다 큰 항목에 포함시켰다. brissotins(브리소파)를 Parti(정당)에, sans-culottes(상퀼로트)를 peuple(민중·인민)에 통합시킨 것이 그 예다.[12]

그러한 선별 작업을 거쳐서 라이하르트는 총 150개의 기본 개념을 확보했다. 그 항목을 여기에서 모두 열거할 필요는 없을 것이다. 게다가 현재까지 연구된 것은 30여 개 항목뿐이다. 그래서 여기에서는 알파벳 중에서

11 Reichardt, Rolf(1985), *HGB* 1, p.80.
12 Reichardt, Rolf(1985), *HGB* 1, pp.81~82.

항목이 가장 많은 P만 열거해 보도록 한다. 그것은 parlements(고등법원) ; patrie(조국), patriotisme(애국주의), patriote(애국자) ; pauvres(빈민), pauvreté (빈곤) ; paysan(농민), laboureur(중농) ; petits-maîtres(멋쟁이), muscadins(멋 부리는 밉상), incroyables(멋쟁이 남자들), merveilleuses(멋쟁이 여자들) ; peuple (민중 · 인민), sans-culottes(상퀼로트) ; philosophe(철학자), philosophie(철 학) ; police(경찰) ; politique(정치), machiavélisme(마키아벨리즘) ; préjugés (편견) ; privépublic(공사) ; privilèges(특권) ; progrès(진보), perfectibilitè(완 전성) ; propriété(재산), province(지방) ; public(공중), publicité(공공성 혹은 여 론) 총 15개이다.[13] 라이하르트의 선택이 의미하는 바는 코젤렉 사전에서 동일 한 항을 찾아 비교하면 얼마간 드러난다. 코젤렉 사전의 P에는 Pädagogik (교육) ; Parlament(의회), parlamentarische Regierung(의회제 정부), Parla- mentarismus(의회주의) ; Partei(정당) ; Partikularismus(특수주의) ; Pazifis- mus(평화주의) ; Politik(정치) ; Polizei(경찰) ; Presse(언론) ; Produktion(생산), Produktivität(생산성) ; Proletariat(프롤레타리아트) ; Propaganda(선전)가 있고, P에는 속하지 않지만 라이하르트의 P 항목과 같은 것으로 Öffentlichkeit (공공성 혹은 여론) ; Arbeit(노동) ; Volk(인민), Nation(민족), Nationalismus (민족주의) ; Fortschritt(진보)가 있다.[14]

양자를 비교해 볼 때 가장 먼저 눈에 띄는 것은, 19세기 중 · 후반 이후 나타난 개념이 라이하르트의 목록에서 발견되지 않는다는 점이다. 의회주 의, 특수주의, 평화주의, 생산과 생산성, 프롤레타리아트, 선전이 그렇다. 그러나 공통되는 개념들도 꽤 있다. 고등법원 내지 의회, 인민, 애국주의, 노동, 경찰, 여론, 노동, 진보가 그렇다. 다만 주의할 것이 있다. 라이하르트

---

13 Reichardt, Rolf(1985), *HGB* 1, p.195.
14 Koselleck, Reinhart(1972~1992), *GGB* 1, 4~5, 7.

는 아직 서술하지 않았지만 여타의 연구들을 통하여 우리가 이미 알고 있는 것처럼, 같은 개념이라고 해도 라이하르트가 다루는 18세기 및 19세기 초반의 뜻과 코젤렉 사전에 포괄된 19세기 중반 이후 시기의 뜻이 다른 개념들이 있다는 것이다. 고등법원과 의회, 인민, 경찰이 대표적인 예이다.

양자의 비교에서 더욱 두드러지는 점은, 19세기 중반 이후에는 기본 개념의 지위를 갖지 못하는 단어들이 라이하르트의 목록에 대거 등장한다는 사실이다. pauvres(빈민), pauvreté(빈곤) ; petits-maîtres(멋쟁이), muscadins (멋 부리는 밉상), incroyables(멋쟁이 남자들), merveilleuses(멋쟁이 여자들) ; philosophe(철학자), philosophie(철학) ; politique(정치), machiavélisme(마키아벨리즘) ; préjugés(편견) ; privilèges(특권) ; propriété(재산) ; province(지방)가 그렇다. 이 단어들은 18세기와 19세기 전반기까지만 유효한 개념들이었고, 따라서 그 시기를 해명하는 데에만 필요한 단어들이다. 이는 그 '시대적' 개념들을 도외시한 채 오로지 현재까지 유효한 '통시적인' 기본 개념들만 이용하여 해당 시기를 해명한다면 시대착오적 연구가 될 것임을 의미한다. 대표적인 것이 '철학자' 및 '철학' 항목이다. 19세기 중반 이후 그 단어는 하나의 분과 학문 및 그 학문 종사자를 뜻하게 되었지만, 19세기 초까지는 계몽주의적 현실 참여자를 뜻했다. 분과 학문을 지칭하는 철학 개념은 한 시대를 드러내 주는 기본 개념이 아니지만, 현실 개혁자를 뜻하는 철학 및 철학자 개념은 계몽주의시대의 심성을 해명할 수 있는 열쇠다. 다른 단어들도 마찬가지다. petits-maîtres, muscadins, incroyables, merveilleuses라는 단어는 19세기 산업사회에 들어와서는 문학이나 신문에서 거의 자취를 감춘 단어지만, 구체제사회에서는 귀족과 이에 준하는 신분의 젊은이들의 사치와 세련·경박함을 표시하는 단어였다. 긴 시간을 통해서이지만 pauvres와 pauvreté의 경우도 혁명을 고비로 의미변화를 일으킨 낱말이다. 가난한 자와 빈곤 자체에 대한 중세적 동정 및 무결함은 근대 초에 자본의 득세로

인하여 파괴되지만, 프랑스혁명 이후 사회적 약자의 평등권은 빈민을 더 이상 자선으로 동정해야 할 시혜의 대상으로 보지 않았다.

게다가 P 이외의 다른 항목들을 보면 사태를 추상화한 '개념(concept)'이 아닌 실물과 역사적 사건도 라이하르트의 기본 개념에 포함되었음을 알 수 있다. '바스티유(Bastille)'라는 건물과 '성 바르텔레미(Saint-Barthélemy)'라는 역사적 사건이 기본 개념으로 선택된 것이다. 어떤 면에서 이는 당연한 일이다. 의미 투쟁이 일어나며 그 단어가 사용자로부터 독립하여 사용자를 추동하는 단어가 기본 개념이라면, 그것이 꼭 추상명사이어야만 할 이유는 없다. 게다가 바스티유와 성 바르텔레미는 그저 의미가 투여된 단어에 그치지 않았다. 그것은 전제정과 음모의 상징이었다. 이쯤 되면 라이하르트식 기본 개념 연구가 개념사를 넘어서 상징의 역사로 나가게 되리라는 점은 능히 짐작할 수 있는 일이다.

그런데 기본 개념이란 도대체 무엇이고, 어떤 기능을 하는가? 정작 중요한 것은 이 문제다. 이 문제가 해명되어야만 개념과 현실 간의 관계가 밝혀지기 때문이다. 앞에서 언급하였듯이 라이하르트는 기본 개념을 '언어적으로 객관화된 전형적인 사회적 지식'으로 정의했다. 여기에서 '전형적인 사회적 지식'이란 단순히 특정 시점의 사회에 일반적으로 통용되고 있는 지식을 뜻하지 않는다. 그것은 후설(Edmund Husserl)의 현상학을 이용하여 현상학적 사회학을 개척한 알프레드 슈츠(Alfred Schutz)와 그의 제자인 피터 버거(Peter Berger) 및 토마스 루크만(Thomas Luckmann)의 학술 용어다. 주지하다시피 현상학은 인간의 의식이 세계를 수동적으로 경험하는 것이 아니라 지향성에 의하여 세계를 의미화하고 구성하는 것으로 파악한다. 슈츠는 현상학의 그 근본 입장을 이용하여 인간이 어떻게 '일상적인 생활세계' 혹은 '사회세계'를 구성해 내는지 규명하려 하였고, 그것이 '전형화'에 의하여 이루어진다고 주장했다. 여기에서 주의할 것은 인간이 현실을 파악하는

데 이용하는 그 '전형(Typen)'이 선천적인 형식은 아니지만 전(前) 경험적 지식, 즉 '사회화'에 의하여 개인이 갖게 되는 '상식'이라는 점이다. 다시 말해 인간은 자기의식에 이미 자리 잡은 분류법 내지 유형을 이용하여 현실을 해석한다는 것이다.[15] 전형이 없는 사회적 지식은 아예 불가능하다고 할 것인데, 슈츠는 전형의 특징으로 추상성·초월성·익명성·역사성·유연성·상호주관성을 꼽았다.[16]

슈츠의 전형 개념에서 우리에게 중요한 것은 세 가지다. 첫째, 전형의 특징이 유연성과 상호주관성이므로 전형이 개인적 경험에 의해 수정되기도 하지만, 다른 한편 전형의 특징은 초월성과 익명성과 역사성이기도 하다. 다시 말해 전형은 변화에 열려 있기는 하지만 개인으로부터 독립하여 있고, 그렇게 개인의 의식을 규정한다. 둘째, 전형은 일차적으로 일상생활에서 작동하고 구성되며, 상호주관성의 지평이 넓어지면서 규칙·관습·법으로 '제도화'된다. 그 추상화의 끝에 과학이 있다. 여기에서 그 출발점이 일상적인 사회세계임을 유념하자. 셋째, 전형을 개인의 의식에 자리 잡도록 하는 가장 중요한 기제는 언어다. 전형은 축적된 사회적 지식인데, 그것을 가장 잘 저장하고 있는 것은 언어이기 때문이다.

롤프 라이하르트는 슈츠를 직접 끌어들이지 않았다. 라이하르트가 차용한 것은 알프레드 슈츠의 제자인 버거와 루크만의 지식사회학이다. 라이하르트가 참조한 버거와 루크만의 이론에는 슈츠를 넘어서는 통찰은 보이지

---

15 예컨대 보는 이에 따라 한 사람이 남자, 동양인, 구매인, 명랑한 사람 등으로 각각 다르게 보이는 것은 보는 이가 갖고 있는 분류의 '전형' 때문이다. 발이 네 개 달린 움직이는 생물을 포유류, 개, 진돗개, 보신탕 재료 등으로 각각 다르게 파악하는 것도 마찬가지다.
16 알프레드 슈츠의 현상학적 사회학에 대한 본고의 설명은 강수택의 석사학위 논문에서 주로 취했다. 강수택(1981), 「현상학적 사회학의 사회구조론 연구를 위한 시론 : 알프레드 슈츠의 사회세계의 구조론을 중심으로」, 서울대학교 대학원 사회학과 석사학위 논문 ; 김광기(2002), 「왜 사회세계엔 '전형'이 반드시 필요할까? : 알프레드 슈츠의 '전형성' 개념을 중심으로」, 『한국사회학』 제36집 제5호, pp.59~85.

않는다.[17] 그들은 다만 지식 형성의 단계를 일상생활·제도화·정당화로 명료하게 단계화했고, 특히 지식 형성에서 언어가 차지하는 역할을 부각시켰다. "일상생활에서 사용되는 언어는 내게 필요한 객관화를 끊임없이 제공하고 그 객관화의 의미가 구성되는 순서를 정한다. 그 덕분에 일상생활은 내게 의미를 갖는다." 역으로 "경험의 객관화를 위하여 내가 사용하는 공통언어는 일상생활에 근거를 둔다." 한마디로 말해 언어는 경험을 객관화하는 가장 중요한 수단이다. 그리고 그 언어는 개인에게 익명적이고 외부적이며 강제적인 동시에 상호적인데, 그때 언어는 전형을 저장하기도 하면서 그 자체로 전형이기도 하다.[18]

라이하르트는 피터 버거와 니클라스 루크만의 전형 이론을 자신의 개념사에 맞도록 재구성한다. 그는 전형이 '집단적 지식의 저장고'임을 강조한 뒤에 설명한다. "전형은 과거의 경험 속에 침전된 통일적인 규정 관계들이고, 언어공동체에 의해 자명한 것으로 전제되고 승인된(제도화) 의미 연관이다." 그리고 전형은 "단순하고 비교적 항상적인 습관적 지식보다 더욱 발전되고 더욱 분절되어 있으며 더욱 역사적인" 지식이다. 전형은 또한 잡다한 일상적 경험 중에서 선택된 경험에 '분명한 윤곽'을 제공하고 그것을 해석하도록 해주며, 그로써 "무의식적인 태도와 의식적인 행위 동기를 제공한다." 그리하여 전형은 현실과 경험에 대한 해석을 넘어 '기대와 예측'의 토대로 작동한다. 라이하르트는 전형의 변화에도 주목한다. "전형은 위기 상황에서 기존의 지식이 그 위기를 극복하기에 의존할 만하지 않고 정확하지 않다는 점이 입증될 때 변화한다. 그때 전형은 그 안에 있는 낡거나 부적

---

17 라이하르트가 개념사에 수용한 버거와 루크만의 저서 『실재의 사회적 구성(*The Social Construction of Reality*)』은 1966년 영어로 처음 출간되었고, 한국어로는 1982년에 출간되었다. P. L. 버거·T. 루크만(1982), 『지식 형성의 사회학』, 박충선 옮김, 홍성사.

18 P. L. 버거·T. 루크만(1982), 앞의 책, p.40, p.45, pp.60~62.

절한 요소들을 제거하고, 자기 속에 잠재되어 있던 요소들을 분절시키며, 새로운 요소들을 받아들인다." 그렇게 전형은 "역사를 갖는다."[19]

라이하르트는 또한 전형이 고립된 것임이 아니라는 버거와 루크만의 주장에 유의한다. 전형은 다른 전형들과 연관되어 있으며, 각각의 전형은 그 연관 속에서 독자적인 '위치가치(Stellenwert)', 즉 지위를 갖는다. 여기에서 구조주의언어학과 상통하는 면모가 보인다. 구조주의의 기본 발상은, 구조를 구성하는 한 요소는 타 요소들과의 관계에서만 의미를 획득하고, 한 요소의 변화는 관계 전체의 변화를 일으키며, 역으로 관계 전체의 변화는 개별 요소의 지위를 변화시키기 때문이다. 전형들도 마찬가지다. "한 전형에게 발생한 위치가치의 변화는 체제 내의 다른 전형들의 위치가치에 영향을 미친다." 그리고 전형들의 체제 전체와 그 체제를 이용하는 사람들의 관계는 개별적인 전형의 경우보다 더욱 강력하다. 전형들의 체제 전체는 각 개인의 '주관적 경험으로부터 더욱 분리되어' 있기 때문이다.[20] 전형의 체제가 행위를 동기화하는 힘은 개별 전형보다 크다는 것이다. 그렇다면 전형들의 체제가 뤼시앵 페브르(Lucien Febvre)가 『16세기의 무신앙 문제(Le problème de l'incroyance au XVIe siècle)』에서 밝힌 한 시대의 '심성 도구(outillage mental)'요, 그것을 연구하는 것은 한 시대의 심성사를 밝히는 것이라는 점이 드러난다.[21] 그렇다면 전형을 연구하는 개념사는 심성사다.

이러한 전형 이론을 염두에 둘 때 기본 개념이란 무엇인가? 롤프 라이하르트는 전형이 개념의 '의미(Bedeutung)'라고 풀이한다. 좀 모호하다. 그러나 기본 개념과 관련하여 라이하르트는 명확하다. 기본 개념은 '언어적으로 객관화된 사회적 전형'이다. 다시 말해 전형에는 관습과 규칙과 법과 제도

---

19 Reichardt, Rolf(1985), *HGB* 1, p.66.
20 Reichardt, Rolf(1985), *HGB* 1, pp.66~67.
21 뤼시앵 페브르(1996), 『16세기의 무신앙 문제 : 라블레의 종교』, 김응종 옮김, 문학과지성.

개념사의 지평과 전망

등이 있을 터인데, 언어의 경우에 전형이란 기본 개념 혹은 기본 개념이 내포하고 있는 의미라는 것이다. 그렇다면 기본 개념이 어떤 기능을 발휘하는지가 분명해진다. 위에서 전형이라고 쓴 곳에 기본 개념이라는 단어를 삽입하면 된다. 라이하르트의 말을 옮기자면, 기본 개념은 '집단적 경험을 묶어 주고' 사람들의 "정신적 태도와 심성을 규정하며, 소통과 공동행위를 유발하고 조종하며, 사회적 근본 가치를 결정(結晶)한다." 이렇게 기본 개념을 전형으로 정의할 경우, 한 시대의 사회적 삶을 규정하는 것은 물질적 현실이라기보다 기본 개념이라고 추론하는 것은 당연할 것이다. 그래서 라이하르트는 기본 개념이 사회의 지표로서보다는 '사회적 삶의 요소'로 작동한다고 단언한다.[22] 코젤렉보다 한 걸음 더 나아간 것이다.

라이하르트가 현상학적 사회학을 차용하면서 얻은 성과가 한 가지 더 있다. 전형의 구성과 작동의 출발점이 일상생활이라는 점에 유의하자. 이는 '정상에서 정상으로 이동'하는 면모를 보인 코젤렉의 개념사를 일신할 수 있는 지점이다. 일상이 계급에 무차별적인 것은 결코 아니지만, 다시 말해서 전형의 생산과 전파에는 분명히 지식의 생산을 둘러싼 사회적 계급 구도가 상당한 역할을 하지만, 전형이 초계급적으로 작동하는 면모가 있는 것 또한 분명하다. 따라서 라이하르트 개념사의 입론은 위로부터의 역사에 아래로부터의 역사를 포괄시킬 수 있는 입론이 된다. 이는 롤프 라이하르트 개인의 연구 목표와도 부합하는 일이다. 그는 프랑스혁명사 전공자다. 그 혁명은 아래의 개입을 규명하지 않고는 해명될 수 없는 사건이자 과정이다. 라이하르트가 사용하는 사료가 코젤렉의 사료와 현저한 차이를 보이는 것은 이 때문이다. 그는 당대의 저명한 학자 및 정치가 들의 저서와 고급 사전 외에 민중을 겨냥한 문답형 사전, 팸플릿, 민중 클럽의 회의록, 풍자

---

22 Reichardt, Rolf(1985), *HGB* 1, p.67.

시, 익살극, 노래, 조형상징물, 교리문답서, 연감 등 민중이 사용하는 언어를 사용하고자 노력했다. 물론 이 모든 것은 라이하르트 개념사의 이론적 자기주장이다. 구체적인 연구는 그 주장에 미치지 못할 수도 있다.

이제 그의 구체적인 연구를 검토해 보자.

개념과 상징

개념사의 구체적인 연구 방법은 어느 면에서 단순하다. 단어의 뜻풀이를 통하여 그 뜻의 변화를 포착하는 것이 전부다. 다만 그 단어의 뜻이 하나가 아니라 여럿이고, 그 여러 뜻 사이에는 위계가 있으며, 그 위계가 사용자에 따라 다를 수 있고, 그 뜻의 성분과 위계는 시대에 따라 변화하며, 그 뜻이 사회의 물적 현실과 유사할 수 있지만 빈번하게 차이를 보여서 그 간극이 작기도 크기도 하고 경우에 따라 정반대로 어긋나기도 하며, 단어가 때로는 이미 지나간 현실을 혹은 앞으로 다가올 현실을 지시하기도 한다는 데 문제가 있다. 그래서 개념사 연구의 성패는 한편으로는 적절한 사료의 발굴과, 다른 한편으로는 뜻의 위계 그리고 개념과 현실 간의 간극을 적절히 포착하고 해석해 내는 역사가 개인의 지적 능력에 달려 있다. 역사가 개인의 지적 능력의 중요성은 어느 역사학 분야에서나 마찬가지이지만, 인간의 문화가 농축되어 있는 개념을 풀이하는 것은 물적 수량을 단순히 잰다거나 정치적 갈등 과정을 세밀하게 재구성하는 것보다 훨씬 난감한 작업이다. 다시 말해 방법이 간단한 만큼 역사가의 성실성과 역량이 중요하다는 것이다.

개념사 이론과 구체적인 연구 방법에 대한 라인하르트 코젤렉의 해설이 그가 내놓은 개념사 연구의 엄청난 성과에 비하여 상대적으로 적은 것은 아마 그 때문일 것이다. 그러나 이는 역사학의 본령이 이론이 아니라 과거 경험의 재구성에 있으니만큼 차라리 미덕이다. 라이하르트도 다르지 않다. 구체적인 연구 방법에 대한 그의 해설은 개념의 내용을 본격적으로 분석하기에 앞서 자신이 주의한 몇 가지 사항과 자기 연구에 부분적으로만 적용한 특정한 언어 이론을 소개한 것이 전부다. 롤프 라이하르트는 첫째, 한 개념의 뜻을 도출하기에 앞서 그 개념을 사용한 사람의 사회적 성분에 유의해야 한다고 강조한다. 이는 사용자의 사회적 성분을 개념의 '하부구조'로 삼기 위해서라기보다, 그것을 통하여 해당 개념의 사회적 확산 범위를 알아낼 수 있기 때문이다. 둘째, 그는 해당 개념이 사용되는 영역(철학·신학·법·경제 등)과 그 변동에 유의해야 한다고 역설한다. 동일 영역 내 사용의 증감 상황과 영역 이동은 개념의 강조점 변화와 의미 내용의 확대 및 축소를 드러내 주기 때문이다.[23] 셋째, 해당 개념이 사용된 문헌이 사전류처럼 의미를 직접적으로 읽어 낼 수 있는 성격의 것인지, 아니면 보다 넓은 문헌적·역사적 맥락에 비추어 해석해야 하는지도 유의해야 할 점이다.[24]

라이하르트가 일부 기본 개념을 분석할 때 이용한 언어학 이론은, 독일의 언어학자 트리어(Jost Trier)에서 시작되어 바이스게르버(Leo Weisgerber)와 에우제니오 코세리우(Eugenio Coseriu)에 이르는 독일 구조주의언어학의 한 분파인 '의미장(意味場·Wortfeld·Begriffsfeld·Bedeutungsfeld)' 이론이다.[25] 그

---

23 라이하르트는 이 대목에서 미셸 푸코를 언급한다. 그가 상술하지는 않았지만 우리는, 푸코가 『지식의 고고학』에서 시대에 특수한 지식의 고고학적 의미는 언표의 내용이 아니라 누가 어디에서 말하는가에 의해 결정된다고 주장한 것을 떠올릴 수 있다. 예컨대 광기에 대하여 18세기까지는 교회의 성직자가 말했지만, 19세기에 들어와서는 병원의 의사가 말했다. 이를 라이하르트의 입론에 적용하면, 광기의 개념이 발화되는 영역이 교회로부터 병원 및 의학으로 이동했다고 풀이할 수 있을 것이다(미셸 푸코(1992), 『지식의 고고학』, 이정우 옮김, 민음사).

24 Reichardt, Rolf(1985), *HGB* 1, pp.83~84.

25 학자에 따라 '낱말밭', '어휘장', '개념장', '의미장'으로 번역되는 이 이론은 한국의 독일어

이론의 기본 입장은, 한 단어는 고립되어서 존재하는 것이 아니라 친화적인 단어들, 즉 동의어·유의어·공의어·반의어와 함께 상호작용하는 구조화된 총체를 이루어 존재하며, 특정 단어의 특화된 의미는 그 구조 속에서 비로소 분명해진다는 것이다. 여기에서 그 이론의 세부 내용을 들여다볼 필요는 없으므로 라이하르트가 자신의 연구에 사용하기 위해 도형화한 것만을 살펴보자. 그는 한 개념의 의미장을 그 개념을 둘러싼 네 방위 내지 하위의 장들로 구성할 수 있다고 생각한다. 좌상에는 해당 개념을 직접적으로 지시하는, 혹은 해당 개념과 교환 가능한 계열 관계(paradigmatisch)의 단어들이 배치된다. 우상에는 해당 개념의 내용을 형용하거나 설명하는 통합 관계(syntagmatisch)의 단어들이 배치된다. 우하에는 그 개념의 반의어들이, 좌하에는 그 개념을 구체화한 역사적인 사건·인물·원인이 배치된다. 그 네 개의 장이 중앙에 위치한 개념의 의미를 발생시킨다는 것이다. 한 개념의 의미장을 시대에 따라 구성해 보면 그 개념의 변화가 가시화될 수 있다.[26]

이제 위의 모든 설명을 라이하르트의 개념사 연구 결과와 견주어 보자. 우선 현재까지 발간된 근대 프랑스 개념사 사전의 항목 중에서 '바스티유(Bastille)'를 검토하기로 한다. 이는 바스티유가 추상적 개념이라기보다 역사적 실물이어서 코젤렉의 사전과 대비하여 라이하르트 연구의 독특함을 드러내 주기 때문이다.[27] 그는 연구 대상인 1650~1830년대까지를 17세기

학자들에 의해 국내에 활발하게 소개되어 우리말 연구에서도 상당한 성과를 거두었다. 예컨대 배해수(2005), 『한국어 분절구조의 이해 : 이론과 방법과 실제』, 푸른사상. 다만 한국에서는 그 이론의 두 분야인 의미장과 낱말밭 중에서 어휘의 분절에 집중하는 낱말밭 연구가 주로 이루어졌다. 낱말밭 이론에 대한 개설적인 소개는 호르스트 게켈러(1988), 『구조의미론과 낱말밭 이론』, 장영천 옮김, 집현사.

26 Reichardt, Rolf(1985), *HGB* 1, p.85.

27 이 연구는 국제적으로 인정받아 대폭 확대되어 프랑스혁명 2백 주년 기념 총서로 출간되었고 영어로 번역되었다(Lüsebrink, Hans-Jürgen and Rolf Reichardt(1997), *The*

중반부터 18세기 초반까지, 18세기 중반, 18세기 중반부터 혁명 발발 직전까지, 혁명, 혁명 이후 19세기 전반까지의 다섯 시기로 세분한다. 바스티유(bastidas 혹은 bastides)는 중세의 백년전쟁 시기에 포위된 성채나 성채화한 도시를 뜻하는 '보통명사'였다. 그러다가 1356년 그 단어(Bastille)는 당시의 프랑스 국왕이 파리를 방어하기 위해 건설한 성채 하나만을 가리키는 '고유명사'가 된다. 바스티유라는 단어의 단수화·고유화가 진행된 것이다.

라이하르트가 본격적으로 고찰하는 첫 시기에 바스티유는 정치화된다. 라이하르트는 17세기 중반에서 18세기 초반까지 유행한 풍자시, 1694년에 발간된 아카데미 사전, 루이 14세 사망 직후 파리에서 유행한 풍자시와 길거리 상송과 팸플릿, 바스티유에서 복역한 경험이 있는 외교관의 회고록을 사료로 하여 바스티유라는 단어에 '국왕의 권력 수단'과 '대내 정치적 자의성'이라는 의미가 투여되는 것을 확인한다. 단순한 성채였던 바스티유는 그 시기에 절대주의를 비판하는 정치적 구호가 된 것이다. 개념사에서 개념의 의미와 역사적 현실의 대조는 필수적이다. 그래야만 개념이 현실의 표현으로 머물고 있는지, 아니면 현실로부터 독립한 힘으로 작동하는지를 포착해 낼 수 있기 때문이다. 라이하르트는 리슐리외(Richelieu)가 바스티유를 감옥으로 사용하기 시작한 점과 루이 14세 치세에 개신교도들이 바스티유에 투옥된 사실에 유의한다. 따라서 이 국면에서 바스티유 개념은 역사 현실을 드러내는 지표에 머무르고 있었다고 할 수 있을 것이다. 그러나 다른 측면도 눈에 띈다. 라이하르트는 바스티유에 투옥된 성직자들을 '바스티유의 박사들(Les docteurs bastillés)'로 지칭한 한 편지를 근거로 하여, Bastille라는 명사에서 bastillé라는 형용사가 도출되었으니만큼 바스티유라는 단어가

Bastille : A History of a Symbol of Despotism and Freedom, Durham : Duke University Press. 독일어판은 1990년 출간되었다].

독자적인 힘을 가지게 되었다고 평가한다.[28]

　라이하르트는 18세기 중반 간행된 회고록, 체험수기, 볼테르의 서사시 〔「앙리아드(La Henriade)」〕, 저널, 샹송, 캐리커처, 백과사전, 아카데미의 사전, 익명의 사전 하나를 사료로 하여 그 시기에 부정적인 정치적 개념으로서의 바스티유가 견고해지고 사회적으로 확산되었다고 판단한다. 개신교도들 외에 얀센주의자들이 투옥되는 역사 현실에서 '권력의 자의성'과 '불법성'을 함축하는 바스티유의 의미는 견고해지고 일반 사람에게까지 확산되었으니, 이는 얀센주의 교구민들을 바스티유에 투옥될 후보라는 뜻으로 bastillables 라고 표현한 것에서 확인된다. 그리고 볼테르 등의 '철학자들'이 수감되면서 바스티유는 국사범이나 반(反)가톨릭 인사들에 대한 억압 외에 '계몽주의에 대한 억압'이라는 의미가 투여되었으며, 그로 인하여 바스티유는 '구(舊)유럽'이라는 의미를 갖게 되었고, 이제 '전제정'을 뜻하기 시작한다. 앞에서 소개한 라이하르트의 개념사 연구방법론을 대입한다면 이는 바스티유라는 단어가 발화되는 영역이 종교에서 지식인세계로 이동하면서 의미의 확장이 일어난 것이라고 평가할 수 있을 것이다. 그 확장의 정도는, 디드로가 바스티유가 아닌 뱅센감옥에 투옥되었음에도 불구하고 달랑베르(Jean Le Rond d'Alembert)가 그를 바스티유 투옥자로 분류한 것에서도 확인된다. 게다가 유의할 사항은, 그 시기에 발간되어 폭넓은 독자층을 확보한 바스티유 투옥수기들 속에 사실과 다른 내용이 대거 포함되었다는 사실이다. 정체를 알 수 없는 '철가면을 쓴 수감자' 이야기가 널리 읽히고 유포된 것이 대표적인 예이다. 바스티유 개념이 현실로부터 유리되기 시작한 것이다.[29]

　세 번째 시기인 혁명 발발 직전까지의 18세기 후반은, 바스티유 개념이

28　Reichardt, Rolf(1988), "Bastille," in *HGB* 9, pp.8~12.
29　Reichardt, Rolf(1988), 앞의 글, pp.12~16.

과격화되어 전제정 자체를 뜻하게 되는 시기다. 이 시기를 규명하는 자료로 롤프 라이하르트가 집중적으로 이용한 것은 팸플릿이다. 바스티유에 대한 팸플릿이 얼마나 많이 쏟아져 나왔는지 바스티유 팸플릿을 하나의 장르로 간주할 수 있을 지경이라는 것이다. 물론 중요한 것은 바스티유에 투여된 의미들이다. 모든 팸플릿의 공통분모는 '자의성'이었고, 그것은 여러 가지 유의어들로 표현되었으니 바스티유라는 단어에 '복수욕과 탐욕' · '영혼의 고문' · '야만적' · '불필요한 폭력' · '죽음' · '비밀 처형' · '짐승과도 같은' · '도부수' · '봉인장' 등의 수식 및 설명이 결부되었다. 그리고 그러한 바스티유를 유지하는 체제는 '전제정' · '전제정적 괴물'로 표현되었고, 그런 지배체제하의 프랑스는 '거대한 감옥' · '스파이들이 감시하는 나라'로 간주되었다. 이러한 과격화 양상은 바스티유가 모든 감옥의 일반명사로 격상되는 조짐에서도 확인된다. 당시 가장 많이 읽힌 팸플릿의 저자인 시몽니콜라앙리 링게(Simon-Nicolas-Henri Linguet)는 감옥 수감을 Embstillemens로, 간수를 Bastilleurs로, 감옥 내부의 가혹한 상황을 Bastillerie로, 감옥의 교정 정책을 Bastillage로 표현하였던 것이다. 그에 못지않게 흥미로운 현상은, 바스티유의 반의어가 드물게 나타나던 그전과 달리 이제 반의어가 빈번하게 나타났다는 사실이다. 바스티유의 반의어는 '자유', '정의', '인간애' 등이었다. 그러자 개념의 자가 동력이 발휘되어 수감자들이 '자유의 영웅'이요 '순교자'로 표현되었다.[30]

라이하르트는 바스티유 개념의 의미변화를 가시화하기 위해 바스티유라는 단어의 '의미장'을 작성하였다([그림 1], [그림 2] 참조).[31]

1774년([그림 1])의 계열의 장에 중립적인 단어인 요새와 감옥이 빈번하

---

30 Reichardt, Rolf(1988), 앞의 글, pp.17~22.
31 Reichardt, Rolf(1988), 앞의 글, p.44.

게 나타났지만, 1789년([그림 2])에 오면 감옥과 성채에 '끔찍한'과 '증오스러운'이라는 형용사가 따라붙거나 '전제정에 봉헌'된 것으로 표현되기도 한다. 속성을 나타내는 통합의 장에는 1774년에 '종교재판'과 '폭정(tyrannie)'이 네 번 나타났을 뿐 더욱 빈번하기로는 '기밀(비밀)', '봉인장(지하감방)', '철창'이라는 단어들이었다. 그러나 1789년에 오면 잡다한 형용들이 크게 감소하고 '전제정'으로 압축되어 버린다. 반의어도 흥미롭다. 1774년에는 '자유'가 1번, '법'이 2번 나타난 것이 전부였는데, 1789년에 오면 '자유'가 무려 13번이나 등장한다.

흥미로운 점은 바스티유 개념의 급진화가 진행되고 있던 그 국면에 바스티유감옥의 현실은 개념에 함축된 의미에서 더욱 멀어지고 있었다는 사실이다. 우선 수감자 수가 크게 감소했다. 바스티유의 감방 50개에 1660~1715년 40명, 1715~1774년 43명이 수감되어 있었으나, 1774~1789년에는 19명만이 수감되어 있었고 1783~1789년에는 거의 비어 있었으며, 혁명이 발발했을 때 수감자는 겨우 7명에 불과했다. 수감 기간 역시 평균 3년에서 1~2개월로 감소했다. 루이 16세 치세에 수감된 사람들의 면면을 보더라도 총 288명 중 즉시 석방된 사람이 40명, 자발적으로 나가지 않은 사람이 12명, 사기꾼이 53명, 폭력범이 11명, 1775년 식량 폭동 참가자가 31명, 왕비 목걸이 사건 연루자가 11명이었고, 정치범이라고 분류할 만한 인쇄공이 38명, 대부분이 무명이었던 문필가가 24명이었다. 그리고 혁명에 가까워 올수록 국왕 봉인장에 의해 체포된 사람은 크게 줄고, 주로 가족이 청원하여 국왕이 수용한 가족 봉인장에 의해 체포된 사람이 대부분을 차지했다. 게다가 '국왕'의 '비밀' 지시에 의해 체포되어 처벌받는 것은 여타의 사법 조치보다 명예롭고 비밀이 지켜지는 방식이었다. 그리고 수형 조건은 극히 양호하여 고문은 17세기에 이미 종료되었고, 고문실은 금서(禁書)의 서가로 이용되고 있었으며, 식사와 의복과 의료 설비는 '호사스럽다'고 할 만했다.

개념사의 지평과 전망

공포와 눈물의 체류	빈도수	
	1	책략, 공격, 야만적 행위, 잔혹행위, 잔인성, 밀고, 첩보행위, 망명, 절멸, 죽이다, 끔찍함, 음모, 봉인장, 참상, 함정, 무시무시함, 고문, 테러, 괴롭히기, 자의적 조치의 희생자, 정탐행위, 철, 혐오스러움, 추방, 거친 폭력
	3	전체적인, 함정
	4	종교재판, 폭정
감옥	6	
	7	비밀
	9	지하감방
	11	철창
요새	20	
	계열의 장	통합의 장

———————————————— 바스티유 ————————————————

	원인	반의어
소장	9	
루이 11세	5	
정부 부처	3	
리슐리외	2	법
루이 14세 루이 13세 제후의 자의성	1	자유

〔그림 1〕 1774년

계열의 장	빈도수	전제정 통합의 장
요새, 전제정의 끔찍한 기둥, 중범죄인과 추방자의 체류, 완강한 권력의 뚫리지 않는 미로, 새로운 고문과 처형 도구를 비치한 증오스러운 창고, 최악의 반역, 성채의 최신 무대, 정의와 인간에의 악덕	1	천치로 만들기, 야만스러움, 변덕, 역겨움, 가혹한, 노예제, 인두, 부정의 명예, 억압, 억누르다, 노예 상태, 복수
	2	
	3	노예제, 혐오스러움, 억압
노예제 기념물 : 전제정에 봉헌	4	자의성
지긋지긋한 무시무시한 감옥 무서운 요새	5	
	9	
	11	

바스티유

원인	빈도수	반의어
	13	
소장	7	자유
	5	
	3	애국주의
	2	법
		인간애
무제한의 권위, 궁정의 부패, 루이 14세, 정부 부처, 리슐리외	1	

〔그림 2〕 1789년

그리고 수감자들은 수형 기간이 끝난 뒤 국왕으로부터 연금을 받았다. 바스티유는 '프랑스의 감옥 중에서 가장 명예롭고 인도주의적인 감옥'이었다.[32]

개념과 현실 간의 차이는 바스티유 개념이 현실로부터 철저히 분리되었음을 나타낸다. 이는 국왕의 측근들이 여론에 유포되고 있는 바스티유 담론에 제동을 걸려고 시도했다가 실패한 데에서도 드러난다. 보수적 문필가 한 사람은 바스티유에 대한 팸플릿들은 '악의적인 거짓'이며, '온화하기 짝이 없는' 바스티유가 '몽테스키외가 지향한 올바른 군주정의 적법한 결과'라고 주장하기까지 했다. 그들은 파리에 살고 있는 바스티유 경력자 40여 명을 동원하기도 했다. 그러나 그 모든 시도는 효과가 없었다. 이미 바스티유는 사람들의 심성을 장악하고 그들의 행위를 조종하고 있었다. 사람들은 바스티유에 투옥될까 실제로 두려워했다. 사드(Donation A. F. de Sade)는 1789년 6월 2일 난로 연통을 확성기 삼아 창밖으로 "바스티유 수감자들이 살해되고 있으니 나를 풀어 달"고 외쳤다. 바스티유는 이미 '신화'가 되었고, 그 신화는 사람들에게 바스티유감옥의 파괴를 요구하도록 몰고 갔다. 앞에서 언급한 링게가 자신의 팸플릿에 파괴된 바스티유 앞에 '선한 왕 루이 16세가 서 있는 캐리커처를 그린 것이 그 조짐이었다. 1780년대에 들어서 건축 관리들과 파리 경찰이 바스티유를 해체할 계획을 세웠고, 1789년 초에 작성된 진정서와 제3신분 대표자 선출 집회에서 바스티유의 해체는 빈번히 제기되는 요구 중 하나였다. 그렇게 개념은 미래를 선취하고 있었다.

그 요구는 1789년 7월 14일 현실로 나타났다. 그 과정을 여기에서 자세히 재구성할 필요는 없을 것이다. 몇 가지 지적만으로 충분하다. 파리의

---

32 혁명 직전 샤랑통감옥으로 옮겨진 사드는 바스티유 수감 당시 2주일에 한 번씩 아내와의 시간을 몇 시간씩 누리고 프로방스산 포도주를 마셨으며, 감방 바닥에도 새로 카펫을 깔았다(Reichardt, Rolf(1988), 앞의 글, pp.22~25).

민중은 무기를 찾는 와중에 바스티유에 탄약이 대량으로 입하되었다는 소문을 듣고는 바스티유로 몰려갔으며, 바스티유 수비대는 소장의 지시도 없는 상태에서 대포를 한 발 발사했고, 이어서 소장은 몰려드는 군중에게 바스티유를 내주고 그렇게 항복하였으며, 전투가 벌어지지 않았고, 따라서 바스티유는 무너뜨린 것도 점령한 것도 아니었으며, 막상 점거해 보니 그 안에는 평범한 수감자 7명이, 그것도 지하감방이 아니라 탑 안에 있었다. 그러나 바스티유로 몰려간 사람들은 혁명 이전에 확립된 바스티유의 이미지에 사로잡혀서 그에 따라 행동했으며, 또한 그에 따라 보도했고, 따라서 현실과 사회적 지식의 간극은 그대로 유지되는 동시에 새로운 사태에 자극받아 바스티유라는 단어에 새로운 의미가 투여되었다.

라이하르트는 바스티유에 대한 사회적 지식의 면모를 밝히기 위해 바스티유 점령 직후에 발간된 신문, 팸플릿, 대중적인 연감 52개를 분석하였다. 보도 내용은 현실에 대한 왜곡 일변도였다. 그러나 그 왜곡은 왜곡이 아니라 당시 사람들의 심리적 실제다. 사람들은 바스티유 소장이 민중 주거 구역을 포격하려는 음모를 꾸몄다고 말했고, 그것은 파리 주변에 부대를 배치한 음모의 일환이라고 말했으며, 곧이어 '전제정 자체가 음모'라고 말했고, 그 음모의 내용은 '새로운 성 바르텔레미의 학살'이었다고 말했으며, 자신들은 그 음모를 선제적으로 좌절시키기 위하여 바스티유를 공격하여 함락시켰다고 말했고, 그렇게 자신들은 '의식적으로 봉기'를 일으켜서 '전제정의 보루에 대하여' 승리를 거두었다고 말했으며, 그 공격의 방식도 대대별로 잘 조직된 군사적 포격 작전이었다고 말했고, 공격하는 민중이 '자유의 투사'였다고 말했다. 마찬가지로 '자유의 영웅'인 해방된 수감자들이 극도로 억압받는 상태에 있었다고 말했고, 이를 입증하기 위하여 너무 오래 수감되어 있다 보니 수염이 배까지 자란 '로르주 백작'이라는 가공의 인물을 만들어 냈으며, 점령 다음날 바스티유 파괴 작업에 돌입했고, 그 자리가 '귀족정과 전제정의 무덤'이요 '민족적 자유의 요람'이라고 칭했으며, 바스티유 파괴 작업을 자유의 정초행위로 표현했고, 7월 14일은 역사상 최대의 역사적 단절이라고 말했다. 그들의 말은 그렇게 역사적 현실이 아니라 그 이전 시기에 이미 정립되어 있던 표상에 근거했고, 그들의 행위는 그 표상을 입증해 내는 '예언의 실현'이었으며, 바스티유라는 단어에는 자유라는 의미가 새로이 투여되었다.[33] '성채', '감옥', '전제정'을 차례로 뜻했던 바스티유가 이제 '자유'를 뜻하게 된 것이다.

그러한 표상은 누가 어느 영역에서 표현하고 있었는가? 국민의회, 파리 시청, 국민방위대, 정치 클럽, 민중 클럽, 지방의회, 지방 도시, 부르주아, 프티부르주아, 농촌의 총각, 부르주아 처녀, 어린이가 그들이요 영역이었다. 교회에서는 감사 예배가 봉헌되고 광장에서는 민중 축제가 벌어졌으며, 파리의 대로에서는 영웅들이 행진했다. 책, 신문, 팸플릿, 연감, 연극, 주화, 메달, 시, 노래, 칼, 온도계, 냄비, 옷, 반지, 귀고리, 장난감이 바스티유 함락을 이야기하고 재현하고 형상화했다. 바스티유 파괴를 맡은 피에르프랑수아즈 팔루아(Pierre-François Palloy)는 자기 돈을 써서 '자유의 사도들'로 하여금 프랑스의 모든 지방에 '바스티유의 돌'과 모형을 운반하도록 함으로써 그야말로 '신유물숭배'를 시도했다.

1790년 12월 말 '자유의 사도들'이 디종에 나타났을 때 자코뱅과 우익 간에 벌어지던 유혈의 권력투쟁은 바스티유 유물 봉헌식을 거친 뒤 돌연 자코뱅의 승리로 끝났다. 라이하르트는 이를 통하여 바스티유에 대한 표상은 반혁명 세력을 제외한 모든 계층, 모든 지역, 모든 영역에서 표출되고 있었으며, 현실과 유리된 그 표상은 디종의 예에서 보듯이 현실을 만들어

---

33 Lüsebrink, Hans-Jürgen and Rolf Reichardt(1997), 앞의 책, pp.47~78 ; Reichardt, Rolf(1988), 앞의 글, pp.30~45.

내고 있었다고 주장한다.[34]

이상에서 우리는 18∼19세기 프랑스에서 바스티유 개념을 누가 어느 영역에서 말했고, 수식어와 설명어와 반대어는 무엇이었으며, 그러한 함축들과 현실의 차이는 어떻게 해석되는지 보았다. 라이하르트의 바스티유 연구에 프랑스혁명을 새롭게 해명해 준 것이 과연 있는지는 의심스럽지만, 그의 연구방법론만은 잘 드러났다고 할 것이다. 그런데 그러한 '바스티유'가 과연 개념일까? 개념은 그와 다른 것이 아닐까? 예컨대 코젤렉이 밝힌 바와 같이 전근대 유럽에서 자유란 권리를 뜻했다. 이는 그 시대의 문헌에서 '자유'라고 쓰인 자리에 '권리'라는 단어를 써넣어도 뜻이 같다는 것이다. 그러나 프랑스혁명기에 생산된 문헌에서 '자유'라는 단어 대신 '바스티유'라는 단어를 써넣어도 그 뜻이 같을까? 아니다! 역으로, 프랑스인은 바스티유라는 단어로 전제정을 의미할 때나 자유를 의미할 때, 민족적 통일을 의미할 때, 바스티유가 감옥이라는 '사실'을 잊지 않았다. 그들은 다만 바스티유라는 단어를 이용하여 전제정과 자유와 민족적 통일을 보다 생생하게 나타낼 수 있었다. 이는 바스티유라는 단어가 상징으로 작동하였음을 드러낸다. 따라서 라이하르트가 제시한 바스티유라는 단어의 역사는 개념의 역사라기보다 상징의 역사라고 할 것이다.[35]

그렇다고 해서 라이하르트의 개념사가 잘못되었다는 것은 결코 아니다. 바스티유 연구는 오히려 라이하르트의 개념사가 얼마나 풍부한 학문적 잠

---

34 Lüsebrink, Hans-Jürgen and Rolf Reichardt(1997), 앞의 책, pp.79∼147. 라이하르트의 바스티유 개념사는 1789년으로 끝나지 않는다. 라이하르트는 혁명이 진행되면서 바스티유가 정치적 파당의 표상 개념으로 변해 갔으며, 나폴레옹시대에는 '민족적 통합'을 의미했음을 보여 준다.

35 라이하르트 스스로가 이를 너무도 잘 알고 있었다. 그가 바스티유 개념을 분석한 책을 발간하고 얼마 지나지 않아 바스티유 상징의 역사를 단행본으로 저술한 것은 바로 그 때문이었을 것이다.

재력을 갖고 있는지 보여 주는 예이다. 그의 바스티유 연구는 모리스 아귈
롱(Maurice Agulhon)의 마리안느 연구에 비견될 만하다.[36] 또한 그가 추구하
는 근대 프랑스 개념사의 면모가 바스티유 연구의 예에서 온전히 드러나는
것도 아니다. 이제 honnête homme 개념을 살펴봄으로써 근대 프랑스
개념사 연구를 통하여 라이하르트가 추구하던 목표를 검출해 보기로 한다.
단 라이하르트 연구방법론의 실상은 바스티유의 경우를 통하여 충분히 드
러난 만큼 여기에서는 그 개념의 내용만 검토한다.

개념과 심성

honnête homme는 구체제의 징세대장, 토지대장, 일기, 잡지 등에서
항상 '명예로운 상인' 혹은 '평판 좋은 도시민'을 가리키는 낱말이었다. 코
젤렉의 규정을 빌리자면 그때 그것은 '단어'였던 것이다. 그러나 16세기
후반부터 19세기 초까지 그 단어에 갖가지 의미가 투여되었고, 그렇게 그
단어는 의미 투쟁이 벌어지는 '개념'이 되고 독자적인 의미장을 보유한 '기
본 개념'이 되었다. 우선 16세기 중반부터 17세기 전반까지의 궁정예절서
에서 honnête homme은 '궁정인(courtisan)'과 구분되는 궁정의 새로운 인간
형으로 부각된다. 궁정인은 과거의 이상적인 인간형의 자리에서 물러나
'실천적 사회 교류 형식을 숙지한 사람'과 제후에 대한 '아첨'으로 점철되는
'표피적인' 인간으로 폄하되었고, 그런 인간형에 대한 반대 유형으로서 '타
인의 호의'와 '사회적 인정'을 확보하기는 하되 제후 개인의 인정보다는 궁정

---

36 모리스 아귈롱(2001), 『마리안느의 투쟁: 프랑스 공화국의 초상과 상징체계 1789~1880』,
전수연 옮김, 한길사.

사회 전체의 교류 및 소통에 능하며, 귀족 '혈통'만이 아니라 '덕'과 '폭넓은 교양' 기준이 되는 honnête homme이 부각되었다.[37]

윤리와 교양이 부각되자 honnête homme 개념은 궁정에만 머무르지 않고 궁정 밖에도 적용 가능하게 되었다. 그리하여 17세기 중반 이후 살롱 출입자들이 그 개념을 수용하여 출생과 돈이 아니라 정신과 덕을 토대로 하여 개인적 역량을 과시하는, 외적으로만 세련된 gallant homme(신사)보다 우월한 인간으로 규정했고, 얀센주의자들 역시 honnêteté(이기적인 욕망)를 억제하는 기제 혹은 기독교적인 자비(charité)의 전 단계로 규정했다. 다만 그런 인간은 궁정을 나왔기에 비정치적인 인간이요, 그런 한에서 그 개념은 개인화되고 내면화되고 미학화되고 탈정치화되었다.[38]

그렇듯이 개인화·내면화·미학화되자 honnête homme은 17세기 말 이후 교육서에 광범하게 출현할 수 있었다. honnête homme에 대한 에세이들이 교육서의 하위 장르를 이룰 정도였다. 그곳에서 honnête homme은 전 사회적인 이상적 인간으로 제시되었고, 그것은 '이기적이지 않은 인간임'을 함축하면서 특정한 목적을 위한 수단으로서의 도덕이 아니라 그 자체에 의의를 두는 윤리적 태도를 지시했다. 그리고 그렇듯이 전 사회적인 전범으로 제시된 그 개념을 부르주아들이 수용하여 자신들의 예절서에 부지런히 언급하였고 그런 가운데 의미를 확대시켰으니, 이제 '근면'과 '진정성(sincérité)'이 그 개념의 의미장의 설명어로 삽입되었다. 그러나 윤리화와 탈정치화는 또 다른 반응을 낳았다. 가톨릭교회가 그 개념을 수용하였던 것이다. 그들은 그 개념의 의미장에 포함되어 있던 종전의 어휘 가운데 사회적 승인을 뜻하던 것들(agréable(상냥한), bienséance(선행))과 귀족적·세속적인 것들

---

37 Reichardt, Rolf(1986), "Honnête homme, Honnêteté Honnêtes gens," in *HGB* 7, pp.8~13.
38 Reichardt, Rolf(1986), 앞의 글, pp.15~23.

[naissance(출생), qualité(자질), conversation(대화)]을 제거하고 그 대신 '종교(religion)'와 '진정성(sincérité)'을 포함시켰다. 그리고 '이성(raison)'과 '업적(mérite)'도 그에 자주 결부되었다.[39]

궁정적 · 귀족적 · 세속적 예절 개념에서 출발한 honnête homme이 18세기에 와서 기독교적 · 자연법적 윤리 개념으로 된 것인데, 그 결과는 역설적이었다. 그 개념이 '이상적 인간형'이라는 기존의 함축을 상실하고 최고의 기독교 윤리[homme de bien(선한 인간)]의 전 단계요, 계몽주의의 이상적 인간인 '철학자'의 전 단계, 즉 이행 개념이 되어 버린 것이다. 게다가 종교와 세속성이라는 선뜻 합치될 수 없는 두 측면이 공존하고 있는 것도 문제였다. 정통 기독교 성직자 일부는 honnête homme에게서 '나쁜 기독교인'이나 세속성을 보았고, 루소 같은 계몽주의자 일부는 honnête homme을 굴종적인 기독교 신자요 예종적인 신민으로 폄하했던 것이다.[40]

그렇다고 해서 honnête homme이 부정적인 단어로 추락했다는 것은 아니다. 그것은 여전히 긍정적 개념이었다. 그리고 그 개념에 부착되어 있던 부정적인 측면들은 혁명 직전에 정리되었다. 전통, 표면성, 사회적 배타성, 기독교적 맹신은 honnête gens(사람)로 표현되고, honnête homme은 시민적 덕성, 사회적 개방성, 공동체적 태도를 뜻하게 되었다. 그런데 그러한 계몽주의적 가치는 18세기에 대단히 정치적인 것이었다. 따라서 우리는 honnête homme이 혁명기에 '정치화'되었다고 말할 수 있다. 혁명의 와중에 honnête homme은 동료 시민에 대한 배려, 자기 가족에 대한 사랑, 개인적 이기심의 억제, 애국적 헌신 등을 갖춘 '애국 시민'을 뜻했고, 이런 덕성이 있는 한 농민과 빈민도 honnête homme에 포함되었다. 반면에 혁명의

---

39 Reichardt, Rolf(1986), 앞의 글, pp. 28~30.
40 Reichardt, Rolf(1986), 앞의 글, pp. 33~41.

적은 honnête gens로 표현되었다. 바스티유 개념이 그랬던 것처럼 honnête homme도 혁명의 와중에 민주화·급진화·파당화되었던 것이다. 그러나 다른 한편 그 개념이 18세기 후반에 진부해지는 양상이 나타났다. 어느 정도 의 정직성과 개방성만 드러내기만 하면 누구나 honnête homme으로 주장 할 수 있었기 때문이다. 개념의 외연이 넓어지면 내포가 줄어드는 것은 당연한 일이다. 개념이 진부해지면 다의성을 잃어버리고 '단어'로 추락하게 된다. 혁명 전야에 honnête homme은 단어로 되돌아가기 시작한 것이다.[41]

18세기 전반기를 되돌아보면 한 가지 현상이 눈에 띈다. honnête homme 과 철학자의 관계가 흥미롭다. 두 개념은 공통적인 함축을 갖고 있었다. 합리성, 윤리성, 사회성이 그것이다. 그러나 honnête homme은 철학자의 반열에 오르지 못했다. 그 개념의 기원 때문이다. 귀족적·궁정적 기원에 서 비롯된 사회적 배타성이 남김없이 제거되지 않아서 그리고 앞에서 언급 한 기독교적 측면이 부착되어 있어서, 그 개념은 의미의 장을 사회적 변화 의지와 비판적 성찰만으로 채울 수 없었다. 따라서 honnête homme은 그 역할을 '철학자' 개념에 넘겨주어야 했다. 다만 honnête homme 개념에 는 사회적 배타성 외에 그 기원에서 비롯된 다른 성격이 부착되어 있었다. '사회적 위신'이라는 속성이 그것이다. 그리하여 honnête homme과 만나 면서 철학자 개념은 자신이 필요로 하는 사회적 인정을 확보하는 데 도움을 받을 수 있었다. 철학자가 honnête homme으로 자신을 정당화할 수 있었던 것이다.[42] 이러한 사정은 우리를 라이하르트 사전 『프랑스 정치·사회 기본 개념 편람 1680~1820』의 '철학자' 항목으로 이끈다.

철학자가 개념으로 출현한 때는 17세기 중반이었고, 그 장소는 honnête

---

41 Reichardt, Rolf(1986), 앞의 글, pp.49~61.
42 Reichardt, Rolf(1986), 앞의 글, p.34, p.37.

개념사의 지평과 전망

homme과 마찬가지로 궁정이었다. 당시 궁정의 예절은 위기에 부딪혔으니, 감정을 조절하는 '궁정인'이라는 이상적 인간형이 표피적인 인간으로 추락하고 있었다. 그 맥락에서 표피적인 것의 반대어인 '진정성'이 중요한 미덕으로 부각되었는데, 궁정에 있는 한 타인의 호감을 얻는다는 전래의 목표는 여전히 견지되었다. 정직하면서도 타인의 호감에 유의한다는 이 모순된 상황에서, 궁정사회를 떠나거나 혹은 궁정에 머무르지만 궁정사회로부터 거리를 유지하면서 자신의 내면에 침잠하는 인간형을 가리키는 개념으로서 철학자가 탄생했다. 이는 몰리에르의 희곡 「인간혐오자(Le Misanthrope)」에서 사회적 호감과 정직성 사이에 갈등하는 주인공을 철학자로 표현한 데에서 잘 나타난다. 부연하자면 여기에서 계몽주의의 출발이 사회로부터 거리를 두고 개인적인 내부 공간을 확보하는 것이라는 점이 드러난다.[43]

17세기 말에 사회에서 물러난 사람을 철학자로 표현하면서 철학자가 '미친 사람'을 뜻하는 일도 벌어졌지만, 철학자를 긍정적으로 의미화하려던 사람들은 철학자를 궁정인보다 우월한 존재로 주장했고, 그 근거를 타인의 호감이 아닌 '이성적 추론'에 입각한 자연과 도덕에 대한 탐구에서 찾았다. 그러자 철학자와 철학은 이성에 반대되는 개념인 '편견'을 반의어로 갖게 되었으며, 이는 궁정사회 즉 권위에 대한 맹신과 거리를 두는 철학자 개념의 의미와 맞물려서 철학자를 전통과 권위에 비판적인 사람을 뜻하도록 만들었다. 그리하여 18세기 초에 들어오면 철학자와 철학이 원래 근친 관계에 있던 신학, 교회, 종교의 반대편 자리를 차지하게 되었다. 1730년대에 철학자 개념은 정치화된다. 볼테르와 디드로의 역할이 결정적이었다. 볼테르는 영국의 경험론을 소개하는 가운데 철학자를 감각과 실험에 기반을

---

43 Gumbrecht, Hans-Ulrich and Rolf Reichardt(1985), "Philosophe, Philosophie," in *HGB* 3, pp. 12~13.

두고 타인을 계몽함으로써 궁정이 아닌 사회로부터 인정을 받는 사람으로 규정했고, 디드로는 볼테르의 인식에 함축되어 있던 사회성을 더욱 부각시켜서 철학자를 개인적 성찰과 사회적 행위를 결합시킨 인간으로 규정했다. 이는 물론 당시 제도화되는 와중에 있던 '공적 공간'에 힘입은 것이었으니, 철학자를 인정해 주는 주체는 예절에 고착된 사람들이 아니라 철학자의 의견을 수신하는 수신자들의 사회 즉 여론이었다. 그리하여 철학자는 편견 없는 경험적 관찰, 자기성찰성, 사회적 행위를 동시에 함축하게 되었다.[44]

그러한 의미변화에서 철학자를 수식하던 구래의 요소들, 즉 궁정인의 오만과 아첨은 물론 사회에서 물러난 자의 인간 혐오와 자기만족이 제거되었다. 흥미로운 것은 그때, 즉 17세기 말 이후에 부르주아들이 honnête homme을 수용함에 따라서 혹은 honnête homme이 부르주아화됨으로써 그 개념이 철학자 개념과 결합될 수 있었다는 것이다. 그 덕분에 철학자의 요소에 honnête homme의 속성인 honnête가 포함될 수 있게 되었다. 그리고 이는 철학자 개념이 보다 넓은 사회에 수용되도록 해주었다. 그러나 그 결합에도 문제는 있었다. honnête homme 개념에 함축된 사적이고 비정치적 측면이 정치화되고 있던 철학자 개념에 배치되었던 것이다. 따라서 철학자 개념의 정치화가 위축되는 현상이 부분적으로 나타났다. 이 문제는 철학자들에 대한 억압이 강화되고 그 억압을 계몽주의 문필가들이 이겨 내면서 해결되었다. 그리하여 1751년부터 발간된 백과사전의 철학자 항목에서 honnête homme을 차용하는 면모가 크게 감소했다. 이는 철학자 개념이 종전보다 높은 독립성을 확보하고 또 더욱 정치화되어서, 이제는 honnête homme을 더 이상 필요로 하지 않게 되었기 때문이다. 실제로 그후

---

44 Gumbrecht, Hans-Ulrich and Rolf Reichardt(1985), 앞의 글, pp.14~19.

의 철학자 정의에서 honnête homme은 더 이상 나타나지 않는다.[45]

이어지는 1760년대에 계몽주의자들이 철학 및 철학자 개념을 둘러싸고 교회 및 구체제 옹호자들과 그야말로 '전쟁'을 치르고 또 승리함으로써, 철학자의 의미가 더욱 분명해지는 한편 더욱더 넓고 큰 사회적 승인을 얻었다.[46] 전투의 항목은 도덕, 국가, 종파(secte), '광신(fanatisme)' 외에 '유물론(matérialisme)'이었다. 교회는 철학자를 '비종교적'이고 '반기독교적'이라고 비판하며 철학을 '무신론'과 등치시켰다. 철학자들은 가톨릭 인사들이 자신들을 음해한다고 대꾸하기도 했지만, 그들은 아카데미에서는 성직자인 회원들을 공격하고 승단 가입자들이 감소하는 것을 자신들의 영향 때문이라고 자랑함으로써 기독교와 철학을 화해시키려는 일각의 시도를 좌절시켰고, 결국 철학자와 철학은 무신론 및 유물론과 결합되었다.[47] 이는 우리를 라이하르트 사전의 '유물론' 항목으로 이끈다.

---

45 Gumbrecht, Hans-Ulrich and Rolf Reichardt(1985), 앞의 글, pp.20~23. 이때 철학은 맹목적 권위·교조적 체제·편견·열정의 반대어이고, 이성에 인도되는 경험적·비판적 인식론으로 정립된다. 신학과 친화적 관계에 있던 철학에 대한 과거의 이해에서 얼마나 멀어진 것인가.

46 1780년대에 철학자들은 '덕의 모범'이요 '자유의 전사'요 '세계시민'이요 '미래를 밝혀 주는 사람'으로서의 지위를 차지하고, 대외적으로는 18세기 프랑스의 성취를 표상하고 대내적으로는 지고의 도덕적 정당성을 구현하는 존재가 되었다. 바로 그 시기에 계몽주의 대사상가들은 이미 사망하거나 아니면 예술로 전향한 뒤였다. 이때 철학자의 후광에 이끌린 지방의 문인들이 파리로 상경하여 경찰 앞잡이·서적 밀수업자·뜨내기 작가로 활동하면서 자신들을 철학자로 내세우게 되고, 이는 철학자라는 개념에 지적인 보헤미안의 모습을 투입하게 한다. 철학의 이름으로 포르노적인 글을 쓰는 것이 그 모습이다. 혁명이 발발하고 과격해지자 혁명가들은 혁명의 노선을 정당화하기 위하여 자신들을 철학자의 후예로 내세웠고, 이때 계몽주의 철학과 혁명의 관계가 신화화된다. 그러나 다른 한편 주변적 지식인과 함께 시작된 철학자 개념의 '진부화(Banalisierung)'는 이때도 지속되어 상퀼로트를 철학자로 표현하는 일도 나타났다. 그런 가운데 철학자는 비판적 개혁가의 모습을 점차 상실하게 되었고, 19세기 초반에 철학은 분과 학문으로, 철학자는 그 분과 학문의 전문가의 의미를 갖게 된다. 그 과정을 세세히 추적하는 것은 본고의 목적이 아니므로 여기에서는 생략한다〔Gumbrecht, Hans-Ulrich and Rolf Reichardt(1985), 앞의 글, pp.38~81〕.

47 Gumbrecht, Hans-Ulrich and Rolf Reichardt(1985), 앞의 글, pp.28~30.

유럽에서 유물론자와 유물론이라는 단어가 처음 나타난 곳은 영국이었다. 그곳에서 유물론자(matérialiste)는 1668년, 유물론은 1674년에 처음으로 나타났다. 그 개념들은 프랑스에 영국의 경험론, 특히 로크의 철학이 수용되면서 프랑스에도 나타났다. 라이하르트 사전의 유물론 항목을 서술한 롤프 가이슬러(Rolf Geißler)에 따르면, 유물론자라는 프랑스 단어 matérialiste는 1698년 파리 경찰이 압류한 비밀 원고에 처음 나타났다. 「유물론자의 신조」라는 그 원고는 계시종교를 비판하고 있었다. 그후 얼마 지나지 않은 1702년 라이프니츠는 프랑스어로 쓴 책에서 유물론자를 관념론자(idéalistes)의 대립 개념으로 사용했다. 그렇듯이 주로 철학 용어로 사용되던 그 단어들은 1730년대와 1740년대에 들어오면서 정치적·문화적인 적을 낙인찍는 투쟁 개념으로 사용되기 시작한다. 교회가 베일(Pierre Bayle)을 '유물론자들에게 길을 내준 인물로, 심지어 얀센주의자들을 '유물론을 지원해 준 자들'로 비난했던 것이다. 이는 비난이 의도와 다르게 한 단어를 개념으로 격상시켜 준 흥미로운 예인데, 실제로 그러한 비난을 자기정체성으로 삼는 철학자가 나타났다. 라메트리(Julien Offray de LaMettrie)가 유물론자로 자처하면서 유물론을 경험주의와 등치시키고 반대어로서 광신을 적시한 의미장을 낸 것이다.[48]

유물론 개념을 정치화하기 시작한 것은 교회 측 인사들이었다. 1750년대에 백과사전이 발간되기 시작하자, 그들은 그 사전의 정신이 유물론이라고 공격했고, 라메트리의 저서 『영혼론(De l'sprit)』에 대한 법원의 판결문은 유물론에 입각하고 있다는 이유에서 그 책의 저술 및 출간을 반국가 범죄로 낙인찍었다. 흥미로운 것은 그 과정에서 유물론자 개념의 의미가 확대되었다는 사실이다. 유물론자가 계몽주의자와 철학자로 등치되었던 것이다.

---

48 Geißler, Rolf(1986), "Matérialisme, Matérialiste," in *HGB* 5, pp.62~68.

그러자 유물론자가 '시대에 적합한 훌륭한 교육을 받은 사람'으로 격상되는 일이 벌어졌다. 1770년대에 들어서서 유물론 개념을 더욱 정치화시킨 이들은 계몽주의자들이었다. 예컨대 돌바크(Paul Henri Dietrich d'Holbach)는 1770년에 출간된 『자연의 체계(Système de la Nature)』에서 "한마디로 말해서 유물론은 도덕과 정치에게, 영혼의 교리가 결코 주지 못할 이득을 줄 수 있다. ……신학이 마련해 놓은 눈으로 인간을 바라보는 사람들은 인간을 알 수 없다"고 썼다.[49]

공격과 방어 속에서 공격자의 의도와 달리 개념이 정치화되는 현상은 계속되었다. 교회는 계몽주의자들의 저변에 깔려 있는 유물론이 모든 사회적 결속을 해체시켜 사회를 무정부적으로 만든다고 공격했고, 일부 계몽주의자들은 유물론은 인간의 자연적 자유와 평등을 지시해 주는 것이며 유물론에 반대하는 사람은 사회계약이라는 사회의 '구성 원리'를 부인하는 오류를 범하는 것이라고 맞받아쳤다. 유물론의 개념에 어느덧 반(反)봉건, 자유, 평등이 함의되기에 이른 것이다. 그러나 혁명에 가까워 오면서 유물론자의 개념은 honnête homme과 철학자 개념이 그랬듯이 진부해지기 시작한다. 파리에서 소요를 일으킨 민중과 수공업자들을 경멸적 의미로 유물론자로 표현하기 시작한 것이다.[50] 유물론자 개념에서 우리는 그렇게 '봉건제(feodalite)' 개념과 만난다.[51] 그러나 앞의 서술만으로도 라이하르트가 근대 프랑스 개념사에서 지향한 목표가 충분히 드러나기 때문에 여기에서 멈추기로 한다. 앞의 서술에서 가장 눈에 띄는 것은 사전의 항목들이 서로 만난다는 아주 단순한 사실이다. honnête homme이 철학자와 만나고, 철학자는 유

---

49 Geißler, Rolf(1986), 앞의 글, pp.70~76.
50 Geißler, Rolf(1986) 앞의 글, p.77. 그렇게 진부화되면서 유물론과 유물론자의 개념 역시 점점 개념에 필요한 날카로움을 상실해 간다. 개념에서 단어로 추락했던 것인데, 그 개념의 정치성은 추후 사회주의와 마르크스주의가 출현하면서 다시 한 번 활성화된다.
51 봉건제 개념은 *HGB* 제10권에 서술되어 있다.

물론자로 이어지며, 유물론자는 봉건제와 만난다. 라이하르트 사전의 모든 항목은 어떤 식으로든 서로 연결되고 착종된다. 물론 어떤 사전이든 편집 원칙의 하나는 항목과 항목 사이에 유기적인 관계를 설립하는 것이다. 그러나 라이하르트 사전의 항목은 그런 유기적 원칙에 입각하여 편집된 것이 아니다. 그것은 빈도수에 따라 당대의 문헌에서 검출된 것이다. 그러므로 라이하르트 사전에 나타나는 항목과 항목의 유기적 관계는 라이하르트라는 편집자의 기준이 아니라 당대인의 언어체제를 반영하는 것이다.

우리가 유의할 것은 그 항목들이 독자적인 '의미장'을 보유하는 '기본 개념'이며, 기본 개념이란 버거와 루크만의 지식사회학에서 '전형'이었다는 점이다. 게다가 버거와 루크만에게서 각 전형은 홀로 존재하는 것이 아니라 다른 전형들과 맞물리면서 하나의 체계를 이루며, 그 체계는 인간으로부터 독립하여 존재하면서 인간의 사유를 규정한다. 롤프 라이하르트는 그들의 이론을 수용하면서, 그런 전형들의 복합체가 바로 한 시대의 심성(Mentalität)을 구성한다고 주장했다. 그는 개념사를 통하여 심성사를 지향한 것이다. 우리는 그가 편찬한 사전의 항목 몇 개를 검토함으로써 그 시대의 기본 개념들이 실제로 상호 연결되는 것을 확인할 수 있었다.

사전 편찬 작업이 아직 완료되지 않았고 현재까지의 작업만으로는 프랑스혁명에 대한 새로운 해석이 제시된 것도 아니지만, 라이하르트의 개념사가 심성사의 한 방법으로 정착할 가능성은 높아 보인다. 심성이란 한 시대 전체를 지배하는 초계급적인 사유 및 감성의 틀인데, 라이하르트의 기본 개념은 특정한 시대에 국한되어 초계급적으로 사용되던 사회적 전형이기 때문이다. 그렇다면 우리는 라이하르트의 개념사가 뤼시앵 페브르가 개시하였으나 망실되었다가 장루이 플랑드랭(Jean-Louis Flandrin)에 의해 부분적으로 계승된 심성사, 즉 언어를 통해 한 시대의 심성을 해명하는 방법을 플랑드랭보다 훨씬 정교하고 체계적으로 사용한 역사방법론이라고 평가할 수 있을 것이다.[52] 다만 심성사가 한 시대의 사유의 틀만이 아니라 감성의 틀까지도 해명하려고 한다는 점에 유의하면, 다양한 문화적·예술적 표상들을 분석 대상으로 삼은 필립 아리에스(Philippe Ariès)와 달리 개념사를 방법으로 채택한 라이하르트 심성사의 약점이 포착된다. 그러나 라이하르트 개념사의 적절성이 심성사 방법으로서의 적용 가능성에 좌우되는 것은 아니다. 더욱 중요한 것은 그의 개념사 자체다. 이제 총평을 해보자.

맺음말

라이하르트의 개념사 방법론이 지향하는 것은 세 가지였다. 현재적인 목적론적 개념사를 배제하고 한 시대에 특정한 개념체계를 찾아내는 것, 위대한 인물이나 지배적인 집단의 개념만이 아니라 사회 하층에게도 통용되는 개념체계를 재구성해 내는 것, 사회의 지표로서의 개념보다 사회의 요소로서의 개념을 도출하는 것이 그것이었다. 한 시대에 특수한 개념체계를 발굴하려는 그의 노력은 성공적이었다고 평가할 수 있다. 그의 기본 개념 자체가 18세기의 프랑스에만 통용되는 개념들이기 때문이다. 초계급적 개념체계를 찾아내려는 그의 노력은 부분적으로만 성공한 것으로 보인다. 그의 개념사 연구의 실제를 검토해 본 결과 우리는, 그의 기본 개념들이 18세기 중반까지는 대부분 궁정·귀족·부르주아 지식인 사이에서만 통용되었고, 프랑스혁명에 와서야 상퀼로트에까지 확대되는 모습을 확인할 수 있었다. 이는 물론 사료의 문제다. 혁명 이전에는 민중의 언어가 나타나는 사료 자체가 드물기 때문이다. 그러나 이는 사료의 문제만이 아니라 라이

---

52 장루이 플랑드랭(1994), 『성의 역사』, 편집부 옮김, 동문선.

167

롤프 라이하르트의 개념사

하르트의 연구 방법에 내재한 문제이기도 하다. 당대의 사전과 신문과 잡지에서 사용 빈도수에 따라 기본 개념을 도출해 내는 방법으로 포착할 수 있는 단어는 지식인의 단어일 수밖에 없다.

문제는 또 있다. 라이하르트가 민중이 읽던 달력과 연감과 '청색문고'에 자주 출현하는 단어를 기본 개념으로 삼는다고 하더라도, 그런 글에 나타나는 단어들이 민중의 의식을 규정한다고 단언할 수는 없다. 그랬다가는 혁명 전 민중이 교회를 비롯한 구체제의 지배문화가 전달해 주는 사유체계의 노예였다는 결론이 도출되고 말 것이기 때문이다. 다시 말해 그러한 방법으로는 지배문화가 전달해 주는 단어와 개념을 민중이 어떻게 전유했는지 드러낼 수 없다. 이는 심성사를 지향하는 그의 목표 자체의 문제이기도 하다. 심성사는 한 시대와 사회 전체에 통용되는 초계급적 심성구조를 찾아내려 하기 때문에 문화적 균열과 지체와 독자적 전유 양상에 초점을 맞추지 않는다. 심성사는 그 속성상 균열보다는 통합에 관심을 두는 것이다. 그런 심성사의 문제점은 카를로 진즈부르크(Carlo Ginzburg)의 미시사가 출현한 이래 분명하게 드러났다. 미시사는 문화적 통합이라는 겉모습 아래 어떤 균열들이 자리하고 있었는지를 제대로 보여 주기 때문이다.

라이하르트 자신도 그 문제점을 의식하고 있다. 1998년에 발표한 논문에서 그는 자신의 역사의미론이 '대단히 통일적인' 사유체계를 재구성하려는 경향이 있다고, 다시 말해 '특정한 문화의 심성이 마치 그 자체로 완결적이고 완전히 동질적인 기호체계인 양' 생각하는 경향이 있다고 인정했다. 그리고 이 문제점을 '어느 정도만이라도(ansatzweise)' 극복하기 위해서는 다양한 텍스트를 발굴하는 것 외에 한 개념이 어떻게 다양하게 의미화되는지 유의해야 한다고 말했다.[53] 이는 충분히 가능해 보인다. 예컨대 그의

---

53 Reichardt, Rolf(1998a), "Historische Semantik zwischen lexicométrie und New Cultural

바스티유 연구는 팔루아의 바스티유 유물이 다종의 경우처럼 통용된 지방도 있지만 그렇지 않은 지방이 꽤 있었음을 보여 준다. 라이하르트가 만일 통합만이 아니라 균열에도 관심을 가졌더라면, 바스티유 유물이 통하지 않은 이유를 단순하게 해당 지역의 정치적·사회적 보수성에서 찾지 않고, 그 지역에서 바스티유가 어떻게 다르게 의미화되고 있었는지, 그 지역의 기본 개념은 무엇이었는지 질문하고 규명할 수 있었을 것이다.[54]

라이하르트의 개념사가 겨냥한 세 번째 목표, 즉 개념을 통하여 특정한 시대의 사회를 읽어 내는 것이 아니라 개념에 의하여 사회가 만들어지는 과정을 드러내는 데에서도 라이하르트는 부분적으로만 성공한 것으로 보인다. 개념들의 연쇄 전체가 심성을 구성하고, 그것이 인간의 의식을 지배하리라는 것은 자명하다. 따라서 라이하르트의 개념사가 현실을 주조하는 개념의 힘을 드러낼 수 있는 방법이라는 것은 분명하다. 그러나 '개별' 개념의 차원에서는 그렇지 못하다. 앞에서 서술했듯이 한 개념을 사회의 지표로서가 아니라 사회의 요소로서 드러내기 위한 최선의 길은 해당 개념과 사회적 현실 사이의 간극을 보여 주는 것이다. 그 간극에서 개념이 갖는 현실적·물질적 힘이 분명하게 포착되기 때문이다. 라이하르트는 실제로 바스티유 개념의 경우에 그 간극을 극명하게 보여 주었다. 그러나 honnête homme, 철학자, 유물론자 항목에서는 전혀 그렇지 않다. 하기야 그 개념들에 상응하는 현실이 도대체 무엇이란 말인가? 그런 것은 없다. 오히려 경험공간과 기대지평이라는 시간적 차원을 구비한 코젤렉의 '운동 개념'이,

---

History : Einführende Bemerkungen zur Standortbestimmung," in Rolf Reichardt ed.,
Aufklärung und Historische Semantik : Interdisziplinäre Beiträge zur westeuropäischen Kulturgeschichte, Berlin : Duncker & Humbolt, p. 26.
54   라이하르트는 19세기 초에 '민족(Nation)' 개념이 독일 지역에서 다양하게 이해되었다는 예를 들고 있다(Reichardt, Rolf(1998a), 앞의 글, p. 26).

현실을 반영하는 개념으로서가 아니라 현실을 만들어 내는 개념의 역할을 제대로 수행할 수 있을 것 같아 보인다. 인간은 그런 개념을 통하여 경험을 해석하고 미래를 지향하기 때문이다.

그러나 라이하르트 개념사에는 개념의 물질적 힘을 드러내는 또 다른 방법이 구비되어 있다. 개념 자체의 역동성이 그것이다. 예컨대 honnête homme 개념이 궁정 밖으로 나오고 덕이라는 의미가 투여되자, 그 개념은 윤리화되었고, 윤리화는 내면화를 촉발시켰으며, 내면화는 그 개념에서 정치성을 배제시켰다. 그리고 honnête homme에 함축되어 있는 사회적 명성 때문에 철학자 개념은 honnête homme을 이용하여 사회적 호소력을 얻을 수 있었지만, honnête homme에 함축되어 있는 궁정적 기원과 비정치성 때문에 철학자 개념이 honnête homme으로부터 얻을 수 있는 도움은 한정되었고, 따라서 철학자 개념이 충분히 확산되고 독립적으로 되자 honnête homme 개념과 분리된다. 이 과정은 사용자의 의지와 무관하게 벌어지는 일이다. 개념은 그 속에 내재한 요소 때문에 그 개념이 펼쳐질 수 있는 벡터가 정해지고 의미의 확대에 한계가 주어지는 것이다. 개념을 그처럼 자체의 생명력을 갖는 유기체로 간주하는 역사학은 그러나 몰인간적인 역사학이다.

이러한 문제점들에도 불구하고 라이하르트는 개념사의 잠재력을 여실히 보여 주었다. 코젤렉이 개념사를 사회사로 제시했다면, 라이하르트는 개념사를 통하여 상징의 역사와 심성의 역사로 나아갔다. 그렇다면 언어에 집중하는 또 다른 연구 방법인 담론 분석, 특히 역사학에 막대한 영향을 미친 푸코의 담론과 개념사의 관계는 어떻게 보아야 할까? 최근 라이하르트의 동료 학자들이 개념사와 담론사를 연계하려는 움직임을 보이고 있으므로 간단하게나마 그에 대해 논하기로 한다.[55] 우선 유사한 것부터 짚어 보자. 양자 모두 언어행위를 사회적 실천으로 간주한다. 따라서 누가 말하느냐가 중요하기는 하지만, 발화 주체는 어디에서 말해지는가에 의하여, 즉 영역에 의해서 규정된다. 영역 문제에서 양자가 일치한다는 것은 앞에서 지적한 바 있다. 둘째, 언어를 사회적 실천으로 이해한다는 것은 발화의 대상이 언어행위에 의하여 만들어진다고 이해한다는 뜻이다. 이 문제에 대하여 라이하르트는 분명한 입장을 표명하지 않았다. 그러나 라이하르트는 바스티유 연구에서 '전제정의 보루'로서의 바스티유가 감옥의 현실에 의해서가 아니라 언어행위에 의해 만들어진 것임을 보여 주었다. 따라서 이 문제에서도 양자 사이에는 접점이 있다.[56]

셋째, 푸코는 개념이 담론에 의하여 의미화된다고 단언한다. 다시 말해서 한 개념은 어떤 담론에 편입되느냐에 따라 다른 의미를 갖는다는 것이다. 따라서 추적해야 할 것은 개념이 아니라 담론 자체이다. 개념사는 특정한 개념의 역사를 추적하기 때문에, 개념사의 개념과 담론 이론의 개념은 언뜻 상이해 보인다. 그러나 앞에서 설명했듯이 라이하르트의 개념사에서 한 개념은 특정한 '의미장'에서 비로소 의미화된다. 그래서 한 개념의 역사를 추적하는 일은 고정된 의미를 장착한 어떤 개념의 역사적 기능과 역할을 찾아내는 것이 아니라, 오히려 한 개념이 어떤 의미장 속에서 공시적·통시적으로 작동하는가를 드러내는 작업이다. 따라서 이 문제에서도 양자는 상통한다고 할 것이다.

더욱 중요한 것은 미셸 푸코의 담론 연구의 실제를 보면 개념 연구가 결정적인 지렛대로 쓰이고 있다는 점이다. 예컨대 『성의 역사(L'histoire de

---

55 Lüsebrink, Hans-Jürgen(1998), "Begriffsgeschichte, Diskursanalyse und Narrativität," in Rolf Reichardt ed., *Aufklärung und Historische Semantik : Interdisziplinäre Beiträge zur westeuropäischen Kulturgeschichte*, Berlin : Duncker & Humbolt, pp. 29~44.
56 푸코의 담론에 대해서는 이정우(2002), 『담론의 공간』, 산해 ; 사라 밀즈(2001), 『담론』, 김부용 옮김, 인간사랑 ; 미셸 푸코(1992), 앞의 책.

la sexualité)』에서 푸코는 '동성애자'라는 개념이 1860년대에 비로소 출현한 사실을 '동성애행위'가 '동성애자'로 변화한 징후로 간주한다. 19세기 말의 '과학'의 영역에서 출현한 '도착'이라는 개념도 마찬가지다. 게다가 성 담론이 동성애자와 도착을 만들어 냄으로써 '정상적인 성'을 만들어 냈다는 그의 진술은, 반의어를 의미장 분석의 핵심으로 삼는 개념사를 떠올리게 한다. 만일 개념사가 19세기 중반 이후의 성의 역사를 연구한다면, 동성애자·도착·게이·레즈비언 개념의 탄생과 그 의미장을 분석하고 그런 개념들의 반의어로서 '자연적인 성'을 찾아내어 그것을 정상적인 성으로 해석할 것이다.

물론 푸코의 담론은 몇 개의 개념을 분석함으로써 포착해 낼 수 있는 것이 아니다. 푸코는 개념을 개념들의 계열, 공존, 간섭이라는 훨씬 넓은 장에 배치시켰다. 그리고 그는 대상과 주체와 개념 외에 담론을 이론적으로 실현하고 제도화하는 '전략'도 담론의 요소로 파악했고, 복수의 영역을 횡단하는 시대 특수적인 인식 방식인 '에피스테메'와 담론을 연결했다. 게다가 그는 그러한 '고고학적' 측면 외에 담론의 동역학 내지 권력론이라는 '계보학적' 측면도 이론화했다. 라이하르트가 의존한, 의미장이라는 다소 협소한 낱말망에 개념을 배치한 에우제니오 코세리우의 이론과, '전형'의 '제도화'에 머물고 만 버거와 루크만의 이론에 의지해서는 푸코의 광대한 차원에 도달하기는 힘들 것이다.[57] 그러나 그러한 '상대적인' 협소성이 역사학에 꼭 부정적인 것만은 아니다. 역사학은 한 시대의 광대한 초상을 그려 내지만, 상대적으로 작은 주제에 천착하여 그 개별성 속에서 시대적 보편성을 묻기도 하기 때문이다.

---

57 피터 버거와 토마스 루크만의 지식사회학에서 제도화란 예컨대 특정 개념이 사전의 항목으로 등장할 때, 즉 한 개념이 독립할 때 달성되기 시작한 것으로 파악한다. 제도화는 물론 관습과 법에서 더욱 공고화된다.

그러나 개념사가 담론에 유의하면서 얻은 성과는 분명해 보인다. 개념을 단어에 한정시킨 코젤렉과 달리 라이하르트는 개념의 의미를 대폭 확대시켰다. 그는 한 개념이 단어로서 발화될 때만이 아니라 그에 함축된 의미가 다양한 기호로 표현될 때에도, 즉 각종 이야기 · 사건 · 조형물 · 상징행위 · 삽화 · 회화 · 에피소드 등으로 표현될 때도 단어로 발화될 때와 동일한 역할을 한다고 파악했다. 예를 들어 바스티유 연구에서 라이하르트는 바스티유라는 단어만 분석한 것이 아니라 바스티유에 대한 체험수기, 그 수기의 삽화, 바스티유 함락 기념제, 바스티유를 해체하는 작업, 바스티유의 잔해를 지방으로 운반하는 예식, 바스티유에 대한 기억 등을 분석하고 그 모든 기호와 이야기에 의하여 바스티유가 의미화되는 모습을 그려 냈다. 라이하르트가 상징의 역사를 그려 낼 수 있었던 것은 그러한 개념의 의미 확대 덕분이다.[58] 그리고 라이하르트는 회화와 기념제 같은 문화적 표상들을 개념과 등치시킴으로써, 예컨대 푸코가 심성사에 가한 비판을 비켜 갈 수 있었다. 푸코는 담론 뒤에는 아무것도 없다고 단언했다. 이는 발화의 배후에 집단정신이나 시대정신 따위는 없다는 뜻인데, 문화적 표상을 심성의 표현으로 간주하는 아리에스의 역사학도 동일한 비판을 받을 수밖에 없다. 라이하르트는 아리에스와 달리 문화적 표상을 개념과 등치시킴으로써, 즉 심성을 표현하는 것이 아니라 심성을 규정하는 기제로 개념을 파악함으로써 그런 종류의 비판에서 자유로울 수 있게 되었다.

---

58 라이하르트의 그러한 작업은 계속되고 있다. Reichardt, Rolf(1998b), "Lumières versus Ténèbres : Politisierung und Visualisierung aufklärischer Schlüsselwörter in Frankreich vom XVII. zum XIX. Jahrhundert," in Rolf Reichardt ed., *Aufklärung und Historische Semantik : Interdisziplinäre Beiträge zur westeuropäischen Kulturgeschichte*, Berlin : Duncker & Humbolt, pp.83~170 ; Reichardt, Rolf and Hubertus Kohle(2008), *Visualizing the Revolution : Politics and the Pictorial Arts in Late Eighteenth-Century France*, London : Reaktion.

참고문헌

배해수(2005), 『한국어 분절구조의 이해』, 푸른사상.

이정우(2002), 『담론의 공간』, 산해.

강수택(1981), 「현상학적 사회학의 사회구조론 연구를 위한 시론 : 알프레드 슈츠의 사회세계의 구조론을 중심으로」, 서울대학교 대학원 사회학과 석사학위 논문.

김광기(2002), 「왜 사회세계엔 '전형'이 반드시 필요할까? : 알프레드 슈츠의 '전형성' 개념을 중심으로」, 『한국사회학』 제36집 제5호.

나인호(2007), 「개념사란 무엇인가?」, 고원·김영순·나인호 외, 『문화학으로의 여행』, 세종출판사.

라인하르트 코젤렉(1998), 『지나간 미래』, 한철 옮김, 문학동네.

뤼시앵 페브르(1996), 『16세기의 무신앙 문제 : 라블레의 종교』, 김응종 옮김, 문학과지성.

모리스 아귈롱(2001), 『마리안느의 투쟁 : 프랑스 공화국의 초상과 상징체계 1789~1880』, 전수연 옮김, 한길사.

미셸 푸코(1992), 『지식의 고고학』, 이정우 옮김, 민음사.

사라 밀즈(2001), 『담론』, 김부용 옮김, 인간사랑.

장루이 플랑드랭(1994), 『성의 역사』, 편집부 옮김, 동문선.

호르스트 게켈러(1988), 『구조의미론과 낱말밭 이론』, 장영천 옮김, 집현사.

P. L. 버거·T. 루크만(1982), 『지식 형성의 사회학』, 박충성 옮김, 홍성사.

Brunner, Otto, Werner Conze and Reinhart Koselleck eds.(1972~1997), *Geschichtliche Grundbegriff : Historisches Lexikon der politisch-sozialen Sprache in Deutschland* 1-8, Stuttgart : Klett-Cotta.

Lüsebrink, Hans-Jürgen and Rolf Reichardt(1997), *The Bastille : A History of a Symbol of Despotism and Freedom*, Durham : Duke University Press.

Reichardt, Rolf and Hubertus Kohle(2008), *Visualizing the Revolution : Politics and the Pictorial Arts in Late Eighteen-Century France*, London : Reaktion.

Reichardt, Rolf, Eberhard Schmitt and Hans-Jürgen Lüsebrink eds.(1985~2000), *Handbuch politisch-sozialer Grundbegriffe in Frankreich 1680-1820* 1-20,

개념사의 지평과 전망

München : Oldenbourg.

Geißler, Rolf(1985), "Matérialisme, Matérialiste," in Rolf Reichardt and Eberhard Schmitt eds., *Handbuch politisch-sozialer Grundbegriffe in Frankreich 1680-1820* 5, München : Oldenbourg.

Gumbrecht, Hans-Ulrich and Rolf Reichardt(1985), "Philosophe, Philosophie," in Rolf Reichardt and Eberhard Schmitt eds., *Handbuch politisch-sozialer Grundbegriffe in Frankreich 1680-1820* 3, München : Oldenbourg.

Koselleck, Reinhart(1972), "Einleitung," in Otto Brunner, Werner Conze and Reinhart Koselleck eds., *Geschichtliche Grundbegriff : Historisches Lexikon der politisch-sozialen Sprache in Deutschland* 1, Stuttgart : Klett-Cotta.

Lüsebrink, Hans-Jürgen(1998), "Begriffsgeschichte, Diskursanalyse und Narrativität," in Rolf Reichardt ed.(1998), *Aufklärung und Historische Semantik : Interdisziplinäre Beiträge zur westeuropäischen Kulturgeschichte*, Berlin : Duncker & Humblot.

Reichardt, Rolf(1986), "Honnête homme, Honnêteté Honnêtes gens," in Rolf Reichardt and Eberhard Schmitt eds., *Handbuch politisch-sozialer Grundbegriffe in Frankreich 1680-1820* 7, München : Oldenbourg.

Reichardt, Rolf(1988), "Bastille," in Rolf Reichardt and Eberhard Schmitt eds., *Handbuch politisch-sozialer Grundbegriffe in Frankreich 1680-1820* 9, München : Oldenbourg.

Reichardt, Rolf(1998a), "Historische Semantik zwischen lexicométrie und New Cultural History : Einführende Bemerkungen zur Standortbestimmung," in Rolf Reichardt ed., *Aufklärung und Historische Semantik : Interdisziplinäre Beiträge zur westeuropäischen Kulturgeschichte*, Berlin : Duncker & Humblot.

Reichardt, Rolf(1998b), "Lumières versus Ténèbres : Politisierung und Visualisierung aufklärischer Schlüsselwörter in Frankreich vom XVII. zum XIX. Jahrhundert," in Rolf Reichardt ed., *Aufklärung und Historische Semantik : Interdisziplinäre Beiträge zur westeuropäischen Kulturgeschichte*, Berlin : Duncker & Humblot.

일상 개념 연구[*]

―이론 및 방법론의 정립을 위한 소론

고지현

가천대학교 아시아문화연구소 책임연구원. 독일 브레멘대학에서 발터 벤야민 연구로 철학
박사학위를 받았다. 저서로는 『꿈과 깨어나기』(2007)가 있고 논문으로는 「자연은 과연 얼마
나 자연적인가?」(2013), 「바로크 비애극에서 나타나는 권력론과 벌거벗은 생명」(2013), 「발
터 벤야민 : 인식론을 통해 바라본 사유이미지」(2013), 「유행개념으로 바라본 식민지 조선
의 근대성」(2010), 「지구화와 국민(민족)국가 : 경계의 문제」(2010) 등이 있다. 또 현재 독일
프랑크푸르트학파 사회연구소 공식기관지 한국판 『베스텐트』의 편집위원으로 활동하는 가
운데 기관지 번역글 다수가 있다.

* 이 논문은 『개념과 소통』 제5호(2010. 6)에 게재되었다.

서론

서양에서 일상성의 논제화는 이 주제 자체가 지닌 독특성과 인식론적 가치에 대한 관심에서 비롯되었다기보다는 학계에 지배적으로 관철된 연구 경향의 일면성과 특정 시각의 일방통행적 독주에 대한 대안으로 제기된 측면이 강하다. 역사를 바라보는 시각이 국가 중심적이고 큰 흐름의 정치적 사건에 치중된 '거대' 담론에 맞서 이른바 '작은' 전통에 주목하는 민중사적인 맥락에서 일상사가 거론되었고, 또 기술진보주의와 합리성을 준거로 한 유럽 중심주의적 근대화 담론에서 탈피하여 비유럽 지역의 전근대적 형태 속에 침전되어 있는 고유한 역사의식 및 역사 전승 방식을 구제하기 위한 일환으로 일상계에 대한 관심이 촉구되었다.

후자의 경우 유럽과 비유럽이라는 이분법적 고찰 방식을 고수한 것이 아니라, 오히려 비유럽성이 유럽적인 문화와 역사 안에 존재하는 낯선 계기와 차이 및 대립을 조우하게 하는 지표라는 사실을 환기시켰다는 점에서 연구사적 의의가 크다. 이 같은 대안적 문제 제기는 주로 문화 연구와 결합하면서 미시사적 연구 방식을 주도했고, 실질적인 연구도 주제별·관점별 편차를 보이면서 커다랗게 분화하는 경향으로 이어진다. 따라서 일상성은 프로젝트의 지향점과 관심 주제에 따라 다양하게 이해될 수 있으며, 그것을 하나로 묶을 수 있는 통일적 패러다임이란 아직 존재하지 않는다.

개념을 통해 일상성을 고찰하는 연구에서도 사정은 마찬가지이다. 오히려 일상계에 대한 문화 연구는 매우 다양하고 풍부하지만, 일상을 주제로 한 개념 연구는 방법상의 어려움으로 인해 극히 드문 형편이다. 더군다나 연구가 개념의 의미 변천을 따라 일상성의 역사를 재구성하려는 경우에는 더욱 그러하다. 현상학적인 접근 방식은 문화 연구에 자극제가 될 수 있을 지언정 개념사의 실질적 도구로 활용되기에는 여전히 추상적인 논의에 머물러 있다. 일상계를 포괄하는 방대한 사료 또한 엄청난 부담으로 다가온다. 한마디로 말해 일상 개념을 전면에 내세운 독자적인 기획이란 찾기 어려우며, 자기 완결적이고 체계적인 이론과 방법론도 부재한 실정이다. 그러나 개념사를 기점으로 전개된 논의에서는 역사적 의미론에 일상의 문제를 포함시켜야 한다는 주장이 꾸준히 제기되어 왔다. 이러한 문제 제기는 무엇보다도 개념사의 한계를 극복하려는 동기에서 출발한 것이지만, 역사적 의미론을 심화·발전시키고 있는 기획에 일상 개념이 일부 포함되어 사례 연구로서 고찰 가치가 있는 결과물을 도출하기도 하였으며, 이론적·방법론적 논의에서 일상 개념 연구와 관련된 매우 돋보이는 성찰을 가져오기도 했다. 따라서 개념사를 중심으로 전개된 논의를 추적하면서 일상 개념 연구의 전망을 타진해 보는 일은 매우 유의미하고 가치 있는 고찰이 될 것이다.

일상 개념의 전망 속에서 바라본 역사적 의미론

코젤렉 이후 개념사의 쟁점들

19세기 문헌학, 곧 고전문헌학에서 역사적 의미론은 중요한 연구 분야 중 하나였다. 세계사적으로 유일무이한 시대를 깊이 간파해 내는 데 있어 과거의 언어로 표명된 의미들을 재구성하는 일은 반드시 선행되어야 할 전제 조건이었으며, 그러한 과제를 떠맡은 것이 바로 문헌학이었다. 방법론에 대해서도 성찰이 이루어졌다. 문헌의 맥락 속에서 수행되는 해석학이 역사적 의미론의 방법으로 활용되었던 것이다. 그러나 19세기 중반부터 개별적 체계와 자율성의 원리에 의거한 분과 학문의 관념이 등장하면서 언어적 고찰 방식과 역사적 고찰 방식이 분리되기 시작하였다. 언어학과 문학이 분과별로 독립하자, 그간 긴밀한 연계를 이루었던 언어와 문헌의 문제가 학문적 고찰 대상으로서 갈림길에 들어섰다. 물론 역사적 고찰 방식은 언어학에서는 언어사로, 문학에서는 문학사로, 대상의 성격 규정에 따라 보존되는 듯이 보였으나, 실상 역사에 대한 구상에서는 각자 다른 길을 걸었다. 문학사의 기술은 기본적으로 사건사로 이해되었던 반면, 언어학적 역사 구상은 엄밀한 법칙에 종속된 자연과학적 모델로 정향되었다. 따라서 언어학은 음운변화의 법칙을 해명하는 일을 주된 과제로 삼았고, 언어사의 관점 또한 음운변화의 계열에 따른 의미변화의 법칙을 발견하는 일로 축소되었다. 이로써 19세기 문헌학적 백과전서파의 의식에 여전히 생생하게 살아 있던 역사적 의미론은 문학에서도 언어학에서도 자취를 감추게 된다.

라인하르트 코젤렉(Reinhart Koselleck)의 개념사가 일구어 낸 커다란 성과 중의 하나를 꼽으라면, 새로운 문제 제기와 결합한 역사적 의미론의 복원이라 할 것이다. 그동안 독일에서 개념사라 하면 무엇보다도 '개념철학'이었다. 장구한 세월 동안 지대한 영향을 미친 여러 사상이나 위대한 작품 또는 신조에는 시대적 배경과 역사적 맥락을 초월하는 순수 결정체로서의 관념이 지속적으로 작용하며, 그러한 순수 관념의 존재를 정당화하면서 명료화하는 일이 철학에 있다는 것이었다. 따라서 개념철학은 궁극적으로 특정 개념이 각 시대에 구체적으로 무엇을 어떤 관점에서 표명하며 또 어떻게 이해되었는가를 묻기보다는, 관념들의 복합체 속에 나타나는 모호함과 혼란스러운 연관, 곧 오류를 밝히는 데 치중했다. 이와 같은 전통적 관념사 또는 사상사[1]와는 달리, 코젤렉의 『역사적 기본 개념(*Geschichtliche Grundbegriffe*)』은 개념사를 정치적·사회적 맥락 속에서 전개되는 의미의 역사로 파악한다. 역사적 의미론에 함축되어 있는 사회사적 연구라는 매우 포괄적인 문제 제기는 기존의 사료 편찬에서 직접적인 묘사나 보고의 형식으로 제시된 사건사 또는 사태사로 축소되는 것이 아니라, 오히려 '언어적 인식 과정에서 재발견될 수 있는 구체적인 경험들과 기대들'[2]에 초점이 맞추어져 있다. 코젤렉의 기획은 분과 학문을 뛰어넘어 역사학자, 법학자, 경제학자, 철학자, 신학자 등 전문 학자들을 한곳에 집결시킨 방대한 학제 간 연구 성과를 일구어 내기에 이른다.

이 같은 성과는 국제적 차원에서 전폭적인 호응과 찬사를 받음과 동시에 프로젝트 자체에 내재한 한계를 지적하는 목소리가 적잖이 등장하면서 개념사에 대한 본격적인 토론을 유발하였다. 비판의 화살은 무엇보다도 개념사의 새로운 패러다임을 가능케 한 조건들에 집중되었다. 사회사적 문제 제기를 뒷받침할 이론적 토대와 언어론적 요소·방법론 사이에 여전히 극복하지 못한 틈새가 존재한다[3]는 한계가 지적되는데, 그것은 그 자체로 이론적 통찰의 미흡함, 방법론의 불안정성, 또 인식 발견술적 차원에서 이루어지는 예견을 충분히 정당화할 수 있는 명료한 논거의 부재 등에서 비롯되는 것이다. 이로 미루어 볼 때, 코젤렉의 성과는 역사적 의미론의

---

1 이에 대해서는 나인호(2009), 「개념사는 어째서 새로운가」, 박근갑 외, 『개념사의 지평과 전망』, 소화 참조.

2 Koselleck, Reinhart(1983), "Begriffsgeschichtliche Probleme der Verfassungsgeschichts-schreibung," in *Gegenstand und Begriffe der Verfassungsgeschichtsschreibung*(Tagung der Vereinigung für Verfassungsgeschichte in Hofgeismar am 30-31. März 1981), Der Staat, Beiheft 6, Helmut Quaritsch(Red.), Berlin : Duncker Verlag, p.45.

3 Gumbrecht, Hans-Ulrich(1978), "Für eine phänomenologische Fundierung der sozial-historischen Begriffsgeschichte," in Reinhart Koselleck ed., *Historische Semantik und Beriffsgeschichte*, Stuttgart : Klett-Cotta, p.76.

자기 완결적인 체계를 제공했다기보다는 그것이 향후 나아가야 할 방향과 이정표를 모색하기 위한 초석의 역할을 했다고 말할 수 있다. 점차적으로 독문 학자의 개입으로 확산된 토론은 코젤렉이 제시한 새로운 패러다임을 심화·발전시킴과 동시에 개념사의 연구 대상 또한 심층적인 차원으로 확장하려는 의도를 분명하게 표명한다. 바로 여기에 개념사를 둘러싼 논쟁이 우리에게 흥미로울 수 있는 이유가 있는데, 논쟁의 전개 과정에서 우리의 관심사인 일상 개념 연구의 단초들이 발견되기 때문이다. 따라서 그 단초들을 중심으로 코젤렉 이후 대두된 개념사의 쟁점들을 살펴보기로 한다.

첫째, 코젤렉의 기본 개념은 대(大)사상가를 중심으로 문헌 텍스트의 선별이 이루어지고 있다. 따라서 그 텍스트 읽기 방식이란 '정상(頂上)에서 정상으로의 이동'이라는 전통 철학적 규준을 따를 수밖에 없으며,[4] 바로 그러한 점에서 개념사가 애초 극복하고자 했던 전통 관념사를 완전히 탈피하지 못하고 있다. 이러한 한계는 기본 개념의 사회적 대표성을 충족하기 위한 조건은 무엇인가라는 물음과 직결된다. 개념사가 왜 '일상 텍스트를 경시'[5]해야 하는지, 이에 대해 납득할 만한 근거가 제시되지 못하는 한 '엘리트주의'라는 혐의[6]를 털어 버리기 위해서도 일상어의 포괄적인 수용이 불가피하다는 데 일련의 학자들은 공감하고 있다.

4 Reichardt, Rolf(1985), "Einleitung," in Rolf Reichardt and Eberhard Schmitt ed., *Handbuch politisch-sozialer Grundbegriffe in Frankreich 1680-1820* Heft 1-2, München : Oldenbourg Verlag, p.63 ; Schultz, Heiner(1978), "Begriffsgeschichte und Argumentationsgeschichte," in Reinhart Koselleck ed., *Historische Semantik und Beriffsgeschichte*, Stuttgart : Klett-Cotta, p.50.
5 Busse, Dietrich(1987), *Historische Semantik : Analyse eines Programms*(Sprache und Geschichte 13), Stuttgart : Klett-Cotta, p.65.
6 Polenz, Peter von(1973), "Rezension von Brunner/Conze/Koselleck 1972, Bd. 1," in *Zeitschrift für germanistische Linquistik* 1, p.236.

둘째, 코젤렉은 역사적 현실이 언어적 파악과는 전혀 무관할 수 없다는 입장임에도 불구하고 정작 인식론적 관점에서 대두될 수밖에 없는 언어의 문제에 대해서는 매우 모호한 태도를 취하고 있다. '현대언어학, 특히 구조주의언어학'과 일정 거리를 두면서도 '언어학적 개입을 활용한다'[7]는 지침은 이론적인 면에서나 방법론적인 면에서 아무것도 말해 주는 것이 없다. 사실 언어에 대한 성찰은 개념사가 궁극적으로 지향하는 바를 구체화하는 문제와 결부되어 있다. 원론적인 수준에서 말하자면, 개념사 연구의 주된 동기는 의미의 역사 및 그 내용의 해명을 통해 한 시대를 지배한 의식과 동시대인의 자기 이해를 세밀하게 파악할 수 있다는 것에 있다. 이를 코젤렉의 경우 '경험과 기대'라는 칸트철학을 연상시키는 범주 안에 포착하는데, 이로써 개념사의 지향점이 추상적 차원에 머물고 만다. 논의의 대상을 보다 구체화하기 위해서는 바로 이 부분이 언어에 대한 성찰과 매개될 필요가 있다. 특히 일상어의 적극적 수용을 옹호하는 입장은 개념사의 이론적 토대로 심성사를 제안한다. 이에 대해서는 앞으로 상세하게 논의될 것이다.

셋째, 코젤렉은 연구 대상을 규정하기 위해 개념을 단어와 구별하나 그 논거가 그리 명쾌한 것은 아니다. "개념은 단어에 근거하기는 하지만, 동시에 단어 이상이다." "단어는 사용되면서 명확해질 수(일의적일 수, eindeutig) 있다. 반면에 개념은 개념이기 위해 다의적이어야 한다." 이러한 주장은 일견 타당해 보일 수 있으나, 코젤렉 자신이 인정하고 있듯이 단어의 본질 자체가 다의성에 기초해 있다는 사실로 미루어 보면 그렇게 통찰력 있는

---

7 Koselleck, Reinhart(1972), "Einleitung," in Otto Brunner, Werner Conze and Reinhart Koselleck eds., *Geschichtliche Grundbegriffe : Historisches Lexikon zur politisch-sozialen Sprache in Deutschland* 1, Stuttgart : Klett-Cotta, p.21.

개념사의 지평과 전망

논변이라고 볼 수 없다. 실제로 코젤렉에게 있어 개념은 인지적 실재인지 아니면 단어의 또 다른 표현에 불과한 것인지 불분명하다.[8] "개념은 그것이 파악하는 연관에 대한 지표일 뿐 아니라 그것 자체가 하나의 요소이다."[9] 개념이 전자의 경우라면 인식의 기능일 터이지만 후자라면 연관을 구성하는 의미를 가리킬 것이고, 그것은 불가피하게 단어의 의미층들에 봉착할 수밖에 없다. 이렇듯이 개념에 대한 이해가 인식의 기능과 언어 기호 사이를 동요하는 것은 근본적으로 언어에 대한 성찰의 부재에서 비롯된 것인데, 방법론상 파생되는 직접적인 귀결은 '파악되어야 할 연관들', 곧 의미망의 분석이 매우 불안정한 형태를 띨 수밖에 없다는 데 있다. 코젤렉의 개념사를 비판적으로 계승하려는 기획들은 언어의 의미를 보다 정밀하게 포착하기 위해 말 곧 단어의 텍스트 분포를 분석 단위로 설정하며, 특히 일상어로 확장하는 경우 그러한 경향은 더욱 강화된다.

넷째, 마지막으로 담론 분석의 전적인 결여가 한계로 지적된다. 담론 분석적 문제 제기는 언어학적 성찰을 중심으로 문헌 자료로 활용되는 텍스트 개념을 새롭게 규정하는 일에서 의미의 연관성을 지식의 역사로 포착하는 일까지, 더 나아가 의미의 역사성에 대한 재조명 등 매우 폭넓은 논의에 걸쳐 있다. 우리의 주된 관심은 역사적 의미론이 담론 분석과 결합하는 지점인데, 그 이유는 여기에서 심성사의 프로그램이 보다 엄밀한 방식으로

---

8 Busse, Dietrich(1987), *Historische Semantik : Analyse eines Programms*(Sprache und Geschichte 13), Stuttgart : Klett-Cotta, p.61. 또한 개념과 단어의 구별이 모호하다는 지적은 Hermanns, Fritz(1995), "Sprachgeschichte als Mentalitätsgeschichte : Überlegungen zu Sinn und Form und Gegenstand historischer Semantik," in Andreas Gardt, Klaus J. Mattheier and Oskar Reichmann eds., *Sprachgeschichte des Neuhochdeutschen : Gegenstände, Methoden, Theorien*(Reihe Germanistische Linguistik 156), Tübingen : Max Niemeyer, p.81, p.85를 참조.

9 라인하르트 코젤렉(2007), 『지나간 미래』, 한철 옮김, 문학동네, pp.134~135.

담론사로서의 개념사로 규정됨으로써 일상 텍스트가 역사적 의미론의 연구 대상으로 포착될 수 있는 조건을 엿볼 수 있기 때문이다. 다만 오늘날 담론 연구라는 것이 어떤 이론적 배경에 위치하는지조차 판가름할 수 없을 정도로 전 학문 영역에 유행어로 번지고 있는 상황을 고려해 볼 때, 간략하나마 담론 개념 자체에 대한 정리가 불가피해 보인다.

프랑스의 경우 담론 연구는 매우 일찍이 활성화되어 각 연구 분야로 자연스럽게 확산되었지만, 독일의 경우 담론 개념 자체에 대한 저항감이 먼저 앞서 그 연구 경향을 받아들이는 데 상당한 시간을 필요로 했다. 독일에서의 이와 같은 지체 현상은 무엇보다 알튀세르(Louis Althusser)에서 미셸 푸코(Michel Foucault)에 이르는 이른바 구조주의에 대한 반감에서 비롯되었다. 특히 프랑크푸르트학파로부터 영향을 받은 신좌파는 프랑스의 구조주의 또는 후기 구조주의를 일종의 역사에 대한 공격으로 받아들였고, 그러한 가운데 담론 분석에 비합리주의라는 꼬리표가 붙었다. 문제는 담론에 대한 인식이 프랑크푸르트학파의 제2세대를 대표하는 위르겐 하버마스(Jürgen Habermas)의 개념과 혼선을 빚으면서 매우 피상적 수준에서 회자된다는 점이다. 하버마스의 담론 개념은 공론장에서 이루어지는 일종의 담화론으로, 합리성을 규범으로 한 이상적 상태 곧 지배로부터 자유로운 토론을 목표로 하였다. 반면 담론 분석적 의미론은 텍스트를 통해 특정 규칙에 따라 기능하는 언술 방식과 그 역사적 변화를 읽어 내려 하기 때문에 사실상 하버마스의 철학적 기획과 결합하기란 매우 어려운 일이었다.[10] 언어학

---

10 이와 같은 차이에 대해서는 Link, Jürgen(1988), "Literaturanalyse als Interdiskursanalyse : Am Beispiel des Ursprungs literarischer Symbolik in der Kollektivsymbolik," in Jürgen Fohrmann and Harro Müller eds., *Diskurstheorien und Literaturwissenschaft*, Frankfurt am Main : Suhrkamp ; Plumpe, Gerhard(1988), "Kunst und juristischer Diskurs : Mit einer Vorbemerkung zum Diskursbegriff," in Jürgen Fohrmann and

에는 하버마스의 담화론과는 맥을 달리하는 담론 분석의 전통이 있다. 여러 사람 간의 대화 및 토론 그리고 논쟁의 분석이 바로 그것인데, 이 경우한 사람의 언술 또한 유사 대화적 성격으로 규정된다. 이것이 영미권에서통상 행해지는 담론 분석이며, 또 독일 학계에서 일반적으로 사용하는 의미이다.

이와 달리 각별한 의미로 쓰이는 것이 바로 푸코의 담론 개념이라 할수 있는데, 1970년대 후반에 이르러 푸코를 역사에 적대적이라기보다는오히려 역사 연구의 다른 길을 탐색한 철학자로 받아들이는 독일 학자들이등장하면서 그의 담론 이론 또한 점차적으로 수용되기 시작했다. 푸코의담론은 제도화된 언술 방식을 뜻하며, 무엇보다도 에피스테메 곧 과학사적고찰에 집중되어 있다. 푸코의 이론은 역사적 의미론을 담론 분석으로 확장하는 데 있어 일종의 가교 역할을 한다.

일상 개념의 이론적 기반으로서의 심성사

개념사에 있어 왜 언어의 문제가 중요한가? 개념사란 언어의 형식으로전래되는 개념을 연구 대상으로 삼으며, 언어 현상의 무대 곧 텍스트를읽어 내는 방식이다. 따라서 언어의 문제 제기에는 언어를 통해 이루어지는 의미의 생산 및 전유 과정을 역사적 대상으로 삼아야 한다는 요구가담겨 있다. 언어란 인간이 세계를 인지하는 수단이자 그에 대한 자기 이해를 표현하는 매개물이며, 한마디로 세계를 전유하는 양식이다. 그것은 의사소통과 같이 인간의 상호 교류 형식을 형성한다는 점에서 애초부터 사회적 성격을 지니며, 전유의 양식 또한 시대에 따라 달리해 왔다는 점에서

Harro Müller eds., *Diskurstheorien und Literaturwissenschaft*, Frankfurt am Main : Suhrkamp 참조.

역사적 산물이다. 이렇게 보면 개념사는 세계에 대한 지식의 역사와 의사소통의 역사를 포괄할 수밖에 없다.

언어는 세계를 구성하는 힘을 내재하고 있는데, 그 연관성을 가장 먼저 적절하게 정식화한 것이 '언어를 사유의 표현'[11]으로 본 헤르더(Johann Gottfried von Herder)의 언어철학이다. 이 같은 통찰을 이어받아 훔볼트는 '언어를 형상화하는 인간의 힘'을 세계와 타자와의 대화 속에서 '세계를 사유로 변형시키는 행위'로 규정한 바 있다.[12] 이보다 후대에 지대한 영향을 미친 중요한 진술이 있는데, '각각의 언어 속에는 독특한 세계관'[13]이 담겨 있다는 시각이 바로 그것이다. 언어의 상이성(다양성)이 세계관 자체의 상이성(다양성)을 표현한다는 주장은 오늘날에도 여전히 가장 많이 인용되며 또 언어철학의 기본 원리임에도 불구하고, 정작 언어학적 연구 대상으로는 진지하게 받아들이지 않는 경향이 있다. 그 이유는 훔볼트의 후예들이 언어를 국민(민족) 언어와 동일시함으로써 파시즘이 그것을 원초적 태고형의 문화민족주의 정책에 활용하는 빌미를 제공했던 기억이 있기 때문이다. 이 같은 동일시는 언어공동체의 다양성을 단일한 통일 민족 언어로 환원할 뿐만 아니라 언어의 역사성과 사회적 관계를 전적으로 간과하는 결과를 낳았다. 어찌 되었든 파시즘이라는 역사적 경험은 독일 학계에서도 일종의 트라우마로 작용했음을 어림짐작할 수 있다. 나치의 경험은 훔볼트의 언어

11　"사유한다는 것은 말하는 것과 거의 다를 바 없다"[Herder, Johann Gottfried(1960), *Sprachphilosophie : Ausgewählte Schriften*, Erich Heintel ed., Hamburg : Felix Meiner, p.100].

12　Humboldt, Wilhelm von(1963b), *Schriften zur Sprachphilosophie* 3(Über die Verschiedenheit des menschlichen Sprachbaues und ihren Einfluß auf die geistige Entwicklung des Menschengeschlechts, 1830-1835), Darmstadt, p.413.

13　Humboldt, Wilhelm von(1963a), *Schriften zur Sprachphilosophie* 3(Über die Verschiedenheit des menschlichen Sprachbaues, 1827-1829), Darmstadt, p.224.

개념사의 지평과 전망

철학이 다른 방식으로 실현될 수 있는 가능성을 찾아 우회로를 걷게끔 만들었다고 볼 수 있는데, 우회로란 다름 아닌 프랑스 아날학파에서 시작된 심성사 연구의 수용이다.

아날학파의 창시자인 뤼시앵 페브르(Lucien Febvre)와 마르크 블로크(Marc Bloch)는 이미 1930년대부터 사회사와 경제사뿐 아니라 문화, 의식의 형태 등과 같은 '제3차원'의 문제에 역사적 시선을 던질 필요가 있음을 피력했다. 단순하게 관념이나 헤겔식 시대정신이 아니라 물질적인 것과는 다른 존재 양식, 요컨대 지금까지 정신적이라 간주된 차원을 연구 대상으로 삼아야 한다는 것이다. 그러한 차원이 '심성(mentalité)'과 '심성적 도구(outillage mental)'라는 새로운 개념으로 제시되었다. 아날학파의 심성사 기획은 유년기와 죽음에 대한 태도를 다룬 필리프 아리에스(Philippe Ariès)의 『아동의 탄생(L'enfant et la vie familiale sous l'Ancien Régime)』(1960)과 『죽음 앞의 인간(L'homme devant la mort)』(1977)으로 이어지며, 관점의 통일을 지양한 채 풍속사·예술사·정치사·일상사 등을 아우르는 아리에스와 조르주 뒤비(Georges Duby)의 『사생활의 역사(Histoire de la vie privée)』(1985~1987·전5권)로 결실을 보게 된다. 독일에서의 수용도 그러하지만, 프랑스의 심성사가 세계적으로 급속도의 파급 효과를 볼 수 있었던 것은 그 문제 제기가 함축하고 있는 일상의 차원에 대한 관심 때문이다. 심성 개념은 일상의 문제를 인류학적·심리학적 의미에서 바라볼 수 있게 했을 뿐만 아니라 복식 풍속, 성 풍속, 독서의 역사, 아주 사사로운 세면이나 세탁의 풍속까지 연구 대상으로 삼을 수 있는 이론적 근거를 제공했다. 여기에 일상계를 역사적 의미론과 결합시키려는 시도 또한 포함된다.

구체적으로 심성이란 무엇인가? 우리에게 알려진 전문 학술 용어를 빌리면, 심성사는 로고스보다는 파토스와 에토스 그리고 그로부터 촉발되는 행위를 대상으로 한다는 점에서 정신사나 관념사와 구별될 뿐만 아니라

이성 중심주의와 합리성 중심주의에 대항하는 연구 경향이다. 의식의 역사를 내용 안에 담고 있다 하더라도 의식적인 것뿐만 아니라 무의식적인 것을 포함하며, 사유의 측면도 감정과 의욕 그리고 정념의 상태와 매개되는 차원을 가리킨다. 세계의 인식에서도 심리적 인지 방식에 초점을 두고 있고, 따라서 대상 또는 사태에 대한 태도를 고찰 대상으로 삼는다. 전반적으로 볼 때 심성사는 이데올로기의 역사에 가장 근접하는데, 다만 이데올로기 개념이 정치적 입장을 달리하는 당파를 겨냥해 경멸적으로 사용하는 의미에서가 아니라 '사회적 사실'[14]로 다루는 객관적 범주를 의미하는 경우에 그러하다.[15] 물론 이데올로기 하면 즉시 마르크스주의의 토대와 상부구조론을 떠올리며 낡은 것으로 치부되고, 또 그 경제 원리로의 환원주의에 대해 건설적이기보다는 소모적인 논쟁이 더 지배했던 것이 사실이다. 이같은 상황은 오히려 이데올로기에 대한 학문적 토론이 그 자체로 이데올로기화되었다는 사실을 반증하기도 하는데, 이와 관련하여 마르크스주의의 거대 서사를 가능하게 한 계급(계급투쟁) 개념에 대한 다음과 같은 논평은 매우 주목할 만하다.

'심성'으로 표시되는 집단 현상들은 특정 계급에 직접적으로 연관, 즉 환원되지 않는다. ……이러한 의미에서 심성 개념은 일상적 의식 형성과 행동 형식을 실재(實在)의 범위로서 연구할 수 있게 해준다. 실재는 물론 계급의 사회적 역장 안에 존재하지만, 이 장과 관련하여 매번 새롭게 분석해야 할 작용 연관 관계 안에 있다. 기호와 감각, 견해와 꿈은 소위 '계급적 입장'의 직접적 표현이 아니

---

14 Schöttler, Peter(1988), "Sozialgeschichtliches Paradigma und historische Diskursanalyse," in Jürgen Fohrmann and Harro Müller eds., *Diskurstheorien und Literaturwissenschaft*, Frankfurt am Main : Suhrkamp, p.160.
15 연구 대상으로서 심성사에 대해서는 Hermanns, Fritz(1995), 앞의 글 pp.72~79 참조.

다. 그리고 경제의 장기적 발전, 경기, 사회적 긴장 등과의 특수한 연계(또는 분리)를 결정하기 위해서, 그것들은 우선 그 자체로서 진지하게 여겨져야 한다.[16]

여기에 심성사가 일상 개념의 이론적 기반이 될 수 있는 핵심이 있다. 심성은 오랜 세월에 걸쳐 굳어지거나 반복을 통해 익숙해진 사회적 집단의 습관이다. 믿음으로 뿌리내린 사유의 관성이자 체질화된 아비투스이며, 너무나 익숙해 의식의 표면으로 떠오르기보다는 당연한 것으로 간주되는 범주이다. 일상성의 본질 중 하나가 바로 이러한 진부성에 있다는 점에서 심성사는 일상 개념 연구에 이론적 전망을 제공한다. 이례적인 것, 비범한 것이 아니라 정반대로 너무나 평범하기에 하찮고 사소한 것으로 치부되어 우리의 의식을 비켜 가는 대상들[17]에 천착할 필요가 있다. 개념을 통한 이 범주의 연구는 초역사적으로 자연화된 삶의 영역에 역사성을 부여하고 관성화된 무감각[18]을 일깨운다.

언어를 사유 및 세계관의 표현으로 본 헤르더와 훔볼트의 시각은 심성사의 문제 제기와 일맥상통한다. 다만 프랑스의 심성사는 언어철학보다는 문화를 교두보로 삼아 일상계를 주제화했다는 점에서 차이가 있다. 물론 아날학파는 애초부터 언어 분석의 중요성을 의식하고 있었을 뿐만 아니라 역사적 의미론을 옹호하는 입장을 표명했지만,[19] 심성사적 문제 제기가

---

16 페터 쇠틀러 외(2002), 「심성, 이데올로기, 담론 : '제3차원'의 사회사적 주제화에 대하여」, 알프 뤼트케 · 한스 메딕 외, 『일상사란 무엇인가』, 나종석 · 문수현 · 박용희 외 옮김, 청년사, p.135.

17 Jehle, Peter(1990), "Alltäglich/Alltag," in Karlheinz Barck, Martin Fontius and Wolfgang Thierse eds., *Ästhetische Grundbegriffe : Studien zu einem historischen Wörterbuch* 1, Berlin : Akademie-Verlag, p.108.

18 Jehle, Peter(1990), 앞의 글, pp.116~118.

19 Schöttler, Peter(1988), 앞의 글, pp.161~163.

역사적 의미론과 직접 결합하기 위해서는 푸코의 담론 이론을 거쳐야만 했다. 푸코에 자극받아 언어학적 문제 제기를 통해 담론 분석을 심성사로 결합한 사람이 레진 로뱅(Régine Robin)과 미셸 페쇠(Michel Pêcheux)이다. 이 둘은 매우 실질적인 담론 분석 방법을 개발하면서 역사적 의미론에 새로운 전망을 제시했다.

라이하르트의 사회사적 의미론

코젤렉의 한계를 넘어 역사적 의미론을 심성사 및 담론 분석과 결합하는 데 획기적으로 기여한 학자가 롤프 라이하르트(Rolf Reihardt)이다. 라이하르트는 '물질적 관계와 사물에 대한 사회사적 언술이 아니라 언어의 사회적 성격'[20]을 다루는 사회사적 의미론을 제시하고 있다. 사회사적 의미론은 견고하게 구축된 방법론을 토대로 『프랑스 정치·사회 기본 개념 편람 1680~1820』으로 결실을 보았다. 물론 제목이 시사하고 있듯이, 라이하르트의 편람은 프랑스를 중심으로 정치적·사회적 기본 개념의 근대적 변화를 추적하고 있는 것이지 일상 개념이 주된 대상이 아니다. 그럼에도 불구하고 일상 텍스트의 포괄적인 수용을 통해 기본 개념의 사회적 대표성을 확보하고자 했고, 그 결과 어떤 개념〔예컨대 '바스티유(Bastille)'와 '교양인(honnête homme)'과 같은 항목〕은 일상 개념 연구의 사례라 할 수 있을 정도로 심성사적 고찰 방식을 충족하고 있다. 특히 라이하르트의 담론 분석을 포괄한 방법론은 일상 개념 연구의 모델이 될 수 있다는 점에서 각별한 주목을 요한다.

20 Reichardt, Rolf(1985), 앞의 글, p.64.

담론 분석적 어휘통계학

이른바 '언어적 전회'라는 흐름 속에서 급격하게 부상한 신문화사는 일찍이 아날학파가 제기한 심성의 문제를 문화사 서술이라는 전망 속에서 공론화함으로써 국제적으로 커다란 반향을 불러일으켰다. 신문화사는 심성의 구조를 계량적인 방법으로 접근할 수 없다는 입장에서 주로 미시분석적 접근 방식을 선호했다. 하지만 신문화사가 기본적으로 사회적·문화적 의미 지향성을 중요한 논제로 삼고 있음에도 불구하고, 정작 미시분석적 문화 연구가 의미 연구에 실질적으로 기여한 바가 별로 없다는 사실은 아이러니하다. 라이하르트가 정확하게 지적하고 있듯이 이 같은 모순은 방법론상의 '절충주의'[21]에서 비롯되는데, 여기에서 발생하는 역사적 의미론과의 간극을 메우기 위해 라이하르트가 자신의 학문적 입지를 신문화사와 개념 연구의 방법론을 매개하는 역할로 자리매김한 것은 단순한 우연이 아니다.

프랑스와 독일의 연구 경향을 종합하기 위한 시도로 라이하르트는 먼저 로뱅과 페쇠의 담론 분석적 어휘통계학을 받아들이고 있다.[22] 로뱅은 사회 이데올로기의 연구 일환으로 수행된 개념 분석에 어휘통계학적 방법과 기호학적 방법을 도입한 최초의 인물이다. 그 뒤를 이어 페쇠는 담론의 물질성을 강조하며 '자동주의적 담론 분석'을 개발하는데, 그것은 컴퓨터를 보조 수단으로 삼아 역사적 사료 텍스트에 나타나는 단어의 빈도수를 조사하여 거기에서 얻은 통계를 텍스트의 객관적 내용을 파악하기 위한 자료로 활용하는 것이다. 신문화사의 계량적 접근 방식에 대한 회의와 달리, 라이

---

21 롤프 라이하르트(2009), 「역사적 의미론 : 어휘통계학과 신문화사 사이」, 최용찬 옮김, 박근갑 외, 『개념사의 지평과 전망』, 소화, p.65.
22 롤프 라이하르트(2009), 앞의 글, pp.75~76 ; Reichardt, Rolf(1985), 앞의 글, pp.61~62.

191

일상 개념 연구

하르트는 어휘통계학을 방법론상 실증성과 적확성에 바탕을 둔 엄격하고도 체계적인 척도를 제공한다고 보고 있다. 단어의 빈도수 분석은 문맥에 따른 단어의 용법과 동일 의미가 반복하여 출현하는 양상에 대해 빠짐없이 확인할 수 있는 정보를 제공할 뿐만 아니라, 유사한 맥락 속에서 불명확하고 혼란스럽게 사용되는 말들을 객관적으로 검토할 수 있도록 해준다.

그러나 계량적 측정이 해석과 단어의 의미를 파악하는 질적 연구를 대체하는 것은 아니다. 계량적 측정 방식은 기술상 한정된 사료라 하더라도 매우 강도 높은 작업과 시일을 요하는 까닭에 그 결과물이 파편적 성격에 머물기 쉽고, 의미의 장기 지속이라는 요구를 충족하기에는 한계가 있다. 오히려 산발적인 미시적 분석에 그치는 경우, 어휘통계학의 강점인 적확성과 세밀함이 의미론적 질적 연구를 희생하는 결과를 낳기도 한다. 요컨대 단어의 빈도수가 사회사적 의미의 대표성을 보장하는 것은 아니며, 다양한 의미의 연관을 직접 지시해 주는 것은 더욱 아니다. 따라서 어휘통계학은 사회사적 의미론의 보조 수단이지 자기 목적이 될 수는 없다. 라이하르트는 어휘통계학의 강점을 살리는 동시에 그 한계를 보완하기 위해 의미의 연관성을 면밀하게 분석하는 의미장을 도입하고 있다.

구조적 의미장

라이하르트가 개념 분석의 또 다른 방법으로 차용하고 있는 의미장은 요스트 트리어(Jost Trier)와 그 제자들에서 시작하여 에우제니오 코세리우(Eugenio Coseriu)에 이르는 독일 구조주의언어학에서 유래한다. 의미장 이론은 이데올로기 이론을 배경으로 담론 분석으로 뻗어 간 줄기와는 달리, 독립적 학문체계로 언어학을 정립한 소쉬르(Ferdinand de Saussure)에서 출발하여 그의 이론의 취약점을 보완하고자 모색된 현대언어학적 성찰의 산물이다. 소쉬르 언어학의 문제점은 파롤(parole)과 랑그(langue)의 분리 모델에

개념사의 지평과 전망

의거한 체계 이론 자체에 있다. 랑그가 집단적 소통의 수단이자 사회적으로 합의된 기호체계로서 언어학 본령의 연구 대상으로 규정된다면, 주관적·개인적 언술로서 파롤은 언어학적 대상에서 부차적인 문제로 취급된다. 우연적이고 개별적인 계기로 치부되는 파롤은 독자적인 내적 질서를 따르는 랑그체계의 규제를 거쳐야만 언어적 사실로 인정될 수 있다. 이 같은 방법론상의 이분법은 통시태와 공시태의 분리로 이어지며, 궁극에는 언어의 역사와 학문의 대상으로서 언어의 체계가 서로 매개됨 없이 이분화되는 결과를 낳았다.[23]

문제는 이러한 체계 패러다임이 파롤과 통시태를 언어체계 밖의 문제로 설정함으로써 언술 및 의미 발생과 관련된 범위를 고찰의 대상에서 배제한다는 점이다. 바로 의미와 관련된 범주를 소쉬르의 구조주의적 시각을 희생하지 않으면서 구제하려는 것이 트리어의 언어장 이론이다. 소쉬르는 기표와 기의의 관계를 기능적이고도 본질주의적으로 규정했다. 기호는 기표와 기의의 통일체이다. 각각의 기표는 기의가 있다. 그러나 "기의 자체는 랑그의 여타 모든 기의와의 기능적 차이에 의해 규정된다." 바로 이렇게 규정된 기의의 범위가 구조적 성격으로 특징지은 의미장이다. 동일선상에서 코세리우는 정태적 성격을 띤 언어의 공시적 체계를 통시적·역동적 체계로 발전시키고자 했다.

라이하르트는 어휘통계학의 산출물을 의미장 안에 배치하고 있다.

[그림 1]에서 볼 수 있듯이 의미장의 구조적 성격을 드러내기 위해 개념을 둘러싼 네 가지 하위장이 구성되고 있다. ① 좌상에는 해당 개념을 직접

---

23 Busse, Dietrich(1987), 앞의 책, pp.17~21 ; Stierle, Karlheinz(1978), "Historische Semantik und die Geschichtlichkeit der Bedeutung," in Reinhart Koselleck ed., *Historische Semantik und Begriffsgeschichte*, Stuttgart : Klett-Cotta, pp.156~157.

계열체적 관계장　　　통합체적 관계장

개념장

기능적 반의어　　　역사적 구체화

〔그림 1〕 어휘통계학적 의미장

정의하는 모든 단어와 어법이(계열체적 관계장), ② 우상에는 내용을 형용하고 설명하며 세분화하는 단어들이(통합체적 관계장), ③ 좌하에는 체계적인 대립 개념들이(기능적 반의어), ④ 우하에는 개념을 역사적인 측면에서 구체적으로 드러내는 말들이(역사적 구체화) 배치된다. 수직선을 중심으로 단어의 빈도수가 서열별로 표기되는데, 그것이 개념장에 근접할수록 위상은 높아진다.[24] 개념의 변천은 특정 시기에 따라 의미장을 구성하여 그것을 서로 맞대 보면 나타난다고 한다. 의미장은 개념장 또는 단어장으로 구성될 수 있을 뿐만 아니라 반드시 동일한 구성 요건을 따르지 않는다. 예컨대 '바스티유' 항목은 도형처럼 대단히 밀도 높은 내용을 실은 네 가지 하위장으로 구성되지만,[25] '교양인' 항목은 통합체적 관계와 반의어 두 장으로만 배치되고 있다.[26] 그 이유는 바스티유는 1789년 프랑스혁명의 도화선이

24　Reichardt, Rolf(1985), 앞의 글, p.85.
25　김학이(2009), 「롤프 라이하르트의 개념사」, 박근갑 외, 『개념사의 지평과 전망』, 소화, pp.113~114.
26　Reichardt, Rolf(2000), "Wortfelder－Bilder－semantische Netz : Beispiele interdisziplinärer Quellen und Methoden in der Historischen Semantik," in Gunter Scholtz ed., *Die Interdisziplinarität der Begriffsgeschichte*(Archiv für Begiffsgeschichte Sonderheft), Hamburg : Felix Meiner, pp.115~120.

되면서 시대적 전환기에 뜨거운 공방의 대상이었기 때문이고, 교양인은 긍정적 의미와 부정적 의미로 아주 단순하게 양분화되는 이원론적 구조 이상의 것이 나타나지 않기 때문이다. 결국 의미장은 기본적으로 연구 대상의 성격에 좌우된다고 말할 수 있다.

사회사적 의미론의 이론적 토대 : 심성의 범주로서 사회 지식

라이하르트는 소쉬르의 체계 패러다임으로 소급되는 구조주의적 언어학에 대해 그것이 파롤과 랑그의 분리 모델에 의거하고 있다는 점에서 비판적인 태도를 취하고 있다. 이미 언급했듯이 이 분리 모델은 언술 및 의미 발생과 관련된 범위를 언어학의 대상에서 배제함으로써 애초부터 의미론적 문제 제기를 차단한다. 따라서 라이하르트가 이러한 취약점을 보완한 트리어의 의미장을 방법론으로 차용한 것은 매우 자연스러운 일이다. 이와는 또 다른 방향에서 파롤과 랑그의 분리는 '언어공동체의 논리적 기호 체계'와 '언어를 실현하는 개인적 언술'을 이원화하는데, 사실 언어의 사회적 기능에서 볼 때 이 같은 분리만큼이나 인위적인 것도 없다. 논리적인 기호 체계는 자율적인 자기 법칙만으로 작동하는 것이 아니며, 의미의 (재)생산 조건과 전혀 무관할 수 없다. 이에 대해 라이하르트는 '언어의 사회적인 것'이 이러한 인위적 분리를 극복할 수 있다고 본다.[27]

그렇다면 사회사적 의미론에 함축되어 있는 '언어의 사회적 성격'이란 과연 무엇인가? 그것은 무엇보다도 언어 관습, 즉 '개별자에게 실제 강제를 행사하고, 표현의 자유와 체제가 부여한 가능성을 전통적 실현 범위로 제한하는 규범'에 있다. 언어 규범은 코세리우를 인용한 것인데, 여기에서 언어의 사회적 성격을 정태적·공시적 관점이 아니라 통시적·역동적 관

---

27 Reichardt, Rolf(1985), 앞의 글, p.68, pp.80~81.

점에서 바라보려는 라이하르트의 시각을 엿볼 수 있다. 그러나 그는 한 발 더 나아가 언어 규범을 '사회 지식'으로 규정하고 있으며, 그 논거로 의존하고 있는 것이 피터 버거(Peter Berger)와 토마스 루크만(Thomas Luckmann)의 지식사회학이다. 지식사회학에 따르면, 사회 구성원은 세계를 인지하고 합목적적으로 행동하며 서로 교류하기 위해 공동 체험과 침전된 경험을 '전형화'한다. 전형화는 '언어를 매개로, 기호체계, 특히 일상어의 기호체계'를 통해 이루어진다.[28] 버거와 루크만은 일상계를 '정상적 성인이 상식의 태도 속에서 이미 주어진 것으로 생각하는 현실의 영역'으로 이해한다.[29] 따라서 전형화의 과정은 개인의 경험과 분리될 수 없지만, 일상계에 바탕을 두고 있고 또 진화를 거쳐 규칙과 관습 및 법으로 제도화된다는 점에서 개인의 경험을 초월하는 경향이 있다. 인간은 사회화를 통해 전형을 습득하고, 그렇게 습득된 분류법 내지 유형을 활용하여 세계를 인지하며 행동한다. 한마디로 말해 전형은 역사적으로 축적된 사회 지식과 다를 바 없다.

여기에서 질문 하나를 던져 볼 수 있을 것이다. 왜 언어의 사회적 성격을 규정하는 데 있어 코세리우의 언어규범성에 만족하지 않고 굳이 지식사회학을 끌어들이려 하는가? 주된 동기는 사회적 의미론의 연구 대상으로 지식의 역사를 포괄하려는 것인데, 지식의 문제를 사회적 대상으로 체계적으로 정립한 사회학 이론이 소쉬르의 체계 패러다임을 둘러싸고 전개된 코세리우의 성찰보다 강력한 이론적 논거를 제공한다고 보기 때문이다. 결정적인 것은 전형이 언어의 '의미'에 조응한다는 논변이다.[30] 이 시각은

---

28 Reichardt, Rolf(1985), 앞의 글, pp.64~65.
29 Gumbrecht, Hans-Ulrich(1978), 앞의 글, p.83에서 인용.
30 상세한 논의로는 Gumbrecht, Hans-Ulrich(1978), 앞의 글 참조.

사회 지식을 역사적 의미론과 결합하는 발판이 된다. 한편 롤프 라이하르트가 나름대로 전유하고 있는 지식사회학의 전형 개념은 아날학파의 심성적 도구 개념[31]과 부합한다. 공동체적 규칙과 전형은 '집단적 경험을 묶어주는 사회적 삶의 요소'이자, 근본적으로 '한 시대의 심리문화적 하부구조곧 심성적 도구이며, 정신적 태도와 심성을 특징'짓는다.[32] 일찍이 프랑스의 심성사에 지대한 관심을 보인 라이하르트는 심성적 도구를 '인지적 구성요소'로 정의내리면서 지식의 차원을 포착한 바 있다.[33] 결국 라이하르트의 사회적 의미론은 심성으로서의 사회 지식을 역사적 의미론의 대상으로 다루려는 기획인 셈이다.

언어학적 관점에서 바라본 담론 분석과 역사적 의미론

이상에서 살펴본 바에 따르면, 사회사적 의미론에는 언어학적 관점이 현저하게 약화되어 있다. 방법론상으로는 의미장을 구성하는 기초 작업으로 어휘통계학이 중심에 서 있고, 지식사를 포괄하는 이론적 기반으로는 언어의 역사에 대한 통찰보다는 사회학적 관점이 우위를 점하고 있기 때문이다. 방법상 어휘통계학의 활용은 엄격하고도 체계적인 척도를 확보한다는 점에서 반론의 여지가 없으나, 그것이 질적 연구와의 견실한 융합을

---

31 심성적 도구란 페브르가 『16세기의 무신앙 문제 : 라블레의 종교』라는 연구서를 통해 처음으로 개념화한 것으로, 보다 일반화하여 말하자면 세계를 인지하기 위해 정신계에 활용되는 도구를 가리킨다.

32 Reichardt, Rolf(1985), 앞의 글, p.67.

33 Reichardt, Rolf(1978), "'Histoire des Mentalités' : Eine neue Dimension der Sozialgeschichte am Beispiel des französisichen Ancien Régime," *Internationales Archiv für Sozialgeschichte der deutschen Literatur* 3, pp.131~133.

조건으로 한다는 점에서 취약성을 노출한다. 질적 연구는 일차적 자료가 되는 문헌에 대해 기본적이고도 해박한 식견을 전제할 뿐만 아니라, 왜 특정 문건이 고찰 대상의 표본이 될 수 있는지 타당한 근거를 대야 하고, 개념 또는 단어의 선별 방식에 대해서도 납득할 만한 이유를 제시할 수 있어야 한다. 또 해석에 있어서는 연구 대상에 대한 폭넓은 선행 지식과 문제사적인 관점이 적극 개입할 수밖에 없다.

결국 연구자의 비판적 시각과 문제의식이 역사적 의미론의 성패를 좌우한다고 말할 수 있는데, 이 같은 사실은 지금까지 수행된 담론 분석적 어휘통계학의 성과에 비추어 보면 여실히 드러난다. 로뱅과 페쇠는 계량적 측정에 만족하지 않고 의미장과 통합체적 분석을 병행했음에도 불구하고, 그 결과물은 '우리가 이미 역사적 지식으로 알고 있는 것을 입증하는' 수준에 머물고 있다. '호화롭고 복잡한 작업 기술이 결국에는 빈약한 결과'만을 도출했다는 논평은[34] 단순한 역설 이상의 것을 시사하고 있다. 의미 파악과 해석 그리고 의미장의 구조를 최종적으로 서술의 형태로 풀어낼 때, 이미 널리 알려진 사실에 의존하고 또 그것으로 환원하는 타성은 담론 분석적 어휘통계학이 가장 빈번하게 노출하는 맹점이다. 이러한 취약점에 라이하르트도 그리 자유로울 수 없는데, 그러한 점에서 사회사적 의미론이 '프랑스혁명을 새롭게 해명해 준 것이 과연 있는지' 의구심을 품는 것은[35] 전적으로 정당하다. 이 부분은 일상 개념 연구에 시사하는 바가 크다. 일상 개념 연구의 주된 동기 중 하나는 우리가 당연하게 여기는 것을 일종의 '낯설게 하기 효과(소격 효과, 브레히트·벤야민)'로 유도함으로써 일상성에 갇혀 잠들어 있는 의식에 새로운 인식의 기회를 부여하려는 데 있다. 만약 연구가

34　Schöttler, Peter(1988), 앞의 글, p.166.
35　김학이(2009), 앞의 글, p.119.

개념사의 지평과 전망

피상적인 해독에 머물러 역사적 인식을 도출할 수 없다면, 연구의 중요한 의의 하나를 상실하는 셈이 된다.

라이하르트는 담론 분석적 어휘통계학이 안고 있는 취약점을 명확하게 의식하고 있다. 이러한 사실은 자신의 기획이 아직 완결되지 않은 상태에서 지금까지의 결과물에 반영할 수 없었지만, '텍스트 및 담론의 연관성'에 주의를 환기시키고 '주제별 집중 담론 분석'의 필요성을 피력하고 있는 데에서 잘 나타난다.[36] 이와 관련하여 언어학적 성찰을 통해 담론 분석을 심화·확장함으로써 역사적 의미론의 전망을 타진하는 또 다른 논의들을 살펴볼 수 있는데, 독문학자들이 제기한 담론 의미론과 의미의 역사성에 대한 성찰이 바로 그것이다. 이 논의들은 어휘통계학이 아니라 담론 분석의 방법과 시각을 제시하고 있으므로 질적 연구를 특화·강화할 수 있다는 것이 주된 특징을 이룬다.

담론의미론 : 상호텍스트성

디트리히 부세(Dietrich Busse)와 볼프강 토이베르트(Wolfgang Teubert)에 의해 제기된 담론의미론은 '담론'을 알튀세르에서 푸코로 이어지는 구조주의가 아니라 언어학적 전통 속에서 이해한다. 간단히 말해 언술의 내용, 어법, 언술에 함축되어 있는 전제, 언어행위 등을 고찰하는 것이 담론 분석인데, 그것은 고전문헌학이 수행하던 텍스트 분석, 이른바 텍스트학이라 부를 수 있는 것에 다름 아니다. 언어학적 담론 분석에서 단어의 의미, 문장의 의미, 텍스트의 의미는 그 의미적 관계 속에서 파악되며, 연관의 구조는 텍스트의 관계 속에서 고찰된다. 이러한 시각은 고전문헌학의 전통을 현대언어학적 관점에서 복원하려는 시도로 볼 수 있는데, 이에 따라

---

36 롤프 라이하르트(2009), 앞의 글, pp.82~83.

담론을 '잠재 텍스트 자료들(virtuelle Textkorpora)'로 이해할 것을 제안하고 있다. 잠재 텍스트 자료들이란 텍스트를 무한히 조합 가능한 전체의 부분 집합으로 바라봄으로써 '열린 자료'로 이해하고, 부분 집합들의 '조합이 가장 넓은 의미에서 내용적 혹은 의미적 기준에 의해 규정'되는 것을 말한다.[37] 그러한 규정이 충족되는 경우 조합된 텍스트는 담론의 자료로 지정되고, 이에 상응하는 담론 분석의 연구 대상이 설정된다.

결국 텍스트 자료로서 담론은 '상호텍스트성'을 뜻한다. 부세와 토이베르트에 따르면, 상호텍스트성은 페쇠의 '상호 담론적 관계'와 다를 바 없다. 페쇠의 상호 담론적 관계는 푸코가 '담론적 기제 또는 구조'라 일컬은 것, 정확하게 '상이한 텍스트 사례들의 언술 혹은 언술 복합체 사이에 존재하는 내용상의 관계'를 가리킨다. 바로 이 담론적 구조의 차원에서 상호텍스트성은 상호 담론적 관계와 일치한다. 그러나 이러한 부합성에는 페쇠에게 미친 푸코의 영향으로 인해 일정한 간극이 존재한다. 왜냐하면 상호텍스트성은 텍스트 자체를 중시하고 그들 간의 밀접한 관계에 치중한 것이지만, 푸코의 담론적 기제는 텍스트 간의 직접적인 관계에서 벗어나 그 자체로 독립적인 규칙으로 발전하는 구조를 가리키기 때문이다. 요컨대 푸코에게 있어 담론은 텍스트 자료가 아니라 무수한 텍스트 사례에서 나타나는 개별 언술 또는 언술 요소 간의 관계(언표(enonce))이다. 또 상호텍스트성은 '말하는 주체 혹은 텍스트 저자'를 도외시할 수 없지만, 푸코의 구조주의적 담론에서는 누가 말하는가가 아니라 언표의 가능성과 불가능성이 중요하다.

---

37 Busse, Dietrich and Wolfgang Teubert(1994), "Ist Diskurs ein sprachwissenschaftliches Objekt? Zur Methodenfrage der historischen Semantik," in Dietrich Busse, Fritz Hermanns and Wolfgang Teubert eds., *Begriffsgeschichte und Diskursgeschichte : Methodenfragen und Forschungsergebnisse der historischen Semantik*, Opladen : Westdeutscher, pp. 14~15.

다만 페쇠가 푸코의 담론적 구조를 상호 담론적 관계로 규정했을 때는 그것이 텍스트를 지시하든 아니면 푸코의 언표를 가리키든 상관이 없어진다. 이 같은 상황은 페쇠가 푸코의 담론 이론을 어휘통계학을 중심으로 의미론적 맥락으로 변형한 데에서 비롯되었다고 할 것이다. 상황이야 어찌되었든 부세와 토이베르트는 상호텍스트성을 페쇠의 개념에 유리한 방향으로 접목시키고 있다.

담론 개념을 언어학적으로 구체화하려는 시도라면 어떤 것이든 궁극적으로 텍스트 자료의 조합이라는 문제를 피할 수 없다. (상호) 담론적 물질성(미셸 페쇠)의 구성은 동시에 텍스트 자료의 구성을 전제한다.[38]

이로써 담론 개념은 문헌학적 의미론을 강화하는 방향으로 나아간다. 이러한 변형은 "담론 분석을 단어 의미, 문장 의미 또는 텍스트 의미의 형식으로 볼 수 있게끔 한다."[39]

상호텍스트론에서 의미적 관계 속에서 바라본 텍스트 자료의 조합은 연구 대상의 구성이나 다를 바 없다. 부세와 토이베르트는 담론의미론의 방법으로 몇 가지 원칙을 제안하고 있다.

① 먼저 연구자는 텍스트 자료들을 어떤 기준을 통해 구성한 것인지, 이에 대한 근거를 제시해야 한다.

② 텍스트 자료의 구성은 이미 텍스트에 대한 이해를 전제하며, 따라서 대상 규정 및 자료 선정은 이미 연구자의 해석을 전제한다. 달리 말해 자료군의 구성 자체가 이미 해석인 셈이다.

---

38 Busse, Dietrich and Wolfgang Teubert(1994), 앞의 글, p.15.
39 Busse, Dietrich and Wolfgang Teubert(1994), 앞의 글, p.22.

③ 상호텍스트성에서 나타나는 담론의 의미적 연관성은 타당한 근거를 바탕으로 재구성되며, 내용상 함축하고 있는 구조적 특성은 납득할 만한 논증을 통해 제시된다.

④ 이 같은 근거의 제시와 논증은 어떤 구속력을 갖지 않는 임의적 행위와는 전혀 다른 것이다. 연구자는 연구 대상을 설정할 때 가설에서 출발하고, 그것이 결과물에서 납득할 만한 것으로 나타날 때 자신의 가설을 입증하는 것이 된다. 결국 담론의미론은 연구자의 문제의식, 문제 제기, 그 인식론적 가치의 비중에 달려 있다고 말할 수 있다.

⑤ 담론의 의미를 파악하는 일은 기본적으로 텍스트 '읽기'이다. 그러나 단순한 독서가 아니라, 선별된 텍스트 자료의 '읽기에 구속력을 가지면서 읽기구조 자체가 변하는'(미셸 페쇠) 독해이다. 이 같은 읽기론은 텍스트를 원칙적으로 '열린 자료'로 보는 시각에 바탕을 둔 것으로, 특정 텍스트의 의미가 어떤 통상적 의미로 고정되는 것이 아니라 담론의 상호 관계에 따라 상이한 양상을 띠면서 새로운 의미들이 표면에 떠오른다는 뜻이다. 읽기는 개별 텍스트를 보다 잘 이해하는 것에 목적을 둔 것도, 텍스트 저자가 실제 무엇을 말했는가를 밝히는 데 중점을 둔 것도 아니다. 오히려 '자료 형성을 점차적으로 교정하는 읽기', '텍스트에서 말해진 바의 가능성에 함축되어 있는 전제들이 상호 담론상(상호 텍스트상 · 의미상 · 에피스테메상 · 주제상 · 사유상)의 관계에서 생겨난 결과라는 것을 밝히려는 읽기'이다.[40]

이렇듯 상호텍스트론은 어휘통계학에 비해 방법론상 그 형식의 엄격성에서 상대적으로 자유롭고 느슨한 형식을 취하고 있지만, 연구자의 주체적 역량에 좌우되는 질적 연구에 집중해 있다는 점에서 새로운 역사적 인식을

---

40 Busse, Dietrich and Wolfgang Teubert(1994), 앞의 글, pp.17~18.

도출하는 데 유용한 방법으로 활용될 수 있다.

의미의 역사성 : 열린 의미장

상호텍스트론은 담론 분석과 의미론을 결합하는 데 있어 주체의 발화(텍스트의 저자)에 천착하므로 푸코와 일정한 거리를 두는 반면, 카를하인츠 슈티를레(Karlheinz Stierle)는 텍스트학적인 논거에 전적으로 동의하면서도 현대언어학의 체계 패러다임을 언어의 역사, 즉 의미의 생성 및 변천이라는 역사성을 중심으로 성찰함으로써 푸코의 담론 이론에 대해 상대적으로 열린 태도를 취하고 있다. 슈티를레의 핵심적 논지는 개인적 언술로서 파롤은 항상 바로 그 주체성에 선행하는 언어적 심급과 연결되어 있다는 것인데, 이렇게 개입하는 언어의 질서, 특히 '언어 외적 목적'과 결부된 언어의 질서가 바로 담론이다.[41] 담론이란 언어행위의 도식이고, 그 장소는 각각 특수한 형식으로 자리 잡은 담론 제도이다. 이렇듯이 슈티를레는 정확하게 제도화된 언술 방식이라는 푸코의 개념 속에서 담론을 이해하고 있다. 물론 푸코의 담론 개념을 역사적 의미론에 직접 적용하는 데에는 한계가 있다. 먼저 푸코에게는 단어의 역사성에 대한 성찰도, 단어의 역사성과 담론의 역사성 간의 상관관계에 대한 성찰도 존재하지 않는다. 또 그의 담론 이론은 과학 담론과 그 제도성에 정향되어 있기 때문에 담론의 실천 영역을 확장하여 바라볼 필요가 있다.

요컨대 사회는 담론의 사회성으로 규정될 수 있다. 담론의 활용에서 나타나는 불평등은 사회의 불평등이며, 담론 참여자의 불평등한 관계를 규정한다. 그것은 사회에서 순환하는 지식, 지식 생산의 수단 및 그 전유에 대한 활용이 불평등하다는 뜻이다.

---

41 Stierle, Karlheinz(1978), 앞의 글, p.163.

이러한 전제하에서 슈티를레는 담론의 질서 속에서 언어의 역사성이 가시화된다고 본다. 달리 말해 담론의 역동적인 질서 속에서 의미가 새로이 발생하고 변형하며 또 사멸하기도 한다는 것이다. 이러한 시각을 뒷받침하는 중요한 논거는 트리어의 의미장에 대한 비판적 성찰에서 마련되고 있다. 트리어의 의미장을 방법론으로 활용하는 사람들은 애초 언어가 자율적으로 의미장을 규정한다고 간주한다. 그러나 구조로서 의미장이 제시될 때, 구조를 구획한 경계 짓기는 언어가 아니라 담론의 실천 영역에 의해 이루어진다.

언어 자체가 장을 규정하는 것이 아니라 다른 실천 영역들에 인접해 있고, 그것들과 겹치며 또 그것들에 의해 중층화되는 한 실천의 영역이 그때그때 새롭게 장을 규정한다.[42]

의미장의 구조가 특정 담론의 실천 영역이 여타 실천 영역과 경계를 지으면서 구축된다면, 의미변화는 어떻게 일어나는가? 열쇠는 바로 특정 담론의 실천 영역이 다른 실천 영역과 중층화되는 지점에 있다. 서로 다른 실천의 영역 사이에 횡단이 이루어지면서 상호 담론적인 관계가 형성되는데, 여기에서 의미의 변화가 생겨난다. 즉 '어떤 단어가 고정된 장소에서 쓰이는 담론의 실천에서 그것이 아직 쓰이지 않는 다른 담론의 실천으로 옮겨 가는 경우' 관점의 변화가 일어나고, 그럼으로써 의미변화가 발생한다는 것이다. 이 같은 이동은 보통 '은유'나 '환유'의 형태로 이루어지는데, 낯선 단어의 유입은 관점의 갈등을 일으킬 수 있다. 이에 대한 저항이 심한 경우에는 의미의 축소가 일어나고, 반대로 관대한 수용은 의미 확대를

---

42 Stierle, Karlheinz(1978), 앞의 글, p.160.

가져온다. 단어 횡단의 대표적인 사례로 '저널리즘의 언술'을 꼽을 수 있다. 이 영역에서는 아주 특화된 담론과 학술 용어 그리고 일상계의 담론 사이의 지속적인 교환이 이루어진다.[43]

　푸코에 따르면, 담론은 두 가지 상반된 경향이 있다. 담론은 질서를 지향하는 한편, 사건성과 우연성에 노출되어 있다. 이 두 경향은 서로 작용하고 반작용하면서 새로운 담론의 계열을 창출하기도 하고 우연성에 노출된 담론을 견제하기도 한다. 이렇듯 담론의 분화 과정에 따라 질서를 확보하는 담론이 생기기도 하고, 실현되지 못하는 담론 계열들도 있다. 결국 담론의 제도화는 역동적 운동 원리에 바탕을 두고 있다. 한편 생성된 의미는 담론 공간에서 수용되는 정도에 따라 안정화되고 또 분화되며, 담론 도식의 형성과 관련을 맺거나 제도화된 담론 속으로 유입된다. 의미가 최종적으로 사회적인 인정을 받기 위해서는 담론의 질서에 편입되어야 한다. 슈티를레는 담론과의 관계 속에서 이루어지는 의미변화의 역동성을 표현하기 위해 구조적 의미장을 통일의 원리보다는 분화의 원리로 바라본다. '단어의 계열체상의 분화(비교 가능한 의미)와 통합체상의 분화(결합과 종합의 담론 자체에 의해 규정된 원리)'라는 구상은 의미의 역사성을 반영한 결과이다.[44]

　라이하르트는 개념의 사용이 담론의 실천 영역을 옮겨 감에 따라 '무게 중심이 이동하고 의미가 확장되거나 또는 축소'된다고 밝힌다.[45] 아울러 자신의 사회사적 의미론이 '완전히 통일된 사고'를 재구성하려는 경향으로 인해 '마치 특정한 문화의 심성들이 그 자체로 닫힌, 완전히 동질적인 기호체계'인 듯한 인상을 심어 준다고 고백한다. "그러한 단조로움과 '조화로움'

43　Stierle, Karlheinz(1978), 앞의 글, pp.179~181.

44　Stierle, Karlheinz(1978), 앞의 글, p.176.

45　Reichardt, Rolf(1985), 앞의 글, pp.83~84.

은 한 사회 내에서 대개의 경우 동시에 공존하거나 서로 경쟁적인 특정한 실천 영역들(종교·법·정치 등), 사회적 집단들과 문화적 '수준'의 담론적 다양성과 일치하지 않는다."[46] 이러한 자기비판적 진술은 전적으로 슈티를레의 견해에 동의한 결과이다. 사회사적 의미론의 취약점은 무엇보다도 의미장의 구성에 있다. 라이하르트가 제시한 의미장에서는 의미의 변천을 읽어낼 수 있다기보다는 의미의 통일적인 구조를 보게 된다. 서로 다른 시기를 준거로 작성된 의미장들을 비교해 본다 하더라도 의미의 변천을 읽을 수 있는 분화의 지점들이 명확하지 않을뿐더러 다음 시기와 연결된 분화의 전개 과정을 파악할 수가 없다. 슈티를레의 의미의 역사성에 대한 성찰은 바로 이러한 취약성을 극복하기 위해 닫힌 의미장을 열린 의미장으로 이해하자는 제안이라고 볼 수 있다.

결론

상호텍스트론과 열린 의미장론은 어휘통계학에 바탕을 둔 사회사적 의미론의 취약점을 극복할 수 있는 대안인 것처럼 보인다. 그러나 상호텍스트론은 방법론상 느슨한 형식을 취하고 있고 의미의 역사에 대한 성찰은 연구자의 시각을 교정하고 새로운 문제 제기에 유용한 원리적인 지침을 제공하지만, 어휘통계학보다 더 체계적이고 엄격한 방법론을 제시하는 것은 아니다. 새로운 문제의식과 문제 제기를 통해 독립적으로 시도될 수 있는 질적 연구는 개념의 역사적 변천을 고찰·서술하기 위해 고고학적 방법을 채택할 수 있을 것이다. 일종의 의미의 계보학이라 할 수 있는데,

---

46 롤프 라이하르트(2009), 앞의 글, p.86.

주제별 또는 개념별 연구 대상을 그 변천의 양상을 좇아 계열화하고, 각 계열을 밀도 있게 분석함으로써 의미의 분화를 파악하면서 대상의 계보를 구성하는 것이다. 이 방법은 역사적 인식을 도출하기 위한 일환으로 고문 서에 묻힌 다양한 텍스트를 발굴하는 것 외에도, 연구 대상의 범위를 완벽 하게 포괄할 수는 없기 때문에 표본 추출 자체가 중요해진다. 표본이 얼마 만큼 역사적 인식의 가치가 될 수 있는가가 관건이 될 수밖에 없다. 그렇다 고 이러한 방법이 어휘통계학의 강점인 적확성과 엄격성을 따라잡는 것은 아니며, 또 그것보다 더 우월하다고 말할 수도 없다.

하지만 원칙적으로 어휘통계학적 연구와 상호텍스트적 연구 그리고 열 린 의미장의 맥락 속에서 포착된 담론 분석이 서로 충돌하는 것은 아니다. 집중적인 질적 연구에서 파생된 문제 제기는 이를 관철하기 위해 어휘통계 학적 방법을 활용하여 제안된 가설을 실증성과 적확성으로 뒷받침할 수 있고, 텍스트에 출현하는 단어들을 빠짐없이 확인할 수 있는 어휘통계학적 인 면밀성과 미시적 결과물은 질적 연구의 작업을 교정하는 데 커다란 역할을 할 뿐만 아니라 새로운 문제 제기에 자극제로 작용하기도 한다. 요컨대 이 두 방법을 경쟁하는 관계가 아니라 서로 다른 관점을 가진 보완 의 관계로 볼 수 있다. 연구 대상의 설정과 과정 속에서는 이 두 방법 모두 교호하는 관계에 있고, 다만 결과물의 실현은 둘 중 어느 하나의 형식 을 취하게 된다.

그리고 결정적인 것은 어떤 개념이 연구 대상으로 설정되는가이다. 방 법의 채택은 대상의 성격과 무관할 수 없고, 어떤 경우에는 그것에 의해 좌우된다. 예컨대 일상 개념 연구가 상징과 이미지·아이콘 분석 등으로 확장하는 경우, 어휘통계학도 텍스트학의 의미론도 그리 도움이 되지 않는 다. 심성사 연구를 심화·발전시키는 경우, 기호론은 텍스트 중심이 아니 라 이미지기호론이 필요하며, 텍스트 개념 또한 문자 중심에서 탈피한 거대한 확장을 요한다. 이는 연구 대상이 문학 및 문화만이 아니라 예술의 영역으로까지 확장되는 것을 뜻하는데, 그에 상응하는 인식 발견술적인 보조 수단으로 도상학 연구의 분석 방식이 유용할 수 있다. 이로써 알 수 있듯이 일상 개념 연구는 어떤 하나의 완결된 모델을 단순하게 적용하는 것으로 해결되는 것이 아니라 대상에 조응하는 이론적·방법적 성찰이 수반되는 개척의 도정에 있다.

참고문헌

김학이(2009), 「롤프 라이하르트의 개념사」, 박근갑 외, 『개념사의 지평과 전망』,
　　소화.

나인호(2009), 「개념사는 어째서 새로운가」, 박근갑 외, 『개념사의 지평과 전망』,
　　소화.

라인하르트 코젤렉(2007), 『지나간 미래』, 한철 옮김, 문학동네.

롤프 라이하르트(2009), 「역사적 의미론 : 어휘통계학과 신문화사 사이」, 최용찬
　　옮김, 박근갑 외, 『개념사의 지평과 전망』, 소화.

페터 쇠틀러 외(2002), 「심성, 이데올로기, 담론 : '제3차원'의 사회사적 주제화에
　　대하여」, 알프 뤼트케 · 한스 메딕 외, 『일상사란 무엇인가』, 나종석 · 문
　　수현 · 박용희 외 옮김, 청년사.

Busse, Dietrich(1987), *Historische Semantik : Analyse eines Programms*(Sprache
　　und Geschichte 13), Stuttgart : Klett-Cotta.

Herder, Johann Gottfried(1960), *Sprachphilosophie : Ausgewählte Schriften*, Erich
　　Heintel ed., Hamburg : Felix Meiner.

Humboldt, Wilhelm von(1963a), *Schriften zur Sprachphilosophie* 3(Über die
　　Verschiedenheit des menschlichen Sprachbaues, 1827-1829), Darmstadt.

Humboldt, Wilhelm von(1963b), *Schriften zur Sprachphilosophie* 3(Über die
　　Verschiedenheit des menschlichen Sprachbaues und ihren Einfluß auf die
　　geistige Entwicklung des Menschengeschlechts, 1830-1835), Darmstadt.

Busse, Dietrich and Wolfgang Teubert(1994), "Ist Diskurs ein sprachwissen-
　　schaftliches Objekt? Zur Methodenfrage der historischen Semantik," in
　　Dietrich Busse, Fritz Hermanns and Wolfgang Teubert eds., *Begriffsge-
　　schichte und Diskursgeschichte : Methodenfragen und Forschungsergebnisse
　　der historischen Semantik*, Opladen : Westdeutscher.

Gumbrecht, Hans-Ulrich(1978), "Für eine phänomenologische Fundierung der
　　sozialhistorischen Begriffsgeschichte," in Reinhart Koselleck ed., *Historische
　　Semantik und Begriffsgeschichte*, Stuttgart : Klett-Cotta.

Hermanns, Fritz(1995), "Sprachgeschichte als Mentalitätsgeschichte : Überlegungen

zu Sinn und Form und Gegenstand historischer Semantik," in Andreas
Gardt, Klaus J. Mattheier and Oskar Reichmann eds., *Sprachgeschichte
des Neuhochdeutschen : Gegenstände, Methoden, Theorien*(Reihe Germa-
nistische Linguistik 156), Tübingen : Max Niemeyer.

Jehle, Peter(1990), "Alltäglich / Alltag," in Karlheinz Barck, Martin Fontius and
Wolfgang Thierse eds., *Ästhetische Grundbegriffe : Studien zu einem
historischen Wörterbuch* 1, Berlin : Akademie-Verlag.

Koselleck, Reinhart(1972), "Einleitung," in Otto Brunner, Werner Conze and Reinhart
Koselleck eds., *Geschichtliche Grundbegriffe : Historisches Lexikon zur
politisch-sozialen Sprache in Deutschland* 1, Stuttgart : Klett-Cotta.

Koselleck, Reinhart(1983), "Begriffsgeschichtliche Probleme der Verfassungsge-
schichtsschreibung," in *Gegenstand und Begriffe der Verfassungsgeschi-
chtsschreibung*(Tagung der Vereinigung für Verfassungsgeschichte in
Hofgeismar am 30-31. März 1981), Der Staat, Beiheft 6, Helmut Quaritsch
(Red.), Berlin : Duncker Verlag.

Link, Jürgen(1988), "Literaturanalyse als Interdiskursanalyse : Am Beispiel des
Ursprungs literarischer Symbolik in der Kollektivsymbolik," in Jürgen
Fohrmann and Harro Müller eds., *Diskurstheorien und Literaturwissenschaft*,
Frankfurt am Main : Suhrkamp.

Plumpe, Gerhard(1988), "Kunst und juristischer Diskurs : Mit einer Vorbemerkung
zum Diskursbegriff," in Jürgen Fohrmann and Harro Müller eds., *Diskurs-
theorien und Literaturwissenschaft*, Frankfurt am Main : Suhrkamp.

Polenz, Peter von(1973), "Rezension von Brunner / Conze / Koselleck 1972, Bd.
1," in *Zeitschrift für germanistische Linquistik* 1.

Reichardt, Rolf(1978), "'Histoire des Mentalités' : Eine neue Dimension der
Sozialgeschichte am Beispiel des französisichen Ancien Régime," *Inter-
nationales Archiv für Sozialgeschichte der deutschen Literatur* 3.

Reichardt, Rolf(1985), "Einleitung," in Rolf Reichardt and Eberhard Schmitt ed.,
Handbuch politisch-sozialer Grundbegriffe in Frankreich 1680-1820 Heft
1-2, München : Oldenbourg Verlag.

Reichardt, Rolf(2000), "Wortfelder—Bilder—semantische Netz : Beispiele interdiszipli-
närer Quellen und Methoden in der Historischen Semantik," in Gunter

개념사의 지평과 전망

Scholtz ed., *Die Interdisziplinarität der Begriffsgeschichte*(Archiv für Begiffsgeschichte Sonderheft), Hamburg : Felix Meiner.

Schöttler, Peter(1988), "Sozialgeschichtliches Paradigma und historische Diskursanalyse," in Jürgen Fohrmann and Harro Müller eds., *Diskurstheorien und Literaturwissenschaft*, Frankfurt am Main : Suhrkamp.

Schultz, Heiner(1978), "Begriffsgeschichte und Argumentationsgeschichte," in Reinhart Koselleck ed., *Historische Semantik und Beriffsgeschichte*, Stuttgart : Klett-Cotta.

Stierle, Karlheinz(1978), "Historische Semantik und die Geschichtlichkeit der Bedeutung," in Reinhart Koselleck ed., *Historische Semantik und Begriffsgeschichte*, Stuttgart : Klett-Cotta.

프랑스의 담론 분석과
개념사 연구*

고원

경희대학교 후마니타스 칼리지 객원교수. 저서로는 『몸으로 역사를 읽다 : 몸과 생명정치로 본 서양사』(2011 · 공저), 『대중독재와 여성』(2010 · 공저) 등이, 논문으로는 「낡은 새로운 역사와 새로운 낡은 역사 : 역사이론, 사학사의 침체와 사상사의 부상」(2013), 「마르크 블로크의 비교사」(2007), 「아날과 마르크스주의 : 조르주 뒤비와 루이 알튀세르의 이론적 관계를 중심으로」(2006), 「아날과 구조주의 : 뤼시앙 페브르와 롤랑 바르트의 관계를 중심으로」(2006) 등이 있다.

* 이 글은 『개념과 소통』 창간호(2008. 6)에 발표되었던 「프랑스의 역사 연구와 개념사」의 제목과 내용을 새롭게 수정·보완한 것이다.

머리말

1970년대 초 라인하르트 코젤렉(Reinhart Koselleck), 오토 브루너(Otto Brunner), 베르너 콘체(Werner Conze)가 편집한 『역사적 기본 개념(*Geschicht-liche Grundbegriffe*)』이 출간되면서 개념사(Begriffsgeschichte)는 곧바로 여러 나라 많은 역사가의 관심을 끌었지만, 유독 프랑스 역사가들만은 이 새로운 역사 연구에 별다른 흥미를 보이지 않았다. 아날 3세대 역사가를 대표하는 앙드레 뷔르기에르가 책임편집을 맡아 1986년에 출간한 『역사학 사전』[1]에서도 개념사 항목은 빠져 있었다. 독일 개념사를 주도한 라인하르트 코젤렉의 대표 저작 『지나간 미래(*Vergangene Zukunft*)』(1979)가 프랑스어로 번역된 것은 1990년에 이르러서였다. 프랑수아 퓌레(François Furet)가 프랑스 혁명에 관한 몇몇 저작에서 다소 산만한 방식으로 개념사방법론을 적용한 적이 있기는 하지만, 전반적으로 개념사는 프랑스 역사가들의 관심 밖에 있었다.[2] 프랑스 역사가들 스스로 "프랑스에는 독일이나 영국과 같은 개념사 연구의 조류가 전혀 존재하지 않는다"고 단언할 정도로 프랑스 역사학은 개념사에 무관심했다.[3]

물론 코젤렉의 명성은 프랑스에도 널리 알려져 있었지만, 역사가들보다

---

1 Burguière, André(1986), *Dictionnaire des sciences historiques*, Paris : Presses univer-sitaires de France 참조.
2 Furet, François(1978), *Penser la Révolution français*, Paris : Gallimard ; Furet, François ed.(1986), *Marx et la Révolution français*, Paris : Flammarion 참조.
3 Guilhaumou, Jacques(2000), "De l'histoire des concepts à l'histoire linguistique des usages conceptuels," *Genèses* 38(1), p.112.

는 해석학에 관심을 가진 철학자 사이에서 더 유명했다. 그렇다고 철학자들이 개념사에 흥미를 갖고 있었던 것은 아니다. 코젤렉을 프랑스에 적극적으로 소개한 폴 리쾨르(Paul Ricoeur)의 경우에서 보이듯이 철학자들의 관심은 개념사가 아니라 코젤렉이 역사를 해석하는 방식이었다.[4]

왜 프랑스 역사가들은 개념사에 관심을 갖지 않았을까? 언뜻 보기에 프랑스 역사학은 개념사가 발전하기 위한 유리한 여건을 갖고 있었다. 사회사·비사건사 등 독일 개념사의 주요한 이론적 전제들을 공유하고 있었고, 무엇보다 개념사의 이론적 토대 가운데 핵심 축을 구성하는 언어의 역사적 연구에 대한 문제 설정이 프랑스 역사가 사이에서도 충분히 확산되어 있었다. 그럼에도 불구하고 개념사가 받아들여지지 않은 이유는 구조주의의 영향 때문이었다. 1960년대와 1970년대 프랑스에서는 역사학과 구조주의의 결합이 이루어진다. 그 결과로 생겨난 프랑스 역사학의 실증주의적 특성은 해석학적 전통에 기반하는 개념사가 들어설 여지를 완전히 제거해 버렸고, 언어의 역사적 연구에 대한 요구는 실증주의적 담론 분석으로 해소되었다.

그렇지만 1980년대 후반부터 프랑스 역사학은 실증주의의 환상에서 깨어나기 시작한다. 그리고 정치사상 연구자들을 중심으로 '개념의 역사'에 대한 관심이 생겨나게 된다. 특히 마르크스주의 계열의 학자 가운데 일부는 자신의 작업에 개념사 연구를 적극적으로 활용하기 시작한다. 물론 이들의 연구는 독일의 개념사와는 다른 문제 설정과 지향점을 갖고 있는데, 이는 독일과 프랑스 사이의 상이한 역사적 조건을 고려한다면 아주 당연한 모습일 것이다.

이 글은 1930년대 프랑스에서 언어의 역사적 분석에 대한 문제의식이

---

4 Ricoeur, Paul(1985), *Temps et récit 3 : Le temps raconté*, Paris : Seuil, pp.302~303 참조.

개념사의 지평과 전망

제기된 이후 실증주의의 시대를 거쳐 개념의 역사에 대한 연구에 도달하는 기나긴 여정을 개괄적으로 살펴보려고 한다.

페브르와 언어의 역사적 분석

개념사의 역사를 서술하는 이들은 흔히 아날역사학의 창시자인 뤼시앵 페브르(Lucien Febvre)를 개념사 연구의 선구자 가운데 한 명으로 거론한다.[5] 페브르가 언어의 역사적 분석의 중요성을 강조한 것은 사실이지만, 그렇다고 그를 개념사의 선구자라고 규정한다면 지나치게 성급한 판단일 것이다. 페브르는 1930년에 발표한 문명의 시대적 의미 변천에 대한 연구에서 각 시대에 나타나는 문명이라는 용어의 의미변화가 18세기 후반 이래 프랑스에서 발생한 혁명들의 가장 심층적인 부분들을 이해하는 데 중요한 역할을 담당할 것이라고 이야기한 바 있었다. 또한 페브르는 용어의 시대적 의미변화에 대한 고찰이 문화사 연구의 방법론을 풍부하게 만들 것이라고 주장했다.[6] 여기에서 페브르가 역사 연구의 중요한 대상으로 본 것은 개념이 아니라 각 시대 속에서 사용되는 일상용어였다. 페브르는 훗날 학자들이 담론 분석이라고 부르게 될 일상용어 연구의 출발점을 제시한 것이다.

---

5 예컨대 Veit-Brause, Irmline(1981), "A Note on Begriffsgeschichte," *History and Theory* 20(1), p.63.

6 Febvre, Lucien(1930), "Civilisation : Evolution d'un mot et d'un groupe d'idées," *Civilisation : Le mot et l'idée*(Premiere semaine internationale de synthèse), Paris : Renaissance du Livrre. Macek, Josef(1973), "Pour une sémantique historique," in R. Aron, E. Bauer and M. Baulant et al., *Mélanges en l'honneur de Fernand Braudel 2 : Méthodologie de l'histoire et des sciences humaines*, Toulouse : Privat, p.343에서 재인용.

일상용어의 역사에 대한 페브르의 본격적인 연구는 1942년 출간된 『16세기의 무신앙 문제 : 라블레의 종교(*Le problème de l'incroyance au XVIe siécle : La religion de Rabelais*)』를 통해 구현된다. 16세기 프랑스 작가 프랑수아 라블레(François Rabelais)는 프랑스 인문학자들의 단골 연구 주제였다. 특히 그의 작품에 나타나는 비신앙적인 모습은 학자 사이에서 많은 논쟁을 불러일으켰다.

라블레는 과연 무신론자였는가? 페브르는 16세기 프랑스 사회에서 무신앙의 존재 가능성에 의문을 제기한다. 그는 먼저 라블레와 동시대인들의 증언과 시대적 배경을 검토하면서 '무신론자'라는 용어의 16세기적 의미를 살펴본다. 당시 라블레는 무신론자라는 비판을 받았지만, 당시의 시대 상황에서 무신론자라는 말은 신을 믿지 않는 사람이라는 의미보다는 상대를 비난하기 위한 일종의 욕설에 불과했다. 따라서 페브르는 오늘날의 의미에서 무신론자라는 용어를 16세기의 라블레에게 곧이곧대로 적용하는 것은 시대착오라고 지적한다. 시대 환경에 대한 고찰 없이 라블레의 작품만으로 그를 합리주의자, 자유사상가로 보는 것은 20세기의 관점으로 16세기의 작가를 잘못 이해하는 것이다. 오히려 당시의 다른 종교개혁가들에 비교하면 라블레는 온건한 편이었다고 페브르는 이야기한다.

페브르는 여기에서 멈추지 않고 한 걸음 더 나아가 16세기 시대적 상황 속에서 "과연 라블레가 무신론자가 될 수 있었을까?"를 질문한다. 이를 알아보기 위해 페브르는 16세기의 심성적 도구들(outillages mentals)을 분석한다.

각각의 문명은 자기의 심성적 도구를 가지고 있다. 나아가 동일한 문명의 각 시대마다 기술적이건 과학적이건 문명 자체를 특징짓는 각각의 진보마다 — 어떠한 용도에서는 조금 더 발달되고 어떠한 용도에서는 조금 덜 발달된, 새로워진 도구가 있다. 이 문명과 이 시대가 다음에 오는 문명의 시대에 온전하게 전달할 것인지는 확실하지 않은 심성적 도구, 그것은 손상·역류·중대한 변형 등을 겪을 수도 있다. 또는 정반대로 진보, 풍요화, 새로운 복잡화 등을 겪을 수도 있다. 그것은 그것을 만들 줄 알았던 문명에게 유효하고 그것을 사용하는 시대에 유효하다. 그것은 영원히 유효하지도 않으며, 온 인류에게 유효한 것도 아니다.[7]

라블레가 무신론자가 되기 위해서는 기독교를 대신하여 합리적이고 이성적인 사고체계를 구성할 수 있는 요소로서, 그리고 이를 바탕으로 기독교를 체계적으로 비판할 수 있는 수단으로서 심성적 도구를 가지고 있어야 했다. 16세기의 라블레는 이러한 심성적 도구를 가지고 있었을까?

페브르에 따르면 16세기의 심성적 도구들, 즉 철학·과학·수학·문학 등은 17세기 데카르트와 더불어 뒤늦게 등장하게 될 논리적 사고의 수준에는 미치지 못하는 것들이었다. 당시 사람들의 사상은 그 시대가 가지고 있던 어휘의 부족, 구문의 한계로 인하여 견고성이나 명증성을 가질 수 없었다. 16세기에는 수학적 논증 방식의 엄격함, 계산 방식의 정확성, 증명 방식의 우아함 등이 결여되어 있었으며, 이러한 시대적 조건은 무신론의 토대가 되는 과학적이고 비판적인 철학의 등장을 허락하지 않았다. 당시 종교는 개인과 집단생활의 중요한 골격을 이루고 있었으며, 비종교적인 사고가 생겨날 수 있는 여지가 존재하지 않았다. 결국 라블레는 16세기의 뛰어난 지성이었음에도 불구하고 자신이 살던 시대의 한계를 벗어날 수

7 뤼시앵 페브르(1996), 『16세기의 무신앙 문제 : 라블레의 종교』, 김응종 옮김, 문학과지성, p.199〔Febvre, Lucien(1942), *Le problème de l'incroyance au XVIe siécle : La religion de Rabelais*, Paris : Albin Michel〕.

없었다는 것이 페브르의 결론이었다. 자신의 시대를 넘어설 수 있는 토대가 아직 마련되지 않았기 때문이다. 이와 같은 결론은 "개인은 자기 시대와 사회 환경이 허용하는 범위 내에서만 존재한다"는 페브르의 역사관을 다시 한 번 확인해 주는 것이었다.[8]

페브르의 연구는 역사가 사이에서 그다지 좋은 평을 얻지 못했다. 심지어 아날 내부에서도 혹평이 제기되었는데, 아날의 지적 스승이었던 앙리 베르(Henri Berr)나 절친한 동료인 마르크 블로크(Marc Bloch)까지 페브르가 "지적 엘리트의 창조적인 역할을 부정했다"고 지적하였다.[9] 하지만 그의 연구는 약 20년 후 프랑스 역사학계에 커다란 반향을 가져온다. 미셸 푸코(Michel Foucault)가 시대별 에피스테메(épistémè)에 대한 고고학적 연구를 통해 페브르의 문제 제기에 응답하고, 그 성과에 매료된 프랑스 역사가들은 담론 분석이라는 새로운 연구 분야에 뛰어든다.

실증주의적 담론 분석

물론 페브르의 연구는 이후 프랑스 역사학이 걷게 될 긴 여정의 출발점이었을 뿐이다. 그의 작업은 언어의 역사적 분석이라는 역사 연구의 새로운 길을 터주었지만, 프랑스 역사학의 전개 과정 전체를 결정짓지는 못했다. 프랑스 역사학자들에게 페브르보다 더 많은 영향을 미친 것은 구조주의라는 거대한 물결이었다. 특히 구조주의언어학과 그에 기반하여 등장한

---

8 Febvre, Lucien(1953), "Une vue d'ensemble : Histoire et psychologie"(*Encycloopédia français, t. VIII*), *Combats pour l'histoire*, Paris : Armand Colin, p.211.
9 페브르의 저서에 대한 여러 비판은 김응종(1991), 『아날학파』, 민음사, pp.57~59 참조.

구조주의인류학은 20세기 후반 프랑스 역사학에 지대한 영향을 주었다. 프랑스 역사가들이 개념사에 별다른 흥미를 느끼지 못한 결정적인 이유는 바로 구조주의의 영향 때문이었을 것이다.

1960년대 이후 독일 개념사 역시 구조주의언어학의 성과들을 도입하기는 하지만, 기본적으로 개념사는 해석학에 기반한 이념사의 전통에 속해 있다.[10] 본래 개념사는 역사가가 아닌 철학자가 사용하던 연구방법론이었다.[11] 엄격한 의미에서 개념사라기보다는 개념철학이 더 적합한 표현일 것이다. 1960년대 후반 역사가들의 주도로 개념사는 체계적인 이론을 갖추고 독자적인 연구 분야로 재정립된다. 역사가들의 개념사 연구를 주도한 코젤렉은 개념사를 사회사와 연결하면서 기존 철학자들의 작업을 넘어서는 '사회사적 개념사'의 이론체계를 제시하였다. 역사가들의 개념사는 기존의 철학적 개념사가 결여하고 있던 '역사적인 질문'에 기반하고 있다. 즉 개념과 역사적 현실이 어떠한 관계를 맺고 있으며, 서로 어떠한 영향을 주고받는지의 문제가 주요하게 제기되는 것이다. 코젤렉에 따르면 개념은 역사적 현실들과 분리하여 사고될 수 없다. 역사적 현실의 변화는 개념의 변화에 영향을 주며, 또한 개념의 변화는 역사적 현실의 변화에 영향을 준다. 물론 개념과 역사적 현실의 변화는 시간적으로 일치할 수도 그렇지 않을 수도 있다. 서로 변증법적 지양이 이루어질 수도 있지만 대립 관계가 완전히 해소되지 않을 수도 있다. 따라서 개념사를 연구한다는 것은 개념과 역사적 현실 사이의 복잡하게 얽혀진 관계를 분석하는 작업이 될 수밖에

---

10 1960년대 이후 독일 개념사를 이끈 코젤렉은 하이델베르크대학에서 카를 뢰비트(Karl Löwith)와 한스게오르크 가다머(Hans-Georg Gadamer)에게 역사철학과 해석학을 배웠으며, 마르틴 하이데거(Martin Heidegger)를 사숙했다.
11 개념사의 연원에 대해서는 이상신(1986), 「개념사의 이론과 연구 실제」, 『역사학보』 제110집, pp. 225~230 참조.

없다. 이러한 작업을 수행하기 위해서는 언어의 역사적 연구가 필요하다. 개념과 역사적 현실을 엮는 것은 바로 언어이기 때문이다. 코젤렉이 이야기했듯이, "모든 언어는 역사적으로 조건 지어져 있고, 모든 역사는 언어적으로 조건 지어져 있다."[12] 이처럼 개념사는 프랑스 역사학자들과 마찬가지로 언어의 역사적 분석이라는 동일한 문제의식을 공유하고 있었지만, 문제에 접근하는 방식은 전혀 달랐다. 방대한 규모의『역사적 기본 개념』을 통해 코젤렉이 실제로 보여 준 개념사는 역사적으로 특별한 의미를 가지고 있다고 여겨지는 몇몇 선택적 항목에만 집중하고 있으며, 접근 방식 또한 개념들의 장기적인 전개 과정에만 집중할 뿐 그 개념의 언어적 맥락 및 사회적 맥락은 소홀히 함으로써 공시성을 강조하는 구조주의의 방법과는 정반대의 길을 걸었다.[13] 이처럼 개념사는 이념사의 전통에서 완전히 벗어나지 못하고 있었으며, 따라서 전통적인 이념사와의 단절을 강조하는 프랑스 구조주의 역사가들의 흥미를 끌기가 어려웠던 것이다.

프랑스에서는 이미 1950년대부터 언어학을 매개로 역사학과 구조주의의 결합이 추진되었다. 1958년 프랑스 구조주의의 선구자 가운데 한 명인 알기르다스 쥘리앵 그레마스(Algirdas Julien Greimas)는『아날』에「역사학과 언어학(Histoire et linguistique)」이라는 논문을 기고한다. 이 논문에서 그레마스는 훗날 푸코, 레진 로뱅(Régine Robin), 미셸 페쇠(Michel Pêcheux), 프랑수아 가데(Françoise Gadet) 등이 작업하게 될 언어학적 기반을 가지는 역사적 담론 분석 프로그램의 원형을 최초로 제시한다.

---

12 Richter, Melvin(1994), "Begriffsgeschichte in Theory and Practice : Reconstructing the History of Political Concepts and Langauage," in Willem Melching and Wyger Velema eds., *Main Trends in Cultural History : Ten Essays*, Amsterdam ; Atlanta : Rodopi, p.137.
13 코젤렉의 개념사에 대한 비판은 Sheehan, James(1978), "Begriffsgeschichte : Theory and Practice," *Journal of Moderne History* 50, pp.312~319 참조.

언어학은 사회학적 태도와 어구에 대한 설명을 사실들의 원자주의와 연구자들의 심리주의에 대립시킨다. 언어는 기호들의 전체적 체계이며, 문화에 스며들어 문화로 하여금 표현되도록 한다. 언어는 단어들의 단순한 반복이 아니다. 오히려 그 자체가 상징적 체계로서 역사가 펼쳐지는 장소이다. 그것은 독자적인 사회적 공간을 형성하여 개인들 저편에 있으면서 그들에게 느낌과 행동의 양식을 강요한다. 구조화된 전체 속에서 조직된 단어들, 어휘들은 서로 영향을 미치도록 규정되며 객관적이고 필연적인 언어의 지평을 형성한다. 이러한 언어의 지평 속에서 역사학자들은 망탈리테(mentalité)의 구조와 집단적 감성의 모델을 발견할 수 있다. 이와 같은 언어의 수준에서 사회적 역할이 나뉘고 감정의 모델과 망탈리테의 규칙에 맞는 사회적 틀이 발생한다. 따라서 언어학은 전통적인 역사에 대한 표상을 고려하지 않는다. 그러나 그 대신 문화사를 서술하기 위한 통합되고 잘 짜인 계획과 함께 확실한 방법을 제시하고 있다.[14]

다시 말해 언어는 그것을 사용하는 개인을 넘어서는 독자적인 체계를 구성하고 있으며, 따라서 그 자체로서 분석되어야 할 구체적 대상이라는 것이 그레마스의 주장이었다. 그의 주장은 페브르가 제기한 언어의 역사적 분석이라는 문제 설정의 연장선상에 있었지만, 구조주의적 색채가 훨씬 더 강화된 것이었다. 이제 역사 연구의 주요 대상은 구조·모델·규칙 등이 될 것이며, 역사학은 자연과학에 버금가는 실증주의의 면모를 갖추게 될 것이다.

역사학과 구조주의의 결합을 실제로 구현한 인물은 푸코였다. 푸코는 담론이라는 개념에 특별한 인식론적 지위를 부여하면서 이를 매개로 역사학과 구조주의를 결합시킬 수 있었다. 푸코에게 담론이란 물질적 존재이

---

14 Greimas, Algirdas Julien(1958), "Histoire et linguistique," *Annales E. S. C.* 13(1), p.112.

다. 그것은 언어학적 기호 너머에 감추어져 있어 해석학적으로 간파될 수 있는 텍스트가 아니라 현실 속에 존재하면서 인간들에게 실제적인 영향력을 미치는 말하기/글쓰기의 제도화된 양식이다.

나는 담론 아래에서 인간이 어떻게 생각하는가를 찾으려는 것이 아니다. 담론을 그것의 분명한 존재 속에서 어떤 일정한 규칙을 따르는 실천으로 취급하고자 한다. 이것은 생성, 존재, 공존 혹은 기능 양식의 체계 등과 같은 규칙들이다.[15]

각 시대 속에서 담론이 기능하는 규칙과 메커니즘을 '경험적으로' 추적하는 미셸 푸코의 1960년대 저작들은 프랑스 역사가들을 매혹시켰다. 특히 야날의 역사가들은 푸코의 작업이 이제까지 자신들이 추구해 온 의식/무의식의 역사를 완성해 줄 수 있을 것이며, 무엇보다 역사적 텍스트의 객관적 독해라는 랑케(Leopold von Ranke) 이래로 역사가들의 오랜 소망을 충족해 줄 수 있을 것이라고 생각했다.

실제로 푸코의 작업이 역사가들이 생각하던 바로 그것이었는지는 논란의 여지가 많다.[16] 그러나 중요한 것은 푸코의 작업이 1960년대와 1970년대 프랑스 역사학의 여정에 결정적인 영향을 미쳤다는 사실이다. 푸코 이후 프랑스 역사학은 담론 분석이라는 새로운 분야를 개척한다.

이 분야의 선구적 인물로는 로뱅을 들 수 있다. 그녀는 1969년에 제출한 학위논문 「1789년의 프랑스 사회 : 스뮈르앙오수아 지역(La Société française en 1789 : Semur-en-Auxois)」에서 계량어의학적(lexicometric) 방법과 기호학적

---

15 Foucault, Michel(1969), "Interview par J. J. Brochier," *Magazine Littéraire* 29, p.23.
16 푸코에 대한 역사 학자들의 오해에 대해서는 Perrot, Michelle(1978), *L'Impossible prison : Recherches sur le système pénitentiaire au XIXe siècle*, Paris : Seuil 참조.

(semiotic) 방법을 사용하여 1789년 국민의회에 대한 도시와 농촌의 진정서(cahiers de doléance)에 나타난 어휘들을 분석했다.[17] 이러한 작업을 통해 그녀는 전통적인 문헌해석학적 방법을 거치지 않고도 도시와 농촌 간의 대립 혹은 부르주아와 인민계급 간의 숨겨지고 은폐된 적대감을 분명하게 보여 줄 수 있었다. 담론 분석의 일반적인 방법은 텍스트 속에 등장하는 단어, 개념, 은유 들을 분석하는 것이다. 이 단어들이 언제 어디서 얼마만큼 자주 등장하는지, 그리고 이 단어들 사이에 형성된 관계(상보성·대립 혹은 대체)는 무엇인지를 분석함으로써 텍스트에 담겨 있는 의미론적 장의 개요를 그리는 것이 담론 분석의 일차적인 목적이다. 한정된 몇몇 주요 텍스트에 등장하는 핵심 개념들에 집중하는 개념사와는 다르게 담론 분석은 신문, 잡지, 전단, 자서전, 일기, 재판 기록 등 일상의 문서들을 연구 대상으로 한다. 예컨대 자크 기요무(Jacques Guilhaumou)는 프랑스혁명 시기 급진파인 에베르 지지자들의 신문 『페르 뒤셴(Père Duchesne)』의 기사들에 대한 담론 분석을 시도한 바 있다.[18] 기요무의 작업은 이 신문이 상퀼로트의 대변지가 아니라 오히려 통속화된 자코뱅 이데올로기를 전파하는 역할을 담당했다는 것을 보여 주었다.

담론 분석은 지배 이데올로기의 메커니즘에 대한 분석에까지 연결된다. 한 시대 언어의 어법과 정형은 담론과 이데올로기의 저장고이며, 따라서 이에 대한 분석을 통해 사회를 움직이는 주요한 물질적 힘이 어떻게 작동하는지를 파악할 수 있을 것이라는 생각은 연구자들을 사회의 심층구조로서 존재하는, 이른바 '이데올로기적 생산양식'의 작동 메커니즘에 대한 연구로

---

17 Robin, Régine(1970), *La Société française en 1789 : Semur-en-Auxois*, Paris : Plon. 이 책은 그녀의 1969년 디종대학 박사학위(IIIème cycle) 청구 논문이다.

18 Guilhaumou, Jacques(1973), "L'ideologie du Père Duchesne : Les forces adjuvantes (14 juillet-6 septembre)," *Mouvement social* 85, pp.81～116.

나아가게 만들었다.[19] 구체적으로 그들은 담론 분석을 통해 표면적이고 경험적인 변이들의 조합적 계열 내에서 그것들의 불변적 구조의 흔적들을 구축할 수 있을 것이며, 그 효과들의 계열에 현존하는 구조에 접근할 수 있을 것이라고 생각했다.

담론 분석은 역사학을 언어학에 근접한 형태로 변모시켰고, 그 결과 해당 분야의 전문가가 아니면 전문 역사가들도 읽기 어려울 정도의 극단적인 역사서술 방식을 등장시켰다. 무엇보다 담론 분석은 1970년대 망탈리테의 역사 연구에 커다란 영향을 주었다. 이제까지 망탈리테 연구자들의 가장 큰 고민은 과거 사람들의 집단적 무의식, 감성, 습성 등에 어떻게 비주관적인 방식으로 접근하느냐 하는 것이었다. 담론 분석은 수치와 통계가 역사 자료의 객관적인 독해를 보증한다는 관념을 확산시켰고, 그에 따라 망탈리테 역사가들은 자신들의 연구에 '과학적인' 방법을 적극적으로 도입하기 시작했다.[20] 과학을 상징하는 수치와 통계로 무장한 망탈리테사는 역사 연구의 새로운 개척 분야로 각광받았다. 담론 분석은 그 자체로도 역사 연구의 새로운 장을 열었지만, 다른 한편으로 1970년대 프랑스에서 망탈리테 연구의 확산을 가져오는 데에도 결정적인 기여를 했던 것이다.

---

19 당시의 연구 경향에 대해서는 Pêcheux, Michel(1983), "Ideology : Fortress or Paradoxical Space," in Sakari Hänninen and Leena Paldan eds., *Rethinking Ideology : A Marxist Debate*, Berlin : Argument-Verlag ; Pêcheux, Michel and Françoise Gadet(1983), "La Langue introuvable," *Canadian Journal of Political and Social Theory* 7(1-2) 참조.

20 "미래의 역사가는 프로그래머가 될 것이며, 그렇지 않고서는 아무것도 못할 것이다"라는 에마뉘엘 르 루아 라뒤리(Emmanuel Le Roy Ladurie)의 단언은 1970년대 프랑스 역사가들의 실증주의적 경향을 단적으로 보여 준다. 당시 프랑스 역사학의 실증주의적 모습에 대해서는 Dosse, François(1987), *L'histoire en miettes : Des "Annales" à la "nouvelle histoire"*, Paris : La Découverte, pp.178~192 참조.

개념사로의 회귀

1970년대가 지나고 역사가들은 자신들의 작업을 좀 더 차분한 시각에서 바라보게 된다. 그동안 진행된 작업들의 성과를 결산해야 하는 시간이 온 것이다. 수많은 혁신적 기법을 사용하여 수행된 담론 분석의 연구들은 애초의 기대만큼 생산적인 결과를 가져오지는 못했다. 역사가들이 담론 분석을 통해 얻은 성과라고는 이미 알려진 사실을 좀 더 복잡한 방법을 통해 재증명한 것밖에는 없었다.

우리는 기껏해야 역사 지식이 이미 다른 방법에 의해 확인했던 것을 우리의 목록과 등급에 기초하여 '증명'할 수 있었을 뿐이다.[21]

더욱이 담론 분석은 좀 더 '평범한' 연구 방법을 사용하였더라면 피할 수 있었던 예기치 않은 난국까지 가져왔다. 그것은 바로 실증주의의 확산이었다. 구조주의의 주요한 특징 가운데 하나인 실증주의가 담론 분석을 통해 역사 연구에도 영향을 미친 것이다. 1970년대 프랑스 역사학이 보여주는 실증주의의 모습은 다양한 스펙트럼을 가지고 있다. '과학적인' 수치 통계가 역사의 진실을 보증한다는 계량주의에서, 지배 이데올로기적 재생산 메커니즘의 분석에 몰두하면서 구조의 동질적 불변항을 구축하고 있는 구조주의적 담론 분석에 이르기까지 실증주의는 여러 모습으로 존재하지만, 이들은 모두 역사가와 그가 연구하는 역사적 시간을 철저하게 분리하여 사고한다는 공통점을 가지고 있다. 이러한 분리를 보증하는 것은 바로 '과

---

21 Robin, Régine(1986), "L'Analyse du Discours entre la linguistique et les sciences humaines : l'Eternel malentendu," *Langages* 81, p.126.

학'이다.

그렇지만 역사가가 자신의 연구 대상과 분리되어 객관적인 관찰자로 순수하게 남아 있는 것이 가능할까? 과거와 현재는 명백하게 분리될 수 있는 것일까? 초창기 아날의 역사학을 이끌었던 페브르나 페르낭 브로델(Fernand Braudel)은 역사가가 자신이 연구하는 역사의 시간에서 벗어날 수 없음을 여러 차례 강조했다. 현재는 과거의 시간들이 쌓여서 만들어진 것이며, 현재를 살아가는 역사가 역시 이러한 시간의 영향에서 결코 벗어날 수 없다는 것이다. 프랑스 역사학이 실증주의의 문턱을 넘어서던 1971년 폴 벤느(Paul Veyne)는 "역사학은 과학이 아니며 과학으로부터 대단하게 기대할 것이 없다"면서 당시의 연구 흐름을 비판한 바 있다. 벤느에 따르면 '역사가들은 인간이 주역을 맡고 있는 실재 사건들에 관해 이야기한다. 역사란 사실로 구성되는 소설'이며, '사건들에 대한 이야기'일 뿐이다.[22] 물론 벤느의 비판은 1970년대 초의 역사가들이 받아들이기에는 지나치게 과격했다.

1980년대에 들어서면 새로운 대안들이 제시된다. 벤느가 제기했던 문제 설정의 연장선 위에서 리쾨르는 해석학적 역사 이론의 복원을 시도한다.[23] 코젤렉의 역사사상이 프랑스에서 주목받기 시작하는 것도 바로 이러한 분위기 때문이었다. 다른 한편으로 담론 분석의 흐름을 주도하던 역사가들 내에서는 반성과 함께 연구의 새로운 지향점이 제시된다. 미셸 페쇠는 1960년대와 1970년대 담론 분석의 연구 경향을 회고하며 자신들이 '과학주

---

22 폴 벤느(2004), 『역사를 어떻게 쓰는가』, 이상길 · 김현경 옮김, 새물결, pp.14~15, p.21 〔Veyne, Paul(1971), *Comment on écrit l'histoire*, Paris : Seuil〕.

23 그 대표적인 시도가 『시간과 이야기 1~3』〔Ricoeur, Paul(1983~1985), *Temps et récit* 1-3, Paris : Seuil〕이다. 리쾨르는 이 저서에서 앙리 마루에서 레이몽 아롱, 폴 벤느로 이어지는 프랑스의 해석학적 역사이론을 계승 · 발전시키고 있다.

의'에 사로잡혀 있었다고 비판한다. "이것은 불가능한 '이데올로기로부터의 도피'를 꿈꾸는, 과학과 이데올로기의 분리를 통해 역사적·정치적 현실 자체를 통제하려는 프랑스적인 방식이었다." 중요한 것은 '의미론적·화용론적 보편자들의 불가능한 이론, 즉 우리 시대의 지평 위에 새로운 지배의 꿈처럼 떠도는 그 어떤 이론에 대한 야심과의 싸움'이다.[24] 이들은 1968년 5월혁명 이후의 푸코에 주목한다. 1960년대의 '고고학'에서 1970년대의 '계보학'으로 푸코에 대한 관심이 옮겨 간 것이다. 계보학의 가장 큰 특징은 현재의 역사를 추구한다는 점이다. 계보학은 현재의 시간을 만들어 낸 역사 상황들을 추적한다. 그것은 니체가 말한 '진정한 역사'이다. 고고학이 담론의 형성과 변환을 가능하게 하는 인식론적 지층을 기술한다면, 계보학은 그 지층 내부에서 벌어지는 힘들(forces) 간의 권력관계를 탐구하고 이러한 연구를 통해 힘들의 체계가 변화하는 과정을 설명한다. 계보학을 통한 푸코의 의도는 실증적인 역사 지식을 얻고자 하는 것이 아니라 현재 시간 속의 권력관계에 직접적으로 개입하는 것이다.[25]

이제 프랑스에서 개념사가 등장할 여건이 모두 갖추어졌다. 그리고 곧 개념사의 방법론을 적용한 작업들이 정치사상 분야에서 등장하기 시작한다. 왜 하필 정치사상 분야였을까? 이 분야의 연구자들은 오랫동안 이념사 연구에 익숙했고, 따라서 개념사를 받아들이는 데에 대체로 큰 어려움이 없었기 때문일 것이다. 반면 역사가들은 실증주의 역사학의 급격한 몰락이 가져온 충격에서 벗어나기 위한 시간이 필요했다.

---

24 Pêcheux, Michel and Françoise Gadet(1983), 앞의 논문, pp. 26~28.
25 계보학과 현재의 역사에 관한 푸코 자신의 설명은 Foucault, Michel(1971), "Nietzsche, la généalogie, l'histoire," in Suzanne Bachelard, Georges Cangulhem and François Dagognet et al., *Hommage à Jean Hyppolite*, Paris : Presses Universitaires de France 참조.

1980년대 프랑스에서 개념의 역사를 고찰한 인상적인 작업으로 에티엔 발리바르(Étienne Balibar)의 마르크스사상 연구를 들 수 있다. 그는 마르크스주의의 역사 속에서 계급 개념의 전개 과정, 이데올로기 개념의 진화 과정 등을 추적하는 연구들을 통해 독일 개념사와 구별되는 '프랑스식' 개념사 연구의 가능성을 제시하였다. 발리바르가 진행한 마르크스주의 개념사 연구의 주요한 특징으로 다음과 같은 네 가지를 이야기할 수 있다.

첫째는 개념을 구조가 아닌 정세(conjoncture)와 연결지어 고찰한다는 점이다. 발리바르는 「마르크스주의에서 이데올로기의 동요」를 통해 마르크스와 엥겔스의 저작들에서 나타나는 이데올로기 개념의 변화 과정을 추적한다.[26] 발리바르는 이데올로기 개념이 처음 등장하는 1845~1846년의 시기, 다소 주변적·우연적으로 언급되는 1847~1852년의 시기, 이 개념이 완전히 사라지는 20년간의 시기, 다시 활발하게 사용되는 1870년대 이후의 시기를 구분한다. 그리고 시기마다 이데올로기의 개념과 용법이 변화하고 있음을 지적한다. 이러한 변화는 마르크스주의가 처한 역사적·정치적 정세의 변화에 따른 결과이며, 이를 바꾸어 말하면 개념의 의미는 정세의 변화 속에서 끊임없이 재구성된다는 것이다.

둘째로 구조보다 정세를 강조하는 이유는 역사적 시간을 구성하는 다양한 힘들 간의 갈등을 전제하기 때문이다. 개념은 결코 안정적이지 않다. 개념의 의미를 둘러싸고 다양한 힘이 다툼을 벌이며, 이 힘들 간의 갈등과

---

26 Balibar, Étienne(1988), "The Vacillation of Ideology," in Cary Nelson and Lawrence Grossberg eds., *Marxism and Interpretation of Culture*, Urbana : University of Illinois Press. 이외에 발리바르의 마르크스주의 개념사 연구로는 Balibar, Étienne(1982), "Classes," in Georges Labica and Gérard Bensussan eds., *Dictionnaire critique du marxisme*, Paris : Presses Universitaires de France ; Balibar, Étienne(1984), "L'idée d'une politique de classe chez Marx," *Les temps modernen* 451, pp.1357~1406 ; Balibar, Étienne(1993), *La Philosophie de Marx*, Paris : La Découvert 등이 있다.

대립·충돌을 통해 개념의 의미는 계속적으로 변화한다. 마르크스에게 이데올로기의 개념이 등장하고, 사라지고, 다시 등장하면서 그 의미가 변화하는 것은 과학과 정치, 이론과 실천을 표상하는 현실적인 힘 사이에서 마르크스주의가 영속적으로 동요하고 있었다는 사실을 나타낸다.

셋째로 이러한 변화의 과정은 진보가 아닌 진화의 형태를 그린다. 다시 말해 변화의 과정에서 의미의 후퇴나 쇠락이 배제되지 않는다. 단순하게 표현하자면 '개념화─탈개념화─재개념화'라는 순환의 모습을 보여 준다. 이는 질 들뢰즈(Gille Deleuze)가 이야기하는 '영토화─탈영토화─재영토화' 혹은 시간을 더 거슬러 올라가 브로델이 언급했던 '구조화─탈구조화─재구조화'의 과정과 같은 것이다.[27] 진보가 아니라 진화가 강조되는 것은 개념의 역사에 대한 연구가 선험적인 역사철학에 기대지 않고 구체적인 현실의 과정을 탐구하기 위해서이다.

마지막으로 발리바르의 연구는 과거에 대한 순수하게 객관적인 지식의 습득을 목적으로 하지 않는다. 그보다는 개념의 역사에 대한 연구를 통해 현재 시간 속의 권력관계에 직접적으로 개입하려는 의도를 가지고 있다. 이 점은 무엇보다 중요한데, 연구자는 현재 시간의 흐름에서 자유로울 수 없으며 연구자의 연구 또한 마찬가지이기 때문이다. 발리바르는 "모든 역사 연구는 현재의 문제에서 출발해야 한다"고 주장한 뤼시앵 페브르와 그에 충실했던 브로델과 마찬가지로 문제사(histoire-problème)의 전통에 서 있다.[28] 문제사의 문제 설정은 브로델과 푸코 그리고 발리바르에게 현재 시간

---

27 들뢰즈의 개념과 브로델의 개념 간 유사성에 대해서는 Deleuze, Gilles and Félix Guattari (1991), *Qu'est-ce que la philosophie?*, Paris : Minuit, pp.82~108 참조.

28 페브르에 따르면 "문제를 제기한다는 것, 그것은 모든 역사학의 시작이요 끝이다. 문제가 없으면 역사도 없다. 단지 이야기, 편집물이 있을 뿐이다"[Febvre, Lucien(1952), "Vivre l'histoire," in Lucien Febvre, *Combats pour l'histoire*, Paris : Armand Colin, p.22].

의 역사로 구현된다. 현재 시간의 역사는 단지 연구의 대상이 과거에서 현재로 이동했다는 것만을 의미하지는 않는다. 의도하든 의도하지 않든 간에 현재 시간의 역사학은 현재를 역사화하는 효과를 가져온다. 현재를 역사화한다는 것, 그것은 우리가 속해 있는 현재를 거리를 두고 바라보게 만든다. 그 과정에서 우리가 이제까지 너무나 당연히 생각했던 것들, 너무 가까이 있어 미처 인식하지 못하고 지나쳐 버린 것들을 새롭게 바라볼 수 있는 기회를 제공받는다. 이러한 효과는 현재를 구성하는 시간들의 기원을 거슬러 올라가면서 더욱 커진다. 구조화되면서 탈역사화된 현재를 다시 한 번 새롭게 인식하면서 현재 시간의 외부를 사유하는 작업이 가능해지는 것이다. 발리바르가 제시한 개념사는, 현재 우리가 살고 있는 세계를 구성하는 물적 토대들을 이해하고 그 토대들의 고유한 역사를 가로지르는 횡단의 과정 속에서 현재 시간이 스스로를 인식하고 자신의 변화를 사유하게 만들기 위한 전략을 내포하고 있다.

개념사와 정치철학의 결합

1980년대 이후 프랑스에서는 개념사의 방법론을 적용한 연구들이 증가하는 모습을 보인다. 특히 1989년 프랑스혁명 2백 주년을 전후하여 프랑스혁명과 관련한 다양한 경향의 연구들이 제시된다. 그중에서 마르셀 고셰(Marcel Gauchet)의 국민주권 개념의 연구와 플로랑스 고티에(Florence Gauthier)의 자연권 개념 연구는 프랑스에서 개념사 연구가 어떤 방식으로 정착되고 있는지를 잘 보여 준다.[29]

---

29 Gauchet, Marcel(1989), *La Révolution des droits de l'homme*, Paris : Gallimard ;

고셰는 신자유주의적 관점에서 국민주권 개념의 역사에 접근한다. 그는 『인권혁명(*La Révolution des droits de l'homme*)』에서 1789년 「인간과 시민의 권리 선언」의 핵심이 국민주권이라는 절대적 개념의 위치 설정이며, 여기에서 등장하는 국민주권의 개념은 절대왕정 시기 군주적 주권의 모방이자 더 나아가 단순 전도된 형태에 불과하다는 견해를 펼친다. 고셰에 따르면, 제헌의회 의원들은 '하나이며 분할이 불가능한' 절대군주의 주권에 맞서 국민을 구성하는 개인들에 기초하는, 역시 하나이고 분할이 불가능한 '일반의지'를 대응시켰다. 하지만 이러한 개념은 법적인 틀을 가지는 근대정치의 실용적인 제도화와는 양립할 수 없었다.

그 결과 국민주권의 개념은 혁명 기간 내내 직접 민주주의와 혁명적 독재 사이에서 끊임없이 동요할 수밖에 없었으며 따라서 프랑스혁명은 실패로 끝나게 되었지만, 그 상징적인 언술들은 혁명 이후 전개되는 사회적 위기의 상황 속에서 갈등하는 세력 간의 조절자적 이상의 기능을 획득한다는 것이다.

반면 고티에는 프랑스혁명기에 발표된 선언들 속에서 자연권사상에 근거하는 혁명적 이상주의 전통을 '재발견'하고자 한다. 그녀는 1789년 선언이 자유의 보편성을 강조하고 있으며, 1793년 선언은 자유의 보편적 상호성에 대한 승인 속에서 평등주의를 발전시키고 있음을 보여 준다. 두 선언은 연속성 속에 각인되어 있는데, 모두 고전적인 자연권 개념에 근거하고 있다. 반면 1795년 선언은 소유의 불가침적인 성격과 권리 / 의무의 상호성을 강조함으로써 기존 선언들에 내재되어 있던 자연권 개념을 대신하여

Gauthier, Florence(1989), "Le Doits naturel en Révolution," in Étienne Balibar et al., *Permanences de la Révolution : Pour un autre Bicentenaire*, Montreuil : La Bréche ; Gauthier, Florence(1992), *Triomphe et mort du droit naturel en Révolution : 1789-1795-1802*, Paris : Presses Universitaires de France.

시민성 개념이 대두된다고 이야기한다. 이러한 변화는 1789년 이래 지속되어 온 혁명적 이상주의 전통과의 단절을 의미한다.

마르크스주의자인 발리바르, 자유주의의 입장에 서 있는 고셰, 혁명적 급진주의의 전통을 복원하려는 고티에 등의 연구는 프랑스에서 개념사 연구가 정치철학과 결합되어 있음을 보여 준다.[30] 프랑스에서는 독일처럼 방대한 규모의 개념사 사전이 편찬되지는 않았다. 개념이란 주어진 정세 속에서 끊임없이 재정의되며, 다양한 힘들 간의 갈등·대립·충돌 속에서 지속적으로 동요하고 있으므로 사전이라는 경직된 틀 속에 영속적으로 고정시키기가 어렵기 때문이다. 무엇보다 프랑스의 개념사 연구는 사전이라는 틀을 이용해 개념의 의미를 닫아 버리기보다는 일반적인 역사서술 속에 풀어 놓음으로써 개념의 의미를 개방하고, 더 나아가 정세의 변화에 따라 계속하여 새로운 의미를 이끌어 내면서 현재 시간의 권력관계에 적극적으로 개입하는 편을 선택하였다.

---

30 프랑스의 개념사 연구에 관하여 로장발롱은 이념사와 정치사 그리고 정치철학 간의 결합을 이야기한다. Rosanvallon, Pierre(2006) "Itinéiraire et rôle de l'intellectuel : Une Entrevue avec Pierre Rosanvallon," *Revista de Libros* 28(septembre), septembre 2006 참조.

개념사의 지평과 전망

참고문헌

김응종(1991), 『아날학파』, 민음사.
이상신(1986), 「개념사의 이론과 연구 실제」, 『역사학보』 제110집.
뤼시앵 페브르(1996), 『16세기의 무신앙 문제 : 라블레의 종교』, 김응종 옮김, 문학
　　과지성[Febvre, Lucien(1942), *Le problème de l'incroyance au XVIe siècle :*
　　La religion de Rabelais, Paris : Albin Michel].
폴 벤느(2004), 『역사를 어떻게 쓰는가』, 이상길 · 김현경 옮김, 새물결[Veyne, Paul
　　(1971), *Comment on écrit l'histoire*, Paris : Seuil].

Balibar, Étienne(1993), *La Philosophie de Marx*, Paris : La Découvert.
Burguière, André(1986), *Dictionnaire des sciences historiques*, Paris : Presses
　　Universitaires de France.
Deleuze, Gilles and Félix Guattari(1991), *Qu'est-ce que la philosophie?*, Paris :
　　Minuit.
Dosse, François(1987), *L'histoire en miettes : Des "Annales" à la "nouvelle histoire"*,
　　Paris : La Découverte.
Furet, François(1978), *Penser la Révolution français*, Paris : Gallimard.
Furet, François ed.(1986), *Marx et la Révolution français*, Paris : Flammarion.
Gauchet, Marcel(1989), *La Révolution des droits de l'homme*, Paris : Gallimard.
Gauthier, Florence(1992), *Triomphe et mort du droit naturel en Révolution :*
　　1789-1795-1802, Paris : Presses Universitaires de France.
Perrot, Michelle(1978), *L'Impossible prison : Recherches sur le système péniten-*
　　tiaire au XIXe siècle, Paris : Seuil.
Ricoeur, Paul(1985), *Temps et récit 3 : Le temps raconté*, Paris : Seuil.
Robin, Régine(1970), *La Société française en 1789 : Semur-en-Auxois*, Paris :
　　Plon.
Balibar, Étienne(1982), "Classes," in Georges Labica and Gérard Bensussan eds.,
　　Dictionnaire critique du marxisme, Paris : Presses Universitaires de France.
Balibar, Étienne(1984), "L'idée d'une politique de classe chez Marx," *Les temps*
　　modernen 451.

Balibar, Étienne(1988), "The Vacillation of Ideology," in Cary Nelson and Law-
rence Grossberg eds., *Marxism and Interpretation of Culture*, Urbana :
University of Illinois Press.

Febvre, Lucien(1930), "Civilisation : Evolution d'un mot et d'un groupe d'idées,"
Civilisation : Le mot et l'idée(Premiere semaine internationale de synthèse),
Paris : Renaissance du Livre.

Febvre, Lucien(1952), "Vivre l'histoire," in Lucien Febvre, *Combats pour l'histoire*,
Paris : Armand Colin.

Febvre, Lucien(1953), "Une vue d'ensemble : Histoire et psychologie"(*Encyclope-
dia français, t. VIII), Combats pour l'histoire*, Paris : Armand Colin.

Foucault, Michel(1969), "Interview par J. J. Brochier," *Magazine Littéraire* 29.

Foucault, Michel(1971), "'Nietzsche, la généalogie, l'histoire," in Suzanne Bache-
lard, Georges Cangulhem and François Dagognet et al., *Hommage à Jean
Hyppolite*, Paris : Presses Universitaires de France.

Gauthier, Florence(1989), "Le Doits naturel en Révolution," in Étienne Balibar et
al., *Permanences de la Révolution : Pour un autre Bicentenaire*, Montreuil :
La Bréche.

Greimas, Algirdas Julien(1958), "Histoire et linguistique," *Annales E. S. C.* 13(1).

Guilhaumou, Jacques(1973), "L'idéologie du Père Duchesne : Les forces adju-
vantes (14 juillet-6 septembre)," *Mouvement social* 85.

Guilhaumou, Jacques(2000), "De l'histoire des concepts à l'histoire linguistique
des usages conceptuels," *Genèses* 38(1).

Macek, Josef(1973), "Pour une sémantique historique," in R. Aron, E. Bauer and
M. Baulant et al., *Mélanges en l'honneur de Fernand Braudel 2 :
Méthodologie de l'histoire et des sciences humaines*, Toulouse : Privat.

Pêcheux, Michel(1983), "Ideology : Fortress or Paradoxical Space," in Sakari
Hänninen and Leena Paldan eds., *Rethinking Ideology : A Marxist Debate*,
Berlin : Argument-Verlag.

Pêcheux, Michel and Françoise Gadet(1983), "La Langue introuvable," *Canadian
Journal of Political and Social Theory* 7(1-2).

Richter, Melvin(1994), "Begriffsgeschichte in Theory and Practice : Reconstructing
the History of Political Concepts and Language," in Willem Melching and

Wyger Velema eds., *Main Trends in Cultural History : Ten Essays*, Amsterdam ; Atlanta : Rodopi.

Robin, Régine(1986), "L'Analyse du Discours entre la linguistique et les sciences humaines : l'Eternel malentendu," *Langages* 81.

Rosanvallon, Pierre(2006) "Itinéiraire et rôle de l'intellectuel : Une Entrevue avec Pierre Rosanvallon," *Revista de Libros* 28(septembre).

Sheehan, James(1978), "Begriffsgeschichte : Theory and Practice," *Journal of Moderne History* 50.

Veit-Brause, Irmline(1981), "A Note on Begriffsgeschichte," *History and Theory* 20(1).

개념사는
어째서 새로운가

나인호

대구대학교 역사교육과 교수. 저서로는 『개념사란 무엇인가 : 역사와 언어의 새로운 만남』
(2011), 『21세기 역사학 길잡이』(2008·공저), 『문화학으로의 여행』(2007·공저), 『대중독재
1~3』(2005~2007·공저) 등이, 논문으로는 「한국개념사총서의 이론적 감수성」(2014),
「나치 기억을 둘러싼 언어의 정치. 개념의 투쟁」(2011) 등이 있다.

최근에 들어와 개념사에 대한 관심과 이해가 늘어나고 있지만 정작 어떤 점에서 개념사가 새로운가—혹은 새로워야 하는가—에 대한 고민은 치열하지 않다. 그 이유는 개념사를 전통적인 이념(관념)의 역사나 단어(용어)의 역사와 비슷한 것으로 인식하는 관행 때문이다.

이 글은 어째서 개념사가 새로운가를 두 가지 점에서 밝히려 한다. 먼저 개념사에서 말하는 '개념'이 무엇인가를 지적할 것이다. 개념사는 '개념'을 이론적으로 특별하게 정의하고 있다. 개념사의 정체성은 바로 '개념'의 이론적 독특성에 토대하고 있다. 다음으로 개념사는 언어와 전체 사회적인 맥락 사이의 상호 관련을 밝히려는 언어의 사회사임을 강조할 것이다. 특별히 개념사는 언어 현상으로서 개념이 지닌 정치적·사회적·문화적인 힘과 기능에 주목한다. 이를 통해 개념사는 종래의 이념사나 단어(용어)의 역사와는 달리 정치사나 사회사 혹은 문화사 등과 소통하면서 역사를 새롭게 독해하려는 일반 역사학의 한 분야로서 발전했다.

이념(관념)과 단어(용어) 사이의 개념

이념(관념)과 개념

개념사의 새로움은 무엇보다 개념사에서 말하는 개념이 이론적으로 이념(관념)과 다르기 때문이다. 그렇다면 개념과 이념(관념)의 차이는 무엇인가? 일반적으로 개념과 이념 혹은 관념은 동의어로 쓰인다. 그러나 이론적 정의를 어떻게 내리느냐에 따라 그 뜻은 달라진다. 전통적인 이념(관념)사

개념사는 어째서 새로운가

에 의하면 이념(관념)은 실제 역사적 맥락, 다시 말해 구체적인 정치적·사회적 맥락과는 동떨어진 채 전개되는 고유한 역사를 지닌다.

예를 들어 독일 역사가 프리드리히 마이네케(Friedrich Meinecke)는 장구한 세월 동안 서로 다른 맥락에서 서술된 주요 텍스트에 공통적으로 나타난 국가이성 이념(관념)의 전개 과정을 재구성하고 있다. 여기에서 그의 관심은 각 텍스트의 구체적 배경과 영향, 텍스트 저자들의 서로 다른 의도와 관점이 아니라 개별 텍스트와 저자들의 사상을 관통하여 지속적으로 작용하는 국가이성이라는 이념(관념)이다.

미국의 아서 러브조이(Arthur O. Lovejoy)는 이러한 연구 경향을 이론화했다. 그에 의하면 관념사는, '소수의 심오한 사상가나 위대한 작가의 견해나 주의(doctrine)뿐만 아니라 다수의 집단적 생각 속에 들어 있는 특정한 단위 관념들(unit-ideas)을 명료화하는 데' 특별한 관심을 기울여야 한다는 것이다. 다시 말해 관념사란 '널리 확산된 채 많은 사람의 생각(mind)의 뿌리'가 된 관념들을 연구해야 한다는 것이다.[1] 예를 들어 '기독교(Christianity)'나 '물질주의(materialism)'는 단위 관념이 아니다. 이러한 것은 단지 그 안에서 서로 모순되기도 얽혀 있기도 한 여러 관념의 복합체에 지나지 않는다. 따라서 관념사 연구자는 마치 분석화학자가 그러하듯이 이러한 사상의 복합체 안에 들어 있는 요소들을 용해하여 순결한 결정체, 즉 단위 관념을 만들어 내야 한다.[2]

이처럼 그가 말하는 '관념'이란 여러 사상으로부터 구체적인 정치적·사회적 맥락과 다양한 이데올로기적 불순물 및 역사적 영향을 제거한 후

---

1 Richter, Melvin(1987), "Begriffsgeschichte and History of Ideas," *Journal of the History of Ideas* 48, pp. 261 ff에서 재인용.
2 Lovejoy, Arthur O. (1936 / 1974), *The Great Chains of Being*(12th printing), Cambridge, Mass. : Harvard University Press, pp. 3~23 참조.

개념사의 지평과 전망

남게 되는 순결한 '단위 관념'을 의미한다. 그리고 그 단위 관념은 시대와 역사적 맥락을 초월하여 지속적으로 영향을 끼치는 불변의 상수(常數)이다. 그에 의하면 궁극적으로 관념사는 '한 시대나 운동 속의 성스러운 단어나 문구 들' 속에 내포된 의미들의 '모호함'과 이로 인한 (단위) '관념들의 혼란스러운 연관'을 밝히고, 어떻게 이러한 모호함과 혼란스러움이 주의(-ism)나 성(-nity)으로 끝나는 이데올로기나 철학체계의 발전에 영향을 주었는가를 인과관계 속에서 설명함으로써, 이데올로기나 철학체계의 '오류'를 밝히려는 '철학적 의미론'을 지향한다.[3]

이와 같이 러브조이의 관념사에서 관념은 불변의 의미를 지닌 객관적 실재이며, 역사 속에서 '(단위) 관념'은 각 시대의 구체적인 정치적·사회적 맥락 속의 사상들과 이에 담긴 개념 및 생각들(관념복합체) 속에 지속적으로 작용하면서, 그 스스로의 생성·발전·완성 혹은 사멸이라는 고유한 장기 지속의 역사를 갖는다. 예를 들어 러브조이는 모든 존재는 거대한 연쇄 고리 속에 엮여 있다는 '존재의 대연쇄' 관념의 발전을 플라톤에 의한 형성 단계에서 고대의 신플라톤주의, 중세 신학사상들, 근대 계몽주의를 거쳐 19세기 진화론적 철학사상에 이르기까지 추적한다. '존재의 대연쇄' 관념은 그것이 형성된 후 장고한 세월 동안 두 측면, 즉 '스스로 완전한 타자적 세계의 절대성'과 '현 세계에 내재하는 신(God)'이라는 두 개의 의미로 발전했으며, 19세기 이후로는 '신' 자체가 시간화되면서 이로부터 논리적 필연을 가지고 진화하는 관념으로 발전했다는 것이다. 이처럼 관념은 내적 인과관계의 고리 속에서 역사적·사회적 맥락과 동떨어진 채 스스로 발전·완성된다.[4]

---

3 Richter, Melvin(1987), 앞의 논문, pp.260~262.
4 Lovejoy, Arthur O.(1936/1974), 앞의 책, pp.315~333.

그러나 개념사는 개념을 역사적 · 사회적 맥락을 초월하여 실재하는 불변의 실체가 아니라 구체적인 역사적 · 사회적 맥락 속에서 서로 다른 의미를 내뿜고 서로 다른 기능을 소유하는 유연하고 유동적인 언어적 구성물로 본다. 관념(이념)사가들과 달리 개념사가들은 어떠한 역사적 맥락에서, 어떠한 사람이 어떠한 상황에서 누구에게 어떠한 어휘를 어떠한 의도를 가지고 어떻게 사용하는가를 중시한다.

다시 말해 특정 정치적 · 사회적 맥락 속에서 일어나는 '개념'의 이데올로기적 사용과 의미에 관심을 두고 있다. 코젤렉(Reinhart Koselleck)이 이념(관념)사를 비판하면서 말했듯이 개념사는 그 속에서 개념이 발전하고 특정한 화자에 의해 사용되는, 특정한 상황 속에서의 특정한 언어 사용을 연구한다.

따라서 관념(이념)사가들에게는 '오류'의 원인이 되는 개념(관념 / 이념)의 다양성과 모호함 그리고 혼란스러움이 개념사 연구가들에게는 개념의 진정한 특징이다. 이런 맥락에서 볼 때 관념(이념)은 진화할 수 있지만, 개념은 진화할 수 없고 단지 변화하는 것이다. 그리고 그 변화의 양상은 매우 다양할 수 있다. 이때 한 개념에 통시적으로 누적된 의미와 함의 들은 각각의 고유한 역사적 권리를 갖는다고 할 수 있다.

이와 같이 개념사는 개념을 이념(관념)이라기보다는 각 시대의 구체적 맥락에서 수행되는 언어행위(speech act)의 한 부분으로 본다. 코젤렉에 따르면 공시적으로 모든 개념은 특정 사회집단들에 의해 만들어진, 그들을 위한 또한 그들의 정치적 · 사회적 함의를 지니고 있으며, 현실을 '통합시키고 각인시키며 폭발시키는' 힘을 지니고 있다. 그리고 통시적으로 모든 개념은 역사적 변화 과정 속에서 끊임없이 일련의 의미변화를 겪는다. 따라서 공시적으로 정치적 · 사회적 · 문화적 맥락 속에서 개념을 분석하는 언어의 사회사가, 통시적으로 개념의 의미변화와 지속의 과정을 분석하는

역사의미론이 개념사의 특징을 이룬다.[5]

단어(용어)와 개념

개념이 불변하는 실체로서의 이념(관념)과 달리 개념은 유동적이고 다의적인 언어적 구성물이라면, 단어(용어)와는 어떠한 차이가 있는 것일까? 일반적으로 개념은 단어와 동의어로 쓰인다. 또한 언어학적 관점에서 볼 때 개념은 어떤 대상에 대해 '한 단어가 갖는 뜻'이다. 그러나 개념사에서 말하는 개념은 엄밀히 말해 단어(용어)와 다르며, 또한 언어학에서 말하는 '명확히 정의될 수 있는 단어의 뜻'도 아니다. 개념사에서 말하는 개념은 지칭하는 단어와 지칭되는 대상 간의 유동적이고 불명료한 관계 속에서 형성된다. 따라서 개념사는 단어·대상 그리고 의미 간의 안정적인 관계를 이미 상정한 채 한 단어의 생성과 그것의 사용, 그리고 의미의 변화를 추적하는 단어(용어)의 역사와는 다르다.

구체적으로 말하자면 개념은 일반적으로 단어의 형태를 취하지만, 모든 단어가 개념이 될 수 있는 것은 아니다. 그러면 단어는 어떻게 개념이 되는가? 실용적 차원에서 언급하자면, 한 단어가 다의적일수록 그리고 모호한 뜻을 많이 내포할수록 그 단어는 개념에 가까워진다. 코젤렉은 다음과 같이 말한다. "단어는 사용되면서 명확해질 수 있다. 반면에 개념은 개념이 되기 위하여 다의적이어야 한다."[6] 이 점에서 단어와 개념의 차이는 결정적으로 그것의 의미들이 정의(定意)될 수 있는가 아니면 단지 해석의 대상인가에 달려 있다. "단어의 의미들은 정의에 의해 정확하게 결정되지

---

5 Brunner, Otto, Werner Conze and Reinhart Koselleck eds.(1972), *Geschichtliche Grund-begriffe : Lexikon der politisch-sozialen Sprache in Deutschland*(이하 *GGB*) 1, Stuttgart : Klett-Cotta, pp.XX ff.

6 라인하르트 코젤렉(1998), 「개념사와 사회사」, 『지나간 미래』, 한철 옮김, 문학동네, p.134.

만, 개념들은 단지 해석할 수 있을 뿐이다."[7]

예를 들어 명확히 정의될 수 있는 순수한 기술적 용어나 전문용어 들은 개념이 아니다. 반면 각 시대와 구체적 상황 속에서 진행되는 수많은 정쟁과 논쟁 속에서 동원되는 용어들, 즉 개념들은 사회 각 집단 및 개인의 경험과 기대, 그리고 이해관계에 따라 항상 다의적이며 더 나아가 의미 간의 충돌을 일으킨다.

그러므로 개념이 갖는 의미는 그것들이 관계하는 정치적·사회적 맥락과 논쟁의 맥락 그리고 담론의 맥락—이러한 다양한 언어적·비언어적 맥락들에 따라 다르며, 경우에 따라서는 원래의 단어적 의미와 분리될 수 있다. 한마디로 단어가 개념이 되려면 역사적이어야 한다. 한 단어 속으로 이것이 지칭하는 수많은 정치적·사회적 의미의 맥락들과 경험의 맥락들이 한꺼번에 유입되어 있어야 비로소 단어는 개념이 된다.

이렇게 개념사는 단어와 개념에 대한 차이를 이론화하면서 단어와 개념의 관계에 대한 두 가지 특징에 착안한다. 첫째, 하나의 단어 속에는 동시대 혹은 시대의 차이에 따라 다양한 대상을 지칭하는 여러 의미가 들어가 있을 수 있으며, 이때 각각의 의미 내지 의미의 결합체들은 여러 개의 개념이 될 수 있다. 예를 들어 '혁명'이라는 단어 속에는 천체의 순환, 헌정체제의 순환, 격변, 봉기, 반란, 내전, 사회적 전환 등 시대에 따라 첨가되기도 하고 변화하기도 한 여러 의미가 들어가 있다. 이때 천체의 순환과 관련된 혁명 개념과 정치체제의 폭력적 전복과 관련된 혁명 개념은 다른 개념이 된다.

반면 하나의 개념은 여러 단어로 지칭될 수 있다. 이 경우는 언어 바깥의 대상 혹은 실상이 하나의 개념과 상응하는 경우이다. 이를테면 '자유' 개념

---

7 Koselleck, Reinhart(1972), "Einleitung," in *GGB* 1, p.XXIII.

개념사의 지평과 전망

은 liberty나 freedom으로 지칭된다. 물론 여기에는 크고 작은 뉘앙스의 차이가 들어 있다. 근로자, 피고용인, 프롤레타리아 등과 같은 단어들로 지칭되는 '노동자' 개념은 사회적 이해관계와 이데올로기의 차이에 따른 의미의 다양성을 함축하고 있다.

이처럼 개념은 단어에 의해 표현된다. 그러나 개념은 한 단어와 일치할 수도 있고, 단어의 한 의미가 될 수도 있고, 여러 단어가 지칭하는 하나의 대상이 될 수도 있다.

개념과 단어의 관계가 갖는 이러한 측면들에 착안하여 개념사는 고유한 연구 방법을 발전시켰다. 개념사는 한 단어에 깃든 의미와 그것의 변화를 연구하는 어의론적 분석과 한 대상 혹은 한 개념에 대한 다양한 지칭어 및 유관 용어들을 연구하는 명칭론적 분석을 교대로 시행한다. 이를 통해 단어 의미의 변화와 역사적 실제의 변화, 상황의 변화와 새로운 지칭어의 출현 과정(개념화 과정)이 갖는 다양한 관련이 밀도 있게 분석된다.

'자본주의 정신'을 통해 본 언어의 사회사로서 개념사

앞에서 개념사 연구는 공시적으로 정치적·사회적 맥락 속에서 개념을 분석하는 언어의 사회사가, 통시적으로 개념의 의미변화와 지속의 과정을 분석하는 역사의미론이 개념사의 연구방법론의 특징을 이룬다고 하였다. 그런데 전자 없이 이루어지는 역사의미론은 전통적인 사상사, 즉 기존의 이념(관념사)의 변형에 불과하다. 따라서 개념사가 새로운 역사 지식을 창출하려면 언어의 사회사로서 특징을 지녀야 한다.

언어의 사회사란 언어를 사회적 제도로서, 또한 문화의 한 부분으로서 다루려는 연구이다. 이와 관련하여 언어의 사회사로서 개념사 연구는 몇 가지 이론적 전제 속에서 진행된다.

① 언어(개념)는 사회적·역사적 실체를 반영하는 거울일 뿐만 아니라 그 자체가 사회적·역사적 변화 과정의 한 부분이다. 다시 말해 언어(개념)는 단순히 현실을 반영하는 지표일 뿐만 아니라 현실을 만들어 내는 힘을 지니고 있다.

② 개념은 발화자와 청취자, 텍스트와 독자 사이의 소통을 가능케 하는 개별 언어행위, 더 나아가 담론의 의미론적 상징이 된다. 담론이 내뿜는 여러 의미는 개념을 중심으로 전개되고, 따라서 발화자와 청취자 혹은 작가와 독자는 개념이라는 상징을 통해 소통하게 된다.

③ 이때 개념은 한 사회 및 개인의 주관적 태도, 특별히 한 사회 및 개인의 경험과 기대를 표현하기도 하며, 또한 이해관계의 갈등을 드러내기도 한다.

④ 개념의 연구는 한편으로 한 사회의 언어적 관행, 논쟁, 담론과 같은 언어적 맥락, 다른 한편으로 정치적·사회적 변동 혹은 개인사와 같은 비언어적 맥락 속에서 개념의 드러난 의미뿐만 아니라 그 속에 감추어진 부정적·긍정적 함의와 이데올로기적 함의, 그리고 정치적·사회적 기능을 분석하여야 한다.

그렇다면 언어의 사회사로서 개념사 연구는 구체적으로 어떻게 진행되어야 하는가? 독자의 이해를 돕기 위해 구체적 사례를 통해 이를 논의해 보자. 논의될 개념은 오랫동안 근대화 담론의 의미론적 상징의 역할을 한 '자본주의 정신'이다.

'자본주의 정신'의 이중성

오늘날 '자본주의 정신'이라는 개념은 긍정적인 함의를 지닌 채 아메리카니즘이 모델이 된 이른바 '민주자본주의'체제의 정당성을 변호하기 위해, 다른 한편으로는 경제성장과 사회근대화를 위한 개발도상국들의 대중 동원의 이데올로기로서 사용되고 있다. 근대화론자들의 담론에서 자본주의 정신은 '좋은 근대'의 의미론적 상징으로서 쓰인다. 그것은 인류 역사상 가장 발전된 문명의 원동력으로 찬미된다. 그 속에는 인간 사회의 물질과 정신의 조화로운 진보를 향한 모든 유토피아적 염원들이 집약되어 있다.

그러나 1902년 독일의 국민경제학자 베르너 좀바르트(Werner Sombart)가 『근대 자본주의(Der Moderne Kapitalismus)』에서 처음으로 '자본주의 정신'이라는 개념을 사용했을 때나 그보다 2년 뒤 좀바르트의 친구이자 라이벌이었던 막스 베버가 『프로테스탄티즘의 윤리와 자본주의 정신(Die Protestantische Ethik und der Geist des Kapitalismus)』에서 이 개념을 말했을 때, 이 개념은 단순히 사회근대화를 위한 발전 이데올로기의 표어로서 사용되었거나 자본주의적 근대문명을 찬양하고 이를 정당화하기 위한 수단으로서 의도된 것이 아니었다. 이들이 사용한 '자본주의 정신'이라는 개념 속에는 오히려 서구의 혁명적인 근대화 과정에 대한 불쾌함 혹은 비관주의적 근대 진단과 심각한 위기의식으로 점철된 당대인들의 근대문명에 대한 비판적 담론이 전면에 부각되어 있다. 더 나아가 그들은 자본주의 정신 개념을 사용하면서 당대인의 근대문명 비판 담론을 특정한 방향으로 조직화하려고 했음도 엿볼 수 있다. 이처럼 자본주의 정신 개념은 원래 근대문명에 대한 비판적 의식의 지표이자 동시에 문명 비판의 요소로서 기능을 하였다.

'자본주의 정신' 출현의 언어적·언어 외적 배경

'자본주의 정신'이라는 신조어는 이보다 조금 앞서 출현한 '자본주의'라는 신조어에서 파생되었다. 19세기 중엽 프랑스에서 가장 먼저 쓰이기 시작한 '자본주의'라는 신조어는 이후 영국, 독일 등에 수입되어 산업화로 인한 사회적 모순들을 비판하기 위한 논쟁적이고 정치적인 표어로서 사용되었다. 일반적으로 이 개념은 서유럽 각국에서 무엇보다 사회주의자들의 광범위한 사회 비판의 슬로건으로 쓰였다. 독일에서도 이 개념은 특별히 마르크스주의자들이 지도한 사회주의 노동운동에 의해 주도적으로 사용되었다. 그러나 이 개념은 20세기 초반에 이르기까지 각 정파를 초월하여 긍정적 함의보다는 부정적 함의를 지닌 채 저널리즘적인 투쟁 개념으로 사용되면서 공공 담론 속에서 유행병처럼 번져 갔다.[8]

자본주의 개념은 도덕적 가치관과 정치적 입장을 초월하여 산업혁명을 통해 등장한 새로운 사회경제적 질서를 비판하기 위한 정치적 투쟁의 도구로 쓰였지만, 동시에 이 개념은 '자본주의시대'라는 이 시기의 유행어를 통해 알 수 있는 것처럼 역사적 시대 구분을 위한 개념으로도 쓰였다. 다시 말해 '자본주의' 개념은 사회경제적으로 역동적으로 발전하는 새로운 시대라는 역사철학적 함의를 강하게 내포한 채 다양한 정치 이데올로기적 노선을 초월해 보편적으로 쓰이던 시대 개념이기도 했다.[9]

그러나 독일 부르주아지가 산업사회와 근대 비판을 위해 '자본주의'라는 개념을 본격적으로 사용하기에는 현실적인 한계가 있었다. 우선 이 개념은 사회주의자들에 의해 선취되었기 때문에 자본주의 개념의 과도한 사용은 부르주아 공중 사이에서 사회주의자 혹은 마르크스주의자라는 불필요한 오해를 불러일으켰다. 바로 좀바르트가 그 대표적 예이다. 그는 자신의 『근

8 Ritter, Harry(1986), "Capitalism," in Harry Ritter, *Dictionary of Concepts in History*, New York ; Westport, Conn. ; London : Greenwood, pp.25~31 ; Hilger, Marie-Elisabeth (1982), "Kapital, Kapitalist, Kapitalismus," in *GGB* 3, pp.442~454.

9 Ritter, Harry(1986), 앞의 글 참조.

개념사의 지평과 전망

대 자본주의』에서 자본주의를 최초로 학술 용어로 도입했지만, 반응은 냉담했다. 이는 오히려 그가 '좌파'로 낙인찍혀 부르주아 국민경제학자들의 조합에서 국외자로 밀려나는 데 일조를 했을 뿐이다.[10]

그런데 부르주아 공중 사이에서 자본주의 개념의 과도한 사용이 터부시된 것은 단순히 이것이 사회주의자들에 의해 선취되었기 때문만은 아니다. 사회주의 노동운동의 산업사회 비판 담론은 1871년 독일제국 성립 이후 떠들썩하게 벌어진 사회주의 '미래국가' 논쟁을 통해 보다 과격하게 조직화되어 갔으며, 이러한 가운데 무엇보다 자본주의 개념이 사회주의자 사이에서 보다 급진적인 투쟁 개념으로 발전하였기 때문이다. 산발적인 사회정책적 개혁이 아닌 '사회혁명'과 이를 통한 새로운 사회주의시대의 도래라는 역사철학적 대전환의 시나리오 속에서 '자본주의'는 반드시 붕괴되어야 할 현존 사회의 총체적 질서 또는 보다 새로운 시대를 향한 과도기를 지칭했던 것이다.

둘째, 부르주아 공중 사이에서는 사회 비판을 위해 자본주의 대신 '산업주의'라는 개념이 더 큰 호응을 얻고 있었다. 산업주의는 전통적인 농업 지주가 주축이 된 보수주의 정치집단과 그들의 국민경제학적 대변인들로부터 나왔는데, 이들은 산업화로 인한 사회적 모순들을 비판하기 위해 자본주의보다는 산업주의라는 개념을 선호하였다. 보수주의자들에 의하면 모든 사회악의 근원은 '산업'에 있다는 것이었다. 이처럼 '산업주의' 역시 정치적 투쟁 개념 및 시대 개념으로 쓰이면서, '자본주의' 개념과 기능적 등가물의 역할을 수행했다.[11] 산업주의 개념의 유행은 특별히 1890년대 중반 이후

---

10 Brocke, Bernhard Vom ed.(1987), *Sombarts "Moderner Kapitalismus" : Materialien zur Kritik und Rezeption*, München : Dt. Taschenbuch-Verlag, pp.42 ff, pp.84 ff 참조.

11 Hölscher, Lucian(1982), "Industrie, Gewerbe," in *GGB* 3, pp.289 ff 참조.

본격적으로 시작되어 1902년 빌로(Bernhard von Bülow) 내각에서 절정에 달한 보호관세 논쟁 때문이었다. 1890년대 초 카프리비(Georg Leo von Caprivi) 내각 당시 인하되었던 농산품의 관세를 다시 높이려는 보수주의자들의 시도는 자유무역을 옹호하는 자유주의자들과 필연적으로 보호관세 논쟁을 불러일으켰다. 그리고 이러한 논쟁은 단순히 농산물의 관세 문제에만 국한되지 않고, 동시에 신생 독일 민족국가의 전반적인 미래를 둘러싼 '산업국가냐 농업국가냐'라는 보다 포괄적인 논쟁으로 확대되었다. 이 논쟁에서 '산업주의'는 다수 부르주아 공중의 지지를 얻은 보수주의자들이 소수의 산업 지향적 자유주의자들을 향해 사용한 첨예한 공격 무기로서의 기능을 담당하였다.[12]

'자본주의 정신' 개념은 이러한 담론적 배경에서 나왔다. 또한 이러한 담론적 배경은 독일제국의 정치적·사회적 배경과도 무관하지 않다. 비스마르크(Otto Leopold von Bismarck)에 의해 일찍 도입된 보통선거권은 갈등을 증폭시키는 방향으로 대중민주주의의 발전을 가져왔다. 무엇보다 사회민주당이 지도하는 노동운동은 1903년 제국의회 선거에서 제1당의 자리를 차지할 만큼 부르주아지에게는 위협적인 대중운동으로 성장하였다. 동시에 독일제국의 정치사는 독일사의 '특수 경로' 테제가 나올 만큼, 봉건적 농업 지주 세력과 그 정치적 대변인인 보수주의 세력(기존의 보수당 및 '농부동맹'으로 대표되는 새로운 보수주의적 대중조직)의 정치적·문화적 헤게모니에 의해 특징지어진다. '철과 귀리'의 연합이라는 중공업 자본가와 융커의 사회적 결집의 기반 위에서 중도 우파적 부르주아 정당들은 보수당과의 결집

---

12 "농업국가냐 산업국가냐"의 논쟁에 대하여는 Barkin, Kenneth D.(1970), *The Controversy over German Industrialization : 1890-1902*, Chicago ; London : University of Chicago Press 참조.

정책을 통해 연명해 가고 있었던 것이다.

이처럼 자본주의 정신 개념은 혁명적 사회주의 노동운동과 농업적 보수주의 세력에게 공공 담론의 주도권을 빼앗긴 채, 정치적·사회적으로 이 양대 세력의 위협 앞에 노출된 부르주아지 '근대주의자'[13]들의 비관적 시대 진단에서 유래한다. 근대 산업사회에 순응하려 한 이 부르주아지 '근대주의자'들은 '자본주의 정신'이라는 개념을 통해 역설적이게도 근대 산업사회의 근본적인 문제점에 대한 공격, 즉 본격적인 근대문명 비판을 시도하였다. 이들은 '자본주의 정신' 개념을 통해—이미 의미론적으로 '정신'을 강조함으로써—무엇보다도 근대 산업사회의 정신적 측면, 즉 근대적인 세계관과 문화적 전개 양상이 갖는 취약점을 비판하고 부분적으로는 새로운 대안을 제시하려고 했다. 물론 부르주아지 '근대주의자'들의 본격적인 문명 비판은 현실적으로 그들이 수세를 극복하고 새롭게 정치적·사회적·문화적으로 헤게모니를 잡으려는 열망과도 밀접한 관계 속에 있었다.

그렇다면 어째서 부르주아지 '근대주의자'들 중 특별히 아돌프 슈퇴커(Adolf Stöcker), 막스 베버 그리고 좀바르트가 문제 되는가? 무엇보다 이들의 개인사 자체가 지금까지 언급한 부르주아지 근대주의자들의 위기 상황을 웅변적으로 대변하고 있기 때문이다.

궁정설교사 슈퇴커는 정치적으로나 세계관적으로 철저한 보수주의자였다. 그는 모든 근대적 세계관에 대해 비타협적이고, 전통적인 루터교의 교의에 충실한 이른바 정통파 신학자였으며, 엘베강 이동의 대지주 즉 프로이센의 융커가 주도하는 보수당에 변함없는 충성심을 견지하고 있었다. 그러나 그는 정치사적 의미에서는 매우 근대적인 보수주의자였다. 그는

---

13 이 용어를 처음 사용한 프리츠 링거(Fritz Ringer)에 따르면, '근대주의자'는 근대화를 숙명으로 여기고 근대에 순응하려는 사람들이다.

다수결의 원리보다는 권위를, 민주적이고 평등한 것보다는 위계질서와 엘리트주의를 선호하던 다수의 보수주의자와는 달리, 보통선거권의 의미와 산업 대중의 정치적 중요성을 깨달은 보수주의 진영 내의 선구자였다. 이에 상응하여 그가 누구보다 앞서서 선동 정치라는 새로운 정치 스타일을 보수 진영에 도입하였음 역시 지적되어야 한다.

그러나 비록 그 스스로는 정치적으로나 세계관적으로 보수주의의 원칙을 넘어서서 새로운 지평을 열려는 그 어떤 불경스러운 시도도 해본 적이 없었지만, 슈퇴커는 보수당 내 전통주의자들로부터 대중 선동가로서 부단히 견제당하고 때로는 사회주의적인 급진주의자로서 위험시되었다. 마침내 그는 이른바 제국정부 정책의 '반동적 코스'가 시작된 1895~1896년 무렵 보수당 내 지주들, 중공업 자본가 및 농부동맹의 전투적 농업주의자들에게 공격을 받아 결국 당에서 쫓겨나고 말았다. 한마디로 슈퇴커는 전통주의자와 근대주의자 사이에 선 경계인이었다. 전통주의자들에게 그는 보수주의를 근대화시키려는 근대주의자였고, 근대주의자들에게는 근대적 의상으로 위장한 전통주의자였다.

베르너 좀바르트와 막스 베버는 매우 유사한 이력을 갖고 있다. 우선둘 다 자유주의적 민족주의의 전통을 지닌 엘리트 시민계급 가문에서 성장했다는 점을 들 수 있다. 좀바르트의 아버지는 설탕 산업을 통해 성공한기업가이자 기사령(Rittergut) 소유자이면서, 프로이센의회와 제국의회의 민족자유당(Nationalliberale Partei) 의원으로 정치적 경력을 쌓은 자유주의 정치가이자 대부르주아였다.[14] 베버의 아버지는 민족자유당 소속의 베를린시

---

14 좀바르트의 자세한 전기에 대해서는 Lenger, Friedrich(1994), *Werner Sombart, 1863-1941 : Eine Biographie*, München : C.H. Beck 참조.

250

개념사의 지평과 전망

참사회 의원이자, 프로이센의회 의원으로서 매우 영향력 있는 민족자유주의 정치가였다.[15]

독일의 자유주의적 민족주의자들은 1860년대 독일 민족국가의 건설이라는 유토피아를 갖고 헌정운동을 주도했으며, 1870년대 비스마르크와 연합하여 신생 독일제국의 집권당 노릇을 했다. 이 가운데 민족자유주의자들은 이른바 '문화투쟁'이라는 이름으로 행해진 비스마르크의 가톨릭 탄압에 독일 민족의 문화적 진보라는 기치하에 적극 동참하였다. 이처럼 자유주의적 민족주의자들은 신생 독일 민족국가를 만들어 낸 민족사의 주인공이며, 전근대적이고 봉건적인 가톨릭 세력에 맞서 싸워 온 근대적인 개신교 주류 시민으로서의 자부심을 갖고 있었다.

그러나 1860년대에 태어난 이들의 세대가 경험한 것은 퇴락한 아버지 세대의 영광이었다. 자유주의적 민족주의자들의 정당인 민족자유당은 이미 1880년대를 전후로 비스마르크에게 버림을 받았으며, 이후로 자체 분열을 거듭하여 이들이 30대 청년기가 되었을 때인 1890년대에는 늙은 명사들의 무기력한 클럽이 되어 있었다. 이러한 '포스트자유주의의 시대'를 살아야 했던 베버와 좀바르트는 무엇보다 사회 개혁과 사회정책 활동에서 이제는 더 이상 영웅이 아닌 아버지 세대의 자부심을 회복할 수 있는 새로운 탈출구를 찾으려 하였다.[16]

---

15 베버의 자세한 전기에 대해서는 Weber, Marianne(1950 / 1984), *Max Weber : Ein Lebensbild*, Tübingen : Mohr 참조. 특별히 베버의 정치적 발전 과정에 대하여는 Mommsen, Wolfgang J.(1974), *Max Weber und die deutsche Politik : 1890-1920*(2nd ed.), Tübingen : Mohr 참조.

16 Mitzman, Arthur(1988), "Persönlichkeitskonflikt und Weltanschauliche Alternativen bei Werner Sombart und Max Weber," in Wolfgang J. Mommsen and Wolfgang Schwentker eds., *Max Weber und seine Zeitgenossen*, Göttingen : Vandenhoeck & Ruprecht, pp.137～146 참조.

좀바르트와 베버는 역사주의학파의 문하에서 국민경제학을 공부했으며, 구스타프 폰 슈몰러(Gustav von Schmoller)[17] 등 이른바 '강단사회주의자들'이 주축이 된 사회정책협회의 회원으로서, 또한 1904년에는 사회과학 및 사회정책 잡지의 공동편집인으로서 활동하였다. 이들은 노장파 강단사회주의자들의 가부장적 온정주의를 극복하려는 '근대주의적' 소장파 사회정책가의 대표 주자로서 빛나는 이력을 쌓아 갔다.[18]

그런데 이러한 사회운동가로서의 경력은 오히려 이들이 학계의 주류에서 국외자로 밀려나는 데 일조하였다. 특히 좀바르트는 앞에서 언급한 것처럼 '좌파'로 낙인찍혀 향후 오랫동안 학계의 변방에 머물러 있어야 했다. 베버는 1894년 프라이부르크대학의 교수직을 얻은 이후 학자로서 순탄한 출발을 했으나 나우만(Friedrich Naumann)의 민족사회주의 서클 내에서 그는 철저히 고립되었고, 이러한 정치적 실패와 함께 찾아온 신경쇠약증으로 교수로서의 활동도 사실상 끝나 버렸다.

좀바르트와 베버의 '자본주의 정신'은 1900년대 초까지의 이러한 전기적 배경에서 발명되었다. 두 사람의 자본주의 정신 개념이 갖는 의미의 유사성은 이상과 같은 이력의 유사성과 무관하지 않다. 반면 향후 두 사람의 이력은 큰 차이가 난다. 자유주의적 민족주의자이자 사회 개혁적 교양시민이었던 좀바르트는 이후 끊임없는 정치적·세계관적 편력을 보여 준다. 그는 1900년경의 온건파 마르크스주의자에서 제1차 세계대전 전야가 되면 이미 파시스트의 이데올로기인 '반동적 근대주의'의 기수가 되어 있었으며, 나치 독일하에서 '보수혁명'의 노쇠한 몽상가로서 마침내 생을 마감하

---

17 슈몰러는 좀바르트의 박사학위 지도교수다.
18 Krüger, Dieter(1983), *Nationalökonomen in wilhelminischen Deutschland*, Göttingen : Vandenhoeck & Ruprecht 참조.

개념사의 지평과 전망

였다.[19] 이러한 좌에서 우로의 극단적인 오디세이의 흔적은 그가 학계의 주류에 편입하기 위해 눈물겹도록 끊임없이 써 내려간 방만한 저술들 속에 남겨져 있다. 반면 베버는 제1차 세계대전 직후 사망할 때까지 1904~1905년 『프로테스탄티즘의 윤리와 자본주의 정신』— 베버 역시 학계에서 소외된 자신의 능력을 인정받기 위해 이 글을 불후의 명작으로 기획했는데[20] — 을 쓸 당시의 문제의식과 관점을 끈질기게 고수하였다. 이 두 사람의 '자본주의 정신' 개념이 갖는 의미의 차이점 역시 이러한 개인사적 차이점과 무관하지 않다.[21]

세 가지 유형의 자본주의 정신
'근대적 유대인의 정신'

슈퇴커는 비록 '자본주의 정신'이라는 새로운 용어는 사용하지 않았지만, 이 용어에 담긴 개념을 가장 앞서서 취하고 있다.

슈퇴커는 '자본주의' 개념을 매우 부정적으로 쓰고 있다. 그는 '일방적인 돈의 경제', '고삐 풀린 자본주의'[22]와 같은 표현을 쓰면서 자본주의를 '씨를

19 Herf, Jeffrey(1984), *Reactionary Modernism : Technology, Culture, and Politics in Weimar and the Third Reich*, Cambridge ; New York : Cambridge University Press, pp.130~151 ; Sieferle, Rolf Peter(1995), *Die Konservative Revolution : Fünf biographische Skizzen*, Frankfurt am Main : Fischer Taschenbuch, pp.74~105.

20 Lehmann, Hartmut(1996), *Max Webers "Protestantische Ethik" : Beiträge aus der Sicht eines Historikers*, Göttingen : Vandenhoeck & Ruprecht, p.95 참조.

21 베버는 "내 논문 중 본질적으로 사실적인 주장을 담고 있는 단 하나의 문장도 지우거나 변형시키거나 약화시키거나…… 다른 것을 부연하지 않았다"라고 1920년의 제2판에서 강조하고 있다(Weber, Max(1993), *Die protestantische Ethik und der "Geist" des Kapitalismus*(이하 *PE*), Klaus Lichtblau and Johannes Weiß eds., Bodenheim : Athenäum Hain Hanstein, p.158).

22 Stöcker, Adolf(1890), *Christlich-Sozial : Reden und Aufsätze*(2nd ed.), Berlin : Berliner Stadtmission, p.379.

뿌리지 않고 수확하려는' 경제적 태도, 즉 투기·고리대금·지대 수익 등 '고단한' 노동의 가치를 무시한 경제생활 형태로 묘사한다.[23] 그리고 이러한 자본주의야말로 '우리 시대의 재앙'이라고 강조한다.[24]

슈퇴커에 따르면 이러한 부도덕한 자본주의는 '배금주의(물신숭배)의 정신'에 의해 비롯된 것이다. 그리고 배금주의 정신의 구현자는 전통적 유대교 신앙에서 벗어나 '계몽주의시대의 메마른 잔존물'에 뿌리를 내리고 있는 세속화된 '근대적 유대인'이다. 그는 때때로 '유대적 배금주의 정신'이라는 표현을 씀으로써 이러한 유대인과 배금주의 정신 사이의 밀접한 관련성을 강조하고 있다.[25] 그런데 그는 '자본주의 정신' 개념을 단순히 경제적 태도를 결정짓는 문화적 정향성을 묘사하는 것을 넘어서서, 계몽주의와 세속화에 의해 특징지어지는 근대문화 현상 전반을 부정적으로 지칭하는 데에까지 확대시키고 있다. 그는 근대적 유대인의 '구역질나는' 배금주의 정신은 '무신론'과 '유물론'적 세계관의 필연적 결과임을 강조한다.[26] 또한 근대적 유대인의 '배금주의 정신'과 그들의 '인간성'과 '전체 인류의 행복'이라는 인본주의적이고 현세행복주의적 이상은 동전의 양면에 불과한 것임을 지적한다.[27]

이상과 같이 아돌프 슈퇴커는 '자본주의 정신'을 '배금주의' 정신, 나아가 세속화와 계몽주의에 의해 발전된 물질주의적이고 행복지상주의적인 문화적 정향 및 태도 전반과 동일시한다. 그리고 이러한 정신을 구현하는 '근대적 유대인'이라는 위협적 상징을 전면에 부각시키고 있다. 슈퇴커는 이러한

23 Stöcker, Adolf(1890), 앞의 책, p.368.
24 Stöcker, Adolf(1890), 앞의 책, p.379.
25 Stöcker, Adolf(1890), 앞의 책, p.360.
26 Stöcker, Adolf(1890), 앞의 책, p.364.
27 Stöcker, Adolf(1890), 앞의 책, p.365.

개념의 조작을 통해 무엇보다 보수적 소시민층의 근대 산업사회에 대한 비관주의적 태도를 극대화하는 공포극을 연출했다.

이와 함께 슈퇴커는 문화적으로 반종교적인 근대적 유대인이 구현하고 있는 자본주의 정신을 '셈족의 정신' 또는 '낯선 정신'으로, 반면 독일인이 대변하는 정신을 '기독교적이고 게르만적' 정신으로 또는 배금주의적 탐욕이 아닌 '이상주의적인 정신'으로 대립시키면서, 또한 사회경제적으로 '전체적인 독일 노동' 대 '유대 자본의 힘', '유대 재산' 대 '기독교 노동'의 대립을 강조하면서, 산업자본주의 발전에 적대적인 보수주의적 소시민의 민족적 자부심을 인종적이고 윤리적인 관점에서 고취시킨다. 동시에 그는 이를 통해 정치적으로 자유주의자와 사회주의자를 '유대 정신'의 대변자로 몰아가면서, 보수주의 진영의 자유주의 및 사회주의 진영의 대립을 양극화하고 있다.[28]

1890년대가 되면 슈퇴커는 '근대적 유대인'에 의해 구현된 자본주의 정신이 필연적으로 가져올 총체적 파국의 위험을 곧 닥칠 사회주의혁명에서 찾았다. 그의 정치 공포극은 1891년의 현실 진단에서 절정에 달한다.

> 많은 동시대인은…… 우리가 도망칠 수 없는 파국 앞에 서 있다는 확신을 갖고 산다. 근심하지 않는 자는 아무도 없다.[29]

이상과 같이 슈퇴커의 '자본주의 정신' 개념은 비관주의적 시대 진단, 반유대주의적이고 민족주의적이며, 반자유주의적이고 반사회주의적인 정치적 함의에 의해 특징지어진다. 그에게 자본주의 정신은 근대적 '시대정

---

28 Stöcker, Adolf(1890), 앞의 책.
29 Stöcker, Adolf(1891), *Sozialdemokratie und Sozialmonarchie*, Leipzig : Grunow, pp. 4 ff.

신' 전반과 그것의 정치적·사회적 위험을 강조하기 위한 키워드였다. 그러나 슈퇴커는 동시에 이 개념을 통해 '근대적 유대인'의 무신론적이고 물질주의적인 '낯선 정신'에 의해 주도되는 공포스러운 근대를 대체할 '종교적 창의력'과 '정신적 도약' 그리고 사회윤리에 의해 특징지어지는 '대안적 근대'를 향한 열망도 간접적으로나마 표현하고 있었다.

'세속적 금욕주의'

청년 막스 베버의 비관주의는, 독일 통일을 이룬 주인공으로서 또한 독일의 산업화와 정치적·문화적 진보의 견인차로서 독일 개신교 부르주아지가 그만 자아를 상실하고 역사적 지위를 타자에게 이양한 채, 그동안의 성과에 자족하고 있는 속물들로 변질되고 말았다는 데에서 나왔다. 그의 자본주의 정신 개념은 직접적으로 이러한 문제의식을 반영하고 있다.

베버에게 '근대적 자본주의 정신'은 근대문화를 대표한다. 『프로테스탄티즘의 윤리와 자본주의 정신』에서 베버는 먼저 벤저민 프랭클린(Benjamin Franklin)의 설교를 화두로 삼아 '자본주의 정신'에 담긴 이중적 의미를 대비시킨다. 프랭클린에 따르면 시간은 돈이고, 신용 역시 돈이며, 돈은 번식력이 있고 결실을 맺는다. 따라서 그는 근면, 검소, 정확, 공정함이 젊은이의 출세를 위해 '유용'한 것임을 충고한다.[30] 베버는 프랭클린의 설교를 통해 한편으로 '자본주의 정신', 즉 특별히 자본주의적인 '에토스' 혹은 '윤리'[31]가 그의 동시대인 다수에게는 배금주의적 탐욕의 철학 내지 공리주의적이고 행복 추구적인 생활윤리와 동일시됨을 지적한다.

---

30 *PE*, pp. 12 ff.
31 베버는 '윤리'와 '에토스'를 거의 동의어로 쓴다. 실례로 1904/1905년판에서 그가 즐겨 쓴 '윤리'라는 용어는 1920년판에서는 많은 곳에서 '에토스'로 대체된다(*PE*, p. XV 참조).

그러나 다른 한편으로 베버는 프랭클린의 설교 속에는 동시에 행복주의와 쾌락주의를 초월한 윤리, 즉 개인의 행복과 유용성을 넘어 돈벌이 자체가 최고의 목적임을 강조하는—따라서 공리주의자들이 보기에 '비합리적인'[32]—윤리가 숨어 있음을 상기시키면서, 자본주의 정신을 '금욕적 프로테스탄티즘'에서 기원한 '세속적 금욕주의'로 정의한다. 보다 정확히 말해 그것을 특히 칼뱅주의에서 유래한 잉글랜드의 퓨리터니즘(청교도주의)이 강조한 '금욕주의'적 직업 관념(직업윤리)[33] 그리고 이에 기초한 합리적인 생활방식과 동일시함으로써 배금주의적인 속물근성 및 공리주의적 위선과 완전히 반대되는 '세속적 금욕주의' 혹은 '금욕주의적 합리주의'라는 하나의 문화적 태도로 정의하고 있는 것이다. 여기에서 후자는 과거에는 있었으나 지금은 사라진 에토스이고, 전자는 현재에 우세한 에토스이다.[34] 이러한 시기적으로 서로 상반되는 두 의미를 축으로 하여 베버는 아래와 같이 하나의 비극적인 대서사를 구성한다.

서구의 개신교 시민계급은 오늘날 '근대적 삶에서 가장 강력한 힘인'[35] 자본주의를 탄생시킨 근대적 주체이다. 이제 모든 인류의 생활 방식을 규정하는 '근대적 경제질서라는 우주'를 탄생시킨 세계사의 주인공이다. 그러나 오늘날 이 근대적 주체는 세속적 금욕주의에 기반한 자아를 잃어버리고 말았다. 시간이 지나면서 금욕주의적 직업윤리는 기계화되고 관료화되어

---

32 *PE,* p.15, p.162 참조.

33 제1판의 '직업 관념(Berufsidee)'이 제2판에서는 '직업 개념(Berufskonzeption)' 또는 '직업윤리(Berufsethik)'로 대체된다.

34 베버는 결론 부분에서 '자본주의 정신' 개념의 이러한 의미상의 변화를 강조하기 위해 프랭클린의 설교를 다시 한 번 인용한다(*PE,* pp.152 ff).

35 1920년판을 텍스트로 한 막스 베버(1998), 『프로테스탄티즘의 윤리와 자본주의 정신』(제2판), 박성수 옮김, 문예출판사의 저자서문(p.8). 클라우스 리히트블라우(Klaus Lichtblau)와 요하네스 바이스(Johannes Weiß)가 편집한 책에는 1920년판의 서문이 빠져 있다.

갔다. '승리하는 자본주의'는 자신의 '기계적 토대' 위에서 '고도의 정신적 문화 가치'를 집어던졌다. 이제 근대적 주체는 자신이 만들어 낸 제도화된 합리성, 즉 관료주의적 메커니즘의 '단단한 강철 구조물(stahlhartes Gehäuse)' 속에 감금되고 말았다. 이렇게 자아를 상실한 근대적 주체의 문화적 태도는 배금주의 및 물질주의, 유대인의 '천민자본주의적'[36] 에토스, 경쟁의 열정에 입각한 스포츠적 성격의 영리 추구, 공리주의와 같은 무목적적이고 비윤리적인 공허한 '자본주의 정신'에 의해 특징지어진다. 만약 '새로운 예언자가 출현하지 않거나 옛 생각과 이상의 부활이 없다면', 이제 근대문화의 '단단한 강철 구조물'은 마침내 '중국식으로 화석화'될 것이고, 근대적 주체는 이 속에서 '인류가 유례없는 단계에 올라섰다고 자만하는 정신 없는 전문가, 가슴 없는 향락자'로 전락할 것이다.[37]

이처럼 베버의 자본주의 정신 개념은 비관주의적인 근대문명 비판의 상징으로서 기능한다.[38] 동시에 그의 자본주의 정신 개념은 매우 강한 정치적 함의도 담고 있다. 베버는 특별히 독일의 개신교 시민계급이 자아를 인식한 근대적 주체로 거듭날 수 있는가를 진단한다. 이를 위해 그는 한편으로 가톨릭교도와 개신교도를 비교한다. 여기에서 그는 비록 당시 가톨릭

---

36 특히 좀바르트를 의식해서 베버는 근대 유대인의 자본주의를 정치 및 투기와 결합된 모험가적 '천민자본주의'로 규정하면서, 합리적 경영과 노동의 합리적 조직화에 기반을 둔 퓨리턴의 자본주의와 대별시킨다(PE, pp.XXII. 1920년판에 첨가된 내용을 위한 주석 48, 380, 386, 390, 434 참조). 예를 들어 "유대교의 에토스는 천민자본주의의 에토스이다"(주석 386). 베버의 반유대주의에 대해 Spöttel, Michael(1997), *Max Weber und die jüdische Ethik : Die Beziehung zwischen politischer Philosophie und Interpretation der jüdischen Kultur*, Frankfurt am Main : Lang.

37 *PE*, pp.152 ff.

38 말년의 베버는 근대문화 발전에 대해 이제 '미래에 다가올 모든 예속의 구조물'이 합리적으로 완성되었다고 진단하면서 더욱 비관적이 되었다(Peukert, Detlev J. K.(1989), *Max Webers Diagnose der Moderne*, Göttingen : Vandenhoeck & Ruprecht, pp.83~91).

이 농업 보수 세력과 연대하여 정권에 참여하고는 있지만, 금욕적이고 합리적인 에토스가 결여된 가톨릭교도는 결코 근대적 주체가 될 수 없음을 강조하면서, 이제 세계사의 주역이 되기 위해 제국주의 세력으로 발돋움을 시작한 독일 민족의 앞날은 오로지 개신교 시민계급의 손에 달려 있음을 은근히 강조한다.[39]

하지만 다른 한편으로 독일의 개신교 시민계급에 대한 자기비판도 노골적이다. 베버는 신의 섭리에 순응할 것을 강조함으로써 삶의 방법적 합리화를 위한 심리적 동인을 결여한 가톨릭에 가까운 루터의 가르침은 결코 근대적 직업윤리를 낳지 못했다는 것을 지적한다.[40] 이를 통해 그는 당시 독일 개신교의 주류로서 루터교의 정통 신학을 신봉하고, 정치적으로 농업보수주의 진영에 속했던 보수주의자들을 공격하고 있다.[41] 반면 베버는 당시 제일의 산업제국이었던 앵글로색슨 세계의 종교적·윤리적 기반이 된 칼뱅주의의 역할을 강조함으로써 독일 개신교의 개혁을 촉구하고 있다.[42] 미래의 독일 개신교가 독일 민족국가를 위해 '금욕적 합리주의'

---

39 *PE*, pp.1~10. 베버의 『프로테스탄티즘의 윤리와 자본주의 정신』에 나타난 반가톨릭적 관점과 그 시대적 배경에 대해서는 Münch, Paul(1993), "The Thesis before Weber : An Archaeology," in Hartmut Lehmann and Guenther Roth eds., *Weber's Protestant Ethic : Origins, Evidence, Contexts*, Cambridge, England ; New York : Cambridge University Press, pp.51~72 ; Nipperdey, Thomas(1993), "Max Weber, Protestantism, and the Debate around 1990," in Hartmut Lehmann and Guenther Roth eds., *Weber's Protestant Ethic : Origins, Evidence, Contexts*, Cambridge, England ; New York : Cambridge University Press, pp.73~82를 볼 것.

40 *PE*, pp.34~52, pp.82 ff.

41 베버의 루터교에 대한 종합적 비판의 요지는 루터교가 권위주의에 순응하는 멘털리티를 양산해 왔다는 것이다. 이에 대해서는 Graf, Friedrich Wilhelm(1993), "The German Theological Sources and Protestant Church Politics," in Hartmut Lehmann and Guenther Roth eds., *Weber's Protestant Ethic : Origins, Evidence, Contexts*, Cambridge, England ; New York : Cambridge University Press, pp.27~51를 볼 것.

42 영국은 베버에게 독일의 미래를 위한 모델이었다(Roth, Guenther(1993), "Weber the Would-Be Englishman : Anglophilia and Family History," in Hartmut Lehmann and Guenther

라는 근대적 윤리를 설파하는 시민종교로 거듭날 것을 소망하고 있는 것이다.

이상과 같이 베버의 자본주의 정신 개념은 비주류로 밀린 민족주의적이고 종파주의적인 독일 자유주의자들의 정치·사회 비판 담론과 보편적인 근대문명 비판 담론을 통합시키는 매개 고리의 역할을 하였다. 이를 통해 자아를 상실한 독일 개신교 부르주아지에게 한편으로는 민족의 지도계급으로서의 사명, 즉 '금욕적 합리주의'에 입각한 인격체(Persönlichkeit)로 발전하여 대중민주주의시대의 새로운 문화적 에토스를 지도하는 독일 민족의 예언자로서의 소명을 각성시키려는 베버의 염원이 표현되고 있다.

'영웅 정신'과 '상인 정신'

좀바르트는 베버와 마찬가지로 우선 정치적 투쟁 개념이었던 '자본주의'를 학술 개념으로 전화시키면서 영리 추구와 함께 합리성을 자본주의의 원리로서 파악한다. 또한 자본주의를 특정 시기에 특정한 곳, 즉 근대 초 유럽에서 처음으로 출현하여 여타의 모든 낡은 경제 형태들과 투쟁하여 승리한, 인류 보편사의 한 발전 단계를 지배하는 경제 시스템으로 파악한다.[43] 그는 베버를 인용하여 오늘날 '자본주의적 경제조직'은 '실제적으로 변화시킬 수 없는 구조물', '거대한 우주'가 되어 버렸다고 표현하면서 자본주의를 근대인이 받아들여야 할 숙명으로 묘사한다.[44] 이러한 '자본주의'

Roth eds., *Weber's Protestant Ethic : Origins, Evidence, Contexts*, Cambridge, England ; New York : Cambridge University Press, pp.83~122 참조].

43 Sombart, Werner(1902), *Der moderne Kapitalismus*(1st ed., Bd. 2, Leipzi / 2nd, Bd. 3, München ; Leipzig, 1916~1927)(이하 *MK*). 이 글에서는 제2판을 인용하고 있다 (*MK*, pp.1 ff).

44 Sombart, Werner(1913/1988), *Der Bourgeois : Zur Geschichte des modernen Wirtschaftsmenschen*, Hamburg : Reinbeck, p.192.

개념 속에는 역사의 보편사적인 진보는 피할 수 없는 법칙이라는 신념이 잘 배어 있다. 이러한 맥락에서 그는 자본주의 개념을 보수주의자들의 '산업주의' 비판과 전통적 수공업 보호책에 대항하는 투쟁 개념으로 사용하기도 했다.[45]

좀바르트는 베버와 마찬가지로 근대 자본주의의 시작과 발전에 '정신'이 있었음을 강조함으로써, 근대경제사와 근대문화사를 통합시킨 전체 근대사라는 보편사적 메타서사를 구상하였다. 그는 이를 통해 보편적 자연사에 입각한 마르크스의 『자본(*Das Kapital*) 1』을 뛰어넘는 대작을 기획하였다. 물론 좀바르트는 베버와는 다르게 '자본주의 정신'을 근대적 정신 일반과 동일시한다. 그는 죽은 헤겔이 부활한 양 장중하게 말한다.

유럽적 영혼의 깊은 근저로부터 자본주의가 자라났다. 새로운 국가와 새로운 종교, 새로운 과학과 새로운 기술을 탄생시킨 바로 그 정신이 또한 새로운 경제생활을 창조했다.[46]

따라서 좀바르트의 '자본주의 정신' 개념은 매우 다양한 기원을 갖는 여러 요소의 매우 복잡한 구성물로 이루어져 있다. 다시 말해 이윤 추구의 본능과 같은 생물학적 토대에서, 철학 및 종교와 같은 윤리적 힘들, 그리고 심지어는 기술 및 '자본주의 자체'에서 유래했고 복잡한 과정을 통해 발전한 문화적 정향성 및 태도들의 복합체이다. 이러한 매우 복잡한 좀바르트의 자본주의 정신 개념은 기본적으로 근대(정신)문화, 그의 표현을 빌리자

---

45 좀바르트의 『근대 자본주의』가 관세 논쟁 당시의 자유주의 정치가들을 위해 어떤 의미로 수용되었으며, 어떤 역할을 했는지를 무엇보다 나우만의 서평〔Brocke, Bernhard vom (1987), 앞의 책, pp.107~123〕에서 확인할 수 있다.

46 *MK* 1, p.327.

면 '우리 시대의 정신' 혹은 '우리 시대 영혼의 구조' 일반의 역사적 대파노라마를 묘사하고 또한 문제점을 진단하기 위한 키워드로서 기능을 한다.[47]

물론 좀바르트는 단지 자본주의 정신이 복잡한 구성물임을 보여 주는데 머무르지를 않고, 근대문화에 대한 비판적인 현실 진단과 미래 예측을 위해 자본주의 정신을 아래에서 보듯이 몇 가지 하위 개념으로 나누고 그것을 구현하는 역사적 주체들을 명료화한다. 이를 통해 베버와 매우 유사한 방식으로 하나의 '역사 비극'을 재구성한다.

좀바르트가 구성하는 역사 비극의 큰 줄거리는 다음과 같다. '초기 자본주의'의 시대는 역동적이고 창조적이었다. 이 시대는 권력에의 의지와 역동성으로부터 탄생한 영웅적 '사업 정신' 그리고 다른 한편으로 질서와 '수학적 정확성', '차가운 합목적성', 즉 경제적 합리성과 종교적 · 윤리적 덕목이 결합되어 등장한 '시민 정신', 이 두 종류의 '자본주의 정신'이 조화를 이루며 경제생활을 지배했다.[48] 이 두 종류의 자본주의 정신을 함께 구현한 여러 근대적 경제인, 즉 1913년 좀바르트가 '부르주아지'라고 명명한 이들이 새로운 세계를 창조하고 발전시켜 나갔다.

그러나 우리의 시대, 즉 '고도 자본주의시대'는 영웅적인 '사업 정신'과 '경제적인 합리성'이 '관료주의적인 거대 경영' 속에서 기계화되어 버린 시대이다. 이러한 관료적 근대성이 지배하는 '움직일 수 없는 단단한 구조물'로 이루어진 세계 속에서 '자본주의 정신'은 더 이상의 활동 공간이 없다. "초기 자본주의시대에는 사업가가 자본주의를 만들었다. 그러나 고도 자본주의시대에는 자본주의가 사업가를 만들고 있다."[49] 이러한 우리의 시대는

---

47 Sombart, Werner(1988), 앞의 책, p.5, pp.187~271.

48 *MK* 1, pp.327 ff.

49 Sombart, Werner(1988), 앞의 책, p.192.

결국 '눈먼 거인이 민주주의적인 문화의 수레를 끌려고 채비하는' 위험한 사태를 맞이하게 될 것이다.[50]

이처럼 좀바르트는 베버와 마찬가지로 근대적 문명을 창조한 주체가 자신의 결과물에서 소외되었음을 강조한다. 그런데 베버와 달리 좀바르트는 그 근본 원인으로서 근대적 주체의 자아 상실 대신 자아분열과 변질을 강조한다. 그는 근대적 주체를 특징짓는 두 가지의 '자본주의 정신' 중 '사업 정신'은 소수의 '영웅적'인 것과 제도의 틀 안에서 기계화된 '대중적'인 것으로 분열되었고, '시민 정신'은 자연과학과 근대 기술을 탄생시킨 '게르만로마적 정신'과 상인적 '유대 정신'으로 분열되었음을 지적한다. 그리고 이러한 분열의 결과는 전반적인 '영웅 정신'의 소멸과 '시민 정신'의 탈종교화와 탈윤리화 그리고 마침내 '자본주의 정신' 일반의 '상인 정신'으로의 변질이다. 이것이 창조적이었던 '초기 자본주의'에서 물화된 '고도 자본주의' 단계로의 이행 과정이다.[51]

좀바르트는 '상인 정신'의 특징을 때로는 차가운 경제적 합리성에서 찾기도 하고 때로는 합목적적인 배금주의 및 물질주의에서 찾기도 한다. 나아가 양자를 싸잡아 '배금주의의 수학'으로서 부정적으로 규정하기도 한다. 즉 '상인 정신'은 경제와 기술, 안락함과 스포츠로 표현된 소상인의 영업 정신, 실용주의적이고 공리주의적인 물질주의, 이기주의적 개인주의, 유용성과 행복과 향락의 생활철학, 나아가 국제주의와 문명화의 사명으로 위장된 상업적 팽창주의 및 자본주의적 세계 정복의 야욕으로 구성된다. 그리고 그것을 가장 대표적으로 구현한 주체를 때로는 유대인에게서, 때

---

50 Sombart, Werner(1988), 앞의 책, p.346.
51 *MK* 1, pp.896 ff ; *MK* 2, pp.3 ff, pp.XI ff ; Sombartm, Werner(1988), 앞의 책, pp.187 ff, pp.341 ff.

로는 영국이 대표하는 '서구문명'에게서 찾기도 한다.[52] 이러한 맥락에서 때로는 영미세계의 퓨리터니즘 정신과 유대 정신을 동일한 것으로 보기도 한다.[53]

반면 그는 원래의 자본주의 정신에 깃들었던 진정한 창조적 의미를 '영웅 정신'에서 찾는다. 그리고 '영웅 정신'의 구현자를 때로는, 1902년 당시에는 소멸될 것으로 예견한 '정신과 영혼'의 담지자인 수공업자와 농민에게서,[54] 때로는 '상업주의의 더러운 홍수에 맞서는 마지막 댐'인 독일 민족에게서 찾는다.[55] '영웅 정신'은 개별 인간 주체의 인격성(Persönlichkeit), 예술·철학과 같은 정신문화, 희생정신, 진실됨, 경건함, 용기, 명예에 대한 경외심과 같은 덕목들, 나아가 영원성과 종교에 대한 자각 위에서 형성된다.[56] 그리고 '영웅 정신'의 구현자인 수공업자와 농민을 정신적 축으로 한 독일 민족만이 지금까지 진행된 역사 법칙의 반전을 가능케 할 수 있다.

이상과 같이 좀바르트의 자본주의 정신 개념은 수세에 몰린 자유주의자들과 문화 비관주의적이고 보수적인 교양 시민들의 잡다한 신경질적인 근대 비판 담론들을 통합시켜 주는 매개 고리의 역할을 하였다. 정치적으로 그의 자본주의 정신 개념은 반유대주의와 반영 감정 및 반국제주의를

---

52 Sombart, Werner(1951), *Händler und Helden*, München ; Leipzig : Duncker & Humblot, p.28, passim.
53 상인 정신의 확산과 '고도자본주의'로의 촉진 과정에서의 유대인의 역할에 대해 *MK* 1, pp.896 ff. 이에 대한 자세한 설명 및 퓨리터니즘과 유대 정신의 동일시는 Sombart, Werner(1911), *Die Juden und Wirtschaftsleben*, Leipzig : Duncker & Humblot를 볼 것. 좀바르트의 반유대주의에 대해서는 Mendes-Flohr, P. R.(1976), "Werner Sombart's : The Jews and Modern Capitalism," in Arnold Paucker ed., *Leo Baeck Institute Year Book* XXI, pp.87~107.
54 *MK* 3, p.1017.
55 Sombart, Werner(1951), 앞의 책, p.145.
56 Sombart, Werner(1951), 앞의 책, passim.

고취시키면서, 독일 민족을 정치적·사회적으로 통합하려 한 급진 민족주의의 표어로서 기능했다. 그러나 무엇보다도 좀바르트의 자본주의 정신 개념은 당시의 독일 부르주아지의 근대화 과정에 대한 고통스러운 경험, 이로 인한 노이로제적인 위기의식 그리고 역사의 종말론적 반전에 대한 갈망을 잘 표현해 주는 지표라는 점에서 그 핵심적 의의를 찾을 수 있다.[57]

지금까지 살펴본 것처럼 1900년을 전후로 '자본주의 정신' 개념이 탄생했을 때, 그 개념은 공적으로나 사적으로 주류에서 소외되고 위기에 처한 독일 부르주아 근대주의자들의 잡다한 비관주의적 시대 진단과 근대문명 비판을 위한 상징으로서의 역할을 수행했다. 독일 부르주아 근대주의자들은 자본주의 정신 개념을 통해 무엇보다도 근대 산업사회의 정신적 측면, 즉 물질주의적인 세계관과 문화가 갖는 취약점을 비판하고 부분적으로는 새로운 대안을 제시하려고 했다. 물론 부르주아지 근대주의자들의 문명 비판은 현실적으로 그들이 수세를 극복하고, 새롭게 정치적·사회적·문화적으로 헤게모니를 잡으려는 열망과도 밀접한 관계 속에 있었다.

그렇다면 이러한 '자본주의 정신'이 어떠한 과정을 거쳐 긍정적 함의를 지닌 채 근대화 이데올로기로 쓰이는 오늘날의 '자본주의 정신' 개념으로 변화되었을까? 이 점을 밝히는 것이 역사의미론으로서의 개념사의 기능이다. 이 개념의 통시적 변화 과정을 살피기 위해서는 베버의 자본주의 정신 개념이 미국에 수용되어 퓨리터니즘 신화와 결합되는 과정, 냉전시대에 들어와 미국에서 근대화론이 출현·발전하고 아메리카니즘의 자기정당화

---

57 좀바르트 스스로가 20세기 전환기를 노이로제의 시대로 묘사한다. 좀바르트의 명제를 발전시켜 요아힘 라트카우(Joachim Radkau)는 1870년대에서 나치 독일까지를 노이로제의 시대로서 파악한다(Radkau, Joachim(1998), *Das Zeitalter der Nervosität : Deutschland zwischen Bismarck und Hitler*, München : Hanser).

가 진행되는 과정, 이후 근대화론 및 아메리카니즘 모델의 동아시아에서의 수용 및 변형 과정 등이 연구되어야 한다. 이를 통해 비로소 '자본주의 정신'의 전체 개념사가 서술될 수 있다. 이 점에서 단계마다 지금까지 상술한 방식과 같은 언어사회사적 연구가 진행되어야 함은 물론이다.

■ 참고문헌

라인하르트 코젤렉(1998), 「개념사와 사회사」, 『지나간 미래』, 한철 옮김, 문학동네.

Barkin, Kenneth D.(1970), *The Controversy over German Industrialization : 1890-1902*, Chicago ; London : University of Chicago Press.

Brocke, Bernhard Vom ed.(1987), *Sombarts "Moderner Kapitalismus" : Materialien zur Kritik und Rezeption*, München : Dt. Taschenbuch-Verlag.

Brunner, Otto, Werner Conze and Reinhart Koselleck eds.(1972), *Geschichtliche Grundbegriffe : Lexikon der politisch-sozialen Sprache in Deutschland* 1, Stuttgart : Klett-Cotta.

Herf, Jeffrey(1984), *Reactionary Modernism : Technology, Culture, and Politics in Weimar and the Third Reich*, Cambridge ; New York : Cambridge University Press.

Krüger, Dieter(1983), *Nationalökonomen in wilhelminischen Deutschland*, Göttingen : Vandenhoeck & Ruprecht.

Lehmann, Hartmut(1996), *Max Webers "Protestantische Ethik" : Beiträge aus der Sicht eines Historikers*, Göttingen : Vandenhoeck & Ruprecht.

Lehmann, Hartmut and Guenther Roth eds.(1993), *Weber's Protestant Ethic : Origins, Evidence, Contexts*, Cambridge, England ; New York : Cambridge University Press.

Lenger, Friedrich(1994), *Werner Sombart, 1863-1941 : Eine Biographie*, München : C.H. Beck.

Lovejoy, Arthur O.(1936 / 1974), *The Great Chains of Being*(12th printing), Cambridge, Mass. : Harvard University Press.

Mommsen, Wolfgang J.(1974), *Max Weber und die deutsche Politik : 1890-1920* (2nd ed.), Tübingen : Mohr.

Peukert, Detlev J. K.(1989), *Max Webers Diagnose der Moderne*, Göttingen : Vandenhoeck & Ruprecht.

Radkau, Joachim(1998), *Das Zeitalter der Nervosität : Deutschland zwischen Bismarck und Hitler*, München : Hanser.

Sieferle, Rolf Peter(1995), *Die Konservative Revolution : Fünf biographische Skizzen*, Frankfurt am Main : Fischer Taschenbuch.

Sombart, Werner(1902), *Der moderne Kapitalismus*(1st ed., Bd. 2, Leipzig / 2nd, Bd. 3, München ; Leipzig, 1916~1927).

Sombart, Werner(1911), *Die Juden und Wirtschaftsleben*, Leipzig : Duncker & Humblot.

Sombart, Werner(1913/1988), *Der Bourgeois : Zur Geschichte des modernen Wirtschaftsmenschen*, Hamburg : Reinbeck.

Sombart, Werner(1951), *Händler und Helden*, München ; Leipzig : Duncker & Humblot.

Spöttel, Michael(1997), *Max Weber und die jüdische Ethik : Die Beziehung zwischen politischer Philosophie und Interpretation der jüdischen Kultur*, Frankfurt am Main : Lang.

Stöcker, Adolf(1890), *Christlich-Sozial : Reden und Aufsätze*(2nd ed.), Berlin : Berliner Stadtmission.

Stöcker, Adolf(1891), *Sozialdemokratie und Sozialmonarchie*, Leipzig : Grunow.

Weber, Max(1993), *Die protestantische Ethik und der "Geist" des Kapitalismus*, Klaus Lichtblau and Johannes Weiß eds., Bodenheim : Athenäum Hain Hanstein.

Weber, Marianne(1950/1984), *Max Weber : Ein Lebensbild*, Tübingen : Mohr.

Graf, Friedrich Wilhelm(1993), "The German Theological Sources and Protestant Church Politics," in Hartmut Lehmann and Guenther Roth eds., *Weber's Protestant Ethic : Origins, Evidence, Contexts*, Cambridge, England ; New York : Cambridge University Press.

Hilger, Marie-Elisabeth(1982), "Kapital, Kapitalist, Kapitalismus," in Otto Brunner, Werner Conze and Reinhart Koselleck eds., *Geschichtliche Grundbegriffe : Lexikon der politisch-sozialen Sprache in Deutschland* 3, Stuttgart : Klett-Cotta.

Hölscher, Lucian(1982), "Industrie, Gewerbe," in Otto Brunner, Werner Conze and Reinhart Koselleck eds., *Geschichtliche Grundbegriffe : Lexikon der politisch-sozialen Sprache in Deutschland* 3, Stuttgart : Klett-Cotta.

Koselleck, Reinhart(1972), "Einleitung," in Otto Brunner, Werner Conze and

Reinhart Koselleck eds., *Geschichtliche Grundbegriffe : Lexikon der politisch-sozialen Sprache in Deutschland* 1, Stuttgart : Klett-Cotta.

Mendes-Flohr, P. R.(1976), "Werner Sombart's : The Jews and Modern Capitalism," in Arnold Paucker ed., *Leo Baeck Institute Year Book* XXI.

Mitzman, Arthur(1988), "Persönlichkeitskonflikt und Weltanschauliche Alternativen bei Werner Sombart und Max Weber," in Wolfgang J. Mommsen and Wolfgang Schwentker eds., *Max Weber und seine Zeitgenossen*, Göttingen : Vandenhoeck & Ruprecht.

Münch, Paul(1993), "The Thesis before Weber : An Archaeology," in Hartmut Lehmann and Guenther Roth eds., *Weber's Protestant Ethic : Origins, Evidence, Contexts*, Cambridge, England ; New York : Cambridge University Press.

Nipperdey, Thomas(1993), "Max Weber, Protestantism, and the Debate around 1990," in Hartmut Lehmann and Guenther Roth eds., *Weber's Protestant Ethic : Origins, Evidence, Contexts*, Cambridge, England ; New York : Cambridge University Press.

Richter, Melvin(1987), "Begriffsgeschichte and History of Ideas," *Journal of the History of Ideas* 48, pp.261 ff.

Ritter, Harry(1986), "Capitalism," in Harry Ritter, *Dictionary of Concepts in History*, New York ; Westport, Conn. ; London : Greenwood.

Roth, Guenther(1993), "Weber the Would-Be Englishman : Anglophilia and Family History," in Hartmut Lehmann and Guenther Roth eds., *Weber's Protestant Ethic : Origins, Evidence, Contexts*, Cambridge, England ; New York : Cambridge University Press.

개념사, 번역, 그리고
상호 문화적 개념 전이*

멜빈 릭터(Melvin Richter)

미국 뉴욕시립대학 헌터칼리지 명예교수. 하버드대학에서 "The Politics of Conscience : T. H. Green and His Age"로 박사학위를 취득했다. 이후 코넬, 하버드, 프린스턴 등에서 학생들을 가르쳤고 포콕, 팰로넌 등과 함께 정치사상연구 학회, 정치적·사회적 개념사 그룹을 설립했다. 저서로는 우리나라에도 출간된『정치·사회적 개념의 역사 : 비판적 소개 (*The History of Political and Social Concepts : A Critical Introduction*)』외에 *Why Concepts Matter*(2012 · 공저), *Dictatorship in History and Theory*(2004 · 공저) 등이 있다.

옮긴이 황정아

한림대학교 한림과학원 HK교수. 편저로『다시 소설 이론을 읽는다』(2015), 역서로『패니와 애니』(2013 · 공역),『왜 마르크스가 옳았는가』(2012),『역사를 읽는 방법』(2012 · 공역) 등이 있다.

* 이 논문은 이 책을 위해 기고한 Melvin Richter, "Conceptual History, Translation, and Intercultural Conceptual Transfers"를 번역한 것으로, 영어 원문은『개념과 소통』제3호(2009. 6)에 게재되었다.

1.

모국어로 표현된 한 사회의 정치적 기본 개념들이 역사와 제도, 종교, 정치문화, 그리고 언어가 전혀 다른 사회로 전이될 때 어떤 일이 일어나는 가? 그러한 차이들은 잠재적인 새로운 청중들이 낯선 사유 양식을 부분적으로라도 받아들이거나 심지어 고려하는 데 있어서조차 엄청난 장애가 된다. 이 경우 소통의 첫 번째 필요조건은 이해 가능한 것으로 만들어 주는 번역인 듯 보인다. 하지만 여기에 뒤따르는 결과는 무엇인가? 두 언어로 쓰인 텍스트를 사용하면 설사 이 두 언어가 구조나 관례, 어휘에서 크게 다르다 해도 상호 소통이 늘 가능하다고 가정할 수 있는가? 여기에는 각각의 언어가 지닌 특징 이상의 것이 연루되어 있음이 분명하다. 하나의 정치적 조직체에 속한 정치적 기본 개념들이 번역되었을 때, 이 개념들을 형성한 경험과 기대는 잠재적 수용자 사이에서 거의 혹은 전혀 아무런 반향을 만들어 내지 못할 수도 있다.

이 글은 라인하르트 코젤렉(Reinhart Koselleck)이 정치적 기본 개념(Grundbegriffe)으로 부른 것의 번역, 수정, 선택적 전유 과정에서 연관된 주요 문제들을 살펴보고자 한다. 서구(유럽과 유럽이 세운 사회들)와 다른 지역들 간의 개념 유통에 관한 다수의, 어쩌면 대부분의 연구는 교환의 한 측면에 초점을 두면서 서구가 근대 초기에 착취·무역·개종·정복의 절차를 통해 처음으로 대면한 다른 지역의 거주자들과 문화들을 어떻게 인식하고 개념화했는가를 강조한다. 이런 식의 접근에 대한 한 가지 비판은 그것이 서구인의 인식과 가치 평가의 대상이 된 사람들에게 발언권을 주지 않는다는

개념사, 번역, 그리고 상호 문화적 개념 전이

것이다. 하지만 발언권 부여로 문제점이 충분히 시정될 것인가? 아마 비서구사회들이 스스로를 이해하는 다양한 방식이나 본국과 해외의 유럽인을 바라보는 그들의 다양한 관점에 관한 연구로 시정이 가능할지 모르고 또 실제로 어느 정도까지는 시정되어 왔다. 비서구인이 서구에 대해 갖는 이미지는 19세기에 유럽과 북미로 파견된 중국과 일본의 정부 사절단 보고서뿐 아니라 개인들의 일기, 여행기, 그리고 문학적 기록을 통해 재구성될 수 있다. 그런 자료들을 활용함으로써 일방이 아닌 쌍방 교류의 견지에서 개념의 유통을 그려 보는 일이 가능해진다. 그러나 이것으로 충분한가?

서로 다른 문화를 오가는 개념의 유통은 종종 서구의 텍스트를 다른 언어로 전이하는 데 있어 번역자가 얼마만큼의 정확성을 획득했는가 하는 점으로 평가된다. 문화적 교환 특유의 언어적 응용을 강조한 최근의 두 가지 새로운 논의는 이런 가정을 반박하고 있다. 이 두 논의는 번역 과정에서 개념의 의미가 수정되거나 변형되는 방식을 둘러싼 대안적 이론을 제시한다.[1]

영어에서 일본어로의 개념 전이를 연구한 더글러스 하울랜드(Douglas Howland)는 타 문화권 번역(cross-cultural translation)에 관한 이론에서 일어난 최근의 변화를 강조하는데, 그는 타 문화권 번역이 더 이상 2개 국어 사전 모델에 근거한, 한 언어에서 다른 언어로의 단어나 텍스트의 단순 전이로 다루어질 수 없다고 믿는다. 그보다는 이제 초언어적(translingual) 소통의 복합적 행위로 이해하는 것이 최선이라는 것이다.[2] 타 문화권 번역에 관한 또 다른 유익한 재규정은 요아힘 쿠어츠(Joachim Kurtz)에 의해 이루어졌는

---

1 Palonen, Kari(2004), *Die Entzauberung der Begriffe : Das Umschreiben der politischen Begriffe bei Quentin Skinner und Reinhart Koselleck*, Hamburg : LIT Verlag에 언급되어 있는 번역과 소통에 관한 짤막하지만 통찰력 있는 대목도 참조.

2 Howland, Douglas(2003), "The Predicament of Ideas in Culture : Translation and Historiography," *History and Theory* 42(1), pp.45~60.

개념사의 지평과 전망

데, 그는 이를 '번역과 전유의 다층적 과정'으로 정의하면서 근대 중국어에서 애초에는 외래 개념의 번역으로 도입된 많은 용어가 이후 자체의 생명력을 띠고 새로운 의미를 더하여 서구적 원본들을 창조적으로 변화·확장하거나 심지어 침식하기도 했음을 지적한다.[3] 하울랜드와 쿠어츠가 자신들의 번역 이론을 적용한 사례 연구는 뒤에서 다시 논의하도록 하겠다.

두 사람 모두 극단적으로 불평등한 권력관계의 조건에서 일어난 상호 문화적 소통을 배경으로 삼아 개념의 전이와 변화를 설명한다. 19세기 중국과 한국에서는 그와 같은 정치적 개념들의 번역과 응용이 유례없이 급격하고 폭력적인 변화의 와중에서 이루어졌으며, 변화의 많은 부분은 서구·러시아 그리고 일본이라는 외세의 침략으로 야기되었다. 번역 일반, 특히 상호 문화적 개념 전이에 관한 논의는 이런 정치적 환경의 중요성을 인식하지 못한 탓에 왜곡된 경우가 허다하다.

2.

여기에서는 '번역과 전유의 다층적 과정'을 라인하르트 코젤렉이 정치적 기본 개념으로 부른 것과 결합시킬 때 가장 잘 이해할 수 있다는 점을 논증할 것이다.

개념 일반과 구분되는 것으로서의 기본 개념은…… 정치적·사회적 어휘의

---

3 Lackner, Michael, Iwo Amelung and Joachim Kurtz eds.(2001), *New Terms for New Ideas : Western Knowledge and Lexical Change in Late Imperial China*, Leiden : Brill, p.147.

불가피하고 대체 불가능한 일부이다. 하나의 개념은 이런 지위를 획득한 이후에야 '혁명', '국가', '시민사회' 또는 '민주주의'처럼 한 단어나 용어로 굳어진다. 기본 개념은 여러 겹의 경험과 기대를 일정한 방식으로 결합하여 주어진 시기의 가장 긴급한 이슈들을 정식화하는 데 필수 불가결한 것이 된다. 그것은 언제나 논란과 논쟁의 대상이다.[4]

방법론이라는 면에서는 주요 이론가들뿐 아니라 정치적 논쟁이 벌어져왔고 지금도 벌어지는 현장과 매체에 주의를 환기하고자 한다. 여기에는 때로 사전이나 어휘집, 언어와 정확한 용례에 관한 논문처럼 중립적이라고 여겨지는 자료들까지 포함된다. 이는 19세기와 20세기 초반에 서구로부터 아시아의 정치 담론으로 유입된 '자유'와 '민주주의' 같은 정치적 개념들이 다음과 같은 것으로 다루어져야 함을 뜻한다. ① 코젤렉이 말한 기본 개념으로서, ② 항상적인 논쟁의 대상으로서, ③ 출발어(source language)나 도착어(target language) 둘 다에서 가까운 다른 동의어들과의 경계의 변화를 포함하는 기나긴 역사를 가진 것으로서, ④ 종종 해당 용어를 만들었거나 도입한 측에서 예상하지도 바라지도 않던 정치적 결과들을 야기하는 것으로서, ⑤ 주요 이론가들과 정치 지도자뿐 아니라 정부 안팎의 팸플릿 저자들·저널리스트들이나 기타 정치 평론가와 선동가 들에 의해서도 개진되는 것으로서이다.

무엇보다 앞서 다루어야 할 것은 개념의 역사 곧 개념사(Begriffsgeschichte)를 하나의 방법론으로 정착시킨 혁신적인 독일 저작들이다. 그런 다음

---

4 Koselleck, Reinhart(1996), "Response to Comments," in Hartmut Lehmann and Melvin Richter eds., *The Meaning of Historical Terms and Concepts : New Studies on Begriffsgeschichte*, Washington, D.C. : German Historical Institute, p.64.

무엇이 개념의 역사를 분석가들과 역사가들에게 가치 있는 것으로 만들어 주었는지에 관해 상세히 논의할 것이다. 마지막으로는 개념사에서 사용된 방법론들을 정치적·사회적 사유의 전이에 관한 기존의 서사에 병합할 방도에 대해 몇 가지 제안할 것이며, 더불어 텍스트를 분석하고 그것이 놓인 맥락을 파악하여 다른 언어로 번역하는 데 유용한 기술 몇 가지를 더하고자 한다.

이 글의 목표는 개념사가 다른 모든 방법론을 대체해야 한다고 주장하는 것이 아니라 오히려 그것이 다수의 다른 방법론들을 어떻게 보완해 주는지를 보여 주려는 것이다. 타 문화권 전이의 관심사와 중요성은 여러 다른 각도의 비전으로 고찰하고 하나 이상의 분석 양식을 통해 연구할 때 더욱 증진된다. 개념사와 관련하여 여기에서 주장하려는 바는 그것이 지식의 독특한 형식이며 정치와 정부, 사회에 관한 규범적·기술적 개념 어휘에 담긴 지속성과 주요 변화들에 대해 상세한 설명과 해설을 제공해 준다는 것이다. 어떻게 이런 일을 수행하는가 하는 점은 앞으로 제시할 더 구체적인 설명을 통해 드러나리라 기대한다.

개념사라는 장르는 제2차 세계대전 이후 독일 학자들에 의해 만들어졌다. 여기에서는 주로 두 가지 버전으로 다루어질 것인데, 여러 저자가 참여한 다음의 방대한 두 문헌이 각각의 버전을 잘 보여 주고 있다. 하나는 『역사적 기본 개념 : 독일 정치·사회언어 역사사전(*Geschichtliche Grundbegriffe : Historisches Lexikon zur Politisch-sozialen Sprache in Deutschland*)』(이하 『기본 개념』)이고 다른 하나는 『철학의 역사사전(*Historisches Wörterbuch der Philosophie*)』(이하 『철학사전』)이다. 이들과 같은 수준의 집단적 작업의 성과물로 『프랑스 정치·사회 기본 개념 편람 1680~1820(*Handbuch politisch-sozialer Grundbegriffe in Frankreich 1680-1820*)』(이하 『편람』)도 있다. 이 저작은 혁명 전후 프랑스의 정치적·사회적 어휘들에서 발생한 놀라운 변화와 관련된 개념과 주제에 초점을 둔다.[5] 이 책의 다른 장에서 다루어지지만 『편람』은 개념사에 관한 메타이론과 방법론에 다방면으로 기여한 점에서 여기에서도 언급할 가치가 있다. 프랑스의 지성사를 구성하는 데 크게 기여했을 뿐 아니라 개념사에 대한 접근을 다양화하는 데에도 많은 보탬을 주었던 것이다.

이상의 세 가지 연구 성과는 각기 독자적인 역사서술 방식과 특유의 이론적 초점을 갖고 있으며 다루는 시대 또한 서로 다르다. 기존 연구와는 다른 이 대안적 형식들에 공통점이 있다면, (개별 저자 혹은 개별 텍스트 · 학파 · 전통 · 논증 형식 · 단위 개념 · 사유 유형 · 담론 양식) 분석의 단위를 다르게 제시함으로써가 아니라 개념의 역사를 추적함으로써 과거의 정치적 · 사회적 사유를 분석한 점이다. 개념사를 수사학이나 미학 같은 다양한 대상에 적용한 다른 예로는 『수사학의 역사사전(*Historisches Wörterbuch der Rhetorik*)』이나 『미학의 기본 개념(*Ästhetische Grundbegriffe*)』이 있다.[6]

---

5 Brunner, Otto, Werner Conze and Reinhart Koselleck eds.(1972~1990), *Geschichtliche Grundbegriffe : Historisches Lexikon der politisch-sozialen Sprache in Deutschland*(7 vols of text ; 2 vols of a multi-lingual index), Stuttgart : Klett-Cotta(이하『기본 개념』) ; Ritter, Joachim, Karfried Gründer and Gottfried Gabriel eds.(1971 / 2005), *Historisches Wörterbuch der Philosophie*, 13 vols, Basel ; Stuttgart : Schwabe(이하『철학사전』) ; Reichardt, Rolf, Hans-Jürgen Lüsebrink and Eberhard Schmitt eds., in collaboration with Gerd van den Heuvel and Annette Hofer(1985), *Handbuch politisch-sozialer Grundbegriffe in Frankreich 1680-1820*, 20 vols to date, München : Oldenbourg Verlag(이하 『편람』). 이 저서들에 관한 상세한 분석은 필자의 *The History of Political and Social Concepts : A Critical Introduction*(New York : Oxford University Press, 1995) ; Hampshire-Monk, Iain, Karin Tilmans and Frank van Vree eds.(1998), *History of Concepts : Comparative Perspectives*, Amsterdam : Amsterdam University Press ; Bödeker, Hans Erich ed.(2002), *Begriffsgeschichte, Diskursgeschichte, Metapherngeschichte*, Göttingen : Wallstein 참조.
6 Ueding, Gert ed.(1987~), *Historisches Wörterbuch der Rhetorik*(Historical Lexicon of Rhetoric), 8 vols. to date, Tübingen : Max Niemeyer Verlag ; Barck, Karlheinz et al. eds.(2000), *Ästhetische Grundbegriffe*(Basic Aesthetic Concepts), 7 vols, Stuttgart ; Weimar : J.B. Metzlar. 이 저작들과 개념사를 활용한 다른 프로젝트에 관한 개괄과 비평

『철학사전』이 철학 용어들을 다루면서 사회적 맥락을 고려하지 않는데 반해,『기본 개념』과『편람』은 개념사를 사회사에 연결하고자 한다. 『기본 개념』은 개념의 의미와 기능에서 일어난 변화들을 정부·사회·경제구조에서의 변화와 연관 짓고,『편람』은 일정 시기 동안 프랑스의 지적 사고방식에서 일어난 지속성과 변화의 궤적을 그린다.『기본 개념』과『편람』은 특히 심각한 위기와 혁명의 시기에 상호 경쟁하는 여러 정당, 집단, 사회계층, 직위, 계급이 어떤 개념들을 사용했는지 결정하고자 한다. 양 저작에 참여한 이론가들은 주요한 정치·사회 개념들은 언제나 서로 다투어 왔고 지금도 그렇다고 주장한다. 이런 입장이 상호 문화적 전이 분석에 중요한 함축적 의미를 갖고 있음을 뒤에서 살펴볼 것이다.

『철학의 역사사전』(『철학사전』)

『기본 개념』과『편람』이 정치·사회 개념의 역사만을 다룬다면,『철학사전』은 철학 개념의 역사를 철학 및 관련 학문 분야의 내적 역사의 일부로, 즉 이런 분야에서 사용되는 용어와 지속적인 문제들이라는 견지에서 고려한다. 정치·사회사상을 검토할 때 대체로 철학자들과 그들의 청중 사이의 정치적 혹은 사회적 제휴라든지 그들이 살았던 시대의 정치, 사회, 경제에서의 구조적 변화들을 언급하지 않는 것이다.『기본 개념』과『편람』이나 마찬가지로『철학사전』역시 개별 사상가에 관한 논문이나 사상가와 그의 이론에 대한 서로 다른 해석들에 대한 논문은 포함하지 않는다.

이 세 저작 모두 개념사를 활용하지만 각각의 프로그램과 방법론이 다르기 때문에 활용의 방식은 상이하다.『철학사전』은 주로 철학의 쟁점,

---

에 관해서는 Scholtz, Gunter ed.(2000), *Die Interdisziplinarität der Begriffsgeschichte*, Hamburg : Felix Meiner 참조.

논의, 기술적 용어의 역사를 다룬다. 이런 점에서『철학사전』은『기본 개념』
이나『편람』과 다르며, 철학 개념을 활용한 과거 사례들의 배경을 상술하
지는 않는다.『철학사전』에서는 상대적으로 변화가 적었거나 아니면 너무
많은 변화를 겪은 탓에 철학사의 지평에 놓고 보아야 더 분명해지는 제한된
수의 개념들이 역사적으로 다루어진다.『철학사전』식 개념사는 철학자들
의 철학적 · 정치적 배경에는 관여하지 않는 대신 얼마나 다양한 사상가와
학파가 개념을 사용해 왔는가에 대해 중요한 정보를 제공해 준다. 여기에
실린 논문들은 하나의 개념이 이력을 전개하는 과정에서 담았던 다양한
의미를 나열하는 경우가 많다. 한 개념이 과거에 지녔던 철학적 의미 영역
에 관한 발견들은 해당 개념의 역사에 많은 것을 더해 준다. 적어도『철학
사전』의 논문들은 하나의 개념 혹은 용어를 논의했던 가장 중요한 저자들
을 짚어 준다. 그것은 철학 논쟁에서의 개념 활용 사례를 요약해 주고
텍스트의 가장 뛰어난 판본에 대해 안내해 주며 다양한 언어로 된 이차
문헌들을 인용한다.『철학사전』이 형이상학부터 정치철학과 윤리학을 거
쳐 형식논리학에 이르기까지 생각할 수 있는 거의 모든 추상 개념과 철학
용어에 관해 그토록 풍부한 정보를 제공해 준 점은 엄청난 기여가 아닐
수 없다.

『역사적 기본 개념 : 독일 정치 · 사회언어 역사사전』(『기본 개념』)

　『기본 개념』은 독일어권 유럽에서 사용된 정치적 · 사회적 언어들의 전
문화된 어휘, 의미론적 장(場) 혹은 언어학적 영역을 구성하는 개념들을
분석하며, 특히 코젤렉이 처음에는 말안장의 시대(Sattelzeit)로 불렀다가 나
중에는 문턱의 시대(Schwellenzeit)로 부른 1750~1850년의 시기에 주목한
다. 이 시기는 독일어권 유럽에서 근대적 정치사상 및 사회사상으로 이행
한 결정적 시기로 다루어진다. 개념들이 급속히 변형되고 새로운 특징을

획득한 것은 정부와 사회·경제구조가 전례 없는 변화를 겪은 시기와 대략 일치한다. 『기본 개념』은 이와 같은 변화들을 묘사하고 평가하고 지휘하는 데 사용된 개념들을 연구한다. 그런 분석에는 개념을 활용하거나 그것을 두고 서로 겨룬 정치·사회조직체들을 밝히는 일도 포함된다.

『기본 개념』의 전체 기획에 따라 (개인인 경우도 있으나 상당수는 팀으로) 참여한 저자들은 멀게는 고전적 의미를 되돌아보고 가깝게는 우리 시대의 개념적 활용을 내다보았다. 그와 같은 분석은 다음 세 가지의 정치·사회 개념 유형을 확인할 목적으로 이루어졌는데, 각 유형은 현재의 독일어 용법과 관련지어 정의된다. ① '민주주의'처럼 오랫동안 사용되어 온 개념으로 그 의미가 오늘날의 해당 언어 사용자에 의해서도 여전히 이해될 수 있는 것, ② '시민사회'처럼 초기의 의미가 거의 지워져서 지금은 예전의 의미를 학문적으로 재구성한 다음에야 이해될 수 있는 것, ③ '시저주의(caesarism)', '파시즘', '마르크스·레닌주의'와 같이 해당 개념이 형성하고 해석한 혁명적 변화의 과정에서 만들어진 신조어가 그것이다.

『기본 개념』은 최초로 독일어의 정치·사회 개념들의 과거 용례에 관한 신뢰할 만한 정보를 제공했다. 그럼으로써 어떻게 언어가 대략 18세기 중반부터 20세기에 이르기까지 독일의 정치적·사회적 삶의 모든 영역을 바꾼 변화 과정들을 형성하고 또 기록하는지 분명히 보여 주었다.

어떠한 특징들이 개념사를 타 문화권 번역 및 전유에 관한 분석에서 중요한 것으로 만들어 주는가? 『기본 개념』의 주요 이론가인 라인하르트 코젤렉은 이를 다음과 같이 상술했다. "개념사의 임무는 어떤 의미의 가닥들이 지속적으로 이어지며 번역 가능한지, 또 어떤 새로운 가닥들이 추가되어 왔는지를 묻는 일이다."[7] 이 점과 여기에 연관된 진술들이 제기하는

---

7 Koselleck, Reinhart(1996), 앞의 글, p.68. 개념사에 관한 코젤렉의 작업 상당 부분은 한

세 가지 논점에 주목할 필요가 있다. 즉 ① 역사적 견지에서 내린 정치적 기본 개념의 정의, ② 논쟁을 정치적 기본 개념의 특징으로 보는 것이 함축하는 의미와 그것이 기본 개념의 타 문화권 전이 연구에 주는 이점, ③ 이제 막 그 존재가 확인되어 체계적으로 다루어지기 시작한 문제, 곧 다른 언어에서 온 텍스트를 번역하고 수용하는 데에서 개념이 하는 기능이라는 문제에 개념사가 기여한 바이다.

정치적 기본 개념은 무엇인가?

존 포콕(John Pocock)이 제기한 개념사 비판에 답하여 코젤렉은 다시 한 번 『기본 개념』의 분석 단위와 전체 프로젝트를 정의한다. 포콕은 두 가지 주장을 펼쳤다. 하나는 개념사란 담론사에 의존하며 이를 보조할 뿐이라는 것, 다른 하나는 통시적 분석이 공시적 방법에 종속되어야 한다는 것이다. 코젤렉은 개념이 언제나 담론 내에서 기능한다는 데에 동의하면서도 개념 사와 담론사가 양립 불가능하며 대립적이라는 점은 수긍하지 않았다. 양자는 상호 의존적이라는 것이다. 하나의 담론은 스스로가 말하고자 하는 바를 표현하기 위해 기본 개념을 필요로 한다. 그리고 개념에 대한 분석은 언어학적 배경과 언어 외적 배경 둘 다에 능통할 것을 요구한다.

개념은 항상 담론 내에서 기능하지만 둘 다 논의가 펼쳐지기 위한 축의 역할을 한다. 그렇기 때문에 앞에서 인용했듯이 코젤렉은 '기본 개념은 정치적·사회적 어휘의 불가피하고 대체 불가능한 일부'[8]라고 정의한 것이다. 다시 말해 독자와 대중을 설득하려는 사람이라면 긍정적으로든 부정적으

스 에리히 뵈데커가 자신의 저서[Bödeker, Hans Erich ed.(2002), 앞의 책, pp.7~28, pp.73~112]에서 비판적으로 인용·논의하고 있다.

8 Koselleck, Reinhart(1996), 앞의 글, p.64.

로든 다루지 않을 수 없는 것이 기본 개념이다. 이런 지위를 성취한 다음에야 비로소 개념들은 '혁명', '국가', '시민사회' 혹은 '민주주의'와 같이 하나의 단어나 용어로 굳어진다. 따라서 기본 개념은 매우 복잡하며 언제나 모호하고 논란의 여지가 있으며 논쟁의 대상이다. 바로 이런 특징 때문에 그것은 역사적 중요성을 띠며 단순히 기술적이거나 전문적인 용어와 차별성을 갖는다.[9]

코젤렉은 정치적 · 사회적 언어에 관한 통시적 분석과 공시적 분석의 관계에 관해 둘 다 필수 불가결하며 공시적 분석에 특권을 부여할 수는 없다고 주장한다. 하나의 텍스트를 공시적으로 설명하려는 분석가는 텍스트의 저자로 하여금 개념들을 특정한 방식으로, 그것도 낡은 규칙이 아닌 새로운 규칙을 통해 사용하도록 이끈 선택의 기준들을 염두에 두어야 한다. 모든 혁신적인 저자는 한 단어나 용어가 지닌 과거의 의미와 그 자신이 의도한 목적 간의 관계를 직시해야 한다. 어떤 저자도 기존의 확립된 언어 자료 전체, 그리고 가깝거나 먼 과거에 통시적으로 만들어져 모든 화자와 청자가 공유해 온 언어적 자원까지 거슬러 가지 않고서는 새로운 것을 만들어 낼 수 없다. 이해하고 이해받는 행위는 해당 언어가 어떻게 사용되어 왔는지에 관한 사전 지식을 전제한다. 이렇듯 모든 단어 · 용어 · 개념은 통시적 추진력을 지니고 있으며, 새로운 의미를 추가하려는 사람은 이를 배경으로 놓고 작업해야 한다.[10]

여기에서 코젤렉은 '기본 개념'에 대한 실용적 규정을 제공해 주었다. 이 규정은 연구자가 주어진 시기에 정치적 · 사회적 논의의 참여자들이 피할 수 없던 개념들이 어떤 것이었는지를 경험적으로, 즉 실제 용법에 대한

---

9 Koselleck, Reinhart(1996), 앞의 글, p.64.
10 Koselleck, Reinhart(1996), 앞의 글, p.63.

역사적 연구를 통해 결정하도록 해준다. 정치적 혹은 사회적 기본 개념들은 정치권력이나 지적 우위를 놓고 다투는 사람들에게 슬로건이나 표적으로서 없어서는 안 될 개념들이다.

그런 개념들은 논의의 틀과 경계를 구축하며 논쟁자들이나 이후 세대가 사용할 수 있는 어휘를 제한한다. 기본 개념은 재활용될 수 있기 때문에 새로운 환경과 구조에 적용할 수 있는 장기적인 의미를 지니며, 이 새로운 환경이나 구조에 중요한 영향을 끼칠 수 있다. 개념의 번역과 수용의 역사는 또한 플라톤, 홉스, 벤담 같은 저자들이 자신들의 새로운 이념으로 여긴 것을 표현할 새로운 언어를 주조할 때 직면한 어려움을 보여 준다. 이론가는 자기 언어의 기존 자료들, 과거에 만들어졌고 사용자 모두가 공유한 언어적 자원을 무시할 수 없다. 새로운 개념을 창조하고 이미 사용되고 있는 의미를 바꾸고자 한다면 과거의 용법이 발휘하는 압력을 극복할 전략을 구축해야 한다.

타 문화권으로의 번역, 수정, 전유를 거치는 기본 개념들을 '복잡하고 모호하며 논란의 여지가 있고 논쟁의 대상이 되는' 것으로 다루는 일은 무엇을 함축하는가?

개념의 역사를 제대로 쓰기 위해서는 개념 주창자들의 논의뿐 아니라 해당 개념의 사용에 반대하는 입장이 말하는 바도 포함해야 한다는 것이다. 정치적·사회적 기본 개념이 반론 가능한 모호한 것이므로 그 의미와 타당성을 둘러싼 논쟁은 개념의 역사에서 빠질 수 없는 부분이다. 개념 사용자들이 어떻게 그 개념을 제시하는가 하는 점은 종종 당대의 적수나 라이벌들의 비판에 어떻게 답하거나 반박할 것인가에 의해 결정된다. 이러한 사실을 인식하지 못한다면 그 용어가 활용되는 방식을 이해할 수 없다. 가령 '자유'라는 말은 의미가 너무 분명한데 왜 그토록 많은 사람과 정부가 그

개념사의 지평과 전망

말을 잘못 사용하는지 이해하지 못하는 사람이 이런 경우에 해당된다. '자유'는 논의의 여지가 없는 단 하나의 의미를 담은 개념이 아니다.

정치적·사회적 기본 개념이 논쟁의 대상이라는 코젤렉의 명제는 역사적 증거에 기초를 두고 있으며, 이 증거는 홉스의 논의처럼[11] 철학적 견지에 국한된 과거의 논의를 확증한다.

정치·사회 개념은 왜 논쟁의 대상인가? 이 점에 관한 인상적인 답변을 내놓은 사람이 홉스인데 그는 개인이나 집단의 이해관계로 이를 설명했다. 그런 이해관계 때문에 정치적 개념은 순전히 논리적이거나 수학적·철학적인 개념들과는 구분되어야 한다. 홉스는 야심, 욕망, 권력과 지배와 부의 추구 같은 열정이 있고 없고에 따라 개념들을 서로 다르게 취급해야 한다고 주장했다.

그 점이야말로 옳고 그름의 정설이 펜과 칼 둘 다에 의해 끊임없이 논란의 대상이 된 이유이다. 반면 선과 숫자에 관한 정설은 그렇지 않다. 이 주제와 관련해서 무엇이 진리인가 하는 점은 누구의 야심, 이익 혹은 욕망도 건드리지 않으므로 아무도 개의치 않기 때문이다. 만일 삼각형의 세 각의 합은 사각형의 두 각의 합과 같다는 정설이 누군가의 지배권이나 지배자의 이익에 위배되었다면, 논리적 이의 제기까지 받지는 않았다 해도 이해 당사자가 할 수 있는 한

11 이 논문에 관한 요약은 Waldron, Jeremy(1994), "Vagueness in Law and Language : Some Philosophical Issues," *California Law Review* 82, pp.509~540에 따른 것이다. Waldron, Jeremy(1999), *Law and Disagreement*, Oxford : Clarendon Press도 참조. 이런 입장을 처음으로 진술한 것은 Gallie, Walter Bryce(1956), "Essentially Contested Concepts," 56 *Proceedings Aristotelian Society* 167(n.s. 1955~1956). 앞에서 언급한 논쟁 가능성에 관한 설명은 필자의 "Conceptualizing the Contestable : Begriffsgeschichte and Political Concepts"(2000a), in Gunter Scholtz ed., *Die Interdisziplinarität der Begriffsgeschichte*, pp.135~143에 요약되어 있다.

온갖 대수학 책들을 모조리 불사름으로써 진압당했을 것이다.[12]

코젤렉은 정치·사회 개념들이 흔히 위기의 상황에 권력을 둘러싼 이해관계의 충돌과 경쟁에서 나온다고 주장했는데, '위기' 자체도 『기본 개념』에서 상세히 다루어지는 기본 개념의 하나이다.[13] 그런 시기에 특정 집단, 계층, 계급은 정치와 정치철학, 법, 관료제도, 헌법의 언어들이 제안하거나 실행하는 근본적인 변화가 자신들에게 사활이 걸린 영향을 미친다고 인식한다. 그런 상황에서 해당 집단의 구성원들은 기존 질서의 어휘와 여타의 언어적 관례들을 따르거나, 아니면 이런 용어와 용례 규칙 들을 의도적으로 재정의함으로써 생기는 결과에 매우 민감해진다. 정치 논쟁에서 경험적 증거를 활용할 때 상대편에게 반박당하기 쉬운 것처럼 언어적 용법과 관례를 수정하려는 주장에서도 마찬가지 일이 벌어진다. 정치적·사회적 기본 개념이 논쟁의 대상으로 인식되고 주장되었음을 역사적 사례를 통해 가장 설득력 있게 보여 주는 정평 높은 코젤렉의 저작으로는 『개혁과 혁명 사이의 프러시아(Preußen zwischen Reform und Revolution)』가 있다.[14] 코젤렉은 7백 쪽 이상을 할애하여 18세기에 프러시아 일반 국법(Prussian General Code)이 왜, 그리고 어떻게 개정되었는지 분석한다. 이 개정은 근대화를 지향한

---

12 Hobbes, Thomas(1651), *Leviathan*, ch. XI ; Waldron, Jeremy(1994), "Vagueness in Law and Language: Some Philosophical Issues," *California Law Review* 82(3), p.514 에서 재인용.

13 위기 개념에 대한 논의와 『기본 개념』에 실린 코젤렉의 Krise에 관한 논문의 영문판에 대해서는 Richter, Melvin and Michaela W. Richter(2006), "Introduction to Reinhart Koselleck's 'Krise' in Geschichtliche Grundbegriffe," *Journal of the History of Ideas* 47, pp.343~356 ; Koselleck, Reinhart(2006), "Crisis," Michaela W. Richter trans., *Journal of the History of Ideas* 67, pp.357~400 참조.

14 Koselleck, Reinhart(1975), *Preußen zwischen Reform und Revolution : Allgemeines Landrecht, Verwaltung und Soziale Bewegung von 1791 bis 1848*(2nd ed.), Stuttgart : Klett.

개념사의 지평과 전망

관료들의 작품으로 이들은 '계급', '시민', '거주민', '소유주', '재산' 같은 정치적 · 사회적 · 법적 개념들을 재정의했다. 이로써 그때까지 귀족적 토지 소유 융커들이 휘두르던 권력은 상당히 축소되었고 새로이 출현한 경제질서를 만든 계급에 자리를 내주었다.

한때 누리던 특권적 지위를 상실한 사람들이 그와 같은 개념적 혁신을 모르고 지나칠 리가 없었다. 이들의 지도자는 개혁이 정치적 · 법적 언어를 오용하고 있다고 주장했다. "이름과 관련하여 혼란을 야기함으로써 개념 또한 무질서에 빠졌고 그 결과 옛 브란덴부르크(프러시아) 헌법이 치명적인 혼돈 상태에 처했다."[15] 정치적 · 사회적 · 법적 언어를 둘러싼 격심한 갈등에 대한 이와 같은 역사적 분석으로부터 코젤렉은 위기 개념을 재삼 강조하며 다음과 같은 결론을 내린다.

정치적 혹은 사회적 지위의 정의(定義)를 둘러싼, 그리고 정의를 통해 그와 같은 지위를 방어하거나 차지하려는 의미론적 투쟁은 분명 문서화된 자료로 기록할 수 있는 모든 위기에서 발견되는 갈등이다.[16]

---

15 논문집 Koselleck, Reinhart(1979), *Vergangene Zukunft : Zur Semantik geschichtilicher Zeiten*, Frankfurt am Main : Suhrkamp, pp.107~129에 실린 "Begriffsgeschichte und Sozialgeschichte"[영문 번역으로는 Koselleck, Reinhart(1979), *"Begriffsgeschichte and Social History,"* in Reinhart Koselleck, *Futures Past : On the Semantics of Historical Time*, Keith Tribe trans., Cambridge : MIT Press, pp.75~91]. 논문으로는 Koselleck, Reinhart(1987), " "Sozialgeschichte und Begriffsgeschichte," *Sozialgeschichte in Deutschland*," in Wolfgang Schieder and Volker Sellin eds., *Sozialgeschichte in Deutschland* 1, Göttingen : Vandenhoeck & Ruprecht, pp.89~109가 있으며, 이 글의 영문판은 Koselleck, Reinhart(1988), "Social History and *Begriffsgeschichte*," in Iain Hampshire-Monk, Karin Tilmans and Frank van Vree eds., *History of Concepts : Comparative Perspectives*, Amsterdam : Amsterdam University Press, pp.23~35.

16 Koselleck, Reinhart(1979), 앞의 책, p.78.

정치·사회 개념을 논쟁의 대상으로 지적하는 것은 또한 모든 개념은 동일한 시대정신, 의견 풍토, 정치문화에서 나오며 하나의 역사적 시기의 모든 사상은 동일한 전제들을 토대로 삼기 때문에 개념 간에 차이가 없다는 통상의 가정을 의문시하는 일이다. 이 가정에 따르면 어느 시대든 정치·사회 개념의 특징이 그 시대의 온갖 다른 개념의 특징과 다르지 않다. 하나의 시기나 하나의 문화가 가진 통일성에 대한 이런 식의 선험적 가정들은 대개 환원주의적이고 비역사적인 과정으로 이끈다. 한 가지 예가 계몽주의 정치철학 혹은 '계몽의 기획'과 관련된 입증되지 않은 포괄적 주장이다.[17]

『기본 개념』은 독일어권 유럽에서 사용된 정치적·사회적 언어들의 전문 어휘·의미론적 장 혹은 언어학적 영역을 구성하는 개념들을 분석하며, 특히 1750~1850년의 말안장의 시대 혹은 문턱의 시대에 주목하는데 이 시기는 근대적 정치사상 및 사회사상으로의 결정적 이행기로 다루어진다. 『기본 개념』은 이 기간에 독일의 정치적·사회적 어휘들이 대략 정부·사회·경제의 구조들이 유례없는 변화를 겪는 때에 맞추어 어떻게 급격한

---

17 당시의 역사서술에 관한 오늘날의 해결되지 않은 논쟁을 감안할 때 18세기 사유에 관한
그와 같은 환원적 일반화는 미심쩍은 구석이 많다. 전문가들은 점점 유럽과 그 주변 지
역의 사유에서 실제로 계몽에 대한 믿음이 지배적이었는지 의심하고 있다. 2백 년이 지
난 지금 18세기 사유에 관한 동질적 이미지는 점차 논란의 대상이 되었다. 몇몇 학자는
최면술 같은 사유와 감정의 유행을 강조하면서 이 시기가 '이성의 시대'라는 동질적 규정
을 의문시한다. 다른 학자들 또한 '계몽'이라는 용어를 계속 쓰면서도 그 지적 구성 요소
가 다양했으며, 배경에 따라 서로 다른 정치적 기능을 담당했다는 점을 들어 복수형으로
만 사용하고 싶어 한다. 계몽이 국가별(스코틀랜드, 프랑스, 독일, 이탈리아, 헝가리, 러시
아)로 각각 크게 다른 형태를 보였음을 부인하는 사람은 거의 없다. 존 포콕은 영국에서
계몽운동이라는 것이 존재했는지 여부조차 의문시한다. 지금은 급진적 계몽, 개혁적 계
몽, 가톨릭적 계몽, 보수적 계몽 같은 말들이 책 제목에 등장하고 있다. 필자의 "Europe
and the Other in Eighteenth-Century Thought"(1997), in Volker Gerhardt, Henning
Ottmann and Martyn Thompson eds., *Politisches Denken Jahrbuch* 3, Stuttgart：
Metzler, pp.25~47 참조.

개념사의 지평과 전망

속도로, 또 특정한 방향으로 바뀌었는지에 관해 일단의 가정을 제시한다. 그와 같은 변화들을 묘사하고 평가하고 지휘하는 데 사용된 개념들에 대한 연구는 개념을 활용하거나 그것을 두고 서로 겨룬 정치·사회조직체들을 밝히는 일과 연결된다.

『기본 개념』의 전체 기획에 따라 (개인인 경우도 있으나 상당수는 팀으로) 참여한 저자들은 멀게는 고전적인 의미를 되돌아보고 가깝게는 우리 시대의 개념적 활용을 내다보았다.

그와 같은 분석은 다음 세 가지의 정치·사회 개념 유형을 확인할 목적으로 이루어졌는데, 각 유형은 현재의 독일어 용법과 관련지어 정의되었다. ① '민주주의'처럼 오랫동안 사용되어 온 개념으로 그 의미가 오늘날의 해당 언어 사용자에 의해서도 여전히 이해될 수 있는 것, ② '시민사회'처럼 초기의 의미가 거의 지워져서 지금은 예전의 의미를 학문적으로 재구성한 다음에야 이해될 수 있는 것, ③ '시저주의', '파시즘', '마르크스·레닌주의'와 같이 해당 개념이 형성하고 해석한 혁명적 변화의 과정에서 만들어진 신조어가 그것이다.

이 기획은 약 120개의 개념을 7천여 쪽에 걸쳐 다루고 있다. 글의 평균 분량은 50쪽 이상이지만 가장 중요한 논문들은 1백 쪽이 넘기도 한다. 별도로 묶인 색인은 여러 언어(독어·프랑스어·라틴어·영어)로 되어 있고 2천 쪽이 넘는다. 색인집은 현재 개념사를 다루는 유럽 안팎의 연구자들에게 소중한 자료가 되고 있다.

하지만 『기본 개념』이 정치적·법적 개념에 관한 여타의 어휘 목록들이 본받을 잠정적 모델이 되는 것은 분량이 아니라 기획의 성격 때문이다. 『기본 개념』이 명시하는 목표는 무엇인가? ① 접근이 어려울 때가 많은 원(原)자료에서 체계적으로 수집된 광범위한 인용들을 펴냄으로써 독일어에서 정치·사회 개념들이 과거에 어떻게 사용되었는가에 관한 최초의 신

개념사, 번역, 그리고 상호 문화적 개념 전이

뢰할 만한 정보를 제공하는 것, ② 언어가 대략 18세기 중반부터 19세기를 거쳐 20세기까지 독일의 정치적·사회적 삶의 전 영역을 바꾸어 놓은 변화 과정들을 형성하고 기록하는 방식의 특징을 규명하는 것, ③ 오늘날 우리가 정치적·사회적 언어들을 어떻게 사용하고 있는지, 그런 현재적 용법에 대한 어떤 대안들이 과거에 있었는지에 대한 인식을 가다듬는 것. 활용하는 개념들의 역사를 이해함으로써 어쩌면 그 개념들이 어떤 방향으로 우리의 사고를 끌고 가는지 더 잘 파악할 수 있고, 그리하여 우리의 상황에 대한 좀 더 폭넓은 정의에 따라 행동하는 방식을 알게 될지 모른다.

『기본 개념』은 정치적·사회적·경제적 역사를 뛰어넘는다. 근대의 전례 없이 급속한 변화들을 몸소 살아간 사람들은 서로 다른 사회적 조직체와 정치적 집단에 속한 성원으로서 그 구조적 변화를 전부 같은 방식으로 경험하고 이해하고 개념화할 수는 없으며, 그들의 행동이 그렇듯이 그들의 인식 또한 서로 크게 다르다. 『기본 개념』의 이론은 과거의 행동이 취할 수 있는 범위는 어떤 개념이 이용 가능한지에 의해 대체로 결정된다고 가정한다. 이 개념들이 무엇이고, 어떤 식으로 논쟁의 대상이 되었으며, 어느 정도까지 유지·변경 혹은 새로이 창조되었는가 하는 것이 『기본 개념』의 기획을 관통하는 주제이다. 이 주제를 다루기 위해『기본 개념』은 개념사와 구조적 사회사 둘 다를 활용한다.[18] 세부 내용에서는 반(反)환원주의적이며 이 두 가지 역사의 상호의존성을 주장할 뿐 아니라 그것을 생산적 긴장의 조건으로 본다. 그렇게 함으로써 코젤렉이 정식화했듯이 『기본 개념』의 개념사는 개념 형성과 언어를 부수적인 것으로, 즉 '진짜 역사'라는 외적 힘에 의해 결정되는 것으로 보는 관점을 거부한다. 그와 동시에 정치적·사회적 언어가 언어 외적인 어떤 것에서도 영향을 받지

---

18   Koselleck, Reinhart(1979), 앞의 글.

않는 자율적 '담론들'이라는 이론 또한 거부한다.

『기본 개념』이 완성된 이후 정치적·사회적 언어에 관해 예전에는 알지 못한 어떤 점들을 더 알게 되었는가? 더 알게 됨으로써 어떤 점이 달라지는 가? 애초의 편집자들이 염두에 두었던 가장 중요한 한 가지 목표는 근대성의 출현이 낳은 정치·사회 개념들을 이전의 개념들과 대조하는 일이었을 것이다. 하지만 이런 규모의 작업은 어느 한 부류의 독자에만 맞추어져 있는 게 아니며 하나 이상의 의미를 갖는 법이다. 『기본 개념』의 명백한 공헌 중에서 몇 가지만 살펴보자.

정치와 정치사상사 연구자들에게 『기본 개념』은 주요 개념들이 격렬한 논쟁의 대상임을 염두에 두면서 이 개념들이 어떻게 생겨나고 수정되거나 변형되는지를 그것들이 위치한 상황과 관련 지어, 다시 말해 배경과 관련 지어 설명해 준다. 『기본 개념』을 기획한 편집진은 낡은 독일식 역사 기술 방식인 정신사(Geistesgeschichte)와 이념사(Ideengeschichte) 둘 다 사상을 배경과 연관 지어 다루지 않으며, 이미 사용되고 있는 추상 용어나 제안된 새로운 용어의 의미와 용법을 어떤 역사적 행위자들의 생각이 연루되어 있는가 하는 문제와 연결하여 다루지 않기 때문에 부적절하다고 확신했다.

『기본 개념』에 실린 논문 전부는 아니지만 다수가 이런 문제들을 성공적으로 다루고 있고, 그렇게 함으로써 정치적·사회적 논의에 사용된 언어에 관해, 그 언어가 어떤 청중을 겨냥하는지 또 실제 수용과 용법이 어떠했는지에 관해 필수 정보를 제공할 새로운 기준을 정립했다.

이제 일군의 표제어(이 경우는 개념들)가 철자순으로 배열된 어휘 목록이라는 『기본 개념』의 형식적 구성이 제기하는 문제를 살펴보자. 연구자들이 개별 개념의 역사에서 한때 언어의 한 부문을 형성했던 통합된 정치적·사회적 어휘들의 재구성으로 어떻게 옮겨 갈 수 있는가. 특정 시기에 어떤 개념들은 동의어나 유사동의어, 대조어, 반대어로 묶인다. 이런 식으로 그것들은 공시적으로 다루어져야 하는 하나의 의미론적 혹은 언어적 장, 특수 언어 혹은 하위 언어를 구성한다. 이후의 시기에는 동일한 개념들이 하나의 유형으로 결합되지 않을 수도 있고 또 이전처럼 같은 의미를 띠지 않을 수도 있다.

이런 문제들은 『기본 개념』의 출간 이전에는 직접 다루어지지 않았는데 처음에는 전체가 한 권으로 묶일 계획이었다. 이후 출판사와 편집자들은 이 철자순 배열을 바꿀 수가 없었다. 그것은 실용주의에 근거한 결정이었고, 어떤 방법론적 원칙을 토대로 내린 것이 아니었다. 하지만 개별 개념을 더 큰 언어학적 단위에 포함시킬 발상을 미리 하는 것은 불가능한가? 실상 『기본 개념』의 뛰어난 일부 논문은 외연적으로나 내재적으로 서로 연관된 두 개 이상의 개념을 다루고 있다. Macht(권력)와 Gewalt(세력·폭력)라는 표제어 항목은 같은 언어의 공시적 상태에 존재하는 의미론적 장을 조사할 뿐 아니라 그것이 이룬 개념들의 의미에서 일어난 공시적 변화들을 추적할 필요가 있음을 강조한다. 저자들은 Macht와 Gewalt 같은 개념의 의미를 이해하려면 Herrschaft(우세·지배·통치권·치세·명령), Autorität(권위), Staat(국가) 및 Gewaltenteilung(권력 분립) 같은 상호 연관된 개념들과의 관계를 분석해야 한다고 주장한다. 그런 의미론적 장의 인식이 함축하는 바는 『기본 개념』의 Herrschaft 항목에 관한 필자의 논의에 상세히 개진되어 있다.[19] 『기본 개념』의 방법론이 개별 개념의 범위를 넘어 작용하고 있음을 구체적인 사례를 통해 제시하기 위해 필자는 Herrschaft 항목을 Macht와 Gewalt라는 관련 개념과 함께 다루었다.

---

19 Richter, Melvin(1995), 앞의 책, pp.58~78.

이런 사례들은 다수의 문제를 분명히 밝혀 준다. 하나의 개념이 형성되고 실제 정치 담론에서 주장되고 활용되었다고 말할 수 있는 시점은 언제인가? 한 언어의 개념사를 아는 것이 다른 언어로의 번역에 어느 정도까지 영향을 미치는가? 흡족한 답을 내놓기 위해서는 그에 상응하는 도착어의 의미론적 장을 분석해야 한다. 두 언어는 번역되는 개념의 동의어와 반의어라는 면에서 크게 다를 수도 있고, 번역이 이루어지는 시점에서 도착어의 정치적·사회적 어휘에서는 해당 개념이 뚜렷이 형성되지 않았을 수도 있다.

『기본 개념』에 따르면 중세에는 독일어에서 Herr(주인·군주·신)라는 말이 구체적이고 특정한 일련의 용법을 통해 활용된다.『기본 개념』팀은 Herrschaft가 로마법과 교회법에서 취한 중세 후기의 용법과 동일시된 이후에야 하나의 개념으로 다루기 시작한다. 이 항목에 대한 서론에서 코젤렉은 Herrschaft의 중세 초기의 의미를 arche라는 고대그리스 개념이나 dominium, imperium, 혹은 auctoritas라는 로마시대 의미와 동일시하는 것은 오류라고 주장한다. 하지만『기본 개념』의 이 항목은 고전시대를 포함하지 않는다. 왜 그런가? Macht와 Gewalt 항목에 이유가 나와 있다. 여기에 관한 논문들은 전체적으로『기본 개념』에서 명칭론(onomasiology)이 어떤 식으로 실행되는지, 다시 말해 가까운 동의어로서 동일한 의미론적 장에 속한 개념 간에 어떻게 경계가 설정되는지를 보여 준다. 이런 과정과 발견은 또한『기본 개념』이 특정 시기의 정치적·사회적 어휘가 제공하는 개념적 자료에 관한 문제에 어떻게 반응하는지를 보여 준다.

Macht와 Gewalt에 관한 글에서 크리스티안 마이어(Christian Meier)는 여러 언어의 네 가지 공시적 상태, 곧 고대그리스어, 로마공화국 시기의 라틴어, 원수(元首)정치 시기의 라틴어, 근대 독일어로 이루어진 정치 담론의 의미론적 장 내부에서 이 개념들이 어떻게 사용되는지 분석한다. 마이어는

개념사, 번역, 그리고 상호 문화적 개념 전이

고대그리스어에서는 권력과 폭력을 지시하는 데 사용된 용어가 많았다고 결론짓는다. 이 시기에 그리스인들은 엄밀한 개념 정의에 따르는 대신 다수의 표현을 느슨하고 묘사적인 방식으로 사용했다. 그러나 근대 독일어에서는 그런 용어들이 개념화되어 서로 분명히 구분되었다. 그와 같은 고대 그리스 용어에는 arche, kratos, kyros, exousia, dynamis, ischys, bia 등이 있다. 첫 세 용어에는 Macht뿐 아니라 Herrschaft의 의미도 있었다. 이런 용어들의 용법은 서로 겹쳐 있어서 어느 하나에 다른 모든 것과 구분되는 개별 개념으로서 정확한 의미를 할당하는 일이 불가능하다. 요컨대 구분하는 것이 가능하다 하더라도 고대그리스어에서 정치적 어휘의 의미론적 장은 상대적으로 미분화된 상태였다.

『기본 개념』은 Herrschaft를 Macht와 Gewalt와 연관 지어 다루면서 고전시대뿐 아니라 근대 초기의 자국어에서 그와 관련되어 형성된 의미론적 장을 설명해 준다. 이 영역을 다룬 논문들은 다른 시기의 고도로 분화된 용법에 정확히 상응하는 용법이 근대 초기에는 없었다고 잘라 말한다. 이런 식으로 정치적 언어에 관한 서술은 주어진 때와 장소에서 정치와 사회에 관한 저술이나 발언 들이 부정확하게 분화된 개념들만을 사용할 수 있을 뿐임을 알려 준다.

그와 같은 발견들이 암시하는 바는 대략 같은 시기에 여러 다른 유럽 국가와 그 언어에서 사용된 정치 개념들을 비교해 보면, 의미와 기능에서 정확한 상응 관계를 찾지 못할 때가 많다는 점이다. 용어 간 차이와 불일치를 지적하는 것은 유사성을 발견하는 것만큼이나 가치 있는 일이다. 그러한 통약 불가능한 관계 가운데 잘 알려진 예는 프랑스어의 politique와 그 등가물인 독일어 Politik가 영어에서는 politics와 policy 둘 다로 번역될 수 있다는 사실이다.

요약하면 『기본 개념』은 주어진 시기의 정치적·사회적 언어에 관한 통시적 분석과 공시적 분석을 결합하고자 하며 배경과 관련 지어 논의한다. 그러기 위해 『기본 개념』은 종종 논쟁의 대상이 되는 오랜 혹은 새로운 관용구들의 주요 개념을 누가 사용하는지 또 누구를 상대로 사용되는지 밝힌다. 이런 식으로 한 역사적 시기의 통일성이라는 추정에 의문을 제기하는 것이다. 『기본 개념』은 새로운 개념의 도입을 제안하는 측이나 반대하는 측이 어떤 사람들이며 어떤 이해관계를 갖는지를 드러내고자 한다. 이런 점이 드러난다면 왜 그들이 그런 입장을 취했는지 설명할 역사적 증거에 관해 질문하는 일이 가능해진다.

3.

그와 같은 문제들은 메타 이론이라는 추상적 층위, 그리고 번역에서 혹은 번역을 통해 이루어지는 타 문화권 전이의 특정 사례에 개념사의 범주를 적용하는 사례 연구라는 두 방식으로 다루어질 수 있다. 피터 버크(Peter Burke), 더글러스 하울랜드, 요아힘 쿠어츠는 개념사가 어떻게 번역에 적용되는지 그리고 텍스트와 번역 불가능한 용어들이 자체의 역사와 언어를 가진 한 문화에서 다른 문화로 자리를 바꾸는 과정에 기본 개념들이 어떻게 연루되는지를 살펴본 책에서 후자의 방식을 취한다.[20] 버크는 근대 초기 유럽이 오스만제국을 대상으로 수행한, 그의 표현을 빌리면, '문화 번역'을 다루었고, 하울랜드는 존 스튜어트 밀의 『자유론(Essay on Liberty)』

---

20 주로 철학적 용어 중에서 번역 불가능한 것들을 다룬 책으로는 Cassin, Barbara ed. (2004), *Vocabulaire Européen des Philosophies : Dictionnaire des intraduisibles*, Paris : Seuil ; Le Robert.

에 대한 19세기 메이지시대 나카무라 게이우(中村敬宇)의 일본어 번역을, 쿠어츠는 제1차 세계대전 중 (독일어본에 대한 일본어 번역을 토대로) 량치차오(梁啓超)가 피히테(Johann Gottlieb Fichte)의 『인간의 사명(The Vocation of Man)』을 중국어로 번역한 사례를 분석했다. 이 세 가지는 모두 개념과 범주의 상호 문화적 유통과 수용에 주된 초점을 두며, 부차적으로는 이 개념 및 범주를 지시하는 데 사용된 용어에도 주목한다. 버크는 터키어에서 서구 언어로의 번역을, 하울랜드와 쿠어츠는 그 반대 방향의 번역, 즉 영어와 독일어에서 일본어와 중국어로의 번역을 다루었다.

버크의 글은 에번스프리처드(Edward Evans-Pritchard) 같은 인류학자들이 '문화 번역'을 말할 때 사용한 확장된 은유(extended metaphor)의 견지에서 근대 초기 유럽인의 외국어 번역을 검토하려는 그 자신의 더 큰 계획의 일부를 이룬다.[21] 인류학자들이 '문화 번역'이라는 용어로 의미한 바는 '서로 상대편의 행동을 이해하고자 노력하는 문화의 만남에서 벌어지는 일'이다. '터키 번역하기(Translating the Turks)'에서 버크는 두 가지 관련 이슈를 고려한다. 첫째, 그가 근대 초기 서구인들이 자국어로 수행한 오스만제국과 터키인 거주민에 대한 '문화 번역'으로 명명한 것, 둘째 이런 서구적 설명들을 다른 언어, 곧 라틴어·이탈리아어·프랑스어·영어·독일어·네덜란드어로 번역한 것이다.

버크는 오스만제국에 대한 문화 번역을 세 항목으로 분류한다. ① 무슬림에 대한 끈질긴 중세적 상투형과의 융합, ② 오스만제국에 대한 직접적 관찰에 근거를 둔 새로운 인식, ③ 앞의 두 가지보다 훨씬 드문 경우로, 낡은 이미지를 새로운 정보와 결합한 관점. 이 세 가지에 공통된 주된

---

21 Burke, Peter and R. Po-Chia Hsia eds.(2007), *Cultural Translation in Early Modern Europe*, Cambridge ; New York : Cambridge University Press, p.8 참조.

새로움은 오스만 정치체제의 독특한 성격을 강조한 점이라고 버크는 주장한다. 오스만인 내부의 통치 방식과 그들이 피정복민을 다룬 방식을 분류하기 위해 학정, 전제, 절대주의, 노예제, 영주 지배라는 다섯 가지 용어 혹은 체제 유형이 사용되었다. 이 체제 유형에 대한 버크의 논의는 각 용어당 한 가지 예를 제시하는 데 그친다. 아마 주된 관심사가 문화 번역이기 때문이었는지, 버크는 정치체제 분류의 역사나 근대 초기 유럽에서 각 체제가 어느 정도까지 전적으로 혹은 부분적으로 상호 일치한다고 생각되었는지는 다루지 않는다. 또한 그는 각기 다른 용어를 사용한 저자들의 정치적 입장의 스펙트럼이나 그들이 대상으로 삼은 독자가 어떻게 다른지, 하나의 체제 유형을 택하고 다른 것을 폐기하게 유도한 정치적 국면이 어떤 것이었는지를 제시하지 않는다. 반면 버크는 자료의 성격에서 일어난 변화들이 번역 전략에 어떤 영향을 끼치는지는 보여 준다.[22] 오스만제국에 대한 직접적 관찰이 무슬림세계를 규정한 중세의 상투형들을 대체하면서 터키의 독특한 관청과 제도 들이 처음으로 모습을 드러내게 되었다. 이렇게 되자 오스만제국과 유럽 정부들이 각각 서로 다른 과제에 직면하고 있으므로 차이가 나는 것도 당연하지 않은가 하는 주장이 제기되었다. 만약 그들의 관습·관청 혹은 제도가 유럽과 완전히 다르다면, 번역자들이 독자를 위해 'spahi'·'pasha'·'bey'·'janissay' 같은 터키어 단어들을 그대로 가져다 씀으로써 독특함을 강조해야 한다는 주장이 설득력을 띠게 되었다.

버크는 '고전 모방(classicizing)'과 '이국화(foreignizing)'라는, 경쟁하는 두 가지 번역 전략에서 어느 하나를 택함으로써 생기는 결과를 평가한다. 라

---

22 '번역 전략'은 번역 연구에서 중요한 기술적 용어이다. *Routledge Encyclopedia of Translation Studies*에 실린 베누티(Lawrence Venuti)의 글 참조.

개념사, 번역, 그리고 상호 문화적 개념 전이

틴어로의 번역은 고전에서 상응하는 단어를 찾는 것뿐 아니라 키케로식 인문주의적 스타일과 수사를 따라야 한다는 등의 몇 가지 필수 과제를 부과했다. 다른 한편 유럽어로의 번역에서는 터키 용어들을 그대로 사용하는 일이나 라이코(Paul Rycaut) 같은 작가들이 보여 주었듯이 오스만식 통치 방식과 유럽 정부의 통치 방식 간의 차이가 당연하다는 인식이 권장되었다. 결론적으로 버크는 문화적으로 특수한 용어들을 번역하지 않음으로써 오스만문화에 대한 유럽의 이해가 증진되고 서구의 정치적 어휘가 풍부해졌다고 결론짓는다. 드물기는 하지만 또 하나의 결과는 몽테스키외의 『페르시아인의 편지(*Lettres Persanes*)』가 보여 주듯이 한때는 이질적이라 생각되던 문화에서 온 관찰자의 관점에서 유럽문화를 바라보는 능력이 커진 점이다.

문화적·언어적 번역에 관한 버크의 분석은 터키에서 출발하여 유럽어와 유럽문화로 향한다. 하울랜드와 쿠어츠는 정반대의 방향을 취하는데, 두 사람 모두 서구 언어로 쓰인 저작이 일본과 중국이라는 전혀 다른 언어적·정치적·문화적 체제로 전치되는 과정을 검토한다. 앞에서 이미 부분적으로 인용했지만 요아힘 쿠어츠의 다음과 같은 대목은 시사하는 바가 크다.

사회적 문제를 다루든 이데올로기적 문제를 다루든 근대 중국의 담론들은 …… 서구의 관념 혹은 서구에서 파생된 관념의 번역어로서 만들어지거나 정착된 용어를 통해 개진된 경우가 많다. 그러나 외국에서 유래된 다수의 용어는 수입된 이해 방식의 단순한 등가물 역할을 하기보다 오히려 근대 중국이라는 배경에서 독자적인 생명력을 발휘한다. 그것들은 흔히 기존의 유럽적 개념을 창조적으로 변화·확장하거나 심지어 침식하기도 하는 새로운 의미를 획득한다. 그에 따른 의미론적·개념적 차이를 이해하려면 사상사들은 마땅히 그 용어

들이 출현한 번역과 전유의 다층적 과정에 주목해야 한다.[23]

아시아의 사상에 나타난 개념적 전이와 변화에 대한 분석은 참여자들의 권력관계가 엄청나게 불평등했다는 배경을 고려해야 한다. 19세기 중국에서 그랬듯이 정치 개념의 번역과 전유는 종종 유례없이 급격하고 폭력적인 변화의 와중에 이루어지며, 그런 변화의 상당수는 서구와 러시아·일본이라는 외세의 침략 때문에 일어났다. 몇몇 중국 지식인에게는 중국이 이런 침략자들을 막을 수 있는 독립국으로 남아 있기 위해 근대 서구의 지식과 기술을 획득하는 일이 필수 요건으로 여겨졌다. 하지만 새로운 정치제도를 배우고 채택하는 일이 중국 분열을 꾀하는 외세의 과학과 기술을 익히는 일만큼 중요한지에 대해서는 어떤 합의도 이루어지지 않았다.

옌푸(嚴復)가 속한 학파의 이론가와 번역가 들은 그들의 나라가 생존하려면 서구의 정치사상을 받아들여야 한다고 확신했다. 그는 1890년대 후반 지금의 관점으로는 서로 이질적인 것처럼 보이지만 그가 생각하기에 정치적으로 필수 불가결한 하나의 통일적 원리를 구성한다고 여겨지는 일련의 저서를 번역하기 시작했다. 토머스 헨리 헉슬리의 『진화와 윤리(*Evolution and Ethics*)』, 허버트 스펜서의 『사회학 연구(*The Study of Sociology*)』, 애덤 스미스의 『국부론(*The Wealth of Nations*)』, 존 스튜어트 밀의 『자유론』과 『논리의 체계(*System of Logic*)』, 그리고 몽테스키외의 『법의 정신(*The Spirit of Laws*)』이 그의 번역 대상이었다. 이 저작들 전부에 대해 옌푸는 새로운 단어를 주조함으로써 그리고 추상적 단어와 용어를 지시하는 데 사용된

---

23 Lackner, Michael, Iwo Amelung and Joachim Kurtz eds.(2001), 앞의 책, p.147 ; Lackner, Michael and Natascha Vittinghoff eds.(2004), *Mapping Meanings : The Field of New Knowledge in Late Qing China*, Leiden : Brill 참조.

개념사, 번역, 그리고 상호 문화적 개념 전이

기존의 한자에 새로운 의미를 배당함으로써 정치적 어휘를 만들어 내야 했다. 또한 독자를 확보하고 유지하기 위해서는 문사 계급이 이해하고 받아들일 수 있는 문체로 이런 작업이 이루어져야 했다.[24]

영향력 있는 리뷰 논문을 통해 더글러스 하울랜드는 서구에서 중국과 일본으로 향하는 번역과 개념 전이에 관한 최근 연구에서 보이는 주요 차이들을 검토했다. 앞에서 인용한 대목에서 쿠어츠가 그랬듯이 하울랜드도 상호 문화적 교환에서 요청되는 응용에 관한 언급으로 시작한다. 그에 따르면 번역은 '문화적 자료의 약호를 바꾸는 초언어적(translingual) 행위이며 하나의 복합적 소통행위'이다.[25] 이렇듯 문화적 개념 전이에 관한 논의는 원래 속한 사회와 번역되는 사회에서 각각 텍스트를 전달하는 매체뿐 아니라 언어 간의 차이 및 글쓰기와 논의 형식, 수사, 권력구조에서 보이는 차이들을 필연적으로 내포한다.

이 리뷰 논문에서 하울랜드는 더 나아가 서구 식민주의와 제국주의가 아시아 민족들에게 미친 영향을 다루는 역사가들을 두 부류로 구분한다. 하나는 중국과 일본처럼 한때 강력하고 중앙집권적이었던 국가들을 외국의 관료와 군대에 결코 완전히 종속·식민화되거나 통치되지 않은 것으로 다룬다. 여기에 속하는 역사가들은 식민과 탈식민의 원인보다는 언어, 사회 관습, 종교, 정치문화의 차이를 이어 주는 번역의 역할에 더 강조점을 두는 경향이 있다. 그들에게 준거가 되는 상황은 토착 번역자가 서구의 사상, 제도, 과학, 기술에 접근하는 데 가로놓인 장애물을 극복하고자 하는

---

24 Wright, David(2001), "Yan Fu and the Tasks of the Translator," in Michael Lackner, Iwo Amelung and Joachim Kurtz eds., *New Terms for New Ideas : Western Knowledge and Lexical Change in Late Imperial China*, Leiden : Brill, pp.235~255.

25 Howland, Douglas(2003), "The Predicament of Ideas in Culture : Translation and Historiography," *History and Theory* 42(1), p.45.

것이다.

아시아 역사가들의 또 다른 부류는 확립된 문화 전통을 지닌 인도 아대륙(亞大陸)의 나라들이나 구술 전통이 대부분인 필리핀 같은 나라들이 겪은 강압적 종속과 지배를 연구한다. 이 두 유형에 관한 연구는 대부분 통치 대상들을 성공적으로 지배한 식민주의적·제국주의적 권력이라는 관점에서 수행되어 왔다. 이 역사가들이 사용한 서술과 설명의 이론들은 식민주의적·제국주의적 권력이 피지배자들로 하여금 그들의 언어와 개념과 문화를 지배자의 언어로 번역하도록 강요했다고 보는 점에서 일치한다. 이렇듯 외국의 언어와 재현물을 강요받았기 때문에 피지배 민족들은 스스로를 정복자에 종속되고 그들에게 충성을 바쳐야 할 열등한 민족으로 인식하게 되었다. 이 학파는 번역 개념을 지배의 전체 과정에 대한 은유로 사용하는 경향이 있다.

이상의 두 해석은 어떤 점에서 서로 다른가? 한 학파는 식민주의와 제국이 항상 개념을 독점적으로 생산하며 따라서 희생자가 스스로를 주인의 언어·개념·재현물과 동일시하거나 저항을 통해 이것들을 완전히 거부하는, 두 개의 결과만이 가능하다고 본다. 이런 관점은 몇몇 행위자가 단순한 저항을 넘어 외래 용어들을 새로운 단어나 이전까지 알려지지 않았던 언어학적 실천의 형태로 재발명하여 새로운 용법을 창조할 수 있다는 점을 근거로 비판받아 왔다. 번역 과정에서 창조적 재해석은 출현 가능하며 또 실제로 출현했다. 상호 문화적 번역과 전이의 언어에서 그런 발전들을 파악하는 데 개념사가 어떤 도움을 줄 수 있는가 하는 점은 『개념이 중요한 이유(Why Concepts Matter)』에 실린 쿠어츠와 하울랜드의 글에 잘 나타난다.[26]

---

26 Burke, Martin J. and Melvin Richter eds.(2010), *Why Concepts Matter : Translating Political and Social Thought*, Leiden : Brill.

쿠어츠는 서양의 원본을 유럽어 혹은 유럽 텍스트의 일본어판에서 번역·전유하고 창조적으로 변형하는 과정을 통해 근대 중국의 정치·사회 개념들이 생성되는 과정을 간략히 설명한다. 중국 학자들에게는 서구 언어보다 일본어를 배우는 게 더 쉬웠고 일본어 텍스트들은 중국어 글쓰기 체계로 더 쉽게 번역될 수 있었다. 서구의 정치·사회 개념들은 언제나 모호하며 논란과 논쟁의 대상이었지만, 서구적 개념 어휘들의 전이를 지시할 중국어 용어와 문자에 대한 합의가 미처 형성되지 못한 단계의 중국에서는 더더욱 그러했다. 쿠어츠에 따르면 1911년 청 제국이 붕괴된 후 중국 학자들은 서구나 일본의 자료에서 전유한 개념들을 점점 더 대담하게 자국의 배경에 맞추어 응용했다. 량치차오는 피히테의 그리 알려지지 않고 연관성이 없는 세 저서를 중국어로 옮기면서 하나의 제목을 붙일 정도로 원본으로부터 해방을 획득하고 구가했다. 량치차오는 독일어를 몰랐기 때문에 일본어 번역본을 사용했으나 정확히 어떤 번역본인지는 밝히지 않았다.

그러나 쿠어츠는 한 세기 전 나폴레옹 보나파르트가 독일 국가들을 침략할 당시 대중을 겨냥하여 쓴 피히테의 이 저작들에 담긴 '정신'을 량치차오가 어떻게 성공적으로 재생산할 수 있었는가 하는 데 대해 설득력 있는 설명을 제시한다. 량치차오는 어떻게 해서 피히테가 이후 중국 작가들을 매료하도록 할 수 있었는가? 쿠어츠는 19세기 초 프러시아의 상황과 제1차 세계대전 시기 일본의 영유권 주장을 저지하기에 무력한 신생 공화국 중국의 상황을 비교한다. 량치차오는 피히테를 민족의 부흥과 개인의 자기주장을 연결한 사상가로 재현했다. 피히테는 시민권과 그 의무에 관한 새로운 의미를 창조함으로써 애초에는 프러시아에게, 그리고 량치차오가 제안하듯이 그다음으로는 공화국 중국에게 국가적 독립을 위협하는 외적 위험으로부터 구원될 방도를 보여 주었다. 피히테의 교훈을 따름으로써 중국이라는 '정치적 통일체'는 부흥할 수 있었을 것이다. 피히테의 독일어가 일본어

개념사의 지평과 전망

번역을 거치며 한 번 굴절되었기 때문에 량치차오의 텍스트는 독일어 원본에서 더 멀리 떨어져 나오긴 했지만, 량치차오는 '피히테가 지닌 긴박함의 페이소스와 전면적 동일시의 수사'를 적절히 포착했다. 피히테와 량치차오의 배경을 비교함으로써 쿠어츠는 개념의 전유와 수사 전략 덕분에 19세기 독일의 원형민족주의(proto-nationalism)에서 20세기 중국 특유의 다혈질 민족주의로의 성공적인 문화 번역이 가능했음을 보여 준다.

쿠어츠는 또한 원본 텍스트에 대한 충실성이라는 기준이 무의미해질 수 있음을 보여 준다. 그가 분석한 사례에서는 다음의 두 가지 이유 때문에 충실성의 문제는 제기되지 않았다. 첫째, 량치차오가 애초에 연관성이 없던 피히테의 저작들을 모아 놓았기 때문에 하나의 원본 같은 건 없었다. 둘째, 량치차오는 독일어를 몰랐으므로 피히테의 일본어 번역본에서 발췌한 것들을 하나로 묶어 중국어로 번역했다. 따라서 량치차오의 텍스트는 유사번역에 가까운 결과물, 즉 번역본으로 의도되었고 또 번역본으로 통용되었지만 그와 동시에 번역본과 원본의 차이라는 것을 의문에 붙이는 불확실한 지위의 저서라는 성격도 지녔던 것이다.[27]

밀의 『자유론』을 일본어로 옮긴 나카무라 게이우의 번역을 분석한 하울랜드의 글은 쿠어츠가 묘사한 것과 비슷하기도 또 매우 다르기도 한 배경을 다룬다.[28] 19세기의 4분의 3분기라는 시점에 중국과 일본은 둘 다 그들을 정복하고 지배하고 착취하려는 서구 각국에 필적하는 역사와 고도의 문화

27 Robinson, Douglas(1998), "Pseudotranslation," in Mona Baker and Gabriela Saldanha eds., *Routledge Encyclopedia of Translation Studies*, London ; New York : Routledge, pp. 183~185.

28 이 배경은 하울랜드의 두 저서 *Translating the West : Language and Political Reason in Nineteenth-Century Japan*(Honolulu : University of Hawaii Press, 2002)과 *Personal Liberty and the Public Good : The Introduction of John Stuart Mill to Japan and China*(Toronto : University of Toronto Press, 2005)에 상세히 서술되어 있다.

를 지닌 오랜 동아시아 문명국이었다.

이 두 나라 중에서 광범위한 대외 접촉에 뒤늦게 노출되기는 했어도 1911년 이후 명목상으로만 중국을 통치하던 몰락하는 청 제국에 비해 일본은 스스로의 운명을 결정함에서 훨씬 유능한 정부를 만들어 냈다. 하울랜드의 두 저서가 밝혀 주듯이, 이전의 도쿠가와 정권(1603~1867)에서 서구화된 메이지 정권(1868~1912)으로의 이행에는 정부·사회·경제의 실질적 구조를 바꾸고 이런 포괄적 변화를 서술하고 정당화하는 데 사용될 새로운 개념 언어들을 개발하는 일이 포함되었다. 하울랜드는 유럽의 근대 이행기에 과거의 경험과 미래의 기대 간의 긴장이 정치·사회 개념들을 바꾸었다는 코젤렉의 명제를 명시적으로 참조한다. 코젤렉이 개념사와 사회사의 관계를 서술하는 것과 유사하지만 완전히 같지는 않은 방식을 통해 하울랜드는 서구의 정치·사회사상이 일본으로 도입되는 과정을 추적한다. 그는 사상의 수용을 설명하는 데 초점을 두며, 이를 메이지유신을 이끈 독단적 과두체제가 일본의 정부와 경제조직들을 서구화한 독특한 패턴, 그리고 그 과정이 실제로 진행될 때 번역이 거친 변형 과정과 연관 짓는다.

이 글뿐 아니라 하울랜드의 다른 저서들도 종종 자의적으로 분리되어 다루어지는 두 과정, 곧 새 개념의 창조와 유통 그리고 정치행위에 대한 개념의 적용에서 번역이 하는 역할을 강조한다.[29] 일본이 어떤 정치체제를 채택해야 하는가를 둘러싼 열띤 토론에 틀을 부여할 새로운 개념들이 필요했고, 새 지도자들은 일본이 살아남으려면 서구화해야 한다고 믿었다. 전부는 아니라도 상당수의 새로운 개념이 서구사상에서 번역되어야 한다는 점은 불가피한 사실로 인정되었지만, 그것을 어떻게 해석하고 적용할 것인가 하는 점은 엄청난 중요성을 지닌 쟁점이었다. 일본어에 있는 기존의

---

29 주 24 참조.

개념사의 지평과 전망

개념을 서구의 정치·사회사상에서 온 개념에 응용하는 것은 쉬운 일이 아니었으며, 자유주의의 수많은 변형태 중에서 선택해야 할 때는 특히 그랬다. 유럽에서도 자유주의의 주요 개념들은 격렬한 논쟁의 대상이었으므로 당연히 일본에서는 한층 강도 높은 논의가 벌어졌다.

게다가 메이지 이전의 일본의 정치문화가 지닌 특정 요소들이 개혁 주창자 사이에 여전히 남아 있었다고 하울랜드는 강조한다. 새로운 정치 어휘에 사용될 용어와 관련해서는, '사회' 같은 19세기 서구사상의 몇몇 주요 개념은 일본어에 존재하지도 않았고, '자유'나 '개인주의' 같은 개념들은 다수의, 어쩌면 대부분의 일본 정치가·교육자·지식인에게 반발을 사기가 십상이었다. "'자유' 같은 단어는 일정한 이기주의를 함축하고 있어서 번역에서 쉽게 수용되기가 어려웠으며, 정치적 행위의 영역에서 자유는 사회 안정을 흔드는 무정부적 위협을 제기하므로 자유를 제한하는 윤리적 결정이 타당하다고 비쳤다."[30]

더글러스 하울랜드는 일본의 문화 전이에서 번역, 특히 정치·사회 개념과 관련된 번역이 지닌 성격과 중요성을 설명할 때 개념사를 적용한다. 하울랜드가 다루는 것은 밀의 『자유론』에 대한 나카무라 게이우의 번역인데, 그가 번역한 새뮤얼 스마일스(Samuel Smiles)의 『자조론(Self-Help)』 또한 베스트셀러가 되었다. 굉장한 인기를 얻은 나카무라 게이우의 『자유론』 번역본은 밀이 이 에세이에서 애초에 제기한 중심 논의들을 일부 포함하고 있지만, 다른 한편 기독교가 '자유의 본질적 형태'라는 생각을 비롯해서 밀 자신의 신념에서는 뚜렷이 나타나지 않은 입장이나 심지어 그에 대립되는 입장을 집어넣기도 했다. 밀의 논의 중에서 메이지시대 과두체제의 성향과 맞아떨어지는 요소는 보존되었다. 여기에는 정치 참여를 소수에 제한

---

30 Howland, Douglas(2002), 앞의 책, p.4.

하는 것, 엘리트들이 다수 대중이 충분히 교육을 받았다는 판단을 내릴 때까지는 선거권 확대를 무한정 연기하는 것 등이 포함된다. 근대국가에서 개인의 자유를 위협하는 최대 위험 요소에 대한 밀의 분석과는 딴판으로, 나카무라는 당시 일본어에 사회라는 개념이 없다는 사실에 토대를 두었다. 밀의 주장은 물론 과거와는 달리 더 이상 정부가 아니라 근대사회가 개인의 자유에 대한 주된 위협이라는 것이었다. 일본어에는 사회 개념이 없었으므로 나카무라는 계속해서 정부와 사회 그리고 이 양자의 권력을 한데 섞었다. 그는 밀의 이분법을 전체로서의 일본과 부나 권력이 동등한 집단들이 이룬 조화로운 자치적 마을공동체 사이의 구분으로 옮기고자 했다. 나카무라의 모델은 사회적 위계질서의 합법성을 거부하면서도 대의제나 입헌주의 이론에는 여지를 두지 않았다. 그는 공동체의 공동 이해가 우선권을 지닐 때, 정부의 권력 행사는 확실히 제한될 것이라고 단순하게 가정했다. 나카무라 게이우는 자유와 개인의 권리에 기초한 정치체제라는 밀의 비전을 승인함에도 불구하고 궁극적으로 공동체의 일반 이해에 종속된다고 서술함으로써 그와 같은 자유를 제한하고자 했다. (기독교로 개종한) 나카무라는 밀이 찬양한 개인주의가 공동체의 일반 이해와 양립할 수 없는 이기적 자기주장으로 바뀌는 것을 막을 필수 수단으로 기독교적 사랑과 양심이라는 개념을 도입했다.

하울랜드는 서구에서 발원하여 중국과 일본에 적용된 정치적 개념과 가치가 "의미론적으로 투명하다"는 관점, 다시 말해 새로운 배경에서 번역되고 개진되었어도 처음 만들어질 때 서구인에게 지녔던 것과 동일한 의미를 갖는다는 관점을 거부하는데, 그가 보기에 이는 근대화를 주창하는 사회과학 이론가들이 내세우는 주장이다. 하울랜드는 이런 식의 번역관 대신 번역본이 원본의 주장을 끌어들이고 의도적으로 수정함으로써 원본에 논평하는 방식을 검토한다.[31] 특히 그의 두 번째 저서 『개인의 자유와 공공의

선(*Personal Liberty and the Public Good*)』에서 하울랜드는 나카무라 게이우가 밀의 텍스트에서 벗어났음을 지적하면서도 이를 오해나 부당한 해석이 아니라 '개인의 자유와 공공선(公共善)에 관한 상호 문화적 토론의 요소'로 제시했다. 하울랜드는 밀의 동시대 영국 비평가들에게 한 장(章)을 통째로 할애하였고, 그들 또한 개인의 자유와 공공선의 관계에 관한 밀의 이론화가 적절했는지 의문을 제기했음을 보여 준다. 요컨대 밀의 역자는 이 이론적 난제에 관한 밀의 주장을 받아들일 수 없었기 때문에 밀의 주장에 담긴 문제점을 해결하거나 완화할 다른 논리를 제시하는 방안으로 일본어 텍스트를 활용했던 것이다. 이런 점에서 나카무라 게이우는 번역을 원본의 오류와 불충분함을 교정하는 계기로 삼았다고 할 수 있다.

결론

요아힘 쿠어츠와 더글러스 하울랜드가 묘사한 교환과 응용의 다면적 과정의 복합성을 포착하는 방식으로 문화 사이의 개념 전이를 연구하려면, 번역의 결과는 번역자가 원본의 의미를 전달하기 위해 채택한 전략만큼이나 수용이라는 견지에서도 검토되어야 한다. 번역자가 원본을 자신이 속한 사회의 조건으로 수용하고 적용하는 과정은 이 글에서 개괄한 것보다 훨씬 더 정교한 분석을 요구한다.[32]

---

31 Howland, Douglas(2005), 앞의 책, p.19. '의미론적 투명성'은 Howland, Douglas(2002), 앞의 책, pp.18~25에서도 상세히 다루어진다.
32 하울랜드와 쿠어츠의 사례 연구가 번역의 수용에 관한 분석이 어떻게 이루어져야 하는지 상세히 보여 준다면, 이론적 문제들을 꼼꼼히 다룬 논문으로는 *Contributions to the History of Concepts* 4(1), pp.43~53에 실린 László Kontler(2008)의 글이 있다.

앞에서 인용한 피터 버크의 논문은 '문화적 교환에서 발생하는 생각의 교환 및 의미의 상호 수정'[33]을 다루는 데에서 문화 번역의 은유를 변별적으로 활용한다. 이러한 개념 활용이 시사적인 반면, 버크는 번역의 수용에서 비교(comparison)가 하는 역할은 언급하지 않는다. 궁극적으로 번역의 운명은 도입된 것과 그에 가장 가까운 토착 상응물 간의 비교에 의해 상당 부분 결정된다. 여기에서 비교라는 개념 자체가 근대 이후 상당히 많은 의미 변화를 지닌 복잡한 역사를 가졌음을 기억하는 것이 유용할지도 모른다.

18세기 유럽 이론가들은 존 로크를 추종하여 비교를, 인간 정신의 기본 작용이며 근대 초기 3백 년에 걸친 만남에서 다른 지역을 이해하는 데 필수 불가결한 것으로 간주했다. 18세기 중반이 되면 전 세계의 알려진 여러 사회의 다양성이 당시 태동하는 인문과학의 주된 관심사가 되었는데, 인문과학은 유사성보다는 차이를 강조하고, 왜 세계 한 곳의 정치제도·종교·관습·도덕·언어가 다른 곳과 다른지 설명하려는 경향을 보였다. 하지만 19세기에 와서는 인종적 차이를 강조하는 이론이나 적자생존이라는 사회적 다원주의처럼 그전까지는 알려지지 않았던 이론들이 비서구체제, 사회, 문화에 관한 이전의 평가들을 완전히 재검토하기 시작했다.[34] 다양성에 관한 연구는 유럽과 그 바깥의 사회를 대조하는 데 멈추지 않았다. 점차 서구든 비서구든 모든 나라의 내부에도 언어적·민족적·사회적·종교적 차이가 존재하며 이것이 공공정책과 부의 분배, 문화적 관습의 유형을 좌우할 수 있다는 주장도 나왔다.

---

33 Burke, Peter(2007), "Lost (and Found) in Translation," *European Review* 15(1), pp.83 ~94.

34 Richter, Melvin(2002), "That Vast Tribe of Ideas : Competing Concepts and Practices of Comparison in Eighteenth-Century Europe," *Archiv für Begriffsgeschichte* 44, pp.199~219 ; Richter, Melvin(2000b), "Two Eighteenth-Century Senses of 'Comparison' in Locke and Montesquieu," *Jahrbuch für Recht und Ethik* 8, pp.1~22 참조.

인도처럼 완전히 정복되어 식민지가 되었든, 반(半)식민 상태의 19세기 중국처럼 부분적으로 지배를 받았든, 또 일본처럼 예전의 자치권을 상대적으로 유지한 소수의 사회였든, 유럽 바깥에서 유럽과 서구를 바라보는 관점에서도 이와 유사한 일들이 일어났다. 서구적 개념들은 서구 바깥의 이런 나라에서 발전되었을 경우, 한때 대부분의 비서구세계를 지배하던 권력을 자축(自祝)하는 이미지에서 크게 달라진다. 서구사회와 그들이 지배한 사회들을 비교하고 비서구사회들이 서구의 정치·사회 개념들을 선택하고 수정한 과정을 분석하기 위해서는 새로운 이론과 도전적인 연구 계획이 필요하다. 새로운 이론은 역사와 제도와 종교, 정치문화, 언어가 다른 사회로 정치·사회 개념들이 전이 혹은 수정되는 데에서 번역이 한 역할을 다루어야 한다. 도착어가 속한 사회의 개념 활용에 관한 연구 계획을 통해 원본이 속한 서구사회의 개념사 연구를 보완해야 한다.[35]

---

35 2008년 9월 서울에서 "서구 개념의 지구적·역사적 진파와 동북아시아 지역질서의 변환"에 관한 학술대회가 개최되었다. 이 학술대회는 서구 정치·사회 개념의 동아시아 도입과 수용에 관한 한국 내 프로젝트와 정치·사회 개념사 연구그룹이 공동으로 주최한 것으로, 유럽과 아메리카가 아닌 다른 지역에서 최초로 개최된 개념사 국제학술대회였다. 이 글 제2장에서 서술한 독일의 기념비적 저작들의 이론과 방법론, 성과가 정치·사회 개념사 연구그룹에 속한 유럽 국가나 다른 지역에서 온 학자들에게 영감을 주었다. 독일에서 이미 완료된 것과 유사하지만 결코 같지 않은 다른 프로젝트들에 참여한 학제 간 연구자들을 하나로 묶어 준 것도 바로 이점이었다. 그런 프로젝트들의 성과물이 네덜란드, 핀란드, 덴마크, 스웨덴, 스페인에서 출판되고 있다. 이탈리아와 네덜란드 학자들로 구성되어 두 나라 각각의 개념사에 기록된 개념들을 비교하는 작업을 진행한 연구팀은 유럽으로 규모를 확대하여 정치·사회·법적 개념에 관한 어휘집을 계획하고 있다. 독일 바깥의 개념사 연구가 어휘집 편찬에 한정되는 것은 아니다. 방법론과 결과에 관한 비판적 논의가 혁신적 응용을 이끌어 개념 전이 문제를 국제적 문화 교환의 일부로 접근하는 프로젝트를 낳는다. 최근 스페인 정부가 연구비를 지원한 프로젝트도 여기에 속한다. 2006년 4월, 그 첫 번째 학술대회가 마드리드에서 "Seminario Conceptual Comparada del Mundo Iberoamericano"를 주제로 열렸다. 하비에르 페르난데스 세바스티안(Javier Fernández Sebastian) 교수와 후안 프란시스코 푸엔테스(Juan Francisco Fuentes) 교수가 편집한 『정치·사회 어휘사 사전(Dicconario Histórico del Lenguaje Politicoy Social)』의 성과를 필두로 참가자들은 중미와 남미의 포르투갈 및 스페인 주요 개념들의 수용과

이와 같은 추가 자료들이 더해지면, 번역 불가능하다고 여겨지는 개념들이 그럼에도 불구하고 원본과는 매우 다른 언어와 배경으로 옮겨질 때 어떤 일이 일어나는지 규명할 수 있게 될 것이다. 앞에서 살펴본 바와 같이 번역된 정치·사회 개념들에 관한 새로운 창조적 이해가 이로부터 생겨날 수도 있다. '번역과 전유의 다층적 과정'을 이해하는 일은 『기본 개념』이 제공한 것 같은 상세한 개념사, 즉 Herrschaft 같은 서구의 단일 기본 개념뿐 아니라 하나의 의미론적 장에서 동의어와 대조어로 기능하는 다른 개념들까지 포함한 개념사에서 큰 도움을 받을 수 있다. Macht와 Gewalt 같은 독일어 개념의 의미를 이해하려면 동일한 의미론적 장에 속하면서 긴밀히 연관된 다른 개념들, 가령 Herrschaft·Autorität·Staat·Gewaltenteilung 같은 개념과 맺는 관계를 분석해야 한다는 것은 이미 정설이 되었다. 그와 같은 발견들은, 자국어를 가진 서로 다른 유럽 국가가 거의 동시대에 사용한 정치 개념들을 비교해 보면 흔히 의미와 기능이 정확히 맞아떨어지지 않는다는 점을 일러 준다. 용어상의 차이와 불일치를 지적하는 것은 유사성을 찾는 것만큼 중요한 작업이다.

서구의 기본 개념을 옮길 때 번역자가 사용한 도착어 개념의 의미론적 장은 어떠한 다른 개념들을 포함하는가? 유럽에서의 개념적 상호 소통을 연구할 때 역사적 고찰에 초점을 둔 연구팀의 도움 없이는 도착어가 속한 사회의 일급 학자들조차 신뢰할 만한 답을 내놓지 못한다는 사실이 알려졌다. 개념사가 발전한 독일이 그런 사례였다. 서구든 비서구든 다른 사회에

변화를 논의했다. 개념사에서 번역이 한 역할에 관한 뉴욕의 학술대회 또한 그와 유사한 전이에 관해 토론을 벌였는데, 여기에는 서구의 정치·사회사상을 옮긴 중국어와 일본어 번역본들에 관한 논의도 포함되었다. 이런 다양한 집단적 기획의 성과들은 모두 한 사회가 주요 개념 및 신념을 획득·발전·유지하는 방식을 새롭게 조명할 이론과 방법론을 발전시켰다.

개념사의 지평과 전망

서도 마찬가지다. 동아시아에서의 정치 · 사회 개념의 상호 소통을 조사하려면 한때 종교, 문화, 언어, 문자 시스템으로 연결된 지역들 각각이 지닌 정치 · 사회 개념들의 역사를 서술할 국가적 혹은 지역적 프로젝트가 필요하다.

미래 연구자들의 목표 가운데 중요하게 여겨져야 할 것은 번역자가 원본의 개념에 근접한 상응물로 내놓은 용어들이 원본과 얼마나 일치하는가 하는 점이다. 서로 다른 시간대의 출발어와 도착어 각각에서 같은 의미론적 장을 구성한 다른 개념들을 꼼꼼히 조사하는 일도 그에 못지않게 필수적이다. 또한 정치 · 사회 개념들이 복잡하고 모호하며 논란의 여지가 있고 논쟁의 대상이므로, 그런 성격에 합당한 개념이란 마땅히 해당 개념 주창자들의 용법과 논의에 반대한 입장을 포함해야 한다. 확실히 그와 같은 연구를 감당하기 위해서는 개념사와 번역 연구가 제공한 도구를 가지고 이러한 역사적 문제들을 조사할 전국적 내지 지역적 프로젝트 형태의 다양한 학제 간 연구자 조직이 필요할 것이다.

▌참고문헌

Barck, Karlheinz et al. eds.(2000), *Ästhetische Grundbegriffe*(Basic Aesthetic Concepts), 7 vols, Stuttgart ; Weimar : J.B. Metzlar.

Bödeker, Hans Erich ed.(2002), *Begriffsgeschichte, Diskursgeschichte, Metaphergeschichte*, Göttingen : Wallstein.

Brunner, Otto, Werner Conze and Reinhart Koselleck eds.(1972~1990), *Geschichtliche Grundbegriffe : Historisches Lexikon der politisch-sozialen Sprache in Deutschland*(7 vols of text ; 2 vols of a multi-lingual index), Stuttgart : Klett-Cotta.

Burke, Martin J. and Melvin Richter eds.(2010), *Why Concepts Matter : Translating Political and Social Thought*, Leiden : Brill.

Burke, Peter and R. Po-Chia Hsia eds.(2007), *Cultural Translation in Early Modern Europe*, Cambridge ; New York : Cambridge University Press.

Cassin, Barbara ed.(2004), *Vocabulaire Européen des Philosophies : Dictionnaire des intraduisibles*, Paris : Seuil ; Le Robert.

Hampshire-Monk, Iain, Karin Tilmans and Frank van Vree eds.(1998), *History of Concepts : Comparative Perspectives*, Amsterdam : Amsterdam University Press.

Hobbes, Thomas(1651), *Leviathan*.

Howland, Douglas(2002), *Translating the West : Language and Political Reason in Nineteenth-Century Japan*, Honolulu : University of Hawaii Press.

Howland, Douglas(2005), *Personal Liberty and the Public Good : The Introduction of John Stuart Mill to Japan and China*, Toronto : University of Toronto Press.

Koselleck, Reinhart(1975), *Preußen zwischen Reform und Revolution : Allgemeines Landrecht, Verwaltung und Soziale Bewegung von 1791 bis 1848*(2nd ed.), Stuttgart : Klett.

Lackner, Michael and Natascha Vittinghoff eds.(2004), *Mapping Meanings : The Field of New Knowledge in Late Qing China*, Leiden : Brill.

Lackner, Michael, Iwo Amelung and Joachim Kurtz eds.(2001), *New Terms for*

New Ideas : Western Knowledge and Lexical Change in Late Imperial China, Leiden : Brill.

Palonen, Kari(2004), Die Entzauberung der Begriffe : Das Umschreiben der politischen Begriffe bei Quentin Skinner und Reinhart Koselleck, Hamburg : LIT Verlag.

Reichardt, Rolf, Hans-Jürgen Lüsebrink and Eberhard Schmitt eds., in collaboration with Gerd van den Heuvel and Annette Hofer(1985), Handbuch politischsozialer Grundbegriffe in Frankreich 1680-1820, 20 vols to date, München : Oldenbourg Verlag.

Richter, Melvin(1995), The History of Political and Social Concepts : A Critical Introduction, New York : Oxford University Press.

Ritter, Joachim, Karfried Gründer and Gottfried Gabriel eds.(1971 / 2005), Historisches Wörterbuch der Philosophie, 13 vols, Basel ; Stuttgart : Schwabe.

Scholtz, Gunter ed.(2000), Die Interdisziplinarität der Begriffsgeschichte, Hamburg : Felix Meiner.

Ueding, Gert ed.(1987~), Historisches Wörterbuch der Rhetorik(Historical Lexicon of Rhetoric), 8 vols. to date, Tübingen : Max Niemeyer Verlag.

Waldron, Jeremy(1999), Law and Disagreement, Oxford : Clarendon Press.

Burke, Peter(2007), "Lost (and Found) in Translation," European Review 15(1).

Gallie, Walter Bryce(1956), "Essentially Contested Concepts," 56 Proceedings Aristotelian Society 167(n.s. 1955~1956).

Howland, Douglas(2003), "The Predicament of Ideas in Culture : Translation and Historiography," History and Theory 42(1).

Kontler, László(2008), "Translation and Comparision II : A Methodological Inquiry into Reception in the History of Ideas," Contributions to the History of Concepts 4(1).

Koselleck, Reinhart(1979), "Begriffsgeschichte und Sozialgeschichte," in Reinhart Koselleck, Vergangene Zukunft : Zur Semantik geschichtlicher Zeiten, Frankfurtt am Main : Suhrkamp[영문 번역으로는 Koselleck, Reinhart(1979), "Begriffsgeschichte and Social History," in Reinhart Koselleck, Futures Past : On the Semantics of Historical Time, Keith Tribe trans., Cambridge : MIT Press].

개념사, 번역, 그리고 상호 문화적 개념 전이

Koselleck, Reinhart(1987), " "Sozialgeschichte und Begriffsgeschichte," *Sozialge-schichte in Deutschland*," in Wolfgang Schieder and Volker Sellin eds., *Sozialgeschichte in Deutschland* 1, Göttingen : Vandenhoeck & Ruprecht 〔영문 번역으로는 Koselleck, Reinhart(1988), "Social History and *Begriffsgeschichte*," in Iain Hampshire-Monk, Karin Tilmans and Frank van Vree eds., *History of Concepts : Comparative Perspectives*, Amsterdam : Amsterdam University Press〕.

Koselleck, Reinhart(1996), "Response to Comments," in Hartmut Lehmann and Melvin Richter eds., *The Meaning of Historical Terms and Concepts : New Studies on Begriffsgeschichte*, Washington, D.C. : German Historical Institute.

Koselleck, Reinhart(2006), "Crisis," Michaela W. Richter trans., *Journal of the History of Ideas* 67.

Richter, Melvin(1997), "Europe and the Other in Eighteenth-Century Thought," in Volker Gerhardt, Henning Ottmann and Martyn Thompson eds., *Politisches Denken Jahrbuch* 3, Stuttgart : Metzler.

Richter, Melvin(2000a), "Conceptualizing the Contestable : Begriffsgeschichte and Political Concepts," in Gunter Scholtz ed., *Die Interdisziplinarität der Begriffsgeschichte*, Hamburg : Felix Meiner.

Richter, Melvin(2000b), "Two Eighteenth-Century Senses of 'Comparison' in Locke and Montesquieu," *Jahrbuch für Recht und Ethik* 8.

Richter, Melvin(2002), "That Vast Tribe of Ideas : Competing Concepts and Practices of Comparison in Eighteenth-Century Europe," *Archiv für Begriffsgeschichte* 44.

Richter, Melvin and Michaela W. Richter(2006), "Introduction to Reinhart Koselleck's 'Krise' in Geschichtliche Grundbegriffe," *Journal of the History of Ideas* 47.

Robinson, Douglas(1998), "Pseudotranslation," in Mona Baker and Gabriela Saldanha eds., *Routledge Encyclopedia of Translation Studies*, London ; New York : Routledge.

Venuti, Lawrence(1998), "American Tradition," in Mona Baker and Gabriela Saldanha eds., *Routledge Encyclopedia of Translation Studies*, London ;

New York : Routledge.

Waldron, Jeremy(1994), "Vagueness in Law and Language : Some Philosophical Issues," *California Law Review* 82.

Wright, David(2001), "Yan Fu and the Tasks of the Translator," in Michael Lackner, Iwo Amelung and Joachim Kurtz eds., *New Terms for New Ideas : Western Knowledge and Lexical Change in Late Imperial China*, Leiden : Brill.

한국의 역사는
개념사의 지평을
어떻게 확장할 것인가*

이경구

한림대학교 한림과학원 HK교수. 저서로는 『조선 후기 사상사의 미래를 위하여』(2013), 『17세기 조선 지식인 지도』(2009), 『조선 후기 안동 김문 연구』(2007) 등이. 논문으로는 「19세기 말~20세기 초 한·중·일 삼국의 실학 개념」(2015), 「19세기 전반 민, 지식인, 문자관에 대한 시론」(2013) 등이 있다.

* 이 글은 『조선 후기 사상사의 미래를 위하여』(2013, 푸른역사)의 「서장 : 한국의 개념사 연구와 근대 패러다임」을 본서의 기획에 맞추어 개정·증보한 것이다.

유학에서 혼(魂)을 말할 때는 반드시 백(魄)을 함께 들어 말한다. …… 지금 이 책에서는 아니마(anima, 亞尼瑪)를 혼이라고 하는데…… 우리 유학에서 말하는 혼과는 전혀 다르니, 이것은 혼이 왜 혼이 되는지를 모르기 때문이다. 아니마를 혼이라 이미 규정해 놓고 또 상제(上帝)가 천지를 주재한다고 정해 버리니, 이것 또한 상제가 왜 상제가 되는지를 모르는 것이다. …… 유학의 설에 따라 논한다면 사람에게 상제와 같은 존재는 오로지 마음뿐이다.[1]

이 글은 18세기 남인계 학자 신후담(愼後聃)의 「서학변(西學辨)」 가운데 한 대목이다. 신후담은 이 글에서 프란체스코 삼비아시(Francesco Sambiasi, 중국명 畢方濟)의 『영언여작』을 조목조목 비판했는데, 아니마(영혼)와 관련해서는 이를 천주의 모상(模像)으로 설명하는 논리를 집중적으로 따졌다. 신후담의 비판의 핵심은 유학에서 '(영)혼'은 백(魄)·신귀(神鬼)·음양(陰陽)과의 연관 속에서 설정될 뿐이고, '상제'는 천리(天理) 혹은 천리가 구현된 인간의 마음에서나 설정된다는 것이었다. 그의 비판은 철저하게 유학의 개념틀 안에서 이루어졌다.

한 세기를 훌쩍 넘어 19세기 후반 서양의 발전상을 직접 목격하고 적극적으로 수용하려 하였던 일본 지식인의 경우에도 이 같은 틀은 쉽게 사라지지 않았다. 1870년대 초반 이와쿠라(岩倉)사절단의 일원으로 미국과 유럽 일대를 견문한 구메 구니타케(久米邦武)는 서양 정치의 요체에 대해 다음과 같이 평했다.

---

1 李晚采, 『闢衛編』卷一, 「愼遯窩西學辨」, 靈言蠡勺, 「第三篇論亞尼瑪之尊與天主相似」.

유럽에서 정치의 요체가 무엇인지를 논할 때면, 누구나 한결같이 '저스티스(justice)'와 '소사이어티(society)'라고 말한다. '저스티스'란 권리와 의무를 명확하게 하는 것을 말하며, '소사이어티'는 사회의 친목을 뜻한다. 궁극적으로 이는 '의(義)'와 '인(仁)' 두 글자로 귀결될 터이지만, 인의(仁義)는 도덕적인 관점에서 나온 말이고, '소사이어티'와 '저스티스'는 재산 보존의 입장에서 나온 말이다. 따라서 그 의미는 정반대라고 말할 수 있다.[2]

구메가 유럽의 문물을 견문했던 당시만 해도 저스티스와 소사이어티는 낯선 개념이었다. 그는 두 용어를 딱히 적극적으로 번역하지 않고 권리, 의무, 인의를 들어 설명하였다. 특히 인의를 두 용어의 범주와 대응할 수 있는 개념으로 제기하였다. 그러나 인의는 유교적 도덕에 기초한 개념이고 소사이어티와 저스티스는 공정 혹은 합의의 토대 위에 서 있는 개념임을 감지하였으므로 지향이 다름을 알고 있었다.

두 사례는 서양의 신학·철학 개념, 구체적인 서양문물을 접하고 나서의 반응인데, 두 사람이 처한 시간과 공간이 달랐고 또 낯선 문명에 대한 기본 태도가 달랐지만 공통점도 있었다. 두 사람 모두 유교적이거나 전통적인 사유체계의 훈련이 잘되어 있는 지식인이라는 점이다. 서양을 부정하건 긍정하건, 그들은 동양의 사유구조 혹은 개념틀에 기반하여 서양과의 차이를 세밀한 영역까지 잘 느낄 수 있었다.

신후담과 구메 구니타케 같은 사유체계가 '전통의 영역'으로 밀려나고도 이미 몇 세대를 지나 버린 시대에 살고 있는 우리는 이제 신후담이나 구메의 인식을 매우 낯설거나 어색하게 느낀다. 지금 우리가 영혼에 대해 기독

---

2 구메 구니타케(2011), 『특명전권대사 미구회람실기 제5권 유럽대륙(하) 및 귀양일정』, 정선태 옮김, 소명출판, p.201.

교에서 말하는 하느님의 모상과는 다르게 음양·신귀의 관념에서 논한다면, 따로 유학의 경전을 공부한 경우를 제외하고는 소통에 장애를 경험할 것이다. 또 정의와 사회의 근본을 도덕과 인의라고 말하면 구태스럽거나 고루하다는 말을 들을 것이다. 바야흐로 우리는 기독교의 '영혼' 개념과 저스티스와 소사이어티의 번역어인 '(법적) 정의'와 '사회'의 시대를 살고 있다. 그 같은 개념들은 도처에 있다. 우리는, 내면적 도덕성의 충만을 최고 이상으로 간주하던 유교에 대해 과연 종교인지 아닌지 의아해하고 있으며, 사회 유지의 최고 가치였던 '의리'는 '사적인 차원에서의 유대감' 정도로 축소된 사회를 살고 있다.

요컨대 우리는 전통적인 유교적 사유체계가 단절되고 서양 근대가 이식된 시대를 지나, 서양 근대의 개념이 자연스러워졌을 뿐만 아니라 그 개념들을 통해 마련된 시각으로 전통적 사유나 개념을 해석하는 시기를 살고 있다. 따라서 이 복잡한 내력의 시간대를 찬찬히 따져 보려 한다면 적어도 세 지점—유교적 사유체계, 이식과 단절의 시기, 서양 근대에 대해 의문을 던지거나 재사유하는 지점—이상의 시선에서 보아야 균형을 잡을 수 있지 않을까.

시간의 지점들은 공간의 지점들을 의식하고 비교할 때 상당한 수준의 보편성을 획득할 것이다. 우리가 경험한 '서양발 근대'로 인한 복잡한 파장은 우리만의 문제가 아니었기 때문이다. 15~18세기의 세계는 유럽의 미지에 대한 발견이 아니라 유럽 및 유럽에 비견할 수 있는 복수의 문명권, 예컨대 청 제국·무굴 제국·오스만튀르크 제국 등의 병립기였음이 최근 강조되고 있다. 또 유럽 권역 내부에서 다양한 국가/민족체와 고전문화가 형성되었듯이, 각 문명권 내에서도 국가/민족 단위의 고전문화가 다양하게 형성되었다. 청을 중심으로 한 동아시아의 유교문명권만 보더라도 조선, 일본, 베트남, 티베트 등은 제각각 독자 의식을 강화해 가고 있었다.

한국의 역사는 개념사의 지평을 어떻게 확장할 것인가

복수의 문명권과 그 내부에 또 다른 소문명들이 다양하게 공존했던, 이 중층적인 '세계사들'의 전개는, 18세기 중·후반 이후 '유럽에 의한 단일 경로의 세계사'로 좋든 싫든 통합되었다. 사상과 개념의 영역에서는 '보편'을 앞세운 서유럽발 개념이 단일한 기준으로 등장했으며, 그것들이 유럽을 제외한 지역의 사유체계 혹은 개념들과 길항하는 형세가 전개되었다. 아시아만 하더라도 동아시아 외에 인도차이나 일대, 인도 일대, 이슬람 일대, 중앙아시아 등의 권역이 제각각의 방식으로 서양과 접촉하였다. 시야를 유럽의 주변부, 아프리카, 아메리카 등지로 돌리면 그 경험은 더욱 복잡해짐을 알 수 있다. 한국이 그러하였듯이 그들 각자는 압도적인 표준으로 다가온 유럽발, 정확히는 서유럽발 개념들과 힘겨운 씨름을 전개하였다.

그 때문에 한국의 역사 경험은 서유럽의 개념을 '성공적으로 수행했는가'라는 지점에 서 있지 말고, 서유럽의 개념을 두고 씨름해 온 나머지 나라·사회와의 연대감 속에서, 다시 말해 '비(非)유럽권 지역에서 개념 수용을 둘러싼 역사적 경험을 어떻게 공통화할 수 있는가'라는 지점에 서 있어야 한다. 그 지역들에서의 경험을 비교하고 상당한 수준의 공통성을 확보한다면 우리는 비유럽발 개념들의 역사를 구축할 수 있을 것이고, 그것이야말로 서유럽에서 출발했고 이전 한두 세기 동안 '보편 개념이라는 중심'을 차지하던 서유럽발 개념들을 제자리로, 애초의 지역적이고 역사적인 개념으로 돌려놓을 수 있을 것이다.

개념사는 동아시아에서 어떻게 적용되어야 하는가

개념사는 20세기 독일의 역사학자 라인하르트 코젤렉(Reinhart Koselleck)

이 주창하면서 20세기 역사학계의 중요한 성과 가운데 하나로 손꼽혔다. 국내에서도 그의 저작을 비롯하여 개설서 등이 저술·번역되었고, 무엇보다 유럽 학계의 역량이 집적된 『역사적 기본 개념 : 독일 정치·사회언어 역사사전(*Geschichtliche Grundbegriffe : Historisches Lexikon zur Politisch-sozialen Sprache in Deutschland*)』이 계속 번역되고 있다.[3] 코젤렉의 문제의식은 서유럽을 모델로 삼아 형성된 독일의 근대사를 비판적으로 성찰하는 데에서 출발하였다. 그가 주도하여 25년 동안 역사학자, 법학자, 경제학자, 철학자, 신학자 등이 대거 참여하여 119항목에 이르는 개념들을 서술한 위 사전만 보더라도, 그리스어·라틴어·영어·프랑스어·독일어 그리고 유럽의 대표적인 사상가들의 용례 위주였다. 서술의 뼈대가 유럽의 전통적 세계관과 상징체계를 바꾼 개념들의 역사인 것이다. 코젤렉의 문제의식이나 그의 개념사의 초점이 유럽에서의 언어혁명과 근대성의 기원 탐구에 있었으므로 이 같은 서술은 너무나 당연할지도 모른다. 이 연구는 대체적으로 유럽의 역사를 기반으로 한 것이므로 유럽을 넘어선 지역과의 소통이나 비교 등은 끼어들 여지가 없다. 결국 우리는 유럽에서의 개념사 성과를 조심스럽게 활용하지 않을 수 없다.[4]

코젤렉의 활용은 이곳에서도 충분히 적용 가능한 메타적 논거를 재음미

---

3 국내에 소개된 코젤렉의 대표 저서로는 『지나간 미래』(1988, 한철 옮김, 문학동네)가 있다. 개념사 전반에 대한 개설서로는 이 책을 비롯하여 『개념사란 무엇인가』〔나인호 (2011), 역사비평사〕, 『정치·사회적 개념의 역사』〔멜빈 릭터(2010), 송승철·김용수 옮김, 소화〕 등을 참조할 수 있다. 『역사적 기본 개념 : 독일 정치·사회언어 역사사전』은 한림대학교 한림과학원의 기획으로 2010년부터 『코젤렉의 개념사 사전』(푸른역사)으로 순차적으로 발간되고 있다. 『코젤렉의 개념사 사전』은 모든 개념에 대한 번역이 아니라 한국에서 주요하게 살펴보아야 할 개념 20~25항목을 선별하여 번역하고 있다.

4 개념사가 유럽, 특히 독일에서 기원했으므로 그 방법론을 비서구 지역에 적용하는 것에 대한 우려는 일찍부터 제기되었다〔양일모(2011), 「한국 개념사 연구의 모색과 논점」, 『개념과 소통』 제8호, pp.11~12〕.

하는 작업에서 출발한다. 맥락에 따른 개념의 유동적 의미에 대한 강조, 경험공간과 기대지평 속에서 새로 열린 근대의 시간대, 중심 지역에서 발흥한 개념을 선택하고 재창조하였던 주변의 경험에 대한 강조 등은 오히려 문명권을 넘어선 단위에서의 변주가 가능하다. 그리고 실제로 개념사는 유럽을 벗어나 더욱 탄력적으로 변신해 왔다. 중심인 이른바 선진 서구에서 기원한 개념들에 대한 주변세계 즉 아시아·남아메리카 등지에서의 개념의 선택과 재창조 과정을 규명하고, 주변에서 이룩한 주체적 근대화 과정을 다양한 층위에서 조명하고 있기 때문이다.

예컨대 개념사학자 페레스(João Feres Júnio)가, 코젤렉이 서구 근대의 이행을 질문하는 목적을 지니고 있으나 이를 보편구조로 환원해 시공의 특수성을 무시한다고 비판하면서, 라틴아메리카의 비대칭, 하위 주체에 초점을 맞춘 '비기본 개념의 개념사'를 제창한 것은 당연하다.[5] 유럽과 영미권에서도 이른바 주변이라 할 수 있는 네덜란드, 핀란드, 스페인, 루마니아 등에서 개념사가 활발하다. 또한 미국의 개념사학자 멜빈 릭터는 번역을 통해 이루어지는 문화권 전이의 연구를 개념사의 또 다른 방식으로 제기하고 터키, 중국, 일본에서 벌어진 다양한 의도성이나 창조적 변화를 주목하였다.[6] 이상의 시도들은 사회적·역사적 맥락 속에서 개념의 구체적 발화를 중시하였던 개념사의 본래 의도가 자연스럽게 진화한 것이다.

개념사는 21세기에 다중심의 비교사로 확대되고 있다고 가히 말할 수 있다. 그렇다면 한국에서의 개념 연구는 어떠한가. 한국에서는 1980년대 이후부터 근대형성기의 주요 개념들에 대한 연구가 정치사, 문학사, 철학사를 중심으로 활발하게 일어났고 21세기에도 참여자와 성과가 확대되고

---

5 나인호(2011), 『개념사란 무엇인가』, 역사비평사, pp.112~118.
6 나인호(2011), 앞의 책, pp.191~193, pp.212~227.

있다.[7] 하지만 기간의 한국 개념사 연구는 '근대'를 비판적으로 성찰하기보다는 한국의 '성공한 개념 수용'에 치중하는 있는 듯하다. 예컨대 아래 인용문은 한국에서 이루어진 개념사 연구의 패턴을 잘 보여 준다.

① 동아시아 국가들은 유럽과 수세적으로 접촉하였다. 짧게는 반세기 길게는 한 세기 반 만에 상당한 수준에서 수용하였다. 빠른 수용 덕분에 서양식 근대국가체제를 성공적으로 구축하였다.

② 빠르고 효과적인 근대 건설은 유럽 외에서는 처음이다. 유럽보다 더 긴 국가 역사의 경험이 유럽 근대질서의 성공적 수용을 가능케 했다. 동아시아의 전통문화는 근대화 과정에서 여전히 강력한 준거틀로서 작용하며 영향력을 행사했다. 따라서 일방 수용이 아니라 전통 사유, 가치체계와 외래체계 사이의 충돌이었다.[8]

①은 연구자들의 기본 시각과 한국 개념사의 얼개를 잘 보여 준다. 대상 시기는 서양과의 접촉이 전면화한 19세기 중·후반 이후이다. 이 시기 이후 동아시아는 서양을 목표로 바라보고 열심히 그들을 모방하였다. 오로지 두 배우만 등장하는 이 무대에서는 두 개의 주체, 능동과 수동이라는 이분법이 뚜렷하다.

②는 동아시아 성공의 원인이다. 동아시아의 역사적 경험·문화·가치 등이 능동적으로 작용했고, 따라서 한 발 떨어져서 보면 일방 수용이 아니

---

7 21세기에는 새 경향이 나타났다. 첫째, 유럽 특히 독일의 개념사적 방법론이 본격적으로 번역·소개되어 많은 시사를 하고 있다. 둘째, 개인의 연구를 넘어 대학 연구소와 출판사를 중심으로 각종 총서 등의 장기 프로젝트가 나타나기 시작했다. 이 연구들은 한국, 나아가서는 동아시아 근대의 정체성을 규명하는 것에 일조할 것으로 기대된다.

8 박상섭(2009), 「한국 개념사 연구의 과제와 문제점」, 『개념과 소통』 제4호, p.242.

라 충돌이었다. 이 단락을 통해 동양은 수동적 이미지에서 비로서 벗어나는 듯하다. 하지만 이미 테두리(①)가 정해져 있으므로 그 자율성은 제한적이다. '유럽과의 접촉 이후 이를 수용하는 동아시아'라는 패러다임 자체를 폐기하지 않는 한 서양을 표준 삼아 설명하는 틀을 벗어날 수는 없다.

사실 '앞선 서양과 뒤따르는 동아시아'라는 이분법에 대해서는 한국을 포함한 동아시아의 대다수 연구자가 경계하고는 있다. 그러나 개념사의 개별 연구 사례를 대체적으로 보면, 서양 근대 개념의 유입과 개념체계의 재구성을 전제하는 연구가 흔하다. 특히 근대 이후에 번역된 서양 개념에 대해서는 그 개념의 도입과 정착 과정에 초점을 맞추기가 쉽다. 뒤집어 보면 그것은 근대 이후 이미 동양에서 익숙하게 느끼는 서양 개념들의 어원 추적과 '원래의 정의 찾기'가 될 수도 있다. 서양에서 기원한 개념들의 '원래 정의'를 추적하는 일이 무용하다고 주장하고 싶지는 않다. 그것은 번역 과정에서 거치기 마련인 일정 정도의 굴절을 밝히거나 정치적 왜곡이나 의도적 과장을 경계할 수 있다. 그러나 이 같은 계몽 작업은 어디까지나 부분적인 긍정성만을 갖는다.

원뜻 찾기의 부정적 효과는 원래부터 변할 수 없는 정의가 존재했던 것처럼 개념을 고정시키거나 심하면 절대화·신비화하는 시각을 빚어내는 데 있다. 이것은 개념사의 의도와는 완전히 동떨어진 곳으로 우리를 인도할 수 있다. 많은 개념사가가 '원래 정의'란 없고 오로지 역사적 개념 혹은 개념을 둘러싼 논쟁만이 존재했다는 지적을 지속적으로 제기해 왔기 때문이다.

개념사가 정의된 개념 찾기가 아님에도 불구하고 '원래 정의'를 찾는 일이 자연스러웠던 것은 어째서인가. 필자는 한국·동아시아의 전통이 서양의 충격에 의하여 단절되고 근대가 시작한다는, 이른바 '전통/근대 패러다임'이 암묵적으로 작용하였기 때문이라고 본다. 그 패러다임이 한국의 전통과 근대를 어떻게 단절시키는지에 대한 일례로, 18세기에 정치적·사회적으로 새롭게 등장한 '시체(時體)'라는 용어가 20세기에 '유행(流行)'으로 대체되는 과정을 들어 보겠다.

시체는 지금도 국어사전에 '한 시대의 풍습이나 유행'으로 실려 있기는 하지만, 일상에서는 '시쳇말' 정도를 제외하면 거의 사라졌다. 조선시대에는 당대의 풍속·문화·문체 등으로 지금보다 의미가 조금 넓었는데, 쓰인 사례는 그다지 많지 않았다.

시체가 정치적·사회적 문제를 지칭하는 용어로 부상한 것은 18세기 영조의 통치 기간(1724~1776)이었다.[9] 당시에는 '분수를 따르지 않고 누군가 유행을 선도하면 바로 퍼진다'는 의미로 쓰였다.[10] 특히 영조는 집요할 정도로 시체라는 말을 자주 사용하였다. 영조는 사치의 유행, 사회 기강의 해이, 신기한 문체에 대한 숭상, 명예만을 추구하는 사대부, 심지어 명예를 추구하는 정파 등을 시체 혹은 시체에 물든 무리로 규정하였다. 당시 영조를 비롯한 몇몇 지식인의 용례를 보면 시체는 대개 18세기에 나타난 서울 중심의 도시화, 사치와 유흥, 세련된 문화 풍조 등을 지칭함을 알 수 있다.

시체가 다시 주목받게 된 것은 20세기 초 생활 방면에서 급격한 서양식 변화를 경험하면서였다. 1930년대 시체를 정의한 글을 필자가 편의상 정리해서 소개한다.

어느 시대, 어느 사회에나 시체는 있다. 시체는 사상의 시체(시대사조), 외모

---

9 『조선왕조실록』에 쓰인 시체는 영조 이전에는 중종 대 1건, 광해군 대 1건뿐이었다. 그런데 영조 대 19건, 정조 대 4건으로 급작스레 증가하였다.
10 『영조실록』 영조 33년 12월 21일.

의 시체(유행)를 포함한다. 시체 속에 변천이란 관념이 있긴 하나 금일처럼 중요한 지위를 점한 것은 인류사상 보지 못했다. 1차 대전 후에 조선의 재산 있고 학식 있는 계급의 청년 남녀가 결연한 스피드로 '모더니즘'의 시체 중에 돌진하였다. '모더니즘'이란 시체는, 구미에서 조국에 대한 애국심이 소멸하고 개인적 관능과 향락과 그것을 가능케 하는 돈만을 유일한 실제로 아는 데서 발생하고 성숙한 것이다. 조선은 일본을 통하여 모더니즘의 결과를 받았다.[11]

여기에서 시체는 당대의 사조·양식을 포괄하는 일반적인 용어로도, 도시의 유산자와 젊은이를 중심으로 한 가속적인 변화를 지칭하는 용어로도 쓰였다. 후자의 실체는 제1차 세계대전 이후 주로 일본을 통해 전래된 개인주의적 모더니즘이었다. 시체와 모던 혹은 모더니즘이 동일하게 쓰인 것이다. 그러므로 신조어인 '모던보이'는 '근대아·시체아·시체사내'로, '모던걸'은 '근대처녀·시체처녀·시체계집애'로도 쓰였다.[12]

그러나 혼용의 시기는 전환의 시기이기도 하였다. 이 시기에 '모던'은 점차 시체를 밀어내고 1920~1930년대라는 특정한 시기를 지칭하는 고유명사가 되고 있었다. 그리고 모던의 고유명사화는 '유행'이라는 말의 일반화를 낳는다.[13] 유행이 일반적으로 쓰이자 시체는 더 이상 용어로 기능하지 않으며 시체병(時體病. 돌림병, 유행병)·시쳇말 등에 부분적 흔적을 남기고는 거의 일상에서 사라졌다.

이제 현대인은 '유행'에 익숙하고 '시체'는 매우 낯설게 느끼게 되었다.

11 「時體의 變遷」, 『동아일보』 1931. 4. 27.
12 고지현(2010), 「유행 개념으로 바라본 식민지 조선의 근대성」, 『대동문화연구』 제71권, p.369.
13 유행 개념의 의미와 식민지 시기 유행담론의 전개 및 그 담론에 담긴 근대성의 의미에 대해서는 고지현(2010), 앞의 논문 참조.

시체에 낯선 현대인은 유행이라는 용어를 보면서, '유행은 전근대에 천명(天命)의 유행이라는 성리학적 의미와 새로운 사회 풍조의 확산이라는 의미를 갖고 있었으나 근대 이후 서양의 fashion, modern의 번역어로 기능하고 일반화되었다'라고 자연스럽게 연상한다. 문제는 여기에서 발생한다. 이 연상에서 서양의 fashion, modern과 흡사한 내용을 이미 획득했던 시체에 대한 기억, 좀 더 구체적으로 말해 18세기의 도시화와 그에 따라 부상한 시체라는 용어에 대한 기억이 사라진다는 것이다. 그 망각이 심해지면 한국은 '도시화에 따른 새로운 생활 풍조'를 역사적으로 경험하지 못한 사회라는 식으로도 발전할 수 있다. 그것은 전근대에 서양 근대와 부분적으로 혹은 거의 유사한 발전 궤적을 겪은 동아시아의 역사 경험을 사라지게 하거나, 개념의 번역과 동시에 한국의 근대가 형성된다는 착시현상을 빚게 할 수도 있다.

이 같은 함정에 빠지지 않으려면 무수히 명멸하고 접속했던 전근대·근대 개념들의 다양한 경로를 파악하고 배치하는 패러다임을 더 고민하지 않을 수 없다. 그 점을 의식하면서 문제를 긍정적으로 돌려 보자. 위에서 제시한 18세기 시체의 부상과 1930년대 시체와 모던의 혼용 사례를 보면 우리는 '도시화·새로움·변화'라는 유사한 측면들을 발견할 수 있다. 다시 말해 18세기의 시체에 대한 경험을 20세기 유행의 원형으로 제기할 수 있다.

비록 용어는 다르지만 내용이 비슷했던 역사 경험들은 이를 적절히 해석해 줄 개념사의 응답을 기다리고 있다. 개념사 학자는 아니지만 미국 학계의 중국사관을 근본적으로 반성한 폴 코언(Paul Cohen)은 '중국 자신의 시각에 입각한 역사(China-centered histroy)'를 제안한 바가 있다. 그의 제안을 일반화한다면 '내부 시선'이라고 부를 수 있을 것이다. 코언의 정의에 따르자면, 그것은 한 사회 자체의 언어와 사물을 보는 시각·경험에 의지하여 그들 자신의 문맥에서 역사를 파악하는 것이다.[14] 그런데 흥미롭게도 이 제안은 '과거의 현재(과거 행위자들이 당연한 현실이라고 생각했던 것)'와 '현재의 과거(우리가 재구성한 과거의 현실)' 사이의 긴장을 포착하자는, 코젤렉이 강조한 개념사의 방법론과 상통하는 측면이 있다. 또한 서양의 근대 기준을 강화하는 전통과 근대의 이분법적 패러다임을 비판해 온 동아시아 역사학의 노력과도 상통하는 점이 있다.

이 같은 문제의식은 모두 자신의 관점, 경험, 문맥에서 역사를 파악하기를 요구한다. 결국 우리는 시간을 거슬러 올라가 경험하는 당사자의 맥락을 포함시켜야 한다. 그것이 필자가 서두에서 지적한 복수의 시선 확보인 것이다.

한국의 전통 개념에서 찾을 수 있는 가능성

전근대에 활발히 기능했던 개념들은 당사자의 맥락이나 복수의 시선 확보와 관련해서 주요한 시사를 준다. 필자는 두 가지 사례를 통해 이를 전통적 사유와의 접목이나 한국의 특성이 잘 드러난 개념사를 제기해 보고자 한다. 두 사례는 정약용(丁若鏞)의 짧은 논설 「탕론(湯論)」과 한국에서 장기 지속한 '하늘'이라는 개념이다.

정약용이 「탕론」을 쓴 시기는 대략 1811년 이전으로 추정된다. 그 내용이 당대의 어느 글보다 급진적이므로 현재까지 논란의 대상이다. 논란은 크게 두 갈래이다.

첫째, 정약용 사고의 정체성이다. 이 논설은 정약용의 후기 저술이자

---

14 폴 A. 코헨(2003), 『학문의 제국주의』, 이남희 옮김, 산해, p.30, p.63.

대표작인『목민심서』,『흠흠신서』,『경세유표』와 비교할 때 지향하는 바가 다르다.「탕론」은 권력의 탄생·교체·정당성에서 파격적으로 민(民)의 위상을 강조하는 데 비해, 후기 저술들은 강력한 군주권과 유교 본연의 위민정치를 강조하는 다소 보수적인 면모로 회귀하기 때문이다. 그 점에서「탕론」은 매우 돌출적이다.

둘째, 서학(西學)과의 관계이다. 정약용은 젊은 시절 광범위한 서학 서적을 읽고 한때 천주교를 신봉하였다. 유교 경전에 대한 그의 독창적 해석에 서학은 일정한 영향을 미쳤다. 하지만 그가 접한 서학서는 마테오 리치를 비롯한 예수회 선교사들의 저작들이었으므로, 그는 18세기 이후에 쓰인 서양 계몽사상의 저작들은 접하지 못했다.「탕론」은 서양 근대 사조와의 접촉 이전에 쓰였음에도 불구하고, 서양 계몽사상과의 유사성을 보인다. 동양식 민주주의의 자생성과 가능성을 보여 주는 대표적 사례이다.

이상의 논란에 대한 해결은「탕론」을 한쪽으로 정의하기보다 그 복잡성을 사상의 문맥 속에서 배치하는 작업을 통해 가능할 것이다.「탕론」은 제목에서 알 수 있듯이, 고대 중국의 이상적 군주 가운데 하나인 탕임금의 행위에 대한 해설이다. 탕임금의 쿠데타에 대해서는 일찍이 맹자가 '탕이 걸왕(桀王)을 내쫓은 것은 천명(天命)을 받아 수행한 것이므로, 탕은 천자에게 반역한 것이 아니라 일개 필부를 내쫓은 것이다'[15]라는 유명한 해석을 내렸다.

정약용의 취지와 결론은 맹자와 같으나 과정과 강조점이 사뭇 다르다. 주요 내용을 요약해서 보자.

천자는 어찌하여 존재하는가? 천자는 무리(衆)가 추대하여 되었다. 지휘자

---

15 『孟子』「梁惠王」.

의 지휘가 맞지 않으면 무리가 그를 끌어내려 전의 자리로 복귀시키고 유능한 지휘자를 다시 뽑아 존대한다. 끌어내리는 자도 무리이고 높이는 자도 무리이다. 옛날에는 '아래에서 위로(下而上)'가 순리(順理)였다. 그러나 지금은 '위에서 아래로(上而下)'인 시대이므로 '아래에서 위로'는 역리(逆理)가 되었다.[16]

맹자의 논리는 민심 → 천명 → 역성혁명(易姓革命)으로 이어지는 고리를 통해 군주의 전제권을 제약하고 위민(爲民, for the people)과 민본(民本, of the people)의 가능성을 열어 놓았다.

정약용은 더 나아갔다. 그는 권력의 발생과 교체 과정을 한층 정교하게 설명하였다. 권력의 발생과 교체는 애초 인민(衆)에서 기원하고 인민이 주도한다. 민심을 대변하여 혁명의 정당성을 부여하는 천명이라는 초월적 실체는 생략되었다. 여기에서 맹자와는 차원이 다른 민권(民權, by the people)의 발아가 생겨난다. 통치 역시 일방적이지 않고 쌍무적, 계약적이다.

게다가 통치 방식은 '아래에서 위로'이거나 '위에서 아래로' 형식이 있듯이 절대적이지 않고 역사적이며 상대적이다. 지금 왕조체제에서 '아래에서 위로'를 외쳤다가는 역적으로 몰리지만, 정약용은 은근히 '아래에서 위로'가 이상적 질서임을 말하고 있다. 정약용의 역성혁명은 권력을 다시 인민에게 돌리고, 왕조질서 자체를 바꾸자는 것으로 들리기도 한다. 민권, 정부와 시민의 계약, 인민혁명의 긍정은 서양 계몽사상과 유사하다. 따라서 「탕론」은 한국의 자생적 민권론과 근대사상을 대표하는 저술로서 종종 해석되었다.

그러나 한편에서는 반론이 만만치 않다. 「탕론」의 내용은 위민과 민본에 여전히 머물러 있으며, 다만 권력관계에서 천명의 주도성을 축소시켰을

---

16 丁若鏞, 『與猶堂全書』 第1集 11卷, 「湯論」.

따름이다. 교체에서 드러나는 인민의 역할 역시 유교적 통치의 범주를 넘어서지 않고, 통치자의 일방적 지배를 거부하지도 않는다. 혈연으로 계승되는 왕조를 부정하는 듯한 결론은 고대 선양(禪讓)의 전통을 강조한 데 불과하다.

반론들의 핵심은 「탕론」에 사용된 사례·용어·어법이 전체적으로 유교적 문맥에 근거한다는 점으로 집약될 듯하다. 현재를 날카롭게 비판하고 있지만 비판은 일회적이다. 결국 유교의 고전 정신으로 회귀하므로, '유교식 사유구조' 자체에 대한 의문이나 혹은 그것을 뒤엎는 새로운 체계로 나아가지 못했다. 무엇보다 '무리(衆)'를 '인민'으로, '추대(推)'를 '선거'로 해석할 연관 고리가 없다. 굳이 맥락을 따지자면 정약용의 이후 저작들에서 나타나야 하는데, 그 저작에서는 고대 유교에 기반한 개혁론이 전개되었으므로 「탕론」의 선진성은 더욱 제한된다.

결국 「탕론」은 새로운 사상의 선구로서도 래디컬한 유교 정신의 강조로도 독해가 가능하다. 내용에서는 유교의 전통적 사유를 넘어서는 지향이 제시되었지만, 그 지향을 표현하는 개념과 서술 방식은 유교를 벗어나지 못하였다.

조금 넓혀 본다면 중세를 균열시키는 새로운 사유는 18세기 중·후반 이래 다양한 영역에서 찾아낼 수 있지만, 그 사유는 아직 전통 사유의 패러다임이나 경전의 어법을 벗어나지 못하고 있었다고 볼 수 있다. 사유나 개념 등은 새로운 내용과 전통적 형태에 다리를 걸치고 있으므로 다양한 해석이 가능한 것이다.

우리가 '동아시아식 근대'라고 해석할 여지가 있었던 새로운 사유는, 서양의 근대와 접촉할 때 서양사상의 핵심 개념을 한자(漢字)로 번역할 경우 더 복잡해진다. 다양한 상상을 불러일으키기 때문이다. 예컨대 중국에서 'democracy'를 '민주(民主)'로 번역했는데 이는 '민의 주인', '민이 주인이 되다', '민선의 최고통치자'라는 세 가지 해석이 가능했다. 그중 '민선의 통치자'는 조어법은 전통적이고 의미는 현대적인 특이한 경우이다.[17] 이 사례 또한 전통적 형식과 새로운 내용이 결합한 경우이다.

「탕론」과 '민선의 통치자' 같은 사례들은 근대에 접맥하는 내용을 가졌지만, '서양식 개념화'라는 형식 이전의 동아시아의 경험에 대해 개념사가 어떻게든 포섭해야 한다는 숙제를 던진다. 나는 동아시아에서 서양 근대를 의식하지 않고 행해진 변화들을 '개념화 이전의 변화'라고 설정하고 싶다. 기존의 근대에 대한 논의들이 '개념화 이전의 변화'를 진지하게 포섭한다면, 우리는 '동아시아의 장기 근대'라는 새로운 패러다임을 고려해 볼 수도 있겠다.

또 하나의 사례를 들어 보자. 현대 한국인의 의식 근저에는 고대부터 면면히 공통 인식을 선사해 온 개념들 또한 존재한다. 예컨대 '하늘' 또는 '하늘님'이다. 고유어이면서 한자 번역어와 끊임없이 융합해 온 이 개념은, 그 장기지속성 때문에 언뜻 근대와 상관없는 듯하지만, 사실 근대의 격동기에 한국인의 자기정체성의 근원과도 같은 역할을 하였으므로 여전히 현재적이다.

'하늘, 하늘님'은 고유어이다. 고려 때 기록에 하늘이 '漢捺(한날)'로 음차되고 있으므로 그 이전부터 장구하게 쓰였음을 짐작할 수 있다.[18] 하늘, 하느님(환인)에 대한 심성과 신앙은 한국에서 고대 이래로 존속하였다. 부족국가시대부터 형성된 천강(天降)·귀천(歸天)신화, 신도(神都)·신국(神國)의 건설, 제사장(단군·천군·일관)의 존재와 제천행사 등을 보면 부족과

---

17 진관타오·류칭펑(2010), 『관념사란 무엇인가 1 : 이론과 방법』, 양일모·송인재·한치은·강충기·이상돈 옮김, 푸른역사, pp.52~55.
18 북송의 손목(孫穆)이 편찬한 견문록 『계림유사(鷄林類事)』의 고려어 가운데 '天은 方言(고려어)으로 漢捺(하늘)'이라 하였다.

개념사의 지평과 전망

국가의 기원을 하늘에 둔 사고가 가장 원초적인 신앙, 사상으로서 기능했음을 알 수 있다.

삼국시대부터 국가·민간 차원을 막론하고 하느님과 그를 대변하는 종교적·사회적 기제는 외부에서 도입된 고등 종교·사상 및 그 최고 가치를 표현하는 용어(상제·천리(天理)·천주)와 만나 굴복·융합하며 면면히 이어졌다.

고대에 주로 불교의 천신과 융합하였던 하느님은 중세 이후에는 유교, 서학, 동학, 기독교와 길항하였다.

유교 특히 성리학에서의 천리는 존재의 궁극 원리인 태극, 사물에 내재한 조리(條理), 현실 윤리인 의리로 해석되었다. 15세기 이래 일반화된 성리학은 하늘에 대한 기존의 일반적 관념 가운데 인격성과 주술성을 약화시키고, 하늘을 대신하는 도덕적 정통성(天命) 및 일상에서의 윤리와 도덕을 강화하였다. 17세기 중반 명이 망하고 조선이 유일한 유교국가로서 유교를 수호해야 한다는 책임감이 더해지자, 천리의 현실 윤리인 의리가 더욱 강조되었다.

16세기 후반 예수회 선교사들이 동아시아에 전한 천주는 새로운 하늘 개념이었다. 마테오 리치를 비롯한 선교사들은 'Deus(God의 라틴어)'를 '천주'로 번역하고 이는 고대 유교에 등장했던 인격신 상제라고 하였다. 이른바 '보유(補儒)적 선교'로 알려진 이 방식은 조선에서는 예상치 못한 파급력을 보였다. 성리학에서 중시하는 천리의 공허함에 반발하여 고대 유교로 기울었던 남인(南人)의 일부 학자가 자발적으로 천주교에 입교하였기 때문이다. 물론 조선 정부와 대다수의 사대부는 천주의 인격성을 반대하였고, 천주에 대한 공경이 무부무군(無父無君)의 사회로 이끌 것이라며 강경하게 비판하였다. 천주 개념과 유교 윤리의 조화를 꾀한 초기 천주교도들의 논리와 천주교를 이단으로 간주하고 지속적으로 탄압한 조선 정부의 논리는 하늘을 둘러싸고 벌어지는 갈등을 잘 보여 준다.

19세기에는 기존 개념들에 영향을 받아 하늘에 대한 새로운 개념을 주장하는 사건이 일어났다. 동학의 창시자인 최제우(崔濟愚)는 30대 초반까지 유교적 교양을 쌓았고 성리학의 천 개념을 갖고 있었다. 하지만 37세에 겪은 신비 체험에서 그는 초월적이고 인격적인 하느님을 경험하였다. 이후 그는 천주를 인간의 내면에 깃든 마음이자 보편 지기(至氣)라는 시천주(侍天主)사상으로 발전시켰다. 최제우에게 영향을 미친 하늘 개념의 요소는 유교, 천주교, 무속적 전래 종교에서 기원하였다. 그는 이 요소들을 융합하여 영적 · 보편적 속성을 지닌 기운(至氣)이자 개개 인간에게 내재한 신령(천주 · ᄒᆞᄂᆞᆯ님)이라는 독자적 개념으로 구축하였다. 천도교 안에서 하느님을 뜻하는 말이 초기에 '상제 · ᄒᆞᄂᆞᆯ님 · 천주'로 혼용되다가 20세기 이돈화(李敦化)에 의해 '한울님'으로 명명되고,[19] 지금도 지속하는 현상은 그 과정이 반영되었다고 볼 수 있다.

천도교를 통해 하늘에 대한 내재적 개념이 통합되는 반면, 외부적으로는 새로운 하늘 개념과 문명의 기준이 밀려왔다. 19세기 중반 이후 동아시아는 기성의 문명표준(중화 · 유교)과 새로운 문명표준(서구문명 · 기독교)의 본격적 충돌을 경험하였다. 조선 역시 기준의 고수(위정척사), 융합〔동도서기(東道西器)〕, 변개(문명개화)를 두고 고심하였다. 그 고민은 서구문명에서 동양의 '교(敎)' 수준에 상응하는 가치를 지닌 기독교(개신교)에 대한 선택을 동반하는 일이었다. 19세기 후반까지 서학과 동학, 그리고 그들의 하느님을 대대적으로 탄압한 경력이 있는 조선은 불과 수년 혹은 수십 년이 지난 20세기 초 동아시아에서 가장 가능성을 지닌 기독교 선교의 모범국이 되었

---

19 천도교의 천(天) 개념과 이돈화의 해석에 대해서는 허수(2011), 『이돈화 연구』, 역사비평사 참조.

개념사의 지평과 전망

다. 예컨대 헐버트(Homer Bazaleel Hulbert, 1863~1949)는 한국의 잠재력과 인종적 우수성은 중국과 다르고, 일본은 서양문명의 옷만 바꾸어 입은 모방적·세속적 문명임에 비해 한국은 복음을 받아들여 신념화한 나라로 평가하였다.[20]

재래 용어의 잔영이 남아 있는 '하느님·천주'와의 혼용을 피하고자 20세기 초에 채택된 개신교의 '하나님'[21]은 새 문명의 기초이자, 한국인이 일본·중국을 경유하지 않고 문명개화한 서양 기독교국가와 직접 대면하는 통로였다. 그 경로를 전형적으로 보여 주는 인물이 이승만(李承晩)이다. 소년기 엄격한 유교주의자였던 그는 배재학당에서 동도서기로 전환하고, 다시 감옥 안에서의 회심을 통해 기독교를 받아들였다. 그 드라마틱한 과정은 한국인이 찾던 하느님 개념의 계통 발생을 압축적으로 보여 준다. 이승만이 보기에, 한국인이 겪는 식민지의 수난은 하나님이 장차 한국인에게 세상에 빛난 일을 행하게 하려는 것이었고, 복음의 성공은 하나님이 특별히 한국인을 택하여 아시아에 기독교문명의 기초를 잡게 하려는 것이었다.[22] 나아가 인류사회가 모두 기독교를 믿는다면 모두 문명국이 되어 천국과 같은 상태가 될 수 있었다.[23] 이승만에게 하나님은 한국문명의 가능

---

20 안드레 슈미드(2004), 「오리엔탈 식민주의의 도전」, 김지민 옮김, 『역사문제연구』 제12호, pp.169~175.

21 한국의 가톨릭 교회는 초기에 '天主, 텬쥬, 上帝, 하ᄂ님'을 혼용하였다. 개신교에서는 20세기 초까지 '하느님, 하ᄂ님, 텬쥬'를 혼용하다가 1910년 『신약전서』에서 '하ᄂ님'을 채택하였다. 1933년 '아래아(·)' 표기가 폐지되자 1937년에 나온 개역 『성경전서』에서 '하나님'을 사용하여 기존의 전통적 관습(하늘님, 하느님)과 차별하였다. 1977년 한국의 가톨릭과 개신교가 공동으로 번역한 『성서』에서는 문법과 의미를 따져 '하느님'을 택하고 '하나님'은 신의 엄격과 유일성만을 강조한 신조어라고 비판하였다. 그러나 현재까지 개신교의 주류 표기는 여전히 '하나님'이다(허호익(2005), 「한중일 신관 비교를 통해 본 환인 하느님 신관과 한국기독교」, 『단군학연구』 제13호).

22 이승만(2008), 『한국교회핍박』, 청미디어, pp.119~125.

23 이승만(1999), 한국독립운동사연구소 편, 『독립정신』, pp.292~294.

성, 독자성, 중심성을 보증하는 절대적인 규범이었다.

최고 권위로서 보편·초월·절대의 가치를 지닌 하늘·하느님은 근대 이후에도 여전히 일상에서 내면 가치로, 때론 선민(選民)의식에 가까운 국수적 가치로 공통적으로 지속해 왔다. 전통적 하느님 용어와 다른 용어인 '하나님' 역시 여기에서 자유로운 것 같지는 않다. 한국인이 종교에 상관없이 부르는 "하느님이 보우하사 우리나라 만세"라는 애국가 가사 속에서 기독교의 하느님을 연상하는 국민이 없고, 또 한국이 기독교국가라고 연상하는 기독교인 또한 별로 없기 때문이다.

한국인은 전통적이고 자연스럽게 심성에 배어 있는 하느님과, 근대적이고 차별적인 하나님이 묘하게 공존하는 심성을 여전히 간직하고 있다. 이 독특한 심리적 기제에 대한 고찰은 한국의 고유 개념사 영역을 구성할 것이다.

이상에서 필자는 전근대의 역사적 변화상을 개념사가 포섭할 수 있는가의 여부, 장기 지속하였던 개념이 한국 개념사의 고유한 측면을 부각시킬 수 있는 가능성 등에 대해 시론적으로 살펴보았다. 가능성 있는 사례들은 더욱 발견될 것이다. 예컨대 실학이나 이용후생(利用厚生)을 강조하며 전통적인 유학의 사유구조나 개념틀을 균열시킨 논의들, 서양과의 제한적 접촉 속에서 동서양을 취사절충(取捨折衷)하려 했던 논의들이 그것이다. 이 같은 사례가 많아질수록 개념들의 복잡한 계선이 밝혀내는 한국의 근대화 여정은 더욱 풍부해질 것이다.

복수의 '세계사들'을 위하여

에드워드 사이드가 『오리엔탈리즘』에서 유럽의 이분법적 우월주의를 폭로한 이래 오리엔탈리즘에 대한 비판적 성찰이 고조되었고, 그 한편에서는 세계사의 다양한 경로를 긍정하고 복원하는 작업이 차곡차곡 성과를 내고 있다. 중국·인도·이슬람 권역의 상인들이 유럽의 대항해 이전에 무역로를 이미 형성하였고, 유럽이 이슬람세계로부터 그리스 고전들을 역수입했으며, 수학·화학·화약·종이·나침반 등 과학기술의 성과를 받아들였고, 의류·향신료·차·도자기 등을 수입하며 유럽의 문화를 형성해 간 사실들은 이제 대중에게 꽤나 친숙하다. 서양이 자랑하는 계몽기에도 사상·문화의 교류와 수입은 여전하였다. 유학은 은근하면서 의미심장한 영향을 계몽철학자 등에게 미쳤고, 면화를 통한 의복의 발전, 향신료를 통한 식문화의 발전, 정원 등을 통한 주거의 발전 등이 있었고, 그것들은 대체적으로 바로크·로코코문화에 깊이 스며들었다.[24]

이상의 연구들은 유럽이 18세기까지도 문명들 가운데 한 축에 불과했음을 실증함과 동시에 19세기 이후 유럽이 자신들의 경험에 기초한 단일한 발전 경로를 보편으로 규정해 버리고, 과거에 자신과 동등하거나 심지어 선진적이었던 여타의 문명들을 정체와 열등의 지점에 고정해 버리는 '유럽발 세계사'의 허구성을 폭로하는 작업이기도 하다.

유럽발 세계사를 질문하는 역사학계의 많은 성과는 생산력이나 무역 규모 등의 경제 요소, 사회 구성이나 인구, 관료제 그리고 문화 교류에 초점을 맞추어 왕성한 성과를 내고 있다. 이 같은 작업이 유의미함은 두말할 나위

---

24 아시아 지역의 경제·사회 발전이나 유럽이 아시아로부터 교류하고 영향받았던 사실을 실증·소개하는 대표적인 저서는 다음과 같다. 안드레 군터 프랑크(2003), 『리오리엔트』, 이희재 옮김, 이산 ; J. J. 클라크(2004), 『동양은 어떻게 서양을 계몽했는가』, 장세룡 옮김, 우물이있는집 ; 존 M. 홉슨(2005), 『서구 문명은 동양에서 시작되었다』, 정경옥 옮김, 에코리브르. 최근에는 한국의 서양사학계 일각에서도 유럽 중심의 '세계사'를 반성하고 비서양의 역사적 현실을 균형 있게 서술하여 '세계사들'을 구성해야 한다고 주장했다〔한국서양사학회(2009), 『유럽중심주의 세계사를 넘어 세계사들로』, 푸른역사〕.

없지만, 유럽발 세계사의 핵심 가운데 하나인 '유럽의 합리성'이라는 관념을 정조준하고 있지는 못한 듯하다. 유럽인들이 '합리성'을 배타적으로 소유했다고 여기도록 만드는 유럽의 철학과 사상에 대해서는 비록 비판이 있더라도 부분적이다.[25] 유럽의 합리성 신화야말로 19세기 이후 유럽을 기준이자 보편으로 정초(定礎)해 놓은 기본 근거였는데도 말이다. 단적으로 헤겔이 표방한 '세계 정신'은 마르크스의 사적 유물론 등으로 다양하게 변신하며, 유럽의 진보를 뼈대 삼은 단선적 문명화 경로로 현현(顯現)해 왔다고 할 수 있다. 이 기능이 사라지지 않는 한 여타의 문명이나 역사의 다양한 경로는 종속성, 정체성, 보완재일 뿐이다. 비서구 지역의 역사가들이 자기 역사를 독자적으로 보더라도 결국 '유럽발 근대'와 비교하는 도돌이표를 면할 수 없다. 따라서 유럽적 합리성을 기초에서 받쳐 주고 있는 개념이나 사유체계를 어떻게 논하는가, 그 단일성이 과연 신화인지 아닌지를 논하는 작업은 유럽 중심의 세계사를 극복하는 관건이다.

예를 들어 '민주주의'라는 개념은 인류사회의 보편적이고 가장 합리적인 정치제도로 상징되었으며, 지금도 미국을 포함한 서양 일반에서는 그 민주주의 모델과 가치를 표준 삼아 세계의 다양한 정치 형태를 재단하고 있다. 그런데 민주주의 개념에 대한 역사학계 일각의 서술은 그리스의 민주주의가 혼합적 성격이었고, 그 같은 유형은 당시 중근동 일대에서 어느 정도 공유되었음을 밝히고 있다. 그리스·로마 고전의 민주주의는 근대에 새롭게 정의된 '고전 고대의 창출된 계보화'에 다름 아니었던 것이다.[26]

유럽의 합리성은 어떤가. 합리성이 보편적이라면, 그 외연은 어디에서나 적용 가능하다는 속성을 지니지 않을 수 없다. 그 때문에 우리는 바로

---

25 J. J. 클라크(2004), 앞의 책.
26 한국서양사학회(2009), 앞의 책, pp.40~47.

그 보편적인 합리성으로 인해, 유럽의 '합리적' 제도 바깥에서 근대 이전에도 무수히 존재하였고 앞으로도 무수하게 존재하게 될 수많은 합리적 사유와 제도 그리고 관계들을 만날 수 있다. 하지만 실제로는 '유럽식 합리성'의 속박에서 비교적 자유스러워지게 된 최근 몇십 년 이래에 비로소 그 같은 다양한 사례를 주목할 수 있게 되었다. 예컨대 동아시아의 관료제·과거제 그리고 유교와 사대부에 대한 서양 학계의 최근의 재평가는,[27] 합리성을 '유럽식 합리 개념'에서 해방시켜 보다 다양한 역사적 맥락에 위치시켰을 때 가능한 해석들이다.

다시 개념사로 논의를 돌려 보자. 유럽의 언어·경험·사상가를 중심으로 서술된 코젤렉의 개념사는, 비록 유럽 안에서의 중심/주변의 관계와 근대성을 밝혀내지만 유럽 밖에서 바라본 개념의 또 다른 측면들 혹은 유럽의 개념들이 주변 세계와 끊임없이 교류·반응하였던 모습에 대해서는 간과할 수 있다. 그 결과 '유럽 개념들의 단일한 신화 만들기'에 동참하게 되고, 그것은 유럽인들이 여타 지역을 중심/주변의 관계로 만들었던 19세기 이래의 경향을 강화할 수도 있다.

따라서 유럽에서의 개념사 또한 유럽에서의 개념, 철학, 사상의 역사야말로 끊임없는 수용과 혼용의 과정일 수 있음을 정면으로 응시해야 한다. 단일한 개념이 맥락 안에서 유동한다는 것은 언어적 맥락뿐만 아니라 넓게는 역사적 맥락 특히 비교역사적 맥락 속에서도 구현될 수 있는바, 유럽 또한 예외가 아니기 때문이다. 유럽 내부의 혼용성을 지적하는 질문은, 사실 19세기 이래 극심한 변화를 겪은 동아시아의 경험을 역으로 서양의

---

27 과거제·관료제의 합리성에 대한 재평가는 알렉산더 우드사이드(2012), 『잃어버린 근대성들』, 민병희 옮김, 너머북스 참조. 사대부의 자유주의 전통과 중세와 근대를 관통하는 유교 지식인들의 심성 기제에 대해서는 시어도어 드 배리(1998), 『중국의 자유 전통』, 표정훈 옮김, 이산 ; 토머스 메츠거(2014), 『곤경의 탈피』, 나성 옮김, 민음사 참조.

한국의 역사는 개념사의 지평을 어떻게 확장할 것인가

사례에 투사한 것이다. 보편을 지향한다고 인식되던 유럽의 개념들이 시공간의 제한 속에서 움직였고 결국 국지적이었음을 가정하는 일은 흥미롭다.

결국 어느 지역에서건 내부에서의 개념 전개는 외부에서의 충격과 수용을 의식하며 진행되어야 했고, 그 과정들이 세계사적 차원에서 서로 비교되어야 했다. 다만 그 경우 전개와 비교가 기계적으로 대응되어서는 안 된다. 유럽이 아시아의 개념을 받아들였던 방식과 아시아가 유럽의 개념을 수용한 방식은 서로 완전히 달랐으므로, 다양한 변화의 경로를 제각각 반영하는 비교의 적절성은 항상 고려되어야 한다. 가령 이런 방식의 비교는 어떨까.

15세기의 르네상스, 18세기의 계몽주의, 19세기의 낭만주의에 각각 영향을 주었던 이슬람·동로마를 경유한 그리스철학, 중국의 유교, 인도의 종교는 유럽의 사상체계야말로 거대한 혼합로(混合爐)였음을 보여 준다. 19세기 이후의 유럽이야말로 온갖 사상의 경연장이었다. 미국의 독립, 프랑스의 계몽사상과 공화정, 의회와 민권 신장, 사회주의와 공산주의 등이 각축하였던 당시 유럽 무대에는 민족·국가·인종·계급 등에 관한 거의 모든 요소가 다양하게 실험되었고, 그 소용돌이는 전 세계 지식인을 빨아들이는 마력을 발산하며 확산되었다. 근대의 기준은 유럽이 순혈로 탄생시킨 것이 아니라 혼합의 용광로를 유럽식으로 운영하며 탄생시킨 것이다.

유럽의 사상사가 수차례의 간헐적 혼합을 겪고 팽창했던 데 비하면 이슬람, 인도, 중국의 경우는 18세기 이전에는 비교적 혼성 없이 자가발전하였다. 그러나 그들의 정체성은 19세기 이후 미증유의 파장을 겪었다. 유럽이 이전에 겪었던 간헐적 수용을 한 번에 넘어설 정도의 충격이었다. 17~18세기에 고전적 고유문화를 형성한 지역에서의 개념사는 따라서 기성 체계와 새 체계의 충돌, 융합에 초점이 맞추어짐은 당연하다. 19세기 이후에 유럽발 개념을 수용한 것은 사실이지만, 그렇다고 해서 그들의 정체성이 무력해져 있지만은 않았다. 새로운 표준을 자기식으로 변형하고 가공했기 때문이다.

교류와 비교, 상호 영향은 근본적으로 동일하지 않았다. 상대방을 '고귀한 야만' 같은 존재로 설정하여 개혁을 위한 추동력으로 삼았던 공통점을 찾을 수도 있을 것이나, 비교가 진행될수록 서양의 근대 개념들은 역사 속의 개념이 될 뿐이다. 그것들은 근 2백여 년 정도의 시기에 세계의 다양한 사회양식을 질식·변형시키며 표준이 되어 왔지만, 역사의 지평이 넓어질수록 국지적이 될 것이다.

여전한 문제는 이를 보편으로 잠재되어 있다고 자연스레 여기는 데 있다. 이 같은 착시는 전파 당사자인 유럽인에게만 해당되지 않고, 이를 사회 변화의 동력으로 삼아 온 비유럽의 지역과 계층을 망라한 사람에게도 해당한다. 그러나 보편적인 어떤 것의 외연이 드러날수록 자기 내부에 감추어 두었던 국지성이 드러난다는 역설은, 결국은 보편 자체가 다양하고 다수인 여러 가치, 개념들의 느슨한 결합에 불과하다는 결론에 우리를 나아가게 할 따름이다.

세계의 역사는, 우드사이드의 표현처럼 비유럽 지역에서의 '잃어버린 근대성들'을 찾아 재평가하고 근대로의 다양한 경로를 복원하여 '세계사들'을 구성할 것이다. 개념사의 입장에서 본다면 개념들의 계보화를 구성하는 전통적인 작업과, 그 계보화에 질문을 던지고 토대를 허무는 작업의 연속이 중시될 것이다. 그것은 보편을 지향하는 개념의 속성에 충실한 서술과 개념을 사용하는 화자와 역사적 맥락을 중시하는 입장의 해결할 수 없는 긴장을 주목하는 일이다.

전망 : 중심주의 해체를 향하여

유럽에서 형성된 개념의 순혈성을 질문하는 작업은 유럽을 기준 삼아 전개되고 형성된 '유럽 중심주의'의 현재성을 극복한다는 의미를 지닌다. 하지만 그 작업은 첫 단계에 불과하다. 유럽 중심성에 대한 질문은, 과거에 비슷한 역할을 했거나 미래에 그 같은 역할을 맡게 될 중심성들에 대한 질문을 동반하기 때문이다. 말하자면 '중심성' 자체에 대한 질문으로 귀결되는 셈인데, 그렇다면 질문은 자연스럽게 동아시아에서는 중심성이 없었는가, 앞으로 강화될 중심성은 무엇인가에 두어진다.

동아시아에서 역사상 강력한 영향력을 발휘해 온 중심성은 유교사상을 기반으로 한 '중화주의'이다. 개념의 영역에서는 유교, 특히 성리학의 개념들이 그 중심성을 받쳐 왔다고 할 수 있다. 이 같은 과거의 중심성과 관련해서 한국의 역사는 흥미로운 사유를 수행했었다. 조선에서 유교의 가치를 철저히 내면화한 17세기와, 이를 질문하기 시작한 18세기의 경험이 그것이다.

17세기 중반 병자호란과 명·청 교체의 상황 속에서 조선 후기 최대의 이데올로그였던 송시열은 주자학을, 사회 내부를 단속하고 외부의 적에 대응할 수 있는 이념으로 재구축하였다. 그의 작업은 조선을 유일한 유교 문명국으로 설정하여 장차 부흥하게 될 유교문명의 기지로 재건하는 것이었다. 그것은 조선을 가상의 중심으로 설정하여, 과거의 중심인 명과 연결하고 현실의 중심인 청에 대응하는 실천논리이자, 공자·주자가 처했던 시공간을 현재로 이끌어 내고 동시에 미래를 향한 기대까지 충족하는 보편(유교 가치)의 전유 작업이었다.

송시열의 중심 재설정은 18세기 중·후반 이래 자체적으로 극복되었다. 18세기 중반 이후 조선의 지식인들은, 1백 년이 지나면 멸망하리라 기대했던 청이 더욱 흥성해지고, 조선은 따라가지 못할 정도의 문명국이 되었음을 목도하였다. 송시열 등이 기대한 미래는 실현되지 않았다. 그렇다면 기대를 고수할 것인가, 아니면 수정할 것인가. 즉 보편과 중심을 재설정해야 하는가 아닌가의 갈림길에 섰다. 비록 일부에 그쳤지만 몇몇 지식인은 18세기의 변화에 맞추어 상황 긍정의 논리를 전개했다. 그것은 중심이었던 중화를 상대화하는 결말을 낳았다. 특히 홍대용은 중화/이적과 같은 중심/주변의 구도 자체가 자기의 위치에 따른 설정임을 폭로하였다.

문명이나 중심을 상대화하는 사유는 도처에서 찾을 수 있으므로 비단 한국만의 경험이 아니었다. 중화를 자체적으로 극복하였던 동아시아의 경험들은, 과거의 유럽과 같이 새로운 중심을 복제하려는 현재의 동아시아의 경향에 비판적 관점을 제공할 수 있을 것이다.

동아시아의 여러 나라는 과거에 중국 중심 속에서 안주하였고, 19세기 이후는 여러 우여곡절에도 불구하고 유럽의 근대를 성공적으로 수용하였으며, 최근에는 그 기준들을 재고하고 있다. 이 시점에서 두 갈래의 선택이 자연스럽게 다가온다. 동아시아는 이제 과거의 중화와 같은 새로운 중심을 부상시킬 것인가, 아니면 다른 길을 찾아야 하는가. 만약 전자를 선택한다면 새로운 중화와 같은 '동양발 오리엔탈리즘'의 출현일 터이다.

한국 역시 그 같은 설정에서 자유롭지 못하다. 한국이 20세기 이후 기독교와 사회주의라는 유럽식 근대의 일부 측면을 직접 대면하고, 마치 송시열이 17세기에 중화·유교 가치를 성공적으로 내면화했듯이, 서양의 근대 가치의 내면화를 비교적 성공적으로 진행하였다. 그리고 우리는 어느새 오리엔탈리즘의 피해자였던 과거를 망각하고 동남아시아인들이나 북한에 대해 재판(再版) 오리엔탈리즘을 자행하고 있다. 재판 오리엔탈리즘을 극복하는 길은 따라서 새 경로를 탐색하는 일일 터인데, 그 점에서 우리가 경험했던 중심주의 해체의 경로를 재사유하는 것은 현재에도 충분히 유의미하다.

서양과 그에 대응한 동양, 그리고 (서양을 닮거나 배운) 새로운 동양 근대 패러다임 자체에 질문을 던지는 작업에서 개념사는 어떤 긍정적인 답변을 제공할 수 있을까. 개념 형성에서의 혼종성이나 이전 과정에서 수용자의 능동적 개입 등은 여러 차례 지적되었듯이 보편이나 중심의 신화에 끊임없는 질문을 제기한다.

개념의 역사 속에 일정한 계선이 동반됨은 피할 수 없지만, 그 계선은 더 작은 계선들의 총체이거나 인공적임을 인정한다면 다양한 개념의 역사가 새로 포착될 것이고, 그것은 과거의 실재와 현재의 과거 사이의 연계를 섬세하게 밝혀 줄 것이다. 그 결과 나타나는 세계사는, 마치 프랙털(fractal) 구조처럼 세계사이지만 세계사들이며, 동아시아이지만 동아시아들이며 한국이지만 한국들이 되지 않을까. 결국 '단수의 계선'이 아니라 '복수의 계선들'이었던 것이다.

참고문헌

『孟子』.
『朝鮮王朝實錄』.
「鷄林類事」.
李晚采, 『闢衛編』.
丁若鏞, 『與猶堂全書』.
『동아일보』.
이승만(1999), 한국독립운동사연구소 편, 『독립정신』.
이승만(2008), 『한국교회핍박』, 청미디어.

나인호(2011), 『개념사란 무엇인가』, 역사비평사.
한국서양사학회(2009), 『유럽중심주의 세계사를 넘어 세계사들로』, 푸른역사.
허수(2011), 『이돈화 연구』, 역사비평사.
고지현(2010), 「유행개념으로 바라본 식민지 조선의 근대성」, 『대동문화연구』 제
        71권.
박상섭(2009), 「한국 개념사 연구의 과제와 문제점」, 『개념과 소통』 제4호.
양일모(2011), 「한국 개념사 연구의 모색과 논점」, 『개념과 소통』 제8호.
허호익(2005), 「한중일 신관 비교를 통해 본 환인 하느님 신관과 한국기독교」,
        『단군학연구』 제13호.
구메 구니타케(2011), 『특명전권대사 미구회람실기 제5권 유럽대륙(하) 및 귀양
        일정』, 정선태 옮김, 소명출판.
라인하르트 코젤렉(1998), 『지나간 미래』, 한철 옮김, 문학동네.
멜빈 릭터(2010), 『정치·사회적 개념의 역사』, 송승철·김용수 옮김, 소화.
시어도어 드 배리(1998), 『중국의 자유 전통』, 표정훈 옮김, 이산.
안드레 군터 프랑크(2003), 『리오리엔트』, 이희재 옮김, 이산.
알렉산더 우드사이드(2012), 『잃어버린 근대성들』, 민병희 옮김, 너머북스.
존 M. 홉슨(2005), 『서구 문명은 동양에서 시작되었다』, 정경옥 옮김, 에코리브르.
진관타오·류칭펑(2010), 『관념사란 무엇인가』, 양일모 외 옮김, 푸른역사.
토머스 메츠거(2014), 『곤경의 탈피』, 나성 옮김, 민음사.
폴 A. 코헨(2003), 『학문의 제국주의』, 이남희 옮김, 산해.

J. J. 클라크(2004),『동양은 어떻게 서양을 계몽했는가』, 장세룡 옮김, 우물이있
        는집.
안드레 슈미드(2004),「오리엔탈 식민주의의 도전」, 김지민 옮김,『역사문제연구』
        제12호.

찾아보기

사항

개념사의 지평과 전망

책

인명

개념사의 지평과 전망 |개정증보판|

개정증보판 발행 1쇄 2015년 12월 28일

지은이 박근갑 · 루치안 횔셔 · 롤프 라이하르트 · 김학이 · 고지현 · 고원 · 나인호
　　　 멜빈 릭터 · 이경구
펴낸이 고화숙 / **펴낸곳** 도서출판 소화 / **등록번호** 제13-412호
주소 서울시 영등포구 버드나루로 69 / **전화** 02-2677-5890 / **팩스** 02-2636-6393
홈페이지 www.sowha.com

ISBN　978-89-8410-481-5 94900
ISBN　978-89-8410-360-3(세트)

값 20,000원

이 도서의 국립중앙도서관 출판시도서목록(CIP)은 서지정보유통지원시스템 홈페이지(http://seoji.
nl.go.kr)와 국가자료공동목록시스템(http://www.nl.go.kr/kolisnet)에서 이용하실 수 있습니다.
(CIP제어번호 : CIP2015034455)

이 저서는 2007년 정부(교육과학기술부)의 재원으로 한국연구재단의 지원을 받아 수행된 연구임
(NRF-2007-361-AM0001)